피터스의 교육사상

피터스의 교육사상

스테판 E . 쿠이퍼스 | 크리스토퍼 마틴 공저
이병승 옮김

서광사

이 책은 Stefaan E.Cuypers와 Christopher Martin의 'R.S. Peters' (Bloomsbury Publishing Plc., 2013)를 완역한 것이다.

공주대학교 연구년 사업에 의하여 연구되었음.

피터스의 교육사상

스테판 E. 쿠이퍼스 | 크리스토퍼 마틴 공저
이병승 옮김

펴낸이 | 김신혁, 이숙
펴낸곳 | 도서출판 서광사
출판등록일 | 1977. 6. 30.
출판등록번호 | 제 406-2006-000010호

(10881) 경기도 파주시 회동길 77-12 (문발동)
대표전화 (031) 955-4331 팩시밀리 (031) 955-4336
E-mail: phil6161@chol.com
http://www.seokwangsa.co.kr | http://www.seokwangsa.kr

제1판 제1쇄 펴낸날 — 2017년 1월 20일

ISBN 978-89-306-5307-7   93160

스테판은 이 책을 데이비드 카아(에딘버러 대학교),

존 할데인(세인트 엔드류 대학교),

그리고 테렌스 맥로린의 영전에 바치며,

크리스토퍼 마틴은 이 책을

그레엄 헤이든(런던 대학교), 주디스 슈이사(런던 대학교),

그리고 바네사에게 바친다.

이 책은 리차드 베일리(Richard Bailey)의 책임하에 추진된 『블룸스버리 교육사상 문고』(*Bloomsbury Library of Educational Thought*) 시리즈의 한 권으로 쿠이퍼스(Stefaan E. Cuypers)와 마틴(Christopher Martin)이 저술한 *R. S. Peters*를 완역한 것이다. 이 책은 20세기 후반 '교육철학의 혁명'을 이끌었던 영국의 교육 철학자 피터스(Richard Stanley Peters: 1919-2011)의 교육사상을 철학적 전기(傳記)의 형식을 빌려 가장 포괄적이면서도 종합적으로 연구한 저술이다.

일찍이 1986년 피터스의 제자인 쿠퍼(D. E. Cooper)가 편집한 『교육, 가치 그리고 마음: 피터스를 위한 논문 모음』과 그가 세상을 떠나던 해인 2011년 쿠이퍼스(Stefaan E. Cuypers)와 마틴(Christopher Martin)이 편집한 『오늘날 피터스 읽기』라는 두 권의 책이 출간되었지만, 이 책들은 여러 제자 혹은 학자들의 글을 모아 펴낸 편집서라는 점에서 본격적인 의미의 피터스 교육사상 연구서로 보기는 어렵다.

이에 비해 이 책은 피터스의 제자인 존 화이트(John White)가 적었듯이, 피터스의 교육사상에 대한 풍부하면서도 종합적인 설명을 담은 최초의 저술이라는 점에서 피터스의 교육사상을 폭넓게 이해하려고 노력하는 사람들에게 도움을 줄 것으로 보이며, 피터스의 교육사상에 아직 익숙하지 않은 사람들에게도 훌륭한 안내서 역할을 해 줄 것으로 보인다. 뿐만 아니라, 우리들이 교육철학에서 중시하는 주요 테마를 다시 한번 깊이 숙고하도록 해 준다는 점에서 그 의의가 적지 않다.

이 책은 총 3부 8장으로 구성되어 있으며, 제1부에서는 피터스의 지적 여정을, 제2부에서는 그의 교육사상에 대한 비판적 고찰을, 그리고 제3부에서는 그의 저작이 교육계에 끼친 영향과 중요성을 차례로 다루고 있다.

제1부에서 저자들은 피터스의 지적 여정을 다루는 동안 런던 대학교 교육연구소, 《타임스》(The Times), 콜리츠(M. Collits, 1992)의 연구 자료들을 바탕으로 피터스의 가족관계, 성장과정, 수학과정을 상세히 소개하고 있을 뿐만 아니라 사상 형성의 배경 및 전개과정, 그리고 주요 저작들에 대해서도 일목요연하게 소개하고 있다. 이같은 작업은 피터스의 인생관, 종교관, 그리고 세계관 이해의 기초가 될 뿐더러 그의 교육사상과 교육철학 이해의 바탕이 된다는 점에서 의의가 크다. 이러한 작업은 피터스의 삶을 총체적으로 이해하는 데 큰 도움을 줄 것으로 보인다.

제2부에서 저자들은 7개의 장에 걸쳐 피터스 교육사상에 대한 비판적 고찰을 시도하고 있다. 이들은 피터스의 주된 연구 주제 혹은 연구 영역이었던 '교육', '교육목적', '입문', '교육받은 사람', '교육의 정당화', '자유교육', '교사교육', '도덕교육', '정서교육' 등을 중심으로 피터스의 주장들을 소개한 후 비판적인 평가를 시도하고 있다. 저자들은 이러한 평가를 하는 가운데, 피터스를 순전히 분석교육 철학자로만 이해하는 경향에 대해 강한 거부감을 드러내면서, 오해를 바로잡기 위

한 논의를 하고 있다. 그들은 피터스가 분석을 넘어 인간과 자연의 조건에 대해 부단한 관심과 놀랄 만한 통찰을 보여 준 철학자임을 부각시키고 있다.

제3부에서는 피터스의 교육사상이 당대 및 후대에 끼친 영향과 중요성에 대해 소개하고 있다. 저자들은 피터스가 한 명의 철학자가 할 수 있는 것 이상의 것을 성취했다고 높이 평하면서 그가 순전히 이론적인 것에만 영향을 끼친 것이 아니라 실천적이고 구체적인 것에도 영향을 끼쳤으며, 1960년대에 사회-경제적인 맥락에서 정치적인 효과뿐만 아니라 제도적인 효과도 있었다고 적고 있다. 이러한 평가는 피터스가 탁월한 행정 능력을 갖춘 인물이라는 점을 보여 준다. 끝으로, 저자들은 1970년대 후반에 피터스의 교육사상이 시들해지기 시작하면서 여러 가지 비판을 받게 되었지만, 그의 분석적 패러다임은 오늘날 여전히 교육철학 분야에서 중요한 의미를 갖는다고 평가하고 있다.

이 책은 전반적으로 피터스의 교육사상을 철학적 전기의 형식을 빌려 서술한 책으로 피터스의 개인사(個人史)에 대한 풍성한 정보를 많이 담고 있다는 점에서 피터스의 교육사상을 넓고 깊게 공부하는 사람들에게 도움을 줄 것으로 보인다. 특히 잘 알려지지 않은 부분들을 탐색하여 소개하였으며 잘못 알고 있는 부분들을 바로 잡으려고 시도한 점은 높이 평가할 만한 일이다. 나아가 장님이 코끼리 다리를 만지듯이 피터스를 이해하던 기존의 연구에서 벗어나 보다 넓은 지평에서 피터스의 교육사상을 조망한 점은 피터스 연구자들에게 시사하는 바가 클 것으로 기대된다.

번역할 때 늘 느끼는 바이지만 외국 문헌을 우리말로 옮기는 일은 언제나 힘들고 두려운 일이다. 특히, 개념의 의미를 소중하게 여기는 철학자들의 글을 우리말로 옮기는 일은 더더욱 힘들다. 필자들의 진의(眞

意)를 바르게 파악하고 그것을 적절한 언어로 옮겼는지 늘 두렵다. 철학자들의 글은 늘 난해하고 때론 심오하여 오역의 가능성이 높기 때문이다. 이 번역서가 쉽게 읽히지 않는다면 그것은 순전히 역자의 능력이 부족하여 생긴 일일 것이다.

끝으로, 이 번역본이 나오기까지 난해한 문장 하나하나를 꼼꼼히 읽으면서 바로 잡아 준 분들에게 고마움을 전하며, 사업적 이익을 먼저 고려하기보다는 교육학의 발전을 위하여 시장성이 넓다고 할 수 없는 이 책의 출판을 흔쾌히 허락해 준 도서출판 서광사 사장님께 감사의 마음을 전한다. 까다로운 내용의 교정 및 편집을 통해 좀 더 좋은 번역본이 출간될 수 있도록 수고를 아끼지 않은 편집부 직원 여러분에게도 고마운 마음을 전한다.

2016년 겨울
공주대 신관캠퍼스에서
역자 이병승

이 시리즈에 담긴 대부분의 저서들은 교육연구 분야에서 '철학적 전기'(哲學的 傳記)라고 불릴 만한 형식으로 이루어져 있다. 이 저서들이 추구하는 공통된 목적은 교육 사상가들의 사상과 실천을 이해하는 것이다.

솔직히 말해 이러한 시리즈의 계획은 어떤 어려움에 직면해 있다. 왜냐하면 이 시리즈에 담긴 사상가들의 목록을 대략 훑어보더라도 많은 이들이 철학자가 아니기 때문이다. 어떤 이들은 철학이 아닌 다른 분야들—사회학, 경제학, 심리학 등—에서 더 많은 활동을 한 사람들이다. 또 어떤 이들은 기본적으로 교육 실제에만 기여했다는 점에서 사상가라는 이름을 붙이기 어려워 보이기도 한다. 분야를 좁혀 말해 보면, 이 시리즈에서 다룬 대부분의 주제는 철학적인 것이 아니다. 하지만 또 다른 의미, 즉 사르트르(J. P. Sartre)가 사용했던 의미에서 말하자면, 철학적 전기란 누군가의 사상이 중요하고도 흥미로울 때 쓰일 수 있는 것이다. 이러한 의미에서 나는 이 시리즈에 소개한 사상가들 모두가 철학자라고 생각한다.

『블룸스버리 교육사상 문고』(*Bloomsbury Library of Educational Thought*)가 염두에 두고 있는 암묵적인 의도란 다름 아닌 그들로부터 비롯된 이론과 실제(마찬가지로 그것들 안에 암묵적으로 담긴 이론과 실제)가 교육을 실현해 가는 데 매우 중요하다는 점이다. 이 시리즈는 고대 그리스부터 현대 학자들에 이르기까지 가장 중요하고도 흥미로운 교육 사상가들의 아이디어를 모아 보여 줌으로써 학생 세대 및 실천가들에게 접근하기 쉬우면서도 권위 있는 자료를 제공하려는 열정적인 노력을 하고 있다.

이 시리즈 안에 소개된 주요 사상가들의 목록에 대해 의문을 제기할 수도 있을 것이다. 누군가는 어떤 사상가들이 포함된 점에 대해 의문을 제기할 수 있고 또 다른 누군가는 어떤 사상가가 배제된 점에 대해서 의문을 제기할 수 있을 것이다. 이것은 작업을 하다 보니 어쩔 수 없이 생긴 일이었다. 어쨌든 이 『블룸스버리 교육사상 문고』에 소개된 사상가들의 목록이 최종적인 것이라고 생각할 수는 없지만 이들 사상가들이 교육에 대해 매력적인 사상을 전개했다는 점은 의심의 여지가 없다. 그렇기 때문에 문고는 교육 연구에 헌신하고 있는 사람들에게 정보와 영감을 주는 의미 깊은 자료가 될 수 있을 것으로 보인다.

리처드 피터스(Richard Peters)는 이 시리즈를 계획할 때 저명한 교육사상가들의 목록에 포함되어 있지 않았다. 뒤늦게 깨달은 일이기도 하고 스테판 쿠이퍼와 크리스토퍼 마틴이 제안 바가 있었듯이, 피터스를 빠뜨린 것은 분명히 잘못된 것이다. 피터스는 대단히 큰 영향을 미친 지성으로서, 권위를 갖춘 그의 존재감은 아직까지도 오늘날 수많은 철학자들에 의해 전개된 논의 방법과 내용 안에 살아 숨 쉬고 있다.

언뜻 보기에 스테판 쿠이퍼스와 크리스토퍼 마틴은 비교할 만한 마땅한 텍스트가 없었기 때문에 새로운 독자들에게 피터스의 핵심 개념

을 간략하게 정리하고 설명함으로써 도움이 될 만한 일을 한 것처럼 보
인다. 그러나 사실 이 두 사람은 이 보다 훨씬 더 많은 일을 해냈다. 의
심할 바 없이 이 책은 피터스와 허스트(P. H. Hirst), 그리고 이전에 쓰
인 분석 교육 철학의 전통을 학문적으로 가장 권위 있게 다룬 저술이라
고 할 수 있다. 따라서 이 책은 다가올 다음 몇 년 동안 권위 있는 책으
로 남게 될 것이다. 희망컨대, 이 책은 교육학을 공부하는 새로운 세대
에게 피터스의 교육사상을 체계적으로 소개해 줄 것으로 보인다. 경력
이 풍부한 학자들은 근본적인 문제에 대해 다시 생각해 보도록 한 쿠이
퍼스와 마틴의 주장을 개방적인 태도를 가지고 격려해 주어야 할 것이
다. 이들은 지적 전기(傳記)의 경우 지금까지 잘 알려지지 않은 부분들
을 소개했으며 특정 분야의 저자들 사이에 나타난 비역사적인 경향을
소개하고 있다. 심지어 과거에 보다 충실하게 다루어졌던 주제들, 예컨
대 개념분석의 사용이라든가 그것에서 비롯된 '내용' 문제가 좀 더 넓
은 철학적 논의 가운데 심도 있게 다루어지고 있다는 점에서 이 책은
새로운 의의와 흥미를 자아내고 있다. 우리 대부분은 『윤리학과 교육』
(*Ethics and Education*)을 통해 피터스를 알게 되었지만, 이제는 이 책
의 저자들이 보여 준 매력적인 통찰을 토대로 피터스의 저작들 안으로
다시 되돌아가 보아야 할 것이다.

　이 책은 훌륭한 저작이다. 나는 이 책이 『블룸스버리 교육사상 문고』
의 한 권임을 뿌듯하게 생각한다. 스테판 쿠이퍼스와 크리스토퍼 마틴
은 이 시리즈가 지향하는 목적과 잠재력을 보여 주는 모범적인 책을 저
술해 주었다.

시리즈 편집장

리차드 베일리(Richard Bailey)

리처드 피터스는 나에게 철학을 가르쳐 준 최초의 은사이다. 1960년대 당시 나는 런던 대학교 버크벡 칼리지(Birkbeck College)에서 공부하고 있었고, 우리가 버크벡 칼리지 이웃에 위치하고 있는 교육연구소(Institute of Education)에서 교육철학을 가르칠 때까지 그는 나의 오랜 친구요 학문적 동지였다.

나는 버크벡 칼리지에서 공부하던 첫 학기에 라일(Gilbert. Ryle)의 저서, 『마음의 개념』(The Concept of Mind)의 여러 장들에 대해 토론을 주재했던 그가 생각난다. 그가 우리에게 제기한 질문에 답하기 위해 우리가 씨름을 하고 있을 때, 그는 침묵을 지키면서 파이프 담배를 피웠다. 이러한 침묵은 우리들 중 한 명이 그 고요함을 깨뜨릴 때까지 계속되었다. 그의 관심은 인간본성과 행위에 관한 것으로, 상당히 폭넓은 문제들에 걸쳐 있다. 나는 그가 철학이란 교육의 일반이론으로 정의되어야 한다고 주장한 듀이(John Dewey)의 입장을 아우르고 있다고 생각하지 않는다. 오히려 그가 관심을 가지고 있던 철학의 분야와 문제란 교육적 관심의 배후지(背後地)에 저장되어 있다.

그는 교육연구소의 동료였던 허스트(P. H. Hirst)와 함께 1960년대 영국에 뿌리를 두고 있으면서 후에 영어권 세계로 빠르게 확산되었던 분석교육 철학의 창시자였다. 대서양의 동편에서 시작된 그의 작업은 하버드 대학교의 이스라엘 쉐플러(Israel Scheffler)에 의해 대서양 서편에 이르게 되었다. 쉐플러는 피터스에게 새로운 스타일의 교육철학을 처음으로 소개한 학자였다. 이 두 사람은 평생 동안 친구요 학문적 동지였다.

20세기 초반부 철학이 추구한 목적 가운데 하나는 철학의 하위 분야에서 핵심이 되는 개념들을 분석하는 것이었다. 예컨대, 종교철학 분야에서 핵심이 되는 개념인 신, 죄, 영혼을 분석하거나 과학철학의 핵심 개념인 원인, 이론, 반증 등을 분석하는 것이었다. 하지만 피터스와 다른 학자들이 교육, 교수, 교화, 학습 등과 같은 개념에 대해 행했던 분석 작업은 다른 분야의 성취에 비해 생산적이지 못했다. 그 결과, 20세기 중반 앵글로 계통 미국철학의 명료함, 일관된 논의에 대한 존중, 역사적 뿌리 등은 교육의 근본적인 문제들—교육목적, 교육목적과 진리 추구 및 인간 복지와의 관계, 이러한 목적에 적합한 교육과정, 도덕교육, 민주주의를 위한 교육, 학습자의 마음, 교육적 분배, 배우려는 것을 결정할 수 있는 학생의 자유—등에 대한 탐구를 자극하게 되었다.

이 두 가지 작업 가운데 전자는 철학 분야 안에서 새로운 전문주의(專門主義)를 구축하는 방향으로 잘못 나아간 반면에 후자는 피터스의 적절한 철학적 오리엔테이션으로 조화를 이루게 되었다. 20세기 중반 철학 분야에서 활동했던 여러 철학자들 가운데 피터스는 그 누구보다 윤리학을 이차질서적인 탐구 영역에 국한시키는 것에 만족하지 않았다. 하지만 그는 전후 사회 분위기뿐만 아니라 퀘이커교도적인 성향을 가지고 인간적인 조건을 개선하고자 하는 의욕을 가지고 있었으며, 앞

에서 기술한 교육에 관련된 본질적인 문제들뿐만 아니라 공공정책 영
역에 대한 윤리학적 사고를 전개하였으며 1967년, 초등교육에 대한 플
라우든 보고서(Plowden Report)에 대해 비판을 가하기도 하였다. 돌
이켜 보건대 이러한 점에서 그를 철학 분야에서 보다 광범위하게 다루
어진 바 있는 규범윤리학과 응용윤리학의 초기 선구자로 이해할 수 있
을 것이다.

그는 새로운 교육철학을 창안해 냈을 뿐만 아니라 그러한 교육철학
이 성장할 수 있는 기반을 구축하는 데 힘을 기울였다. 즉, 영국교육철
학회를 창립하였으며, 《교육철학지》(Journal of Philosophy of Educa-
tion)를 창간하였다. 그는 오늘날 교육철학 분야에서 활동하고 있는 학
자 및 교사들로 구성된 거대하면서도 세계적인 학문공동체를 결성한
대부로, 처음에 이 분야에서 활동했던 그와 그의 동료들은 교육의 근본
적인 문제에 대한 탐구를 통해, 이후 이 분야의 발전에 도움이 될 만한
아젠다를 마련하였다. 교육철학 분야의 최근 연구는 점차 파편화되어
가고 있으며 별로 중요하다고 할 수 없는 연구에 더 많은 관심을 기울
이는 경향이 있지만, 피터스의 획기적인 연구는 많은 사람들이 관심을
갖는 주제에 심취하도록 주의를 계속해서 환기시켜 주고 있다.

이 점이 바로 내가 리처드 피터스의 연구에서 다뤄진 주요 주제들에
대한 쿠이퍼스와 마틴의 설명 및 비판적 논의를 환영하는 이유이다. 지
금까지 피터스의 연구에 대한 단일 규모의 저술들이 있기는 하지만 이
책은 그에 대한 풍부하면서도 종합적인 설명을 해낸 최초의 저술이라
는 점에서 그의 저작들 간의 상호 관계를 이해하는 데 도움을 줄 것으
로 보인다. 이 책은 피터스의 사상에 익숙하지 않은 사람들에게 그의
사상을 이해할 수 있도록 안내해 주는 역할을 할 것이다. 뿐만 아니라
이 책은 우리들이 교육철학에서 중시하는 주요 테마들을 다시 숙고하

도록 해 줄 것이다.

영국 런던 대학교

교육연구소 교수

존 화이트(John White)

| 감사의 말씀 |

제4장의 자료는 본래 크리스토퍼 마틴이 《교육철학지》(*Journal of Philosophy of Education*), 제43권, 제1호(2010년), 143-160에 게재한 "The Good, the Worthwhile, and the Obligatory: On the Moral Universalism of R. S. Peters' Conception of Education"과 《교육이론》(*Educational Theory*)에 게재한 "R. S. Peters and Jürgen Habermas: Presuppositions of Practical Reason and Educational Justice", 제59집(2009), 1-15에 소개된 것이다. 우리는 이 논문들을 재출판할 수 있도록 허락해 준 두 학회에 감사드린다.

제1부

지적 여정

교육철학에 있어서 피터스의
분석적 패러다임

1. 서론

20세기에 단기간에 걸쳐 철학의 한 분야에 엄청난 영향을 끼친 인물이 있다면, 그가 바로 피터스(Richard Stanley Peters)이며, 그 분야는 바로 교육철학이다. 허스트(Paul Hirst)는 피터스가 교육철학에 끼친 공헌에 대해 다음과 같이 적고 있다.

> 우리가 어떤 특정 문제에 대해 그가 내린 최종 결론에 동의를 하건 하지 않
> 건 그가 교육 문제들을 철학적으로 논의하기 위한 새로운 방법을 도입하고
> 새로운 숙고를 하도록 안내했다는 점만큼은 인정되어야 한다. 그의 이러한
> 노력의 결과, 교육적 결정을 내리기 위한 새로운 수준의 철학적 엄밀성(嚴密
> 性)이 마련되었으며, 철학적 숙고의 중요성이 새로운 의미를 가지게 되었
> 다. 리처드 피터스는 교육철학의 혁명(革命)을 이루어 냈으며, 이 영역에 참
> 여하고 있는 많은 사람들의 연구가 증언을 하고 있듯이, 앞으로 그가 이루어

낸 이러한 변화를 계속 이끌어 내기는 어려울 것이다(Hirst, 1986, pp. 37-8).

허스트가 적절히 지적한 바와 같이, 그의 상세한 견해들은 아직까지 논의 중에 있기는 하지만 대부분의 사람들이 현대 교육철학을 수립한 선구자들 중에 한 사람이라는 점을 인정하고 있다. 1960년대와 1970년 대에 그는 교육 문제와 교육 정책을 다루기 위해 그리고 교육철학 분야에 항구적인 질문을 던지기 위해 소위 분석적 패러다임을 도입하고 발전시키려는 의욕적인 철학적 계획에 착수하였다.[1] 이 기간(20년)동안 그는 교육의 본질 및 정당화뿐만 아니라 자유교육 및 도덕교육의 개념, 나아가 오늘날 사회에서의 교사훈련 문제에 대해 섬세하고도 종합적인 철학적 견해를 발전시켰다.

이 책에서 우리는 피터스가 전개한 연구의 기본 방향과 그의 견해의 핵심적인 아이디어들을 소개하고 맥락화하며, 그것들을 비판적으로 논의하고자 한다. 이 서론부에서는 피터스의 삶을 소개한 후 피터스가 분석적인 교육철학의 패러다임을 도입한 이유와 도입 과정에 대해 설명하고자 한다. 이어서 우리는 이러한 패러다임의 본질이 무엇인지, 그리고 그러한 패러다임에 핵심이 되는 개념 분석의 방법론이 무엇인지를

---

1 "패러다임"이라는 용어는 원래 토마스 쿤(Thomas Kuhn)이 사용한 말로, 과학사 및 과학철학 분야에서 과학연구의 특정한 전통에서 비롯되는 모델을 제시하는 구체적인 과학적 실제의 사례를 언급하는 것이다. 이러한 패러다임의 예로는 물리학 분야에서 아리스토텔레스의 **피지카**(*Physica*)와 뉴턴의 **프린시피아**(*Principia*)를 들 수 있다. 이와 마찬가지로 우리는 피터스의 "분석적 패러다임"을 교육철학 분야에서 선례가 없는, 말하자면 이 분야에서 다른 경쟁적인 모델들로부터 추종자들을 끌어들일 만큼 영향력이 있는 사례로 생각한다. 느슨한 의미에서 말하더라도 이것은 피터스를 사로잡았던 일련의 교육 문제들의 집합을 뜻하는 것이며 그러한 문제들을 해결하는 분석적 방법론을 지칭하는 것이다.

밝히고자 한다. 그다음에 우리는 그가 걸어온 지적 여정과 주요 저작들을 소개하고자 하며 마지막으로는 이 책의 서술 계획을 밝히고자 한다.

2. 피터스의 생애

리차드 스탠리 피터스(Richard Stanley Peters)는 1919년 10월 31일 인도의 우타 프라데쉬(Uttar Pradesh)주에 있는 럭나우(Lucknow)에서 네 명 중 둘째로 태어났다.[2] 그의 아버지는 인도 경찰로 근무하다가 경무관으로 퇴직하였다. 인도에서 그의 마지막 역할은 베나레스의 마하라자(Maharaja of Benares)가 왕위에 올랐을 때 그의 교육과 업무를 돕는 것이었다. 피터스는 유아 시절, 건강이 안 좋아 영국에 있는 조부모에게 보내졌는데, 7세에 그는 브리스틀(Bristol) 가까이에 있는 다운스 스쿨(Downs School)에 입학하였으며, 여기서 사립학교인 클리프톤 칼리지(Clifton College)에 입학할 수 있는 자격을 얻었다. 그는 거기서 1933년부터 1938년까지 재학하였으며, 1938년(19세)에 옥스퍼드의 퀸스 칼리지(Queen's College)에 진학하였다. 그는 영국 식민지에서 근무하는 부모를 가진 다른 아이들과 마찬가지로 부모가 집에 올 때까지 학교에 가거나 형제들 및 친인척과 시간을 보냈다.[3]

---

2 피터스의 전기 자료는 런던의 아카이브와 M25(AIM25), 런던 대학교 교육연구소, 《타임스》(2012년 1월 27일자)에서 모은 것이다. 좀 더 자세한 내용은 콜리츠(Collits)의 『피터스: 한 인간과 그의 저작』(1992)에서 가져온 것인데, 이 책은 가장 유용하며 광범위한 전기적 정보를 제공하고 있다. 우리는 피터스의 생애에 대한 우리의 간략한 설명을 신속하게 편집해 준 헬렌 킬릭(Hellen Killick)에게 감사드린다.

3 조지 오웰(George Orwell)로 널리 알려져 있고, 나중에 『동물농장』(*Animal Farm*)과 『1984』(*Nineteen Eighty-Four*)라는 소설의 작가로 알려진, 공휴일 개인 교사

피터스의 형인 모리스(Maurice)가 영국 해군에 입대하였을 때 그는 입학 시험에 합격하여 장학금을 약간 받고는 옥스퍼드 대학교에 입학하였고, 1938년부터 1940년까지 퀸스 칼리지에서 고전을 공부하였다(물론 한 학기 동안 신학도 공부하였다). 그러나 제2차 세계대전이 발발하자 학업이 어려워졌고 1942년이 되어서야 문학사 학위를 받을 수 있었다.

1938년에서 1944년 사이의 기간은 다음 세 가지 관점에서 피터스에게 매우 중요한 시기였다.[4] 첫째, 전쟁이 발발했을 때까지 그는 퀘이커교도(Quaker)—프랜즈 교회(Society of Friends)의 구성원—였는데, 이 점은 그의 종교적 믿음과 감정이 어떠한 것인지를 잘 말해 준다. 퀘이커교도들이 양심적인 병역거부자들이었듯이 그는 징집당한 것이 아니라 육군성에서 운영하는 우정야전단(Friends Ambulance Unit)에 지원한 것이었다. 1940년 그는 영국이 포격을 받는 동안 이스트 엔드(East End, 영국 동부 지역)에서 복무하였으며, 우정구호서비스단(Friends' Relief Service)이 런던에 생활 재건을 위한 청소년센터를 설립하였을 때 그곳에서 일을 했다.

둘째, 그는 철학과 심리학을 공부하기 위해 런던 대학교 버크벡 칼리지(Birkbeck College)에 시간제 학생으로 등록하였다. 셋째, 그는 1942년(23세)에 마가렛 던컨(Margaret Duncan)과 결혼하였으며, 슬하에 세 명의 자녀를 두었는데, 이들 중 둘은 입양한 아이들이었다. 가정과 경제적인 이유로 그는 청소년센터를 사임하고 고전을 가르치기 위해 서머셋(Somerset)에 있는 시드콧 퀘이커 문법학교(Sidcot Quaker

---

였던 에릭 블레어(Erick Blair)는 피터스에게 지속적인 영향을 주었다. 이 점에 대해서는 Peters(1974d)를 보라.

4 이 시기에 대한 그의 회고에 대해서는 Peters(1974e)를 보라.

Grammar School) 교사로 임명받았다. 전일제로 가르치는 동안 그는 주말하다 런던을 여행하면서 버크벡 칼리지에서 강의를 들었으며, 전일제로 공부하기 위해 1946(27세)년에 시드콧 학교 교사를 사임하고 3개월 안에 학위를 획득한 후 철학과 심리학을 공부하기 위해 버크벡 칼리지 박사 과정 자격을 얻었다. 그리하여 그는 버크벡 칼리지에서 시간제로 강사 생활을 하며 학자로서의 길을 걷기 시작하였다.

1949년(30세), 피터스는 심리학적 탐구가 어떤 논리적인 지위를 차지하고 있는가에 관한 연구로 철학박사 학위를 받았고, 그때부터 1962년까지 버크벡 칼리지 철학 및 심리학과에서 부교수로 재직했는데, 거기서 그는 두 학문 간의 연계 학위를 마련할 필요가 있다는 생각을 가지게 되었다. 그때까지 그는 런던의 병든 부모를 돌보고 경제적으로 지원했으며 주말에게는 에섹스(Essex)에 있는 가족들에게 돌아가곤 했다. 그의 아내는 메리 킬릭(Mary Killick)과 함께 사립간호학교를 운영하였는데, 그녀는 나중에 케임브리지 대학교의 교육연구소 부교수가 되었다. 메리 킬릭은 피터스의 동료였으며 나중에 그가 과로로 인해 쓰러진 뒤 조울증을 앓았을 때 그를 돌본 간병인이기도 했다.

피터스는 교육을 개선하려는 강한 믿음을 가지고 매우 열정적으로 임했으며 그것을 이론적인 기반 위에서 성취해 내고자 하였다. 버크벡 칼리지에서는 전일제로, 런던 대학교 정경학부에서는 시간제로 강의하면서 《타임스》와 BBC 방송국을 위해 일하기도 하였다. 그의 BBC 대담은 정치적, 심리학적, 교육학적인 주제들과 관련된 것이었으며, 그 중 하나는 교육목적에 관한 것이었다.[5] 1961년(42세), 쉐플러(I. Schef-

---

5 피터스의 대담 대부분은 처음에 1929년 BBC에 의해 창간된 주간지 《청취자들》(*The Listeners*)에 실려 있었는데, 이 잡지는 1991년 폐간되었다. 그의 대담 내용은 그가 발간했던 조그마한 책자인 『권위, 책임 그리고 교육』(*Authority, Responsibility, and*

fler)교수가 이러한 대담의 일부를 듣고는 방문교수 자격으로 그를 하
버드 대학교에 초빙하였다.

1962년(43세), 피터스는 1947년에 설치된 런던 대학교 교육연구소
의 초대 소장이었던 리드(Louis Arnaud Reid)교수의 후임으로 이 대
학의 교육철학 교수로 임명되었다. 1963년 12월 그는 "입문으로서의
교육"(Education as Initiation)이라는 주제로 취임 연설을 하였다. 이
학과의 학과장으로서 그는 야심찬 목표를 세우고 이를 구현하기 위해
최선을 다했다(하루에 18시간을 일함). 정치가, 행정가, 선생, 연구자
로서 교육철학을 발전시키려고 최선의 노력을 다했으며, 교육연구소가
1960년대 경제적 발전과 사회적 실험의 배경 속에서 중요한 역할을 해
내는 기관이 될 수 있도록 그 기능을 확장하려고 하였다. 재임 기간 동
안 그는 학문적으로나 행정적으로 만족할 만한 성공을 거두었다. 그가
몸담고 있던 교육철학과는 영어권 국가들에서 가장 크고 존경받는 학
과가 되었으며 1968년(49세)까지만 해도 175명의 대학원생들이 공부
를 하고 있었다. 피터스가 이끄는 그룹은 '런던 노선'(London Line)이
라는 이름으로 불리었으며, 이 그룹 안에는 허스트(Paul Hirst), 디어
든(Robert Dearden), 엘리엇(Ray K. Elliott), 쿠퍼(David Cooper),
그리고 화이트(John White) 등이 포함되어 있었다. 피터스는 1964년
(45세)에 영국교육철학회를 창립하였으며, 1975년(56세)까지 이 학회
의 회장을 지냈다. 그는 이 학회의 연차대회 편집장이었을 뿐만 아니라
《교육철학지》(Journal of Philosophy of Education)의 초대 편집장이었
다. 또한 그는 루트르지와 케간 폴(Routledge and Kegan Paul)이 출판
하는 《교육철학국제문고》(International Library of the Philosophy of

Education, Peters, 1959)에 다시 등장한다.

Education) 시리즈의 창립자이며 편집장이도 했다. 그는 해마다 이스터 철학학교(Easter School of Philosophy)를 열어 매킨타이어(Alasdair MacIntyre), 함린(David Hamlyn), 윈치(Peter Winch), 그리고 윌리엄스(Bernard Williams)와 같은 탁월한 철학자들이 교육에 관련된 주제들을 다루도록 권고했고, 1973년(54세)까지 교육철학을 존경받을 만한 응용철학으로 만들었으며, 그리하여 같은 해에 에섹터(Execter)에서 '철학자들이 교육을 논하다'(*Philosophers Discuss Education*)라는 이름으로 왕립철학연구소를 협동 조직할 수 있었다. 피터스는 자신의 세계적인 인지도를 확인하면서 피터스는 세계 여러 대학들에서 초빙을 받았으며 1966년(47세) 미국국립교육아카데미의 회원으로 선출되었다. 1967년, 1969년 그리고 1971년 그는 "빙햄톤 서클"(Binghampton Circle)에 참여했는데, 이 서클은 미국의 지도적인 심리학자들과 철학자들의 모임으로, 주로 학문 영역들 간의 주제를 토론했고, 그 토론의 결과는 미첼(Theodore Mischel)에 의해 편집되었다. 한편, 그는 자신의 전 생애 동안 열렬한 골퍼이기도 했다.

1971년(52세)에서부터 1974년까지 피터스는 교육연구소 내의 교육학부장을 겸직하게 되었다. 1970년대 초 정치적이고 경제적인 분위기가 급속하게 바뀌고 있었는데 세계적인 경제침체가 이루어지는 동안 1970년에 마가렛 대처(Margaret Thatcher)가 교육과학부 장관으로 임명되었다. 1972년(53세), 교사훈련프로그램 조직에 관한 제임스 보고서(James Report)와 제도적 합리화에 관한 1972 정부백서(白書)가 런던 대학교 교육연구소의 주된 관심사가 되었다.[6] 이처럼 매우 중요한

---

6 역자주: 1972백서(1972 White Report)는 백색 표지로 된 보고서로 영국 정부의 많은 명성과 악명을 받은 공적 사건에 대한 조사의 공식적인 정부 보고서다. 정부의 각 분야, 외교, 경제 등 현황을 밝히고 미래정책을 설명하기 위해 발표하며, 백서는 정부

정치적이고 행정적인 문제들은 학과의 바쁜 일정을 수행해야 하고, 지나친 교수 의무를 수행해야 하며, 왕성한 저술과 출판을 해야 하는 그에게는 큰 부담이었다. 그는 1974년(55세)말 학부장으로서의 소임을 마치고 나서, 읽고 사색하고 토론하는 시간을 늘리고 싶어 했다.

1975년(56세) 초, 그가 오스트랄라시아(뉴질랜드)에 도착했을 때 극적인 사건이 발생하였다. 이미 그곳에서는 수많은 연설 약속이 잡혀 있었으나 신경쇠약에 걸렸으며, 나중에 런던에서 조울증 진단을 받아 지속적인 학문활동을 접어야 했다. 그는 활동할 수 있는 기력을 회복하기는 했지만 다시는 저술활동을 할 수 없게 되었다. 피터스는 자신의 지위를 내려놓고 연구교수로 임명받은 1980년(61세)까지 학과장으로 남아 있다가 1983년(64세) 9월 은퇴하였으며, 런던 대학교는 그에게 명예교수직을 수여함으로써 그를 예우하였다. 매킨타이어, 퀸톤(Anthony Quinton), 윌리엄스는 영국 철학공동체의 이름으로 1985년, 런던 대학교 교육연구소에서 '리처드 피터스가 강의하다' 라는 행사를 개최하여 그의 명예를 높여 주었다. 그의 업적을 한층 더 기리기 위해, 1986년 쿠퍼(David Cooper)는 피터스를 위한 논문들을 편집하여 『교육, 가치, 그리고 마음』(Education, Values and Mind)이라는 책을 출판하였는데, 이 책 안에 글을 실은 허스트, 엘리엇, 그리고 디어든은 철학의 한 분야인 교육철학의 발전에 그가 끼친 기념비적인 공헌을 검증하려고 하였다.

피터스는 2011년 12월 30일 런던에서 향년 92세의 나이로 사망하였으며, 그는 그의 아내인 마가렛과 파트너였던 메리보다 먼저 세상을 떠났다. 유족으로는 두 딸과 아들이 있다.

의 특별한 공적 이슈에 대한 공적 정부의 지위를 나타낸다.

3. 교육철학에 대한 새로운 접근

피터스는 교육철학에 대한 새로운 접근방식을 받아들였다. 1960년대와 1970년대에 교육철학이 전개한 새로운 관점은 분석적인 형태의 철학을 교육문제에 적용한 산물이다. 분석철학은 그 자체로서 20세기 초에 일어난 철학계의 혁명(革命)이다. 그러한 의미에서 피터스는 철학분야의 혁명의 영향을 받아 교육철학을 혁명적으로 바꾸어 놓았다. 그의 혁명적 접근법이 무엇이었는지 이해하기 위해 우리는 우선 1960년대 이전 교육철학에 대한 그의 관점이 어떠했는지를 개관하고 다음으로 분석철학의 일반적인 특징을 확인해 보고자 한다.

1) 대안적 접근

피터스가 시도한 새로운 접근방식은 다른 접근방식들과는 다음 세가지 측면에서 구별된다(Peters, 1966b pp. 62-9; 1983, pp. 30-2). 첫째, 교육철학을 교육원리(敎育原理)로 다루어야 한다는 생각은 그것이 교육의 윤리적, 종교적, 혹은 정신적 기초가 되어야 한다는 생각에 토대를 두고 있다. 이러한 접근방식은 교육적 지혜를 제공하고, 삶의 의미 추구와 관련하여 어떤 가치들을 따르기를 권고한다. 화이트헤드(A. N. Whitehead)의『교육목적』(1929)은 이러한 접근방식을 가장 잘 보여주는 예이다. 교육원리는 심리학, 사회학, 역사학이 경험적인 문제들에 대해 답을 하고 남은 어떤 중요한 문제들에 대한 답으로 주어진다. 하지만 피터스에 의하면, 철학자는 교육원리들을 만들어 내는 데에만 권위를 가지는 것은 아니다. 이러한 원리들은 논리적으로 되섞여 있다고 할 수 있는데, 그것은 이것들이 경험적인 일반화와 가치판단을 혼합해 버린다. 그것들 안에 경험적인 요소가 담겨 있다는 점에서 원리들을 만들어 내는 것이 철학자만의 책임은 아닌 것이다. 이와 다르게 생각한다는 것은 철학의 기능을 과대평가하는 것이며 분화된 교육이론의 본질을 흐리는 것이다. "철학자의 과업을 이렇게 종합적인 것으로 생각하는 것은 한편으로 철학자를 신탁(信託)을 말하는 사람으로 바라보는 것으로, 이는 어디까지나 옛 생각에 의존하는 것이며, 다른 한편으로 교육계에서 끈질기게 버티고 있는 미분화된 교육연구에 기인하는 것이다."(Peters, 1966b, p. 64). 교육연구와 교사훈련에서 교육의 원리들이 중요하다고 할지라도, 혁신되어 가는 지식과 변화하는 조건의 맥락에서 그런 원리들에 대한 명료화와 수정은 인문학과 사회과학 분야 동료들과 협력해야 할 철학자에게 중요한 공동 과업이다.

둘째, 교육철학을 교육사상사(敎育思想史)로 다루는 것은 교육사상 분야에서 탁월한 업적을 남긴 과거의 거장(巨匠)들에게 초점을 맞추는 것이다. 이러한 역사적인 접근방식은 학생들에게 플라톤의 『국가』로부터 루소의 『에밀』을 거쳐 듀이의 『민주주의와 교육』에 이르는 "사자(死者)의 이야기"(tales of the mighty dead)로 안내해 주는 것이다. 과거의 위대한 교육자들의 유산(遺産)에로 입문시켜 주는 것이 바람직한 것이라는 점에 대해서는 아무런 의문을 제기할 수 없겠지만, 그것은 교육철학을 대체하는 것이 아니라 보완하는 것에 지나지 않는다. 피터스에 의하면, 교육철학을 교육사상사로 격하시키는 두 가지 흐름이 있고, 사상이란 한편으로 오히려 피상적으로 혹은 독단적으로 드러날 수 있다. 이러한 일은 사상이 본래의 역사적인 맥락 안에 적절하게 자리를 잡지 못할 때, 그리고 학생들이 그러한 사상을 비판적으로 평가할 수 있는 철학석 기술들을 훈련받지 못했을 때 생겨난다. 다른 한편으로 교육사상이 그러한 방식으로 제시되게 되면 그것이 현대적인 조건 및 현대 교육 문제들과 어떤 관계가 있는 것인지 불분명해진다.

셋째, 교육철학을 순수철학의 교육적 시사점들을 이끌어 내는 것으로 다루는 것은 근본적인 철학적 문제들의 맥락에서 어떤 철학적 입장을 교육 문제들에 적용하는 것이라는 데에 초점을 맞추고 있다. 이러한 접근방식은 교육 문제들을 다루기 위해 실재론(實在論), 관념론(觀念論), 혹은 프래그마티즘과 같은 특정 철학적 이론들의 결과를 이끌어 온다. 이러한 접근방식의 경우, 사람들은 순수철학의 전통적인 문제들을 우선 학생들에게 제시하고, 그런 다음 그것들이 교육 분야에 어떤 시사점들을 던져 주는가를 검토한다. 피터스에 의하면, 이러한 응용철학의 관점에는 기본적으로 한 가지 근본적인 결함이 있다. 앞의 두 가지의 관점이 철학적이지 않거나 철학적으로 순수하지 않기는 하지만—첫 번째 관점은 너무 신탁(神託)과 같고, 두 번째 관점은 일화(逸話)와 같은 반면에 이 세 번째 관점은 너무 추상적이어서 교육적인 것과 관련이 적다는 것이다. 이러한 이유로, 이 응용적인 접근방식은 교수모델(teaching model)로서 뿐만 아니라 철학적 탐구의 구조와 관련지어 볼 때 모호하다고 할 수 있다. 교육철학에 있어서 교수와 학습이란 우리가 논리학, 인식론, 그리고 형이상학 안에 담긴 지극히 이론적인 문제들로부터 시작되기보다는 교육 현장의 구체적인 문제들부터 시작될 때 효과가 더 큰 법이다. 나아가 마음의 철학, 인식론, 그리고 윤리학에서의 철학적 탐구는 그것들이 교육의 실제적인 문제들과 관련을 가질 때 한하여 의미를 가진다. "교육철학이 철학적 특성을 가질 때, 그리고 교육적인 문제들과 서로 의미 있는 관련을 맺을 때 비로소 철학적 탐구가 될 수 있다."(Peters, 1966b, p. 68).

피터스의 새로운 접근방식—교육철학을 교육 문제에 대한 개념분석(*conceptual analysis*)으로 다루는 방식—은 다음 세 가지 측면에서 앞

의 세 가지 접근방식과 다르다. 첫째, 분석적 접근방식은 엄격히 말하
자면 교육자들이 교육실제 및 교육정책을 다룰 때 직면하게 되는 구체
적인 문제와 실제적인 도전에 반응한다. 다시 한번 말하자면, 피터스는
교육철학이란 교육의 실천적인 분야에서 생겨나는 중요한 문제들과 직
접적이고도 분명하게 관련을 맺어야 한다고 강조한다. 둘째, 분석적 접
근방식은 교육철학 분야의 역사적인 인물들보다는 구체적 주제들에 관
심을 가진다는 점에서 비역사적(*ahistorical*)이다. 셋째, 분석적 접근방
식은 반종합적(*antisynthetic*)이다. 말하자면, 철학의 "구식 스타일"(Pe-
ters, 1974b, p. 413)이 지혜와 삶의 의미를 탐구하는 데 있어서 보다
사변적이고, 구성적이며, 종합적인데 반해 철학을 하는 새로운 분석적
스타일은 개념분석의 과업을 수행하는 데 있어서 보다 좁고, 세밀하며,
중립적이다. 따라서 교육철학을 개념분석적으로 다루는 피터스의 관점
은 교육의 실천적인 문제들을 내용으로 바라보면서, (비역사적인) 분석
철학을 형식(形式) 혹은 방법론(方法論)으로 바라보고 있다.

피터스는 이러한 분석적인 접근방식을 창안해 내기보다는 제2차 세
계대전 후 영국의 주류 철학으로부터 수용하였다. 그러므로 교육철학
분야에서 피터스가 시도한 혁명은 대체로 20세기 후반, 철학 분야에서
의 혁명에 의해 이루어진 것이라고 봐야 할 것이다.

2) 분석철학

분석철학이란 무엇인가? 이를 알아보기 위해 우리는 20세기에 전개
된 분석철학의 역사를 다음 네 시기로 나누어 보겠다(Soames, 2003).

(1) 1900-1930년: 케임브리지의 러셀(B. Russell), 무어(G. E.

Moore), 비트겐슈타인(Ludwig. Wittgenstein)에 의한 논리분
석주의

(2) 1930-1945년: 비엔나 서클과 영국 에이어(A. J. Ayer)에 의한
논리실증주의

(3) 1945-1960년: 옥스퍼드의 라일(G. Ryle), 오스틴(J. L. Aus-
tine), 스트로슨(P. Strawson)에 의한 일상언어철학

(4) 1960-2000년: 세계적으로 널리 확산된 과학철학

첫 두 시기에 분석이 주로 논리학, 언어철학 그리고 과학철학에서 이
루어진 반면에 그다음 두 시기에는 분석의 범위가 넓어졌다. 여기에는
마음의 철학, 인식론, 윤리학, 그리고 다른 철학 영역에서의 개념적 분
석이 포함되었다. 아래에서 우리는 명제들의 부분으로서 개념들(con-
cepts)과 문장의 부분으로서 단어들(words) 간의 차이를 구분해 볼 것
이며 이제 우리는 개념들이란 일상적인 언어 및 상식 차원에서 사용된
단어들에 기초하여 분석된다고 말할 수 있을 것이다.

1960년대 초, 피터스는 라일과 오스틴의 일상언어철학에 정통한 철
학자로서 교육철학 분야에 발을 들여 놓았다. 그에게 매력적으로 보였
던 분석철학은 형식화된 실증주의적인 형태의 철학이 아니라 영국의
일상 언어적인 형태의 철학이었다. 결국 그를 위한 철학이란 다름 아닌
"일상언어 분석과 상식적인 가정들에 의존하는 종류의 분석철학이었
다."(Peters, 1983, p. 41).

분석철학은 철학 분야에서 혁명을 불러 일으켰다. 철학의 역사에 있
어서 이 시기에 공통된 현상은 철학적 활동이 명료함, 엄격함, 그리고
논의 절차의 이상(理想)에 맞춰 이루어졌다는 것이다. 분석철학은 도덕
적이거나 정신적인 개선에 초점을 맞추기보다는 진리 및 지식에 초점

을 맞춘다. 즉, "분석철학이 목적으로 하는 바는 삶을 살아가는 데 유
용한 것이 무엇인지보다는 사실이라고 할 수 있는 것이 무엇인지 탐구
하는 것이다."(Soames, 2003, vol. 1, p. xiv). 이러한 의미에서 분석적
접근방식은 중립적이며 과학적이다. 다시 말해, 철학의 과업은 세계의
현상에 관해 언급하는 것이 아니라 일차적으로 언급한 것에 관해 논의
하는 것이다. 분석 철학자는 사람들이 세계에 관해 언급한 주장들의 의
미와 참된 가치를 탐구한다. 이러한 방법으로 분석적 접근방식은 철학
자의 관찰자적 역할을 통합(統合)하고자 한다. "최근 '철학 분야에서
일어난 혁명'의 … 주요 특징은 철학적 탐구가 이러한 이차적인 특성
을 지니고 있다는 점을 명확하게 인식하고 있다는 점이다."(Peters,
1966b, p. 61). "당신이 한 말은 어떤 의미를 가지는가?"라든가 "당신
은 어떻게 아는가?"라는 질문들은 이러한 반성적 태도를 보여 주는 것
이다. 하지만 이러한 이차적인 입장은 단지 분석적인 접근방식이 수동
적인 역할이나 타성에 젖은 역할에 제한되어 있다는 것을 뜻하지는 않
는다. 이것이 기본적으로 분석과 명료화 작업에 관여하기는 하지만 이
는 비판적이고 건설적인 작업이라는 점에서 아무도 이러한 분석적 접
근을 가로막을 수는 없는 일이다. 상식적인 가정들은 비판적 분석의 도
전을 받기 마련이며, 이러한 철학적 활동은 자연히 "개념체계를 재구
성하고, 세계를 기술하는 데 필요한 기본적인 범주들을 새롭게 하려고
한다."(Peters, 1966b, p. 61).

　1960년대 초, 피터스는 분석철학과 교육의 교차점(交叉點)에 서게
되었는데, 이러한 독특한 입장은 이중적인 효과를 가지고 있었다. 하나
는 철학 분야에서, 다른 하나는 교육 연구에 있어서이다. 좀 더 정확하
게 말하자면, 교육철학 분야에 분석적 패러다임을 도입함으로써 "교육
철학은 철학의 한 분야로서 그리고 교육이론의 한 분야로서 자리를 잡

게 되었다."(Peters, 1983, p. 38). 첫째, 분석적 접근방식은 앞에서 설명했던 것처럼 다른 접근방식들보다 더 중립적이고 과학적인 특성을 가지고 있기 때문에 분석적 교육철학은 지혜(智慧)의 탐구나 사상사(思想史)와는 다른, 진정한 의미의 철학으로 수립될 수 있었다. 둘째, 교육철학이 분석적 패러다임 안에 확고하게 자리를 잡음으로써 그것은 심리학 및 사회학과 나란히 교육이론으로 다루어질 수 있었다. 나아가 분석교육철학은 이러한 방식으로 교육이론의 한 분야가 되었을 뿐만 아니라 그 자체로서 학술적인 분야로서 교육의 진지함(seriousness)에 기여를 하게 되었다(Peters, 1973c). 제5장에서 우리는 교육이론의 본질에 대해 다시 다룰 것이다.

4. 분석적 패러다임의 본질

연구 분야로서 교육은 복잡하게 얽혀 있다. 분명히 말하건대, 우리는 일반적인 결론을 끌어내기 위해 그리고 그러한 일반화에 기초하여 교육적 가설을 세우기 위해 실험적 데이터와 경험적 증거를 필요로 한다. 하지만 우리는 교육 연구를 사회과학의 경험적 방법론의 적용에만 제한할 수 없다. 교육 문제를 적절히 다루기 위해서 우리는 개념분석과 가치판단이 반드시 필요하다는 것을 알아야 한다. 교육과학의 비경험적인 측면들과 관련해 볼 때 바로 이 점이 교육철학(philosophy of education)의 중요한 역할이라고 할 수 있다. 피터스의 관점에서 볼 때, 교육철학은 개념분석에 관한 질문들뿐만 아니라 신념, 지식, 행동, 그리고 활동의 근거(根據)가 무엇인지에 관한 질문들에 대해서도 관심을 가져야 한다. 교육철학에 있어서 피터스의 분석적 패러다임은 교육실제 및 교육정책 분야에서 생겨나는 문제들에 대한 개념분석의 방법론의 적용을 넘어 서고 있다. 그에게 개념을 분석한다는 것은 후자의 질문들에 답을 하려고 할 때 필요한 예비적인 작업이며, 그의 관점에서 볼 때, 보다 더 중요한 철학적인 질문들이란 교육실제와 교육정책에 관련된, 특히 정당화(正當化)에 관련된 질문들이다. 우리는 분석적 패러다임의 이러한 두 가지 요소들을 좀 더 자세히 살펴보고자 한다(Peters and Hirst, 1970, pp. 3-12).

1) 개념분석

개념분석이란 무엇인가? 이러한 질문에 대한 답은 다음과 같은 두 가지 작은 질문에 대한 답을 포함하고 있다. 첫째, 개념이란 무엇인가? 우리는 이미 명제(命題)의 부분으로서 개념들과 문장의 부분으로서 단어들이 구분된다는 점을 지적한 바 있다. 사고(思考)와 언어 간의 관계가 논쟁적인 철학적 주제라고 할지라도, 개념을 가진다는 것이 해당하는 단어를 정확하게 적용할 줄 아는 능력으로만 이해되어서는 안 될 것이다. 피터스에 의하면, 동물과 어린이들이 언어를 소유하고 단어를 획득했다고 할지라도 분명한 것은 그들이 세계 안의 대상들에 대해 다르게 행동한 이후에야 비로소 개념들에 기초한 식별이 가능하다는 점이다. 따라서 단어를 정확하게 사용한다는 것은 개념 획득의 충분조건이 아니라 필요조건이다. 이와 더불어, 단어를 정확하게 적용하는 능력과 정확한 식별해내는 능력, 이 두 가지는 그러한 능력들의 구사를 가능하게 하는 원리들의 파악을 전제로 한다. 하지만 개념의 소유가 어떤 능력을 구사할 때 이루어진다고 할지라도 그러한 구사 능력은 개념을 가지기 위해 관찰 가능한 기준이다. 이것은 정확히 개념들이 일상 언어 및 상식 수준에서 사용되는 단어들에 기초하여 분석될 수 있는 공적인 말(그리고 행동)을 통해 얻어지기 때문이다. 일상언어 철학의 실제적인 목표는 어디까지나 단어를 분석하는 것이 아니라 개념을 분석하는 것이다.

"분석이란 무엇인가?"라는 두 번째 질문에 대해 피터스는 다음과 같이 적고 있다.

현재 문제가 되고 있는 개념이란 항상 단어들을 적절히 사용하는 능력과 관련되어 있다는 점에서 우리가 할 수 있는 것이란 그러한 용법을 지배하는 원리 혹은 원리들이 무엇인가를 이해하기 위해 그 단어들의 용도를 검토하는 것이다(Peters and Hirst, 1970, p. 4).

나아가 개념의 주요 원리들을 밝히는 일은 그것을 논리적으로도 필요하고(하거나) 충분한 조건의 맥락에서 정의할 때 가능해진다. 개념분석은 약한 의미 혹은 강한 의미에서 이해될 수 있다. 약한 의미에서 개념을 분석하는 경우 우리는 관련된 단어를 적용하기 위한 논리적인 필요조건들을 밝히려고 하는 반면에, 강한 의미에서 우리는 그러한 적용을 하기 위해 논리적으로 필요하고도 충분한 조건들을 밝히려고 한다. 따라서 우리는 관련 단어를 사용하기 위한 필요하고도 충분한 조건을 드러낼 수 있을 때 비로소 개념을 충분히 분석했다고 할 수 있다.

이러한 분석적 방법은 세 면의 내각의 합이 180°인 기하학적 도형으로 이루어진 삼각형의 수학적 개념과 같은 정확하고도 엄격한 개념들에 적용된다. 이에 반해 개념분석은 모호함과 느슨함을 가진 일상 언어 안의 상식적 개념들과 단어들을 다루는 이상적이고 전형적인 방법론이 될 수 있다.[7] 이러한 이유로, 피터스는 개념분석을 하는 동안 "우리는 흔히 약한 의미에서 특성들을 명확하게 정의하려고 한다"(Peters and

Hirst, 1970, p. 5)는 점을 확인시켜 주고 있다. 우리는 개념을 표현하는 단어를 사용하기 위해서 일반적인 경험적 조건들로부터 논리적으로 필요한(충분한) 조건들을 구분해 내야 한다. 인간존재란 중요한 신경조직을 가지고 있다는 경험적 사실은 사실상 인간지식의 중요한 조건이지만, 이러한 경험적 사실이 그 자체로서 지식의 논리에 속하는 것은 아니다. 왜냐하면 지식이란 반드시 정당화된 참된 신념(信念)으로 인식되어야 하기 때문이다.[8] 아마도 컴퓨터나 지구 밖의 생명체가 중요한 신경조직을 가지고 있지 않다는 사실에도 불구하고 그러한 것들이 지식을 소유하고 있다고 말할 수도 있을 것이다.

2) 정당화와 도덕적 발달

개념분석이 매우 중요한 작업이기는 하지만 그 자체로서 목적을 가지고 있는 것은 아니다. 이미 우리는 피터스의 분석적 패러다임이 교육실제와 교육정책에서 생겨나는 문제들을 다루고 있다는 점을 설명한 바 있다. 또한 우리는 교육이란 복잡한 연구영역으로서 이것이 피터스의 출발점이었다는 점을 지적한 바 있다. 즉 "논리적으로 말해서 교육정책 및 교육실제에 대한 대부분의 질문들이란 복잡한 질문들로, 상이한 탐구형식을 가진 가치판단을 수반하는 것들이다."(Peters, 1964, pp. 139-40). 따라서 교육의 실제적인 영역은 어쩔 수 없이 다음과 같은 가치판단과 도덕적 질문들로 가득 차 있다. 즉, "이론적인 활동들이

---

7 분석적 방법론에 대한 이의 제기와 이에 대한 반론에 대해서는 Peters and Hirst(1970), pp. 6-8을 보라.

8 편의상 우리는 여기서 소위 지식의 "게티어 역설"(Gettier paradox)은 무시한다 (Gettier, 1963).

교육과정 안에 담기기 위해서는 그것들은 빙고나 과일 기계를 작동시키는 방법보다 가치가 있다"거나 "우리는 중등학교에서 체벌을 가해야 하는가?"와 같은 질문들로 가득 차 있다. 이차적 활동으로서 철학은 한 발짝 뒤로 물러서는 일차 질서 수준에서 제기된 이러한 규범적인 문제들에 대해 성찰해 보아야 한다. 이러한 규범적인 문제들이 철학자의 큰 관심을 끈다고 할지라도 이러한 문제들이 충분히 분석되고 개념적으로 명료해지기 전에는 윤리학이나 도덕철학에서 다루어질 수 없다. 즉 "우리는 '벌'(罰)이란 것이 어떤 의미를 가지고 있는가를 분명하게 하기 전에 과연 사람을 벌할 타당한 이유가 있는가를 윤리학 분야에서 다룰 수 없다. 달리 말해서 분석의 문제는 때로 정당화의 문제와 연결되어 있다."(Peters and Hirst, 1970, p. 9).

피터스에 의하면, 개념분석은 다음과 같은 두 가지 중요한 목적을 가지고 있다.

> 첫째, 그것은 우리들로 하여금 한 개념이 다른 개념과 어떻게 연결되는가를 보다 분명하게 보여 줄 수 있을 뿐만 아니라 연결되는 일련의 가정(假定)의 조직망에 의존하는 사회생활의 한 형태와 어떻게 연결되는지 보다 분명하게 알도록 해 준다. … 둘째, 우리는 이 개념의 구조를 적나라하게 드러냄으로써 그것이 도전을 받을 수도 있는 도덕적 가정에 어느 정도 의존하는지를 보여 줄 수 있다(Peters and Hirst, 1970, p. 11).

분석은 개념들을 개념체계에 연결을 짓고, 그것들을 삶의 형식이라는 맥락에 가져다 놓으며, 개념 적용의 상식적 가정들을 발견하게 한다. 하지만 개념분석을 하는 근본적인 목적은 다른 철학적 질문들을 다루기 위한 근거들을 마련하는 것이다. 피터스는 설명하는 것, 정당화하

는 일, 그리고 실천적 행동에 관해 질문을 던지는 것을 교육철학에서
무엇보다 중요하고 핵심적인 일로 생각하고 있다. 특히 정당화의 문제,
즉 신념, 지식, 행동, 그리고 활동의 근거에 관해 질문을 던지는 것은
교육철학의 핵심적인 과업이다. 왜냐하면 피터스에 의하면, 철학이란
기본적으로 사람들이 생각하고 행하는 것에 이유를 제시하는 과업에 관
여하기 때문이다. 철학이란 무엇보다 서구적인 합리적 과업, 즉 가능한
한 가설들에 관한 비판적 성찰의 계획과 중요한 원리를 합리적으로 정
당화하고자 하는 계획을 실현하려는 시도라고 할 수 있다. 이러한 맥락
에서 우리가 말하는 "분석교육철학"이란 바로 이러한 "교육철학"을 의
미한다고 할 수 있다.

　교육한다는 것은 매우 복잡한 활동이기 때문에, 교육철학이 철학의
영역과 분리될 수 없다. 즉, "교육철학은 기존의 다른 철학에 의지하면
서 교육 문제를 해결하는 데 관련이 있는 개별적인 내용들을 모을 수
있다."(Peters and Hirst, 1970, p. 13). 피터스의 관점에서 볼 때, 교육
철학의 내용은 교육실제 및 교육정책에서 발생하는 문제들에 의해 결
정되어야 한다. 즉, "교육철학의 과정(過程)은 철학적 사고를 통해 명
료화할 수 있는 중요한 실천적인 문제들로 나아가야 한다."(Peters,
1964, p. 147). 결론적으로, 모든 철학의 분야들이 교육 분야를 탐구하
는 데 연루되어 있는 것은 아니다. 교육철학의 정박지가 교육적인 관심
사 안에 놓여 있다면, 다음 세 가지의 철학 분야가 교육철학자들에게
가장 중요한 분야가 될 수 있을 것이다. 즉 (1) 마음의 철학, (2) 윤리
학 및 사회철학, (3) 지식론이나 인식론(Peters, 1964, pp. 142-3). 분
명히 교육을 한다는 것은 대부분 마음을 발달시키려는 방향으로 나아
가려는 것이며, 학습과정과 같은 어떤 정신적인 과정을 밟아 나가려는
교육의 과정에 참여하는 것이다. 따라서 교육 개념은 논리적으로 마음

의 개념과 밀접하게 관련되어 있다. 이미 지적한 바 있듯이, 실천적인 분야에서 야기되는 정당화의 문제를 다루기 위해서 교육철학자는 도덕 철학의 영역 안으로 들어가야 한다. 또한 피터스가 부분적으로 또는 기본적으로 지식과 이해의 맥락에서 교육 개념을 분석하기는 했지만, 인식론은 교육철학과 떼려야 뗄 수 없는 관련을 맺고 있다.

교육철학에 있어서 피터스의 분석적 패러다임은 심리학적 요소들을 보다 많이 포함하고 있으며, 다음으로 개념분석, 그리고 정당화의 요소들을 포함하고 있다. 마음의 발달이란 마음의 철학을 전개하기 위한 연구 영역일 뿐만 아니라 경험심리학 특히 발달심리학의 하위 연구 주제이다. 피터스는 철학뿐만 아니라 심리학도 연구하였으며 그는 철학적 심리학에 큰 관심을 가지고 있었다. 특히 동기화와 정서의 개념들에 관심이 많았을 뿐만 아니라(Peters, 1958 ; 1962), 평생 동안 프로이트(Sigmund. Freud), 피아제(Jean. Piaget), 콜버그(Laurence. Kohlberg)의 발달심리학에 관심을 가지고 있었다. 그는 도덕이론의 관점에서 경험심리학 혹은 경험적인 것으로서 "발생학적" 심리학의 이론들을 탐구하였다. 이 점이 바로 왜 피터스가 그의 경력 전반에 걸쳐 아동의 도덕발달과 도덕교육에 깊은 관심을 기울였는가에 대한 이유이다. 지나친 과장을 하지 않더라도 우리는 아동, 아동발달, 그리고 아동교육과 관련된 중요한 도덕적인 주제들이 그의 교육철학 중심부를 차지하고 있다고 말할 수 있을 것이다.

앞에서 설명한 바와 같이, 우리는 교육철학에 있어서 다음 세 가지 질문이 피터스의 분석적 패러다임을 구성하고 있다고 결론지을 수 있을 것이다.

(1) "교육"이란 무엇을 의미하는가?—개념분석에 관한 질문

(2) 교육이 "가치있는 것"이라는 점을 어떻게 아는가?— 정당화에

관한 질문

(3) "도덕적 발달"과 "도덕교육"을 어떻게 적절하게 인식할 수 있는가?—경험(혹은 유사-경험) 심리학의 질문

이 세 가지 주요 질문들은 이 책의 내용을 자연스럽게 구조화하는 데 도움을 준다.

5. 피터스의 지적 여정

피터스의 전기적 자료의 배경과 분석적 패러다임의 기원 및 본질과는 달리 우리는 피터스의 지적 여정 안에서 중요한 사건들을 살펴보고자 한다(Peters, 1974c ; 1983).[9]

피터스는 사립학교인 클리프톤 칼리지에서 고전교육을 받았는데, 여기서 그는 헤로도투스(Herodotus), 아리스토파네스(Aristophanes), 플라톤(Platon), 아리스토텔레스(Aristoteles), 키케로(Cicero), 타키투스(Tacitus)와 같은 거인들에 의해 쓰인 고대 그리스의 역사, 문학, 철학에 몰두하였다. 이러한 고전교육은 그에게 지적 관심거리였으며 이러한 교과목들을 즐겼을 뿐만 아니라 성적도 우수하였다. 지적으로나 정서적으로 그가 처음에 관심을 기울였던 것은 자신의 삶 전체에 중요한 의미를 가지는 종교적인 질문이었다. 이러한 이유로 그는 옥스퍼드에서 고전뿐만 아니라 신학도 공부하였다. 종교와 신학은 그의 지적 발

---

9 피터스의 지적 여정에 관한 자료에 관해서는 콜릿츠(Collits, 1992)에게서 도움을 받았다.

달과정에서 중요한 것이었는데, 그 이유는 철학에 대한 관심을 불러일으켜 주었기 때문이다. "종교에 대한 관심은 나에게 체계적인 철학을 공부하도록 하는 출발점이 되었다."(Peters, 1974c, p. 17). 그는 신학과 영성(靈性)에 대해 관심을 가지고, 특히 마음의 본질에 대한 철학적 질문들에 대해 깊은 관심을 기울이게 되었다. 이것이 바로 그가 버크벡 칼리지(Birkbeck College)에서 철학과 심리학을 공부하게 된 까닭이다.

그는 박사과정에서 학자로서의 정체성을 확립하는 데 도움이 되는 세 가지 지적 영향을 받았다(Peters, 1974c, p. 13). 첫째, 나중에 교육철학 분야에서 자신의 트레이드 마크가 된 전후 분석철학의 방법론을 채택하였다. 비록 그가 유명한 논리 실증주의자인 에이어(A. J. Ayer)가 내세운 인식론적인 주제들—감각자료의 지위와 같은 것들—을 좋아하지는 않았지만, 분석철학적 방법을 물려받았다. 그의 사고 내용에 대해 생각해 보건대 라일의 『마음의 개념』(The Concept of Mind, 1949)은 그에게 지속적으로 영향을 끼쳤다. 둘째, 피터스가 마음의 본질에 관심을 갖자, 심리학 교수이며 그의 박사과정 지도교수인 알렉 메이스(Alec Mace)는 그에게 심리학적 설명, 정서, 그리고 동기에 대해 자기 나름의 견해를 발전시켜 보라고 조언하였다. 이러한 조언은 심리학적 탐구의 논리에 대한 그의 박사논문 안에 담겨 있을 뿐만 아니라 그의 저서인 『동기의 개념』(The Concept of Motivation, 1958)에 잘 나타나 있다. 이 책에서 그는 목적 지향적이고, 규칙-추구적인 행동 설명 모델을 옹호하면서 동기에 대한 심리학적 이론들을 비판하고 있다. 셋째, 런던 대학교 정경학부의 부교수이면서 피터스를 대학원생들의 세미나에 참석하게 해 준 칼 포퍼(Karl Popper)는 과학철학 분야에서 사용하는 반증(反證)과 오류가능성(誤謬可能性)과 같은 주요 개념들로 안내해 주었을 뿐만 아니라 진리와 합리성에 관한 그의 생각에 큰 영향을 주었다. 교육철학 분야에서 피터스의 분석적 패러다임이 방법론적으로 개념분석 기술의 산물이지만, 서구 문화에 있어서 과학과 이성에 대해 포퍼가 제시한 견해의 산물 이상의 것을 말하고 있다는 점에서 그는 여전히 포퍼의 영향하에 있다고 말할 수 있다.

그는 버크벡 칼리지의 강사요 부교수로, 한편으로는 철학과 다른 한편으로 심리학과 사회과학 사이의 경계에서 활동하고 가르쳤다. 하지만 그는 자신의 종교적 신념과 실존적 관심사와는 달리, 윤리학, 사회철학, 그리고 정치철학 분야의 추가적인 연구를 하기 시작했다. 인간행동 설명에 대한 관심과 "인간은 어떻게 살아야 하는가?"라는 질문에 관심을 가지게 됨에 따라 그는 도덕심리학과 도덕적 행동 분야의 주요 테마와 인물들, 특히 프로이트(S. Freud)와 피아제(J. Piaget)의 도덕심리학 분야의 주요 테마들에 대해 연구를 하게 되었다.

이런 동기를 이루는 배경을 기초로 우리는 그가 왜 교육철학 분야로 이동해 갔는지를 설명할 수 있을 것이다. 다음 세 가지 요인들이 그를 교육철학자로 만드는 데 작용하였다(Hobson, 1974, p. 458). 첫째, 피터스는 심리학뿐만 아니라 여러 분야의 철학들을 두루두루 끌어들일 수 있다는 점에서 교육철학에 매료되었다. 이러한 그의 관심사는 모든 것이 통합될 수 있는 교육철학 안에서 가장 잘 실현되었다. 둘째, "그는 권위와 책임과 같은 주제들에 대해 여러 차례의 담화방송을 하기 시작하였으며, 또 다른 토론 주제들을 폭넓게 찾는 동안 그는 교육 목적이라는 주제에 초점을 맞추었다. 그는 이것을 자신의 초기 청소년 사업에서 계속해서 부딪힌 질문, 즉 자신의 목적과 목표가 무엇인가에 관한 질문에 직면했었다는 사실에 비추어 이 주제를 다루고자 하였다."(Hobson, 1974, p. 458). 셋째, 이미 지적한 바와 같이, 교육 및 철학

교수인 쉐플러는 교육에 대한 이러한 담화방송에 매료되어 1961년(42세) 피터스를 하버드 대학교로 초빙하였다.

교육철학 교수로 임명을 받은 후 피터스는 "입문으로서의 교육" (1963a)이라는 취임연설을 했는데, 이 연설은 부분적으로 오크쇼트 (Michael Oakeshott)의 교육적 아이디어에 고무되어 이루어진 것이다. 그가 오크쇼트의 전통주의적 주제들에 모두 동의한 것은 아니지만, "입문"과 "경험의 양식"(modes of experience)이라는 어휘는 그에게서 강하게 시사를 받은 것이다.

> 이제 스스로 입문한 교사는 이러한 활동, 사고 및 행위양식의 편에 서 있는 것이다. … 그에게 그 스스로 입문한 이러한 삶의 목적이나 의미가 무엇인지를 묻는 것은 불필요한 질문인 것처럼 보인다. … 이런 종류의 질문은 문 밖의 야만인들이나 할 수 있는 것이다. … 이러한 것들에 냉담한 사람들이 문명인이 될 수 있을까? 아이들은 어느 정도 그럴 수 있을 것이다. 아이들은 문 밖의 야만인의 위치에서 움직이기 시작한다. 문제는 그것들을 문명의 성채 안에서 얻음으로써 자신이 얻을 때 보게 된 것을 이해하고 사랑하게 된다는 것이다(Peters, 1963a, p. 107).

이미 이 취임연설 안에는 피터스가 후에 전개하고 확장시켜 나간 주요 아이디어들이 담겨 있었다. 교육의 개념, 교육받는 과정, 정서, 자유교육의 이상, 공적 전통의 개념과 같은 주제들에 대한 그의 견해는 이 연설 안에서 윤곽이 드러난 것이다. 어쨌든 교육에 관한 피터스의 초기 진술과 "민주적인 가치와 교육목적"(1979)이라는 논문 안에 나타난 후기 견해 사이에는 놀랄 만한 일관성이 있다. 이 논문에서 그는 교육과 문명적인 삶과 인간적인 삶 간의 관계를 다시 한번 강조되고 있다.

교육의 목적은 사람들이 직업을 가지도록 준비시키는 것이 아니라 삶을 살아가도록 준비시키는 것이다. 하지만 이것을 문자 그대로 받아들이게 되면 오해할 수 있다. 왜냐하면 아마도 여기서 말하는 삶이란 그냥 살아가는 삶을 말하는 것이 아니라 가치 있는 삶을 의미하기 때문이다. … 따라서 교육이 삶을 어떻게 살아갈 것이냐를 배우는 일과 관련되어 있는 한 [사람의] 신념, 태도, 욕구 그리고 정서적 반응이 … 다양한 방식으로 계발되고 훈련되어야 할 것이다(Peters, 1979, p. 34).

6. 피터스의 저술들

학문을 시작하고 마칠 때까지 피터스는 저술의 핵심을 이루는 다섯 권의 책을 출간하였다. 교육철학 분야의 주요 저작이라고 할 수 있는 책들의 내용을 소개해 보자.[10]

그의 주저라고 할 수 있는 『윤리학과 교육』(*Ethics and Education*, 1966a)은 이 분야의 고전(古典)이다. 그는 취임연설에서 제시하였던 분석적 패러다임의 첫 번째의 기본적인 질문—교육의 개념분석에 관한 질문—에 대한 답을 발전시켜 나갔으며, 이어서 두 번째 질문—교육의 정당화에 관한 질문—에 대한 답을 발전시켜 나갔다. 교육실제 및 정책에서 드러난 규범적인 문제들과 관련을 지으면서 피터스는 이 책에서 자유주의적인 관점에서 윤리이론과 사회철학을 다루고 있다. 교육철학과 관련하여 그는 자유, 평등, 우애와 같은 민주적인 원리들을 설명하고 있으며, 자유 민주주의에서 권위와 벌의 문제를 다루고 있다.

---

10 피터스의 저술 전체에 대해서는 Cooper(1986), pp. 215-18을 보라.

이 책은 다른 문헌과 차별화되는 독특한 관점으로 교육철학에 대한 새로운 분석적 접근을 한 문헌 안에 존재하는 간격을 메우려는 의도에서 쓰인 일종의 개론서이다. 그는 1960년대 초에 새로운 문헌을 제공하라는 압력을 받고 있었기 때문에 이 책은 "너무 쉽고 너무 빨리 쓰였으며", "완전하지 않은 상태로" 출간되었다(Peters, 1966a, pp. 8-9). 그가 이 책을 개정할 필요를 느끼고 주요 부분을 다시 작업하려고 하였지만, 그럴 만한 시간을 가질 수 없었으며 결국 신경쇠약으로 뜻을 이루지 못하였다.

피터스는 허스트(Paul Hirst)와 함께 작업한 책, 『교육의 논리』(*The Logic of Education*, 1970)를 출간하였다. 책의 제목이 암시하고 있듯이, 이 책은 논리적으로 필요하고도 충분한 조건의 맥락에서 교육에 대한 개념분석을 전개하고 있다. 대신에 정당화와 윤리학의 근본 문제들에 대해서는 다루지 않고 있으며 이 두 공저자는 교육이란 개념적으로 지식과 이해의 발달과 관련되어 있다는 점에 동의하고 있다. 소위 '지식의 형식' 논의(Hirst, 1965; 1974)를 전개한 허스트는 교육과정(敎育課程)의 구조 및 교수과정에 특별한 관심을 가지고 있었다. 따라서 이 책은 이러한 분야에 어떤 시사를 던져 줄 것인가를 탐색하고 있을 뿐만 아니라 인식론적으로 교육개념 분석과 관련이 있는 여타의 학교 관련 문제들을 탐색하고 있다. 이 책은 교육철학 분야의 핵심 개념들을 보다 더 잘 소개하고 있으며, 전통적이고 주제 접근적인 접근방식과 진보적이고 아동 중심적인 접근방식 사이에서 일어난 논쟁 배경과는 다른 문헌으로 안내해 준다.

피터스 자신이 가장 잘 알고 있다시피 1966년에 저술한 교육 고전과는 별도로, 특수한 연구 계획에 따라 특정 주제를 다룬 전공서를 단행본으로 출간한 바가 없다. 계속 커져 가는 행정적 책임과 읽고 써야 할

시간이 제한을 받음에 따라 그는 어디에선가 출간한 강연 내용이나 소
논문들을 모아 출판할 수밖에 없었다.

피터스가 펴낸 소책자『이성과 동정』(*Reason and Compassion*,
1973a)은 린드제이(Lindsay) 추모 강연 내용과 스워드모어(Swarth-
more) 강의 내용으로 구성되어 있는데, 그의 두 번째 단행본에 가장
가까운 책이다. 분석적 패러다임의 세 번째 질문—우리는 도덕발달과
도덕교육을 어떻게 적절하게 인식할 수 있는가?—에 답하는 가운데,
그는 자신의 윤리이론의 윤곽을 그리고 있으며 도덕교육에 대한 독특
한 접근을 시도하고 있다. '원리에 기반을 둔' 도덕성(principled mo-
rality)의 차원에서 피터스는 도덕적 삶과 도덕교육에 있어 이성(理性)
의 수준과 열정(熱情)의 수준을 통합하기 위하여 콜버그(L. Kohlberg)
가 제시한 인지적인 도덕 발달이론을 대폭 수정하고 있다. 이 책의 말
미에서 그는 자신에게 지적 삶을 살아가도록 동기를 부여한 종교적인
질문으로 되돌아가 이성의 범주 안에서 종교교육에 대한 견해를 피력하
고 있다. 여기서 놀랄 만한 것은 도덕교육뿐만 아니라 교육의 분석 및
정당화에 대한 피터스의 작업이 인류학적이고 형이상학적인 배경으로
부터 영감을 얻고 있다는 점이다. 나중에 그는 지금까지 가장 널리 알려
진『윤리학과 교육』보다 이 책이 자신의 최고의 저작이라고 언급한다.[11]

1973년에 발간된 이 책의 배경에 해당하는 부분들은 1974년에 발간
된『심리학과 윤리적 발달』(*Psychology and Ethical Development*)이라
는 논문 모음집에서 발견된다. 이 책에는 철학적 심리학에 대한 피터스

---

11 2006년 6월 18일, 피터스 저서 모음전 오프닝에서 시그맨(Ruth Cigman)(런던
대학교 교육연구소 교육철학 분야의 상임연구원)이 피터스의 책들 중 어느 책이 가장
존경받을 만한 책인가를 알아보기 위해, "당신 책들 가운데 어느 것이 제일 마음에 드
느냐?"라고 질문했을 때 피터스는 이와 같이 답을 하였다.

의 글이 담겨 있을 뿐만 아니라 1960년대와 70년대의 도덕심리학 및 도덕교육에 대한 그의 글들이 수록되어 있다.

논문 모음집인 『교육과 교사교육』(*Education and Education of Teachers*, 1977)은 피터스 후기 저술을 대표하는 책이다. 여기에는 한 교육의 분석 및 정당화에 대한 1966년 이후의 반성과 이차적 사고가 반영되어 있으며, 다른 한편으로 교사훈련에 대한 그 자신의 독특한 관점이 드러나 있다. 첫 번째 테마와 관련하여 그는 자유교육의 애매성과 모호함을 검토하고 있으며, 두 번째 테마와 관련하여 학문으로서의 교육학 안에 담긴 교육이론의 본질과 대학의 교사교육에 있어서 철학의 위치가 무엇인지를 논하고 있다. 1970년의 공저에서 그랬듯이, 피터스는 제2부에서 자신이 제시한 교육의 '논리'가 교육실제 및 정책 분야에서 생겨나는 문제들—특히 학교제도 및 교사훈련의 문제 —을 해결하는 데 어떤 시사를 던져 줄 수 있을 것인지를 탐구하고 있다.

데겐하르트(Mike Degenhardt, 2010)는 피터스를 좋은 뜻에서 '자유주의적인 전통주의자'라고 부르고 있다. 자신을 자유주의라고 부른다는 소리를 들은 피터스는 자유주의에 대해 다음과 같이 설명한 바 있다.

> 내가 이해하기로, 자유주의란 사람들로 하여금 자신의 도덕적 입장을 가질 수 있도록 고무시키는, 소위 개인 존중에 기반을 두고 있다. 하지만 사람들이 도덕적인 경험의 양식으로 입문되어 자신들이 가진 복잡한 유산을 공유하고 나아가 그것을 자신들의 것으로 만들지 않는 한, 이러한 주장은 교육적으로 말해서 공허한 것이다(Peters, 1973a, p. 10).

교육을 하기 위해서는 공적인 유산(遺産)이 필요하다는 그의 믿음 —그는 로렌스(D. H. Lawrence)가 '성역'(聖域)이라고 부른 것을 외경시하고 있다—은 피터스를 '전통주의자'로 만들어 버렸다. 사실 그는 저작을 통해 우아한 스타일로 이러한 자유주의적인 전통주의를 드러내고 옹호하고 있다. 의심할 바 없이 그의 저작이 시간에 쫓겨 때로는 너무 성급하게, 그리고 세련되지 못하게 쓰이긴 했지만, 그의 아이디어는 명료하며, 그의 견해는 교육의 섬세하고도 매력적인 측면을 드러내기에 충분했다. 이러한 점에서 그는 플라톤(Platon)이래 교육철학사에서 중요한 인물로 계속적인 주목을 받고 있다.

7. 이 책의 기본 개요

교육철학에 있어서 피터스의 분석적 패러다임의 기본 구조는 이 책의 직접적인 저술 계획과 관련이 있다. 2–4장에서 우리는 교육 개념에 대한 피터스의 분석(분석적 패러다임의 첫 번째 요소)을 비판적으로 살펴보고, 그가 적용한 이 개념의 특수한 의미를 정당화하고자 한 그의 계획(두 번째의 분석적 요소)을 살펴보고자 한다. 우리는 1963년 취임 연설부터 1979년 "민주적 가치와 교육목적"에 이르기까지 교육목적 및 교육과정의 본질에 관한 그의 사고의 발전과정을 추적하고자 한다. 우리는 피터스의 정당화 계획에 있어서, 특히 소위 교육을 정당화하기 위한 "선험적 논의"(先驗的 論議)를 살펴보고자 한다. 또한 우리는 교육실제와 정책에서 생겨나는 구체적인 문제들을 다룰 때 언급했던 "원리에 기반을 둔 도덕성"의 윤곽을 살펴보고자 한다.

제5장에서 우리는 교육에 대한 피터스의 분석과 정당화를, 서구문화에서 이루어진 자유교육의 고전적 이상(理想)과 비교해 보고자 한다. 이러한 맥락에서 우리는 교사교육에 있어서 교육이론의 본질적인 부분

으로서 자유교육에 대해 그가 행한 역할뿐만 아니라 인문학과 삶의 질 사이에서 그가 간과했던 것이 무엇인지를 밝히고자 한다.

제6장과 제7장에서 우리는 도덕발달과 도덕교육에 대한 피터스의 견해(세 번째 분석적 요소)를 비판적으로 고찰하려고 한다. 도덕성에 대한 그의 다양한 개념의 견지에서, 그가 정서교육을 포함하여 도덕교육에 대한 종합적인 접근방식을 마련하기 위해 도덕발달에 대한 콜버그의 인지이론을 어떻게 보완하였는지를 밝히려고 한다. 나아가 우리는 이성과 열정 간의 관계에 대한 그의 통합적 견해, 삶의 수준에 대한 인류학적 견해, 그리고 교육의 본질과 중요성에 대한 보다 종합적인 설계의 배경이 되는 종교교육에 대한 그의 형이상학적 견해를 탐색하고자 한다.

마지막 장에서 우리는 피터스의 분석적 패러다임의 교육철학이 1960년대와 1970년대뿐만 아니라 오늘날 어떤 영향을 끼쳤는지, 그 관련성이 무엇인지를 논의하고자 한다.

이 책은 공동으로 집필되었다. 우리 두 사람은 피터스의 교육철학에 깊은 관심을 가지고 있기는 하지만 서로 다른 지적 전통을 가지고 연구하고 있기 때문에 특별한 관심을 기울이는 부분도 서로 다르다. 스테판 쿠이퍼스는 제1장, 제5장~제7장에 관심이 많았고, 크리스토퍼 마틴은 제2장~제4장에 관심이 많았다. 제8장은 공동 작업을 하였다. 우리는 현대교육철학 분야에서 "피터스로의 복귀" 운동이 교육이론의 구성 요소로서 뿐만 아니라 철학의 한 분야로서 학문(교육철학)의 진지함을 회복하고 그 책임을 다하는 데 도움을 줄 것으로 믿는다.[12]

---

12 이 점은 또한 우리가 최근에 출간한『오늘날 피터스 읽기』(Cuypers and Martin, 2011)를 공동 편집하게 된 계기가 되었다.

제 2 부

피터스 교육사상의
비판적 고찰

교육의 개념, 교육목적,
그리고 교육의 과정

1. 서론

우리가 제1장에서 살펴본 바와 같이 교육 개념의 본질, 범위에 대한 피터스의 철학적 탐구는 두 부분으로 나누어진다.

(1) "교육"이란 무엇을 의미하는가? — 개념분석(槪念分析)에 관한
　　질문
(2) "교육"이 가치있는 것이라는 점을 어떻게 알 수 있는가?—정당
　　화(正當化)에 관한 질문

이 장에서 우리는 기본적으로 가치 및 실제와는 확연히 구분되는 영역으로서 교육에 방향을 제시하는 목적, 과정 그리고 내용의 기저를 이루는 의미(혹은 의미들)에 관한 질문들을 포함하는 (1) 교육의 개념분석에 초점을 맞출 것이다. 이를 좀 더 단순화하게 표현해 보자. 즉, 누

군가가 교육받았다고 했을 때, 그것이 의미하는 것은 무엇인가? 첫째, 우리는 피터스가 교육의 "목적들"을 어떻게 다루었는가—교육적 논의에서 목적의 개념은 어떤 기능을 하는가—를 상술함으로써 그의 분석적 접근방식을 설명하고자 한다. 둘째, 우리는 피터스의 논의들이 의미 깊은 방식으로 그 용어를 적용하려는 사람에게 논리적으로 전제되어 있는 기준들을 상술함으로써 교육의 개념에 대한 그의 보다 일반적인 분석방식을 살펴보고자 한다.

2. 교육의 "목적들": 개념적 탐구

개념분석의 목적은 기본적으로 명료화(明瞭化)에 있다. 분석적 관점에서 볼 때, 광범위하고 이론(異論)의 여지가 있는 교육정책 및 교육실제의 영역을 적절하게 이해하는 일, 또는 실제로 교육이 무엇인가를 결정하는 일에는 우선 어떤 일관되고 본질적인 논의의 한계 및 윤곽을 짓는 엄격한 개념적 작업이 요구된다. 달리 말하면 우리는 교육, 그리고 교육과 관련이 있는 하위 개념들, 예컨대, 목적, 자질, 그리고 과정에 대해 언급할 때 그것이 무엇을 의미하는지를 바르게 이해해야 한다. 그렇지 않으면 그러한 논의는 일관성을 잃게 될 것이다. 내가 생각하는 교육이라는 말의 의미는 당신이 생각하는 교육이라는 말의 의미와 전혀 다르기 때문에 그 결과 목적, 정책, 혹은 내용에 대한 논쟁은 사물에 관한 의견이 일치하지 않듯이, 그 어느 곳에도 이를 수 없게 된다. 피터스가 지적한 바와 같이(1970c, p. 9), 개념분석은 내용에 관한 질문에 답할 때 별로 기여를 하지 못하지만, 내용에 관한 질문을 보다 정확한 형식으로 묻도록 해 준다. 피터스에게 본질적인 문제를 마음 내키는 대로 다루는 것은, 우리가 어떤 탐구 영역의 밑바탕에 깔려 있는 "논리적인 특징"과 "개념적 진리"의 명확한 의미를 알지 못하는 한, 문제를 더욱 혼란스럽게 만들 뿐이다. 이러한 점에서 우리는 개념이란 어떤 범위를 가지고 있으며, 어떤 사려 깊은 사람이 그러한 개념을 사용할 때 마음속에 가질 수밖에 없는 규칙들을 가지고 있다고 생각해 볼 수 있다.

예컨대, "정의"(正義)의 개념을 생각해 보자. 어떤 사람은 정의란 보복(報復)을 뜻한다고 주장할 수도 있고, 다른 사람은 정의란 공평(公平)함을 뜻한다고 주장할 수도 있으며, 또 다른 사람은 정의를 업보적(業報的)인 혹은 실존적인 것으로 이해할 수 있다. 정의의 개념에 대한 명료화 혹은 그러한 개념이 쓰이고 있는 영역에 대한 명료화가 없이는 정의의 목적이나 수단에 대한 이러저러한 주장들은 다루기 힘든 어중간한 잡동사니 견해가 되어 버릴 것이다. 최소한으로 말해, 정의의 개념에 대해 언급할 때에 우리가 염두에 두어야 하는 것이 무엇인지를 분명하게 제한을 할 때 비로소 우리는 정의란 무엇으로 이루어져 있는지 결정하는 과정에서 본질적인 문제들을 보다 정확한 용어들로 좁힐 수 있다. 예컨대, 분석철학자는 "여러분이 그녀를 정의롭게 대했는가 혹은 그녀를 공평하게 대했는가?"와 같이 말하는 것은 이상하다고 지적할지도 모른다. 하지만 이것은 "여러분이 그녀를 공평하게 대했다면 그것이 곧 그녀를 정의롭게 대한 것이다"라는 의미를 부여하는 것이라고 할 수 있을 것이다. 이러한 관점에서 분석철학자는 "공평함"이란 정의와 같은 뜻을 가지고 있는 것이 아니라 정의의 개념을 만족시키는 기준들의 하나라고 결론지을 수 있을 것이다. 따라서 정의의 본질이나 범위에 대한 논쟁들은 공평함의 내용과 그 개념 안에 포함되어 있는 다른 기준들과의 관계에 관한 상세한 설명을 요구하게 된다. 하지만 우리는 적어도 공평함이란 정의에 관한 질문들에 답할 때 충분하다고 할 수 없

을 것이다. 이 점에 대해 또 다른 방식으로 말해 보면, 정의의 개념이란
우리가 다른 생각들을 발전시켜 나가는 명료한 문제들의 집합임을 암
시하고 있다. 우리의 생각은 서로 다른데도 우리는 최소한, 의미 깊은
비교를 하거나 특정한 경우에 실제로 정의로운 행동이라고 할 수 있는
것에 대해 동의하도록 하는 공통된 개념적 배경을 가지고 작업을 하게
된다.[1]

피터스는 이러한 분석적 접근방식을 교육—그가 보기에 매우 혼란
스럽고 경쟁적인 개념—에 보다 일반적으로 적용하고 있다. 이러한 해
석에 비춰 볼 때, 교육(가치, 정책, 실제)에 대한 생각(들)이 해결할 수
있는 문제가 무엇인지 결정하기 전에 교육의 개념이 본질적으로 다루
는 문제가 무엇인지를 드러내야 한다(Martin, 2012, pp. 112-16). 이
러한 방법, 그리고 그 한계의 참된 의미를 찾기 위해 우리는 교육과 밀
접하게 관련된 또 다른 개념—교육목적의 개념—을 좀 더 자세히 살펴
보는 것이 좋을 것이다. "목적"(aims)의 개념은 분석철학자에게 좋은
논의의 주제로 등장한다. 이는 교육목적에 관한 의견의 불일치가 대부
분 정책 수준에서 일어나고 있다는 데 기인한다. 나아가 철학적 논의는
"목적"이라는 용어를 정책이나 실제를 참고하는 것으로서가 아니라 화
이트헤드가 "교육목적"에 대한 논문(1929)에서 그랬던 것처럼, 일반적
이고 기본적인 목표(purpose)의 원리로 여길 때 복잡해진다. 따라서
피터스는 교육의 목적 언저리에서 이루어지는 논의 이면에 놓인 역사
적이거나 사회학적 설명이나 교육목적에 대한 정당화에 관심을 가지기
보다는 "교육목적"에 대한 요구가 교육적 논의에서 어떤 기능을 하는

---

1   분석 방법으로서 개념/생각의 구분에 대해 더 알아보고자 한다면 Rawls(1999)를
보라.

가에 관심이 있다(Peters, 1967a, p. 11). 그렇다면 교육이 목적을 가져야 한다고 말할 때 그것은 어떤 의미를 가지는가?

이제 피터스는 분석적 명료화의 작업을 시작한다. 즉, 그는 듀이와는 달리, 교육목적의 개념이란 "목표"의 개념과 동일한 것이 아니라고 주장하면서 논의를 시작한다. "의도" 및 "동기"와 마찬가지로 "목표"와 "목적"이라는 용어는 모두가 개념적으로 행동과 활동의 영역에 속한다. 하지만 "교육목적"이란 무엇을 의미하는가를 명료하게 하려고 할 경우 이 두 용어들 간에 반드시 밝혀야 할 중요한 차이가 있다(p. 12). 피터스는 손을 들어 올리는 어떤 사람의 예를 들고 있다. 우리는 그 사람이 저녁식사 파티와 같은 어떤 특수한 상황에서 손을 들어 올렸다고 생각해 볼 수 있는데, 이 경우 우리는 손을 들어 올린 사람이 자신의 행동을 어떻게 이해하고 있는지를 알기 어렵다. 그러므로 우리는 자연스럽게 다음과 같은 질문을 던질지도 모른다. 즉, "손을 들어 올리는 의도(意圖)가 무엇인가?" 우리는 일단 행동을 확인하고 나서 어떤 의도를 가지고 그런 행동을 했는가를 묻는다. 목표와는 달리 우리는 그러한 행동 이면에 깔려 있는 동기(動機)에 대해 더 많은 것을 탐구할 수 있을 것이다. 예컨대, 어떤 사람은 질문을 할 의도로 손을 들어 올릴 수 있으며, 나아가 우리는 그가 그렇게 하는 동기가 무엇인지를 알아보기 위해 더 많은 탐색을 해 볼 수 있을 것이다. 즉, 그는 저녁식사를 같이 하는 동료가 말한 것을 더 잘 이해하기 위해서인가, 혹은 단순히 예의 바른 대화의 흐름을 꼬이게 하려는 것인가? 손을 들어 올리는 그의 "목적"이 무엇인가를 묻는 것은 어떤 의미를 결여하고 있다. 일반적으로 사람들은 손을 들어 올리는 데 목적을 두지 않는다. 동기, 목표, 그리고 목적은 모두가 기능적인 의미에 있어서 분명히 구별된다.

그렇다면 "목적"이라는 용어가 다른 용어들과 확연하게 구별되는 기

능적 의미는 무엇인가? 첫째, "목적"이라는 개념은 쏘거나 던지는 것과
관련되어 있다는 점에서 구분된다고 할 수 있다. 나아가 이것은 분명한
대상이 있을 뿐만 아니라 그것에 주의를 고정시킨다는 점을 암시하고
있다. 피터스(1967a, p. 13)가 지적한 바와 같이, 이것은 "행동 주체의
욕구가 먼 거리에 있는 표적에로 향하고 있으며, 그 표적을 맞추기 위
해서는 노력해야 하며, 주의를 기울여야 한다"는 것을 암시하고 있다.
둘째, "목적으로 삼는다"(aiming)는 것은 "시도하다"란 용어와 비교가
된다 ─ "시도한다"라는 말은 무엇인가가 어렵기는 하지만 도달할 수
없는 목표는 아니라는 뜻을 담고 있다. 예컨대, 이러한 점에서 교통 혼
잡으로 인해 거리를 가로질러 건너는 일이 특별히 어려운 것이 아닌데
도 "거리를 가로질러 건너는 것이 나의 목적이다."라고 말하는 것은 이
상한 일이다. 다시 한번 기억해 둘 일은, "목적"이란 실패 가능성을 암
시하지 않는 "목표"라는 용어와 확연히 구별된다는 것이다.

같은 어족(語族) 안에 담긴 용어들과 개념들의 용법에 대해 간략하
게 살펴본 후 피터스(p. 4)는 "목적"의 개념에 대해 다음과 같이 요약
하고 있다.

(1) 우리는 사람들이 하고자 하는 것이 무엇인지를 보다 정확하게
    설명하게 하는 것이 중요하다고 생각하는 상황에서 목적에 관해
    묻는 경향이 있다.
(2) 목적이란 쉽게 이루어 내거나 쉽게 이를 수 없는 대상에 대해 집
    중하고 노력한다는 것을 암시하고 있다.
(3) 목적은 실패하거나 이르지 못한 가능성이 있다는 것을 암시하고
    있다.

우리는 앞에서 목적의 개념을 명료화하였는데, 이제 교육목적에 관

한 논의가 왜 그토록 중요한 것인지에 대한 예비적인 답을 할 준비를 하는 것이 좋을 것 같다.

　　교육목적을 다루는 일은 자신들이 하고 있는 것이 무엇인지를 알고자 하고, 그것들이 우선한다는 점을 상기시키며, 교육목적에 관심을 모으고, 나아가 교육목적과 거리가 먼 것을 버리려는 교사들에게 유익한 것이다. 또한 교육 분야에서 확실한 결과를 거두기가 매우 어렵다는 점에서 실패할 가능성 혹은 결코 이룰 수 없다는 점이 늘 교육자에게 제시되고 있다. 따라서 "목적들"에 관한 언급이 과연 적절한가에 대한 이의가 제기되고 있다(p. 14).

　　이러한 관점에서, 교육목적에 대한 논의가 교육목표에 대한 논의와 동일한 것이라는 생각은 개념적 혼란에서 비롯된 것이다. 결국, 이러한 설명은 처음부터 교육을 단일한 목표를 가지고 있는 것으로 다루는 것이며, "목표"와 "목적"을 동일한 개념으로 다루는 것이 적절하다는 점을 보여 주는 것이다. 일반적으로 말해서 목적이 무엇인지를 참고하는 일은 다름이 아니라 폭넓게 인식되고 있는 교육 활동의 여러 측면들을 깊이 생각해 보고 반성해 보라는 것이지 근본적인 이유를 설명하거나 정당화를 해 보라는 것이 아니다. 그렇다고 해서 이것은 교육이 제4장에서 다룰 주제, 즉 근본적인 정당화 논의에서 제외되어야 한다는 것을 말하는 것은 아니다.
　　여기서 우리는 개념분석이 얼마나 중요한 역할을 하는지 이해할 수 있다. "목표"와 "목적"을 구별하지 않게 되면, "교육목적"에 관한 주장들, 즉 교육과정의 여러 가지 측면들에 초점을 맞추는 한 방식으로서 교육목적에 관한 주장들은 교육이 무엇이며, 무엇이어야 하는가에 관한 전제적 규정(專制的 規定)으로 바뀌게 된다. 나아가 실제로 논의되

고 있는 것이 어느 순간 우리가 교육의 과정에서 강조해야만 하는 것과
관련된 본질적인 문제인 경우, 교육의 본래적 과업에 관한 의견의 불일
치는 그 자체로서 일종의 그릇된 문제를 드러내게 된다. 의미론적 수준
에서의 부정확함은 사이비 철학적 문제(pseudo philosophical prob-
lem)를 만들어 낸다. 이 점에서 개념분석은 비트겐슈타인적인 치료법
을 제공한다. 따라서 우리는 분석적 접근방식이 행동 주체들이 개념을
사용할 때 그 개념이 어떤 의미를 가지는지 명료화하기 위해 어떤 방식
으로 논리적인 언어-사용 지도 그리기(mapping of language-use)를
하는지 이해할 수 있다. 이 경우, 개념을 사용하는 어떤 주체가 논리적
으로 관심을 보이는 최소한의 기준들이 무엇인지가 밝혀지게 된다. 물
론 이러한 기준들은 이것들이 적용되는 내용이나 속성의 문제와는 일
치하지 않을 수 있다. 우리가 목적들에 관해 말할 때, 이러한 목적들에
대해 결국 의견의 일치를 보이지 않을 수도 있을 것이다. 또, 교실 안에
서 교사에게 중요한 것이 무엇인지에 대해서도 의견이 일치하지 않을
수 있을 것이다. 하지만 우리가 목적들에 대해 언급하는 것은 교육의
기본적인 정당화에 관해 의문을 제기하는 것이라기보다는 오히려 강조
해야 할 것이 무엇인지에 관해 말하려는 것이라는 점을 알아야 한다.

3. 교육의 개념

교육 영역은 "목적"과 같이 특수한 기능과 적용 가능성을 가지는 개념
들로 서로 겹쳐져 있다. "목적"과 "자질", "훈육"(訓育), "학습" 등과 같
은 개념들에 대한 분석은 우리가 교육 자체를 이해하려고 할 때에 어떤
의미를 가지는 것일까? 결국 분석 철학자는 "목적"이 무엇을 의미하는

지를 명료화할 수 있지만, 이러한 목적이 최소한 무엇으로 이루어지는
가에 대해서, 혹은 "제도로서의 학교의 목적"이나 "인간발달의 목적"
과는 다른 "교육의 목적"이 무엇인지에 대해서는 아무것도 밝힐 수 없
다. 그렇기는 하지만 만약 이러한 명료화가 교육 영역을 이해하는 데
어떤 가치를 덧붙여 준다면, 분석 철학자는 "교육"이라는 용어가 어떤
의미로 사용되고 있는가를 좀 더 명료하게 해 주어야 할 것이다.

　교육의 개념분석을 알리는 피터스의 진술은 런던 대학교 교육연구소
교육철학 교수로서 행했던 취임 연설, 즉 "입문으로서 교육"(1963a)에
나타나 있다. 이 장에서 주로 초점을 맞추고 있는 것은 바로 이 논문이
지만 교육개념에 대한 피터스의 견해는 "교육의 과정이란 무엇인가?"
(1967b), "교육과 교육받은 사람"(1970c), 그리고 "민주적인 가치와
교육목적"(1979)에서 보다 정교하게 다루어졌으며, 우리는 필요하다
면 다른 저작들에 대해서도 언급할 것이다.

　"입문으로서의 교육"에서 피터스는 철학적 탐구에 있어서 개념분석
의 역할에 대한 한 가지 사례를 소개하면서 논의를 시작하고 있다. 우
리는 이미 개념분석이 명료화를 통해 실체나 내용의 문제들을 전달하
는 주체들 간의 상호 이해를 돕는 데 중요한 역할을 한다는 점을 밝힌
바 있다. 하지만 응용철학의 전통 안에서 활동하는 철학자로서 피터스
또한 그의 시대 교육을 애매하게 만드는 정치적이고 경제적인 힘들에
반기를 드는 발언을 하고 있음을 알고 있다. 피터스는 산업 노동력에
대한 대량 훈련이 중요한 공공 이익(과 정부 투자)으로 여겨졌던 전후
정치 경제의 급속한 팽창 분위기 속에서 글을 쓰고 있다. 여기서 교육
이란 경제 발전을 위한 수단으로 보이며, 점점 커지는 합리적인 노동시
장에 대한 중요한 공급으로 보인다. 어떤 이들에게, 교육은 노동세계로
가도록 준비시키는 것으로 보인다. 피터스는 이러한 개념화가 가져온

그릇된 결과의 하나가 교육에 관한 행동주의(行動主義)와 사회적 공리
주의(社會的 功利主義)라고 생각한다. 즉, 이것들은 교육 분야에서 활동
하는 주체들의 이성(理性)과 안목(眼目)을 무책임하고 무감각하게 만
들어 버렸다고 생각한다.

> 교육에 대한 이러한 경제적이고 사회학적인 서술은 사회·경제적인 체제 안
> 에서 교육의 "기능"이나 효과를 중시하는 관찰자의 관점에서 비롯된 맥락으
> 로부터 생겨난 것이라면 이는 분명 잘못된 것이다. 왜냐하면 이러한 서술은
> 그러한 일에 참여하고 있는 사람의 관점에서 비롯된 서술이 아니기 때문이
> 다(Peters, 1963a, p. 89).

피터스는 "모든 것은 사실에 관한 것이지 다른 어떤 것에 관한 것이
아니다"(p. 88)라고 말한다. 이 점에서 그는 교육 분야에 먼저 참여한
당사자들(교사와 학습자들)을 다른 분야에 참여한 사람들로부터 분리
하는 데에는 그럴 만한 충분한 의도와 이유가 있으며, 이러한 의도와
이유는 정치, 사회, 경제적인 목적으로만 환원되어서는 안 된다고 생각
한다. 교사는 자기 자신이 하는 일을 사회사업가, 물리학자, 경제학자
와는 다르게 인식하고 있으며 그렇게 인식할 만한 타당한 이유들을 가
지고 있다. 우리는 교육을 다른 실제들과 구분하기도 하지만, 교육이
기계론적으로 혹은 행동주의적인 방식으로 다루어질 위험에 처하게 되
면, 교육자들이 자신들의 과업에 대해 가지는 자기-이해의 풍요로움이
란 손상될 수밖에 없는 일이다.

자신이 사회화의 주체라는 소리를 듣는 교사는 자신을 매우 일반적인 방식
으로 아동들이 사회에 적응해 가도록 돕는 사람이라고 생각할 수 있다. 그는

교사의 과업이란 아동들을 교육시키는 것이 아니라 아이들이 다른 사람들과 잘 지내도록 돕는 데 초점을 맞추고, 소박한 직업, 건강한 취미, 행복한 가정 생활을 하도록 도와주는 것이라는 인상을 가질 수 있다(Peters, 1963a, p. 90).

교육에 관한 행동주의(行動主義)나 기능주의(機能主義)의 태도는 교육자들의 자기-이해를 손상시킬 뿐만 아니라, 또한 그것을 환원 불가능한 그 자체의 가치와 분리시킨다. 달리 말해서, 학교체제의 기능에 관한 지배적인 논의는 교육을, 다른 무엇인가를 이루기 위한 수단으로, 비교육적인 목적들로 잘못 다루거나, 보다 도구적인 과정에서 하나의 톱니로 다루고 있다(p. 90). 피터스에게 보다 중요한 것은 어떻게 하면 "교육"이라는 용어가 대상, 관찰자 혹은 제3자적 서술로 환원되지 않는, 소위 특수하면서도 논리적으로 필요한 당사자적 의미를 가지는가를 보여 주는 것이다. 확실히 우리는 교사들이 무엇을 하는지를 서술할 수 있으며, 직업 시장에 끼치는 그들의 행동 결과를 예측할 수 있지만, 그러한 서술은 교육이 거기에 참여한 주체들에게 어떤 의미를 가지는지를 밝힐 수는 없다.

앞에서 서술한 기계론적인 과정들 가운데 교육이 어느 것으로 환원될 수 없는 생명을 가지고 있다는 점을 논증하기 위해 그는 다음과 같은 자신의 언어-사용 논의를 전개한다. 즉, 피터스가 생각하는 교육이라는 용어는 개선(reform)이라는 용어와 가장 잘 대비가 된다. 이것은 교육이 개선으로 환원될 수 있다는 것을 말하는 것이 아니며, 개선한다는 것이 곧 교육한다는 것임을 말하는 것이 아니라, 이 두 가지는 유사한 논리적 특징을 가지고 있다는 점을 말하는 것이다. 왜냐하면 누군가 나쁜 쪽으로 개선되었다고 말하는 것이 논리적인 모순이듯이, 누군가가 교육을 받았지만 그 방향이 바람직하지 않다고 말하는 것 또한 모순이기 때문이다(Peters, 1963a, pp. 90-1 ; 1967b, p. 4). 이 두 경우에, 우리는 개선이나 교육으로 인해 상태가 나빠진 사람에 대해 다음과 같은 아이러니한 방식으로 말할 수 있다. "그는 주거 공간을 갖춘 학교 체제에서 '교육을 받았다'"거나 "이것이 바로 여러분이 가지고 있는 거대한 '교육체제'이다." 하지만 이같은 아이러니는 개선한다거나 교육한다는 것이 누군가를 어떻게 해서든지 좋은 방향으로 바꾸어 가려 한다는 진지한 견해에서 비롯된 것이다. 피터스(1963a, p. 91)가 적은 바와 같이, "용어(교육)의 핵심적인 용도는 가치 있는 마음의 상태를 기르는 데 도움이 되는 것으로 여겨지는 방식으로 우리 자신이나 다른 사람들을 신중하게 안내하는 상황에 국한되어야 한다."

향상(向上: betterment)이라는 용어는 피터스의 교육 개념에 있어서 중요한 개념이다. 예컨대 '개선'이라는 용어는 어떤 구체적인 목적, 목적들, 목표들, 이상들을 담고 있지 않다. 이것은 그것들을 이루기 위한 수단들이나 과정들이 없다는 점을 암시하고 있다(Peters, 1967b, p. 1). 우리는 누군가를 기아 상태에서 벗어나게 함으로써 그의 삶을 개선할 수 있으며, 이러한 상태는 여러 가지 관여 양식들을 필요로 한다. 개선과 마찬가지로 교육은 구체적인 활동이 아니다—우리는 "계속해서 가르치라"라고 말하듯이, "계속해서 교육을 하라"고 말하지 않는다(Peters, 1967a, p. 15). 오히려 교육이란 다양한 과정, 활동, 훈련이 만족시켜야 하는 기준(基準)들에 대해 언급하는 개념이다(Peters, 1963a, p. 92 ; 1967a, p. 14 ; 1967b, p. 1). 이것이 바로 교육 개념의 기준적 속성으로서, 우리는 이것을 통해 의도적으로 교육과정을 치료(治療)나 발달과정과 구별할 수 있다. 그렇다면 이러한 기준들이란 무엇을 말하는 것인가? 피터스에게 이러한 교육적 기준들이란 이 용어의 용도가

가지는 논리적인 특징들을 분석할 때 드러난다. 이러한 기준들 안에는
다음과 같은 것들이 포함된다.

1) 가치 있는 것으로서의 교육

그 첫 번째 기준은 교육 활동을 할 때 가치 있는 무엇인가가 전달되
어야 한다는 것이다(Peters, 1963a, p. 92). 피터스는 누군가가 교육받
았지만, 그에게 아무런 바람직한 변화가 일어나지 않았다고 말하는 것
은 논리적인 모순이라는 사실에 비추어 볼 때, 이러한 기준이 설명될
수 있다고 주장한다(Peters, 1967a, p. 14). 따라서 어떤 활동이 교육적
이라고 말하기 위해서는 그 활동이 가치가 있는 것(worthwhile)이어야
한다는 것이다(Peters, 1963a, p. 92). 우리는 누군가가 정적(政敵)을
암살하도록 훈련받았다고 할 수는 있지만, 정치적인 암살(물론 정치적
암살은 가치 있는 활동이 아니라는 점을 가정하고 있음)을 하도록 교
육받았다고 말하는 것은 잘못이라고 할 수 있다. 달리 말하자면, 교육
이 의도적이고 지시적인 과정임을 암시하고 있지만 가치가 있다고 할
수 없는 과정을 통해 누군가를 의도적으로 이끌어 가려는 것은 교육을
하거나 교육을 받는다는 것의 본래 생각과는 어울리지 않는 것처럼 보
인다. 이러한 견해에 비추어 볼 때, 누군가를 교육받은 사람이라고 하
기 위해서는 그가 헌신(獻身)하는 삶의 방식과 활동들, "판단과 감정",
그리고 삶의 다양한 영역에 참여하는 방식이 바람직하거나 가치가 있
는 것이어야 한다(1967b, p. 9).

이제 이러한 기준으로부터 중요한 시사점을 하나 발견하게 되는데,
그것은 바로 피터스가 멀리하고자 했던 기능주의(機能主義)에 대해 반
론을 제기할 수 있게 되었다는 점이다. 첫째, 교육의 개념에 속하는 가

치 있는 활동들이 그러한 개념 안에 내재되어 있다는 것이다. 이러한 의미에서 우리는 교육의 과정에서 중시하는 가치와 결과란 임의적으로 결정되는 것이 아니며, 따라서 우연히 생겨나는 것이 아니라고 생각할 수 있다. 교육의 과정이란 상품이나 결과를 얻어 내기 위해 활용하는 자족적인 기교(技巧)나 수단의 집합이라고 할 수 없다. 어떤 활동이 교육적이라고 말하는 것은 그것이 가치가 있다는 것을 의미한다. 교육한다는 것은 누군가가 가치 있는 것에 참여하도록 하는 것이지, 그가 외부에서 주어진 목표를 실현해 가도록 하는 것이 아니다. 표면상 구분이 분명하기는 하지만, 교육 활동의 내재적 특성을 이해하지 못하게 되면 정책과 실제 수준에서 혼란이 생기게 된다. 예컨대, 일반적으로 다음과 같이 말하는 것이 타당해 보인다.

P1. 모든 교육 활동은 가치가 있는 것이다.
P2. 활동 X는 교육적인 것이다.
    그러므로 활동 X는 가치있는 것이다.

하지만 외재적 목표들의 수단으로서 교육에 초점을 맞추는 것은 다음과 같이 추론하도록 유혹한다.

P1´. 가치가 있거나 바라는 결과를 만들어 내는 모든 활동들은 교육의 과정을 위해 추천할 만한 것이다.
P2´. 활동 Y는 가치가 있는 결과를 만들어 낸다.
    그러므로 활동 Y는 교육적으로 가치가 있는 것이다.

후자의 예에서, 교육을 기준들에 부합하는 것으로 인식하지 못하게 되면 이것은 원하는 결과를 만들어 내거나 이끌어 내는 무엇인가가 잠정적으로 교육적인 것으로 보일 수 있다는 결론에 이르게 된다. P1이 사실로 받아들여진다면 이것은 원하는 결과를 이끌어 가는 어떤 과정이 교육 활동군에 속하는 것이라는 점을 뜻한다고 할 수 있다. 결론적으로 교육의 과정들을, 희구하는 사회적, 경제적, 혹은 정치적 목표를 이루기 위한 수단으로 이용하는 것은 교육 개념의 기준적 속성(criterial nature)을 흐리는 것이다.

달리 말해서, 교육은 가치 있는 활동들에 제한되어야 한다. 하지만 가치 있는 활동이 그것을 교육적인 것으로 만드는 것은 아니다. 앞의 예에서, 무엇인가가 교육적이라는 사실이 그것을 가치 있는 것으로 만드는 무엇이다. 하지만 후자의 예에서는, 비기준적 설명(noncriterial account), 즉 무엇인가가 가치가 있거나 바람직한 것이라는 점이 그것을 교육과정의 외재적 목적으로서 가치 있는 것으로 만든다. 예컨대, 아동들을 복종시키기를 원할 때, 우리는 우리가 바라는 방식대로 아이들을 복종시키려 하는 그 과정을 "교육적인" 것이라고 부를 수 있을 것이다.

물론, 가치 있음의 기준이 교육의 개념을 충분히 설명해 내기에는 불충분하다. 왜냐하면 이 기준은 교육적으로 가치 있는 활동과 바람직하기는 하지만 교육적이지 않은 활동들을 어떻게 구별할 것인가를 말해 주지는 않기 때문이다. 위에서의 첫 번째 예가 형식적으로는 타당할 수 있겠지만, 우리는 진리-조건(truth-conditions)이 P2, 즉 활동 X는 교육적이라는 점을 만족시킬 수 있는지 확신하기 어렵다. 따라서 피터스는 교육의 기준들에 대해 더 많은 것을 논의할 필요가 있었다는 생각이 든다.

2) 인지적이고 정의적인 헌신

피터스는 성장-중심의 교육이론들에 대한 비판적 분석을 통해 두 번째 기준을 이끌어 내고 있다. 다시 말해서 그는 분석적 접근을 통해 아동의 자기-주도성(self-directedness)을 강조한 진보주의적인 관점이 교육 개념의 어느 한 기준의 측면을 지나치게 부풀리거나 지나치게 강조한 것으로 바라보고 있다. 여기서 실수는 했지만 진보주의 교육을 문제 삼는 다른 개념적 기준들을 밀어내는 것은 성장이론으로서의 자격을 갖춘 성장이론이라고 할 수 없다. 피터스가 해석한 바와 같이, 진보주의 견해에 의하면, 아동들은 이미 결정된 개체발생 단계(*predetermined* ontogenetic stages)를 통해 자연스럽고 자기-결정적인 길(*self-determined* path)로 안내를 받게 된다. 교육에서 중요한 것은 아이들을 이런저런 방향으로 억지로 끌고 나가는 교육학(교육이론)을 부여하는 것이 아니라, "자연스런" 진보에 도움이 되도록 성장과 경험을 할 수 있는 환경을 마련해 주는 것이다(Peters, 1963a, pp. 93-4; 1966a, pp. 51-2). 피터스는 이러한 교육철학에 대해 다음과 같이 비판하고 있다.

"자아실현" 및 "성장"과 같은 개념들은 실현할 만한 가치가 있는 "자아"의 종류와 성장의 방향을 결정하는 가치 표준들을 가정하고 있다. 인간존재란 성장의 최종 원인으로 기여하는 이미 결정된 목표를 가진 꽃과 같은 존재가 아니다. "성장"이나 "자아실현"은 다른 무엇보다도 가치 있는 것으로 여겨지는 것들을 행한다는 점을 암시하고 있다. 그것들이 가치가 있다는 점을 판단할 때 참고할 수 있는 표준들이란 사람들에 의해 파악될 수 있는 것이며 이 세대에서 다음 세대로 전해지는 것이다(Peters, 1963a, pp. 94-5).

달리 말해서 진보주의 교육자는 "자연적인 성장" 접근방식의 결과가 왜 "피상적이고" 지시적인 접근방식보다 더 정당한가라는 질문을 피해 갈 수 없다. 진보주의 교육자는 아동발달에 대해 열정이나 관심을 효과적으로 드러내지만 교육에 대한 근거 있는 생각에 대해서는 그렇게 하지 못하고 있다. 진보주의 교육자는 "성장"이란 올바르고 참된 교육목표라고 주장하지만 실제로 우리에게 성장과정이란 형이상학적으로 불가피한 과정이라는 서술을 하면서 이러한 질문을 피해 가고 있다(그런데도 이러한 서술은 매력적인 것이다. 왜냐하면 이러한 서술은 보다 제한적이고 강압적인 교육학적 접근방식에 대한 놀랄 만한 도덕적 비난에서 비롯되었기 때문이다). 하지만 피터스는 보다 급진적인 진보주의 교육 분야에서 제시하는 인간(person)에 대한 "목적론적인" 생각("teteological" conception)을 거부한다. 피터스는 책임 있는 교육자라면 아동에게 생각할 만한 가치가 있고 경험할 만한 가치가 있는 사고와 경험의 전통을 전수해야 한다고 말한다. 물론 그러한 과정은 이미 예정된 어떤 자연적이거나 형이상학적인 발달 원리로 대체될 수 없는 것이다. 우리는 이러한 경험들은 무엇이며, 왜 이러한 경험들이 다른 경험들보다 정당한 것인가를 함께 결정해야 한다. 우리는 제 8장에서 진보주의에 대한 피터스의 비판에 대해 좀 더 자세히 다뤄 볼 것이다.

하지만 피터스는 진보주의자의 직관을 옥죄이면서 이제 그 이면에 놓인 논리적 진리(logical truth)를 밝히고 있다—즉 교육이란 그것이 이루어지는 특정한 과정들과 절차들이 없다고 제안하면서, 교육과정이란 반드시 어떤 기준을 만족시켜야 한다는 점을 제시하고 있다. 사실 인간을 교육하는 데에는 좋은 방법과 나쁜 방법이 있다. 따라서 교육이란 가치 있는 무엇인가가 전달되는 과정을 수반하지만, 그러한 전달을 가능하게 하는 과정들과 절차들은 교육받았다는 것의 의미 안에 내재하거나 관련되어 있다. 전달하는 내용과 전달하는 방법 간에 자연스러운 분리란 있을 수 없는 일이다. 이 점이 바로 듀이의 위대한 업적이다. 즉, 듀이는 교사들에게 목표와 수단 간의 관계가 단선적(單線的)인 (monodirectional)것이 아니라는 점을 환기시켜 주었다(Dewey, 1916; McCowan, 2009). 진보주의 교육자들은 비록 이러한 과정들이 다른 것들을 희생시켜서라도 이러한 기준들을 강조한다고 할지라도 이것들이 교육 활동에 필요한 것이라면 존중되어야 하는 것으로 이해하고 있다(Peters, 1963a, p. 97). 피터스는 우리가 교육의 절차적 "방식"을 보다 직접적으로 숙고할 때 다음과 같은 방식으로 이러한 기준들을 구분할 수 있다고 주장한다.

교육적인 과정(過程)은 가치 있는 것에 대해 정의적(情意的)인 헌신(獻身)을 하도록 해야 한다.

헌신 기준(獻身 基準: commitment criterion)은 지식과 이해에 관련해 교육받은 사람의 근본적인 태도의 변화를 드러내는 것이다. 한편으로, 우리는 우리가 가르치는 학생들이 과학, 문학, 시 등의 가치 있는 활동들을 이해하도록 하는 데 최선을 다할 수 있다. 그런데 피터스는 그러한 이해가 교육적인 삶을 살아가는 데 필요하기는 하지만 충분한 것은 아니라고 주장한다. 그가 적은 바 있듯이, "우리는 과학에 대해서는 알지만 진리에 대해서는 별로 관심이 없거나 과학을 온수나 핫도그를 얻기 위한 수단으로 여기는 사람을 교육받은 사람이라고 부르지 않을 것이다."(p. 96). 그러한 사람에게 지식과 이해란 "무기력한"(inert) 것이다 —즉, 그것들이 사람의 세계관 형성에 별로 도움을 주지 못하거나 도구적으로 유용한 목표를 달성하기 위한 기능적 수단으로 평가

되고 있다는 점에서 무기력한 것이라고 할 수 있다. 예컨대, 나는 기하학이 해양을 탐구하는 데 도움을 주기 때문에 그것을 가치 있는 것으로 생각할 수 있다. 이 경우 기하학의 가치는 나의 주관적인 욕구 및 기호에 제한되며, 이제 기하학이 이런 식으로 나에게 더 이상 유용한 것이 아니라면 기하학을 완전히 잊는 것이 좋을 것이다.

다른 한편으로, 성공적인 교육의 과정들은 학습자가 그 자신이 참여하는 가치 있는 활동의 밑바탕에 깔려 있는 원리들 및 가치들을 오랜 기간 동안 내적으로 인식할 수 있도록 해 준다. 이것은 이해에 필요한 태도상의 조건이며, 진보주의 교육자들과 "아동-중심적" 이론가들이 아동이란 자신의 흥미와 동기를 기반으로 스스로 학습을 수행해 가는 존재라는 아이디어에 관심을 가질 때 강조하는 중요한 개념적 특징이다. 예컨대, 학습자는 철학적 전통에서 정합성(整合性: coherence)이 중시되는 가치라는 점을 알지 못한다. 오히려 학습자는 어떻게 추론하는가 하는 과정에서 정합성에 대한 배려 감각을 가지고 움직인다.[2] 학생의 편에서 볼 때, 전달받아야 할 내용을 이해한다는 것은 그러한 이해에 내재해 있는 가치와 기준들을 이해하는 것이며, 그러한 가치와 기준들을 배려(配慮)하는 것이다(Peters, 1967b, p. 8). 학습자는 다른 이유에서가 아니라 그러한 활동에 의해 예증(例證)된 보증가치들에 따라 활동을 시작한다. 활동이란 다른 어떤 전제에 의해 영향을 받는 것이 아니라 오히려 그러한 활동에 참여할 때 드러나는 명료한 가치에 의해 영향을 받는다―교육받은 사람이란 과학, 철학 혹은 요리를 추구하되, 그것들이 가져오는 결과와는 확연하게 구별되는 그러한 활동 안에 놓

---

2 비판적 사고의 맥락에서 이러한 인식/태도의 분리에 대한 사례에 대해서는 Siegel(1999)를 보라.

여 있는 것이 무엇인지를 알기 위해 노력하는 사람이다(Peters, 1967a, p. 18). 그러한 이해를 만들어 내지 못하는 과정은 교육적이라고 말하기 어렵다.

교육의 과정은 가치가 있는 것을 이해하도록 해 주어야 한다.

물론 가치 있는 활동에 내재하는 원리들과 표준들이 교육적인 삶을 살아가는 데 충분한 것은 아니다. 왜냐하면 우리는 실제로 가치가 있다고 하는 것을 왜 가치가 있다고 하는지에 대한 까닭을 이해하지 못하면서 무엇인가를 배려할 수도 있기 때문이다. 피터스에 의하면, 교육받은 사람은 활동, 전통이나 이해의 형식을 의미 깊은 방식으로 알아야 한다. 피터스(Peters, 1963a, p. 96)는 심리학적 행동주의의 예를 들고 있는데, 즉 어떤 사람이 개를 피하거나, 담배를 끊도록 조건화하거나 나쁜 습관을 줄이도록 조건화할 수 있지만 그 사람이 왜 그러한 행동을 하도록 배워야 하는지를 알지 못한다면, 우리가 그러한 조건화를 "교육"이라고 부르는 것은 잘못일 것이다. 교육받은 사람은 사태가 "왜 그러한가에 대한 이유"를 알아야 하기 때문이다(Peters, 1967a, p. 18). 피터스는 스파르타 사회를 도움이 될 만한 사례로 제시한다. 스파르타인들은 군사 작전을 펼치기 위해 고도의 훈련을 받거나 도덕적 행동의 규칙을 지키도록 훈련을 받았지만, 우리는 그들이 군사 교육 혹은 도덕 교육을 받았다고 말할 수 없을 것이다. 왜냐하면 그들은 군사 행동이나 도덕적 행위의 이면에 깔린 타당한 원리 및 이유들을 이해하지 못했기 때문이다. 스파르타인이 질문을 받는다면, 그는 왜 그렇게 행동해야 하며 왜 싸워야 하는지에 대한 이유를 정당화할 수 없을 것이다. 그는 다만 자신이 훈련받은 것만을 행했던 것이다. 그는 전투에서 행한 것 혹은 다른 사람을 어떻게 다룰 것인가를 이루는 사고 및 행동형식들을 규정하는 원리들을 설명할 수 없었다. 그 결과 행위와 전쟁의 규칙들은 그것들이 가진 본래적인 의미와 동떨어진 것이 되어 버렸다.

> 그들(스파르타인들)은 자신의 것들을 다루는 데 필요한 원리들을 파악하거나 운영함이 없이 사고 및 행동형식들의 내용에 정통하였다. 하지만 그들은 희생자를 권력자들, 사제들, 그리고 본래 주거지를 떠나는 탕자들에게 넘겨주었다는 점에서 악명이 높았다. 주요 원리들을 파악하지 못하게 됨에 따라 서툰 규칙을 만들어 적용하지도 못하였으며, 관련된 근거에 입각하여 예외를 만들어 내지도 못했다. 결국 그들은 새로운 상황에 처했을 때 우왕좌왕하게 되었다(Peters, 1967b, p. 6).

이러한 관점에서 학습자는 자신의 입장에서 이해 및 "자발성"(voluntariness)이 중요하다는 점을 염두에 두면서 가치 있는 활동들이 무엇인지를 알아야 한다. 즉, 아동 자신이 제시하는 이유는 교육적인 경험을 반영하는 것이어야 한다. 우리는 이유를 제시하는 능력, 예컨대 보다 효과적인 방법으로 자신들을 교육시키는 능력을 간과해서는 안 된다.

지금까지의 논의를 요약하면 다음과 같다. 교육의 두 번째 중요한 개념적 특징은 교육의 과정의 결과가 (a) 가치 있는 것을 배려하는 것이어야 하며, (b) 학습자 자신의 이유에 대한 표현뿐만 아니라 최소한의 이해를 포함하는 방식으로 그러한 가치 있는 활동을 배려하고 인식해야 한다는 것이다(Peters, 1963a, p. 97). 아동이 자신이 배운 것을 배려하고 이해해야 한다는 성장 이론가들의 주장은 옳지만, 그렇게 하기 위해 아동들이 늘 자신들의 자발적인 흥미에 즉각적으로 응하는 활동을 펼쳐 보여야 한다고 주장한 점은 옳지 않다(p. 96). 확실히, 교육의 과정이란 배려와 이해를 시키기 위한 방향으로 나아가야 한다. 따라서 경험적인 근거(도덕적으로 비난을 받을 만한 근거임)에 비추어 볼 때, 교육에 대한 권위주의적인 접근방식이 비효과적이라고 할 수 있을 것이다. 하지만 피터스는 교육자가 방향 감각과 권위를 포기하면서 학생들의 동기와 발달을 지나치게 강조해서는 안 된다고 경고한다(p. 97). 어떤 활동의 원리들과 표준들은 "본래부터" 학습과정에서 생겨나는 것이 아니라 교육자에 의해 안내받아야만 하는 것이다.

3) 교육과 인지

피터스가 우리에게 제시하는 교육받은 사람의 이상(理想)은 (a) 가치 있는 활동들에 참여하는 사람이며, 그러한 활동들을 규정하는 가치, 표준, 원리들에 대한 배려와 내재적 관심(*intrinsic* concern)을 통해 가치 있는 것에 참여하는 사람이다. 또한 교육받은 사람이란 그러한 가치, 표준, 원리들의 의미, 본질 그리고 범위를 이해하는 사람이다. 달리 말해서, 교육받은 사람은 세계에 대한 자신의 경험을 열정적으로 의미 깊게 관련지을 수 있는 방식으로 가치 있는 활동을 "내면화할 수 있는" 사람이다.

이러한 주장은 교육받았다는 것의 기본적인 의미, 즉 가치 있는 것을 이해하고, 그러한 이해를 "그 자체로서" 가치를 가지는 것으로 바라본다는 의미를 충분히 드러낸 것처럼 생각될 수 있다. 이러한 점은 기타 연주를 하기 위해 훈련(訓練)을 받는 사람과 현악기를 연주하는 방법을 교육(敎育)받은 사람을 비교해 보면 쉽게 이해될 수 있다. 훈련받은 음악가는 완벽에 가까운 기교로 노래를 연주할 수 있겠지만 교육받은 음악가는 그러한 연주의 역사적 혹은 심미적인 중요성을 제대로 이해하고 있다. 훈련받은 기타리스트는 또 다른 목적, 즉 명성을 얻기 위한 방편으로 연주하는 능력을 보여 줄 수도 있을 것이다. 교육받은 음악가는 연주 훈련을 자신의 개인적인 환경을 좀 더 개선해 보기 위한 것으로 이해할 수도 있겠지만 동시에 그는 음악적인 이해가 가지는 내재적 가치뿐만 아니라 이러한 이해가 인간적인 조건(條件)이 어떠한 역할을 하는가를 알고 있다. 달리 말해서, 교육받은 사람은 실제적인 관심을 가지고 있지만, 가치 있는 활동들을 실제적인 혹은 도구적인 측면에서만 바라보지 않는다(Peters, 1970b, p. 14).

하지만 피터스는 이러한 두 가지 기준을 만족시키는 과정에 참여하는 사람, 즉 교육받은 음악가가 반드시 교육받은 사람이라고 하기는 어렵다고 주장한다. 그는 자신의 분야에서 고도의 이해력과 전문성을 발휘하는 의사나 철학자의 사례를 들어 생각해 보기를 요구한다. 이것이 그 혹은 그녀가 받은 교육의 유일한 활동형식이라면 우리는 그 사람이 "교육받았다"라고 하기 어려울 것이다. 그런 사람은 "자신이 하는 일이 무엇인지에 대한 매우 좁은 생각"을 가지고 있다. 왜냐하면 그는 가치 있는 활동을 삶 속의 다른 어떤 것과 연결을 짓지 못하고 있기 때문이다. 이러한 분리된 이해는 "인지적으로 무미건조한 것이며", 따라서 다른 이해의 형태들과 연결이 되지 않는다(Peters, 1963, p. 98). 앞에서 예로 든 의사는 의학적 전통이 인간 경험의 다른 국면들과 어떤 관련이 있는지를 파악하지 못할 수 있다. 마찬가지로, 단지 경험이 많고 음악교육의 가치를 이해하지만 음악교육이 다른 분야에서의 지식과 이해에 기여하는 바가 무엇인지를 음미하지 못하는 사람은 아직 교육받은 사람이라고 하기 어렵다. 다시 말해서 다음과 같은 그의 주장은 이러한 점을 잘 보여 주고 있다.

그 자체로서 내재적 표준들을 가지는 특정 학문 분야나 예술 분야에서 획득한 능력에 관심을 가질 때 우리는 철학자, 과학자 혹은 요리사로서 훈련을 받은 사람에 대해 말할 수 있다. 하지만 우리는 "철학자, 과학자, 혹은 요리사로서 교육받았다"라는 문구를 쓰지 않는다."(Peters, 1963, p. 98)

하지만 우리는 그러한 전문가들이 그들의 전문성과는 관계 없이 교육받은 사람들이라고 할 수 있는가 하는 질문을 던질 수 있다. 이런 질문에 긍정적인 답을 하지 못하게 되면, 그들에 대한 훈련이 실제로 어떤 것인가에 관한 의문을 갖게 된다. 결국, 문학이나 시에 대해 아무것도 모르는 철학자는 심미적인 것에 대한 이해가 결여되어 있는 것이다. 이러한 점은 자신들의 훈련을, 인간 경험에 관련된 기본적인 문제들에 적용하는 그들의 능력에 관한 또 다른 의문을 불러일으킨다. 마찬가지로, 의술의 기술적 측면을 통달하였지만 철학적인 방식으로 사람들이 극복하고자 하는 이러저러한 방식들에 관해 전혀 알지 못한다면, 삶과 죽음의 문제는 자신이 치료하고 있는 환자에게만 제한되어 버린다.[3] 과학적 이해가 결여되어 있는 음악가는 실제로 특정 악기가 어떻게 작동하는지를 이해하지 못한다. 하지만 피터스에게 그러한 능력의 결여는 단지 지적 전문성을 어느 특수한 일에 적용하지 못한다는 한계를 지적하는 것이 아니라 일반적으로 말해서 한 인간으로서 세계에 대한 안목(眼目)에 한계가 있음을 지적하는 것이다. 교육받은 사람이란 학습자가 배운 것을 내면화함으로써 자신의 안목을 변화시킬 수 있을 정도로 "광범위하게 걸쳐 있는" 인지적 내용을 가진 가치 있는 활동들에 입문

---

3 의사의 전문성과 인지적 안목의 확장 간의 관계에 대해 더 많은 것을 참고하기 위해서는 Zelenka(2008)를 보라.

한 사람이다. 지식의 한 형식이 아무리 광범위한 인지적 내용을 가지고 있다고 하더라도 그것만의 내면화만 가지고는 안목을 바꿀 수 없을 것이다. 지식의 한 형식은 다만 인간 경험의 특정한 "층위"(層位)을 드러낼 뿐이다—그가 가지고 있는 가치란 그것이 분리됨에 따라 대단히 많이 줄어들게 된다.

하지만 인지적 내용을 가지는 어떤 활동들이 인지적 안목을 충분히 발달시키는 데 기여하는가? 피터스는 일반적인 것에서 비롯되는 특수한 활동들이나 구성적인 이해 형식들을 대비시킴으로써 자신의 설명을 전개해 나간다. "자전거를 타거나 수영을 하거나 골프를 치는 것에 관해서는 알아야 할만한 것들이 많지 않다. 그것은 대체로 '사실에 관한 앎'(knowing that)이 아니라 '방법에 관한 앎'(knowing how)을 문제삼는다. 나아가 이러한 사실로부터 알게 된 것은, 그것이 (삶의) 다른 곳에 거의 빛을 던져 주지 않는다는 점이다."(Peters, 1963a, p. 100). 이것을 역사, 과학, 문학과 같은 지적 전통과 비교해 보면, "거기에는 알아야 할 것이 무궁무진하며, 이것을 제대로 익히게 되면, 셀 수 없이 많은 다른 것들에 대한 견해에 빛을 던져 주고 견해를 넓혀 주고 깊게 해 준다"(p. 100). 하지만 여기서 중요한 것은, 피터스가 역사와 과학 같은 지적 전통을 언급했다고 해서, 그가 오늘날 학교에서 여러 가지 지배적인 형식으로 남아 있는 수업에 대한 지시적이고 교실-기반 접근 방식을 지지하고 있다고 생각해서는 안 된다는 점이다. 그는 "이해의 폭"(breadth of understanding)이라는 측면이란 교육과정이 만족시켜야 할 하나의 기준에 지나지 않으며, 이러한 사실은 특정한 교육학적 기법을 가정하고 있는 것은 아니라고 강조하고 있다(Peters, 1963a, p. 100). 이러한 기준이 형식적인 수업을 수반한다고 생각하는 것은 "교재"에 대한 가르침이 근대 초기의 틀에 박힌 학교의 특징이라는 점을 상정하고 있다. 하지만 중요한 것은 피터스의 개념분석이 "교재의 가르침"보다 훨씬 더 많은 것을 요구하고 있다는 점을 기억해야 한다. 결국, 어떤 교사는 수학 교육과정의 형식과 내용을 학생들에게 "전달"할 수 있겠지만, 정작 학생들은 이러한 형식과 내용이 공부할 때 알게 된 다른 내용들과 어떤 관계가 있는지를 음미하지 못하게 된다.

피터스는 "폭"의 기준(breadth criterion)을 자유교육(自由教育: liberal education)과 동일시하는 것을 받아들이지 않는다. 자유교육과 자유교과(liberal arts)에 대한 피터스의 견해는 보다 복잡하다. 이 점에 대해서는 제5장에서 자세히 다룰 것이다. 하지만 "입문으로서 교육"에서 피터스는 자신이 내세운 교육의 개념이 전통적인 개념과 구별되며, 자유교육에 대한 보다 보수적인 설명과 구별된다고 주장한다. 그에게 자유교육이란 보다 어려운 프로젝트이다. 즉, 학생은 자유교과 안에서 예술과 과학에 대해 엄격하게 훈련받아야 한다는 것이다. 이러한 접근 방식은 학습자가 지식 분야 각각에서 어떤 전문성을 발전시키고 기예(技藝)를 통달하도록 하는 데 목적을 두고 있다. 한편, 피터스는 교육받은 사람이란 한 분야에서 훈련받거나 그 어느 분야에서도 훈련을 받지 않을 수 있지만, 그러한 사람은 "세상을 바라보는 다른 방식들을 충분히 깨닫게 되며, 따라서 자신의 일과 다른 것들의 역사적 관점, 사회적 중요성 혹은 스타일을 갖춘 장점을 파악할 수 있다."(Peters, 1963a, p. 101)고 말한다. 자유교육 전통에서는 학생이 (과학 실험실에서 실험을 하고, 시를 쓰며, 역사적인 기록을 하도록 하는) 몇 가지 기예들을 통달하기를 기대한다. 왜냐하면 여기서 요구되는 교육적 과정은 보다 넓은 삶과 경험의 체계 안에서 이러한 기예들과 가치들에 대한 개념적 이해와 배려를 중시하기 때문이다.

하지만 이 세 가지 개념적 기준을 다루면서 우리는 이것들이 어떻게 교육정책 및 실제와 연결되는지를 묻지 않을 수 없다. 예컨대, 우리는 이러한 기준들을 교육의 과정 안에 어떻게 정확하게 담을 것인가? 피터스는 표준들에 대한 관심사를 무시하면서까지 이해의 폭을 지나치게 강조해서는 안 된다고 주장한다. 우리에게는 이 세 가지 특징 모두가 필요하기 때문에 상황이 요구하는 바대로 이 세 가지 간의 형평을 유지하기를 원한다. 그런데도 이러한 설명은 "형식주의적"이라고 할 수 있다. 즉, 그 설명이 "교육"의 의미 밑바탕에 깔린 최소한의 기준들을 마련하기는 하지만, 좀 거칠게 말해서 교육이란 무엇에 관한 것인가에 대해 많은 것들을 제공하지는 못하고 있다. 피터스가 교사와 학습자의 당사자적 관점에서 교육의 의미를 재구성하려고 한다는 점을 상기해 보자. 이러한 교육의 의미를 형식주의적인 노선에 따라 수립하고 있다면, 우리가 교육을 실제와 통합하려고 하듯이, 그것을 재구성하려는 교육 영역을 어떻게 더 잘 이해할 수 있을 것인가? 이러한 최소한의 기준들을 만족시키는 교육의 (사회적, 문화적, 역사적) 의미는 무엇인가?

3

R. S. Peters

입문과 교육받은 사람

1. 서론

앞 장에서 우리는 피터스가 교육 개념이란 논리적으로 필요한 특징을 가지고 있다는 점을 밝히기 위해 어떤 노력을 하였는가를 살펴보았다. "교육"이란 용어를 사용하는 누군가가 헌신적으로 관심을 기울이는 최소한의 기준들을 확인함으로써, 우리는 언어학적으로 누군가를 교육받은 사람이라고 부르게 되었을 때 그 사람이 반드시 갖추어야 할 것이 무엇인지 이해하게 되었으며, 누군가가 과정이란 교육적으로 가치 있는 것이어야 한다고 말할 때 그가 반드시 염두에 두고 있는 것이 무엇인지 이해하게 되었다. 우리가 가치 있는 것이라고 믿는 특정 활동, 혹은 어느 특정 시기에 강조하는 목적, 혹은 교실에서 사용해야만 하는 수업의 스타일과 같은 상세한 것들에 대해 논쟁을 벌일 때에도 이러한 의미들이 적용된다. 그런데도 교육 활동들이 만족시켜야 하는 기준들이 무엇인지 밝히는 일은 교육에 관한 논의를 선명하게 해 준다. 인지적 기준들에 대해 생각해 보자. 우리는 교육에 가치가 있는 특정한 활동들이 무엇인지에 대해서는 동의하지 않을 수 있지만, 우리가 실제로 하고 있는 일이 교육적인 과업인 한 그러한 활동이 "폭넓은" 인지적 내용을 가지고 있어야 한다는 점에 대해서는 동의하지 않을 수 없다. 이제 피터스에게, 이러한 활동들은 전통(傳統)으로 나타나며, 역사, 수학, 철학 등과 같은 사고의 형식들(forms of thought)로 나타난다. 그는 제4장에서 왜 이런 점에 주된 초점을 맞춰야 하는지에 대한 이유를 우리에게 말하고자 한다.

하지만 교육의 개념을 사용할 때 수반되는 형식적인 기준들은 교수와 학습에 보다 중요한 비전을 제시한다. 그렇다. 기준으로서의 자격을 갖는 기준들은 미약한 것이다. 왜냐하면 이 기준들이란 적절한 개념 사용의 범위나 기본적인 규칙들을 마련해 줄 뿐 이 개념이 실제로 무엇에 관한 것인지에 대해서는 말해 주지 않기 때문이다. 예컨대, 우리의 일상적 삶 가운데서 이러한 개념을 적용하려고 하는 때는 언제이며 그 까닭은 무엇인가? 우리가 이러한 기준들이 권장하는 방식에 따라 교육적인 삶을 살기를 원하는 까닭은 무엇인가?

이러한 질문들은 제4장에서 자세히 다룰 교육의 정당화(*justification of education*)에 대한 관심을 불러일으킨다. 하지만 우리가 보다 전체적인 의미에서 다루어 온 이러한 기준들 하나하나를 살펴보면 역사나 과학이나 다른 의미 있고 가치 있는 활동들이 무엇을 위한 것이며, 왜 우리는 그것들이 학습자에게 가치가 있는 것이라고 생각하는지의 이유에 대해 고유한 견해를 가질 수 있을 것이다. 달리 말해서 교육개념의 형식적 기준들이 어떤 교육 활동이 만족시켜야 할 표준들을 구체적으로 밝힌다면, 그것들은 또한 보다 적극적인 의미에서 교육을 할 때에 우리가 하고 있는 것이 무엇인지 추론할 수 있는 가능성을 열 수 있을 것이다.

피터스는 이러한 가능성을 잘 알고 있으며 그것의 중요성을 인식하고 있다. 개념의 배후에 놓인 기준들을 확인하고 거기서 벗어나는 것은 아무런 쓸모가 없는 일이다. 교육에 대한 다른 설명들(행동주의, 성장이론, 사회학적 설명들)이 가진 결함을 자세히 밝힌 후, 그리고 교육이라고 할 수 없는 것이 무엇인지를 충분히 밝힌 후, 이러한 기준들이 적용되는 어떤 인간 경험의 영역들을 보여 주기 위해서는 더 많은 연구가 이루어져야 할 필요가 있을 것이다. 예컨대, 형식적인 수업으로서 교육이란 인지적 기준들에 대한 지나친 강조가 가져온 결과로 봐야 할 것이다. 이와는 반대로, 성장-중심의 접근방식은 과정 기준을 지나치게 강조하고 있다(Peters, 1966a, p. 46). 우리는 어느 교육적 프로젝트를 살펴보고 나서 그것을 기준적 근거(criterial grounds)에 입각하여 비판해 볼 수 있을 것이다. 하지만 이것은 개념을 소극적으로 읽어 내는 것에 지나지 않는다. 교육이란 근본적으로 그리고 적극적인 의미에서 무엇에 관한 것인가를 실제로 포착하는 것이 아니다. 따라서 그는 이러한 기준들을 종합적인 구조, 즉 "입문으로서 교육"이라는 구조 안에서 다루고자 한다.

2. 입문으로서의 교육

피터스는 교육을 "훈련" 및 "수업"과 동일시하는 것은 적극적인 서술어로 기여하기에는 너무 특수하다고 주장하면서 "입문으로서 교육"에 대한 자신의 논리를 전개한다. 즉, 우리는 세 가지 기준을 만족시키지 않고도 훈련하고 수업할 수 있으며, 훈련이나 수업을 하지 않고도 세

가지 기준을 만족시킬 수 있다(Peters, 1963a, p. 102). 하지만 "'입문'
이란 용어가 한편으로 가치 있는 활동이요 행위의 양식(*modes of con-
duct*)으로 규정될 수 있다면, 그것은 다른 형태의 것들을 포괄하기에 충
분하다"(1963a, p. 102). 그렇지만 왜 이 용어인가? 준거에 비추어 말
하자면, 입문은 수업 및 성장으로서의 교육과 어떻게 다른가?

피터스가 인정하는 바와 같이, "입문"이라는 용어는 오크쇼트(Mi-
chael Oakeshott)의 교육철학에서 영향을 받은 것이다. 오크쇼트는 학
습이란 인간이 되어 가는 데 필요한 요소이며, 이러한 학습은 "대화"나
문화전통에의 관여 및 참여를 필요로 하는데, 이것을 통해 인간의 조건
을 이해할 수 있다고 믿었다(2001). 오크쇼트에게 교육이란 다름이 아
니라 입문의 과정을 통해 개인이 공동유산(common inheritance)으로
서의 인간적인 대화에 참여하는 일이다.

> 그는 학교, 대학, 종합대학교에서 이루어지는 참된 교육이란 젊은이들을 인
> 간 이해를 위한 언어(예술 언어를 포함하고 있다)로 구성되어 있는 은유적
> 대화에로 입문시키는 것으로, 이 대화는 실제 경험의 세계와는 다른 것이다
> (Williams, 2009, p. 224).

오크쇼트의 자유교육 철학에 대한 피터스의 비판적 견해는 복잡하
며, 이것은 피터스가 직업적인 것보다는 지적인 것을 지나치게 강조하
는 데 초점을 맞추고 있다는 점을 보여 주고 있는 듯하다(Williams,
2009). 그런데도 그는 "입문"의 아이디어가, 적극적이고 의미 있는 방
식으로, 교육 개념의 기초가 되는 규범적 기준들을 드러내는, 소위 잘
갖춰진 종합적 개념이라고 생각하고 있다. 이러한 적극적인 설명은 이
러한 기준들을 인간조건에 적용했을 때 생겨나는 교육의 다섯 가지 두

드러진 특징들을 보여 준다. 피터스는 처음에 이러한 특징들을 "입문으로서 교육"이라는 논문에서 느슨하고 산만하게 설명하고 있지만 『윤리학과 교육』(1966a)에서는 보다 체계적으로 상술하고 있다. 이제 다섯 가지 특징들에 대해 설명해 보자.

1) 마음의 발달

피터스에게 "마음"(mind)이란 단순히 세상에서 떨어져서, 그런 세상에 경험의 규칙이나 법칙을 부과하는 그런 초월적이거나 선험적(先驗的)인 자아(自我)가 아니다. 또한 마음이란 지식이 접촉 지점에서 새겨지기 시작하는 텅 빈 석판(石板)도 아니다. 개인적 자아란 그것에 앞서 생명을 가지며 그 이후에도 생명을 갖는 아이디어, 이해, 개념, 그리고 언어의 계속적인 흐름 속으로 흘러 들어가게 되어 있다. 사실, 개인의 자아란 그것이 그러한 유산(遺産) 안에 적당한 자리를 잡고 나서야 자아가 될 수 있다. "마음"이란 "공적 언어 안에 내재해 있는 공적 전통으로의 입문 결과이다"(Peters, 1963a, pp. 102-103). 피터스에게 마음의 사회적 발달 혹은 "사회화된" 인간의 개념은 매우 중요한 의미를 가지고 있다. 왜냐하면 이것들은 경험주의 전통에서 내세우는 개인주의(個人主義)와 헤겔주의자들이 내세우는 전체주의(全體主義)로부터 벗어날 수 있는 입장을 보여 주고 있기 때문이다(Peters, 1966a, pp. 47-50). 전자의 견해에 의하면, 이상적인 학습자는 지식과 이해를 얻기 위해 자아의 내적 내용들을 반성적으로 탐구한다. 후자의 견해에 의하면, 학습자는 자신의 혹은 고유한 잠재력을 공동체의 권위에 맞추어야 한다. 이에 반해 입문의 개념은 학습자가 마음을 변증적으로 형성하기를 바란다. 즉, 입문의 과정에서 "언어 학습과 시공 안에 존재하는 대상들의 공적 세계에 대한 탐구가 함께 이루어진다. 하지만 개인은 독특한 삶의 역사 안에서 서로를 이어 주는 경험의 주체로서 개별자는 이러한 공적 세계에 대해 특수하고도 독특한 관점을 드러내게 된다"(1966a, p. 50). 여기서 우리는 교육 분야에서 보수적 전통에 각인되어 있는 지적 권위(知的 權威)에 대한 강조와 보다 진보적인 전통 안에서 발견되는 창의적 독립성(創意的 獨立性)에 대한 강조 간의 균형을 발견할 수 있다.

예컨대,『윤리학과 교육』에서 피터스는 과학에 대한 학습을 다음과 같이 서술하고 있다. 즉, 학습자는 "중력"이라든가 "힘"과 같은 개념들과 실험 및 관찰과 같은 검증에 필요한 절차들을 배워야 한다. 이 모든 것은 사람들이 공유하고 있는 것으로 권위가 있는 공적 전통 안에서 살아가는 개인들에게 필요한 것이다. 그러나 이러한 "사고의 양식" (mode of thought)을 이해하게 됨에 따라 새로운 공적 세계의 "층위" (層位)가 학습자에게 열리며, 공적 세계의 형태가 새로운 이해의 차원에서 바뀌게 된다(1966a, pp. 50-1). 이러한 주장은 교육의 인지적 기준과 일관성을 이루고 있다. 예컨대, 학습자는 가치 있는 활동에 참여할 필요가 있으며, 이러한 가치 표준은 개인 학습자 한 사람에게만 적용되는 것이 아니라는 점을 상기해 보라. 이것들은 인지적 내용을 가지는 절차들과 가치들을 드러내는데, 여기서 말하는 가치란 그러한 활동에 참여하는 사람들과는 독립해 있거나 비개인적인(*impersonal*) 것이다 (Peters, 1963a, p. 103). 하지만 그나 그녀는 자신의 용어로(자신의 이성에 호소함으로서) 그러한 활동의 가치를 의도적으로 자각하고 자발적으로 이해해야 하며, 그렇게 함으로써 동일한 공적 세계에 자기 나름대로 기여할 수 있을 것이다(Peters, 1966a, p. 50).

2) 상호 주관적인 교육내용

입문이란 또한 단순히 알아야 할 공적인 형식이 아니라 교육내용에 속하는 것이다. 입문의 개념은 어떤 공적 전통의 형식적인 체계로 기여하는 비개인적인 표준들임에도 교육의 과정은 내용이 수반되어야 한다는 점을 환기시켜 준다. 이러한 형식적인 기준들이 어느 특정 전통에 관해 설득력 있게 사고하고 비판하는 데에 중요하다고 할지라도, 그러한 기준의 가치 및 적용에 대한 이해는 그러한 전통 내용에의 참여를 통해서만 이루어질 수 있다는 것이다. 예컨대, 피터스는 어느 삶의 영역으로 들어오는 추상적이거나 일반적인 기술로서 "비판적 사고"에 대해 강한 반론을 제기한다(Peters, 1963a, p. 104; 1966a, p. 54). 내용에 정통했을 때 학습자에게 세상을 더 넓게 열어 주는 다양한 언어와 개념들을 계속 분화시켜 나갈 수 있다(1966a, p. 52). 하지만 교육적으로 가치 있는 방식으로 그런 내용에 참여하기 위해서는 이미 그러한 내용을 이해하고 있는 사람의 안내가 필요하다(1963a p. 104). 내용이란 동시에 비판적으로 확인되어야 하는데, "비판 없는 내용은 맹목이며, 내용이 없는 비판은 공허하기 때문이다"(1963a, p. 104).

예컨대, 다음과 같은 역사적인 주장을 생각해 보자. 마르코니(Marconi)는 1901년 뉴펀들랜드 시그널 힐에서 처음으로 대서양 횡단 시그널을 받았다.[1] 확실히, 학습자는 그런 주장의 본질과 정확성을 평가할

---

1 역자주: 마르코니(Guglielmo Marconi: 1874-1937)는 전기파를 사용하는 통신이 161-322㎞ 거리로 제한된다는 의견에도 불구하고, 1901년 12월 잉글랜드 콘월의 폴두로부터 대서양을 건너 전달된 신호를 뉴펀들랜드 세인트존스에서 수신하는 데 성공했다. 마르코니는 무선전신을 발전시킨 공로로 많은 포상과 몇몇 명예학위, 노벨 물리학상을 수상했다.

때 역사적인 사고 양식의 공적 표준들을 적용할 수 있어야 한다. 이러한 사건의 기록은 존재하는가? 이와 반대되는 주장들은 있는가? 하지만 그러한 비판적 질문을 의미 있게 묻기 위해서 우리는 동시에 늘 대중에게 증거가 되어 온 선행하는 지식 체계 안에서 형성된 그러한 (공적인) 주장을 이해할 수 있어야 한다. 우리는 분리된 지식의 조각이나 격리된 전제로 진술들을 학습할 수는 없는 일이다―이것은 피터스와 오크쇼트의 공통된 견해이다. 이러한 비판적인 입장은 그러한 입장이 적용되는 내용에 대한 이해를 전제하고 있다. 이 두 가지의 상호 주관적인 측면(공적 형식과 공적 내용)은 함께 그리고 동시에 작용해야 한다. 그렇지 않으면 이해를 위한 교육은 불가능해진다(Peters, 1966a, p. 54). "입문"이라는 용어는 이 두 가지 상호 주관적인 과정들을 담고 있다.

3) 교육과 개인

또한 입문으로서의 교육은 우리가 "개인의 자아실현을 위한 교육"과 "도덕적 존중을 위한 교육"이라고 느슨하게 말했던 것의 차이를 분명하게 구분해 내는 데 도움을 줄 것으로 보인다. 피터스는 그 당시 교육적 분위기가 후자를 희생시키면서 전자의 수행적인 태도를 잘못 강조하고 있는 것으로 이해하고 있다. 결국 그는 개인이 부정의하고 비윤리적인 성향(性向)이나 욕구를 "스스로 실현해 가기"를 원할 수도 있다고 말한다(1966a, p. 55). 다시 말해서, 지금 문제가 되는 것은 교육의 논리적인 특징에서 비롯되는 교육학적 직관을 편향되게 강조하고 있다는 점이다. 즉, 개인의 차이를 인식하고 학습자 각 개인의 잠재력을 끌어내기 위한 교육 과정의 필요성을 강조할 때, 우리가 그렇게 하기를 바

라는 것은 좋은 삶에 대한 생각을 학생에게 강제로 부과하는 교육체제
에 대해 저항하려고 하기 때문이다(p. 55). 하지만 그러한 목적의 궁극
적인 근거가 되는 것은 배려, 친밀감, 우정이 아니라 우리가 학습자를
존중해야 한다는 도덕적 원리(道德的 原理)이다.

> 이미 언급한 바 있듯이, 우애(友愛)의 감정에 덧붙여, 교사에게 필요한 것은
> 학생과의 친밀한 관계가 아니라 인간에 대한 존중(尊重)이다. 가르치는 상
> 황에서 사랑은 교사가 가진 특수한 관계에 어울리는 것이어야 한다. 즉, 학
> 생들을 아들이나 형제로서가 아니라 학생으로서 대해야 한다는 개념을 가지
> 고 있어야 한다는 점이다. 교사는 늘 다른 사람들을 제도적 역할을 넘어서는
> 특이한 목적과 감정을 가진 의식의 센터(centers of consciousness)로 다루
> 어야 한다는 점을 명심해야 한다. 각 개인은 자신이 성취한 것과 관련을 맺
> 고 있으며 모종의 긍지를 가지고 있다. 각 개인은 독특한 관점으로 세계를
> 비추고 있다(Peters, 1963a, p. 105).

여기서 피터스가 강조하고자 하는 것은 지금까지 자유로운 민주사회
에서는 선(善)보다는 권리(權利)의 우선성(優先性)을 구분하는 데 더
많은 관심을 많이 기울였다는 것이다. 권리란 사람의 권리에 대한 기본
적인 존중을 수반하는 정의(正義)의 원리에 대해 언급하는 것인데 반
해, 선이란 어떻게 살 것인가 그리고 어떻게 타당한 선택지들을 고양시
킬 것인가에 대한 개인의 선택, 즉 다른 사람의 권리를 존중하는 선택
지들을 어떻게 신장시킬 것인가에 대한 개인의 선택에 대해 언급하는
것이다(Rawls, 1988).

그렇다면 이러한 추상적인 도덕적·정치적 체제가 교사가 하는 일과
어떤 관련이 있다는 것인가? 첫째, 교육이란 이러한 민주적인 맥락에

서 이루어진다는 것이다. 예컨대, 피터스는 후기 저작에서 이러한 관계에 대해 상세하게 설명하고 있다. 즉, 교육의 개념은 자유 민주적인 가치 안에 확고부동하게 자리하고 있으며, 따라서 우리는 그러한 가치들을 명료화해야 한다는 것이다. 나아가 우리는 특정한 교육목적들을 전개해 가는 과정에서 그러한 가치들을 적용하려고 할 때에 그것들이 교육의 기준들에 어떤 영향을 주는지 밝혀야 한다는 것이다(Peters, 1979, p. 36). 예컨대, 전후 파시즘의 공격으로 위기에 처했을 때 개인의 자율성을 신장시켜 나가기 위해 민주주의를 정립할 필요가 있었으며, 이에 따라 교육의 목적은 자연히 자발적이고 개인주의적인 측면을 강조하게 되었다. 하지만 우리는 그러한 측면의 강조가 인간존중, 우애, 배려, 타인에 대한 동정과 같은 다른 민주적인 가치들을 밀어내서는 안 된다는 점을 확실히 해야 한다(1979, pp. 42-3).

둘째, 자유 민주적인 맥락에서 다른 영역들과 마찬가지로, 교육은 기본적인 도덕적 권리가 존중을 받도록 해 주어야 하는데, 이것 안에는 아동이 선하거나 행복한 삶에 대한 자신의 생각을 발전시켜 나갈 수 있는 권리가 포함되어 있다. 물론 이러한 일이 가능해지기 위해서는 배우고자 하는 기회가 주어져야 한다. 확실히 민주주의, 교육, 권리, 선 사이의 조화로운 연결은 피터스의 교육철학에 있어서 보다 복잡하게 얽혀 있다(Martin, 2009). 하지만 교육 개념의 관점에서 볼 때, "입문으로서의 교육"은 성장하고 있는 개인의 관점을 도덕적 존중의 문제로 인식해야지, 이데올로기나 인기 있는 교육학적 경향에 영합하는 개인 교사의 감상적인 견해의 토대로 인식해서는 안 된다는 생각을 가지고 있다. 이 점에 대해 느슨한 방식으로 생각해 보면, 교육적인 선(善)(교사가 믿는 것이 학습자들에게 최선인 것)에 대한 교사의 생각은 학생에 대한 자신의 비개인적인 도덕적 의무를 넘어서는 것이어서는 안 된다. 예컨대, 우리가 교실 환경에서 양육 태도의 중요성에 대한 강한 믿음을 가질 수 있지만, 우리는 궁극적으로 학생들이 우리와 같은 인간이라는 점에서 그들과 그들의 관점을 소중히 여겨야 한다는 점을 망각해서는 안 된다. 온정주의(溫情主義)와 우정이 도덕적 존중으로 대체될수는 없다. 따라서 피터스에게 학생과의 친한 관계를 지나치게 강조하게 되면 배우려는 교육받은 사람의 요구를 적절하게 인식할 수 없게 된다(Peters, 1963a, p. 105).

　이것은 우리가 개인 학습자의 독특한 측면을 무시해야 한다는 것을 뜻하지 않는다. 특히, 입문의 초기 단계에서 이것은 젊은 학습자들이 공적인 세계로 잠정적으로 입문해 들어가게 됨에 따라 그들의 고군분투 과정에 대해 특별히 주의를 기울일 것을 요구한다―피터스는 리터러시와 같은 기본적인 기술의 예를, 다른 사람들에게 맞추어 해야 할 수업의 분야로 생각한다. 이 발달단계에서는 그 누구도 수업의 공동 기초로 기여하는 사고형식의 표준들 및 가치들을 공유하지 못한다(p. 105). 하지만 학습자가 성숙해지고, 각각의 활동 안에 내재해 있는 표준들에 익숙해지고, 그러한 표준들을 특수한 경우에 적용할 수 있게 되면서 전통의 권위가 더욱더 중요한 의미를 가지게 된다(1963a, p. 106; 1966a, pp. 56-7). 이 단계에서 우리는 개인의 특이한 특성들로부터 벗어나 전통의 권위에로 움직여 가게 된다.

4) 교육과 개인적인 관계

　이 주제는『윤리학과 교육』에서 훨씬 자세하게 다루어졌으며, 친밀함보다는 존중에 대한 강조가 교사와 학습자 간의 관계에서 더 중요한 것이라는 관심사를 반영하고 있다. 다시 말해서, 피터스는 문제란 강조하는 바가 무엇이냐에 따라 달라질 수 있음을 환기시키고 있다. 사실, 좋은 관계란 어떤 사회적 실제(社會的 實際)에 필요한 것이다(Peters, 1966a, p. 58). 하지만 입문으로서의 교육은 이러한 관계의 특수한 측면들, 즉 이것을 다른 실제와 구별해 주는 특수한 측면이 있음을 암시하고 있다. 피터스는 교사들이 의식(意識)의 구심점을 키워 가는 교수 활동에 참여해야 한다고 강조한다. 물론 이러한 교수 활동은 초기 입문 단계에서 실수하면서 성숙해지고 공적 영역에서 이해하지 못할 가능성이 있는 공적 세계에 대한 감상과 배려를 필요로 한다. 아직까지 학생은 공적 기준들과 관련하여 어떻게 실수를 하게 되는지를 이해하지 못하고는 배울 수 없다. 따라서 교사는 학생이 입문하는 활동과 동시에 그러한 형식에 대한 학생의 성장적 관점을 인식해 가는 활동을 규정하는 표준들에 관해 배려할 수 있어야 한다(p. 59). 예컨대, 교실 토론에 기여하려는 학생의 시도가 결함이 있고 그릇되다고 해서 그것을 냉정하게 일축하는 것은 잘못이다. 비판적인 피드백은 민감하게 받아들여져야 한다. 존중과 배려는 교육과정 안에 상호 논리적으로 가정되어 있는 것이다.

5) 교육과 동기유발

『윤리학과 교육』에서 피터스는 가치 있는 활동으로의 입문은 그 자체로서 학습자에게는 다른 과업임을 강조하였다(1966a, pp. 60-2). 따라서 교사는 학생이 입문 과정에 참여하도록 동기유발을 시켜야 하는 실천적인 과업에 직면하게 되는데, 교사는 학생이 배우도록 강요할 수는 없다. 학생은 그것을 스스로 해내야 한다. 하지만 여기서 사태가 매우 복잡해진다. 우리는 학생이 참여할 수 있도록 상(賞)이나 벌(罰)과 같은 외적 동기를 사용해야 하는가? 벌이란 피터스가 학습에서 그토록 중요한 것이라고 생각한 개인적인 관계에 손상을 입힐지도 모른다. 교사의 카리스마와 같은 적극적이고 외적인 것들에 호소하게 되면, 학생은 노예처럼 교사를 따르고 교사에게 의존하는 위험에 빠지게 될 것이다.

이 두 경우에, 외적 동기유발은 실제 행동에 참여했을 때—학생이 교실에 나타나 수업을 마치는 것—효과가 있을지도 모른다. 하지만 학생은 여기서 교육의 기준들을 만족시키는 방식으로 활동 안에 들어가지 못한다. 외재적인 것을 달성하기 위해 배우려는 이유를 가지고는 교육활동의 내재적 가치를 배려하거나 이해할 수 없다. 나아가 학생이 지식과 이해가 근본적으로 도구적인 가치를 가진다는 점을 이해하도록 해야 한다(Peters, 1963a, p. 109). 하지만 (a) 배우려는 욕구에 호소하는 것과 (b) 특수한 활동들에 내재하는 선이란 그 자체로 위험한 것이다. 첫째, 우리는 어떻게 특수한 활동의 내재적 가치, 특히 학생이 그러한 가치를 이해하지 못하는 초기 단계에 학생이 그러한 동기유발에 반응하도록 하면서 그러한 내재적 가치에 호소할 수 있을 것인가? 결국 만약 학습자가 입문해야 한다면, 활동의 내재적 가치에 대한 호소가 학습자에게 어떤 영향을 줄 수 있는지 이해하기 어려울 것이다.[2] 하지만 학습과 숙달에 대한 호소가 너무 지나치게 강조되면 성취와 성공에 대한 강박증에 빠지게 될 것이다(Peters, 1963a, p. 110; 1966a, p. 61).

입문 체계를 통해 바라볼 경우 이러한 심리학적 관심사는 개념적인 수준에서 더 잘 작용한다. 여기서 피터스는 다음과 같은 유추를 제시하고 있다.

---

2   이 역설에 대한 탁월한 분석을 알아보기 위해서는 Luntley(2009)를 보라.

[아이들]은 문 밖의 야만인들의 위치에서 출발한다. 문제는 아이들이 문명의 성채(城砦) 안으로 들어와 자신들이 그곳에서 본 것이 무엇인지를 이해하고 사랑할 수 있어야 한다는 것이다. 그런데 문명화된 삶의 형식을 규정하는 활동들, 사고 및 행동양식은 통달하기 어렵다는 사실을 숨길 수 없다는 것이다. 이 점이 바로 교육자가 매우 어려운 과업을 수행해야 하는가 하는 이유이다… (1963a, pp. 107-8).

입문이란 쉽지 않다. 교육자는 학습자를 다룰 수 있는 여러 가지 도구들(외적이고 내적인 것)을 가지고 있으며, 그러한 기술의 적용은 학습에 관한 경험적 일반화를 비롯하여 특정 상황에서의 주의 깊은 판단을 포함하고 있어야 할 뿐만 아니라 교육의 기준들을 만족시켜야 한다. 성공을 위한 마술 같은 공식이란 존재하지 않는다.

피터스에게 입문의 개념은 교육의 규범적인 기준들이 발전시키거나 인식시키려는 범위와 방식을 적극적인 방법으로 이끌어 낸다. 두 용어가 비슷하기는 하지만 여기에는 한 가지 근본적인 차이가 있다. 즉, 교육이란 누군가가 입문한 것이 가치가 있다는 생각을 수반하고 있다.(Peters, 1966a, p. 55). 최소한으로 말하자면, 입문이란 어떤 활동을 이끄는 과정이며, 매우 특수한 무엇이거나 폭넓은 인지적 내용을 담고 있는 무엇이거나 단순히 즐길 만한 무엇이다. 하지만 오크쇼트는 입문을 이러한 방식으로 바라보지 않았다. 그는 입문이란 가치를 가지는 것이며 가치가 있는 인간 이해에 대한 대화에 참여하는 것이라는 견해를 지지하고 있다. 하지만 오크쇼트에게 이러한 대화란, 피터스가 대단히 특수한 방식으로 제시한 바 있는 기준들을 따라야 하는 그런 것이 아니다. 이 점은 교육, 교수, 그리고 학습에 대한 오크쇼트의 견해를 평가한 피터스를 이해하는 데 매우 중요한 사항들이다(Williams, 2009).

하지만 이 두 사람이 공통으로 공유하는 점이 있다면, 그것은 교육의 가치란 그 안에 내재하는 표준들, 원리들, 그리고 가치들 안에 존재한다는 것이다. 이러한 가치들이 모두 교육에 의해 제공되는 것은 아니다. 교육받았다는 것은 가치 있는 것을 배려하고 이해하기 위해 힘든 길을 따라 입문한 것이거나, 피터스가 지적한 바 있듯이, "교육받았다는 것은 목적지에 도달한 것이 아니라 다른 관점을 가지고 여행하는 것이다."(1963a, p. 110).

3. 재검토된 교육목적과 교육의 과정

피터스는 교육에 내재하는 규범적 기준들과 이것을 적극적인 방식으로 드러내는 입문의 개념을 명료화하면서, 이제 교육정책 및 실제에서 생겨나는 당면한 문제들을 좀 더 분명하게 하고자 한다. 이러한 문제들에 대한 이같은 설명의 적용 가능성을 잘 보여 주는 두 가지 사례가 교육목적과 수단-목적 구분이다.

1) 재검토된 교육목적

우리는 이미 제2장에서 피터스가 개념분석적인 접근방식을 적용하였음을 살펴보았다. 거기서 그는 "목적"이라는 용어의 의미를 상술하는 일이 "교육목적"에 관련된 논의를 하는 데 도움이 된다는 점을 밝히고 있다. 우리는 이미 교육목적에 대해 언급하는 일이란 우리가 드러내려는 교육의 과정의 특수한 측면을 강조하고 있는 것이라는 점을 포함하고 있음을 살펴보았다. 이제 우리는 이러한 기능이 그 가치와 중요성을 어떻게 드러내고 있는지를 이해할 수 있게 된다. 교육의 개념은 여러 가지 기준들을 언급하고 있기 때문에, 우리는 때로 교육받았다는 것의 상이한 측면을 강조하기 위해 교육의 "목적들"에 대해 언급할 필요가 있다는 점을 알게 될 것이다(Peters, 1967a, p. 20). 이러한 용법에 비추어 볼 때, 목적이란 어디까지나 교육의 개념에서 파생된 것이지 교육이 무엇이며 무엇이어야 하는가에 대한 궁극적인 진술은 아닌 것이다.

　　하지만 여기에는 "교육의 목적들"이라는 용어의 이차적 용법도 존재한다. 왜냐하면 유일한 교육의 목적(the aim of education)을 생각해 볼 수 있기 때문이다. 즉, 사람들을 세계에 대한 반성적 관점으로 이끄는 가치 있는 활동들로 입문시키는 것을 생각해 볼 수 있기 때문이다. 하지만 이러한 용법에 비추어 볼 때, "교육의 목적"이라는 용어는 지나친 무엇이다. 왜냐하면 그것은 "유일한 교육의 기준들"(the criteria of education)과 같은 것을 언급하는 것에 지나지 않기 때문이다. 이러한 구절은 기껏해야 교육체제가 교육과정들이 만족시켜야 할 기준들에서 멀어질 때 사용된다. 피터스는 학교체제를 기술훈련이나 직업훈련의 수단으로 변형시키려는 관료(官僚)를 예로 들고 있다. 여기서 교육목적을 고려해야 한다는 호소는 정책입안자가 체제를 바꾸는 일에 열정을 쏟다 보니 망각할 수도 있는 교육과 내재적 가치들의 관계를 숙고해 보라는 점을 재천명하는 것이다(p. 21).

2) 과정으로서의 교육

　　피터스가 교육(개선의 개념과 같은 것)이란 어느 특수한 과정(過程)이나 교육학을 필요로 하는 것이 아니라 과정들이 따라야 할 체계를 수

립하는 것이라고 주장하고 있음을 상기해 볼 필요가 있다. 이러한 체제
는 "교육"이라는 용어를 의미 있게 사용하는 사람에게 논리적으로 필
요한 기준들에 의해 결정되는 것이다. 따라서 교육실제와 교육정책이
란 "수단"과 "목적"으로 쉽게 분리될 수 있는 것이 아니다. 말하자면
어떤 교육 활동의 목표란 우리가 행하고 있는 것에 관한 생각에 이미
"붙박혀 있는"(built in)것이다. 이는 어느 정도 입문으로서의 교육이라
는 아이디어에 포함되어 있는 것이다. 하지만 입문이 이러한 기준을 적
극적인 과정으로 밝히는 데 유익하기는 하지만, 교육과 같은 개념이 왜
수단과 목적을 함께 다루게 하는지 이유에 관한 설명을 할 때에는 많은
것을 제공하지는 못한다. 교육받은 사람을 규정하는 기준들이 어떻게
그러한 사람 육성의 실마리가 되는 과정과 동일한 의미를 가지고 있다
고 할 수 있는가? 왜 교육의 수단들은 그것을 이루려는 목적과 그토록
깊은 관련을 맺어야 한다는 것인가? 결국 내가 부자가 되기를 원한다
면 내가 돈을 벌 수 있는 여러 가지 일들이 있을 수 있다. 하지만 그러
한 일들 중 어느 것도 "부자가 되어야 한다"는 규범적인 기준을 반드시
만족시키는 것은 아니다. 나는 복권에 당첨되거나 은행을 털 수도 있
고, 혹은 나는 사업을 성공적으로 할 수도 있다. 하지만 부를 획득하는
일들에는 이미 정해진 것이란 있을 수 없다. 분명히 피터스는 교육을
전혀 다르게 이해하고 있다. 그는 이러한 관계를 자신의 논문인 "교육
적인 과정이란 무엇인가?"(1967b)에서 상세하게 다루고 있다.

여기서 그는 라일이 분석한 바 있는 과업 동사(課業動詞)와 성취동사
(成就動詞)를 소개하고 있는데, 동사 하나를 정하여 그것을 성취의 의
미 혹은 과업의 의미로 사용해 보면 구분이 분명해진다. 예컨대, 우리
가 과업의 의미(task sense)에서 가르친다고 말할 때, 그것은 우리가 가
르치면서 행하고 있는 것이 무엇인지를 서술하는 것이다. 하지만 그것

은 반드시 학생들이 무엇인가를 배웠다는 것을 뜻하지는 않는다
(1967b, p. 2). 여러분은 소란스러운 교실로 걸어 들어가서는 우리가
하고 있는 것이 무엇인지를 물을 수 있으며, 학생이 배우고 있다는 것
을 별로 염두에 두지 않으면서 "우리는 가르치고 있다"고 말할 수 있
다. 이와는 반대로 우리가 성취의 의미(*achievement sense*)에서 용어를
사용할 때, 이것은 우리가 목표로 하고 있는 것을 이루어냈다는 것을
의미한다. 그리하여 우리는 학생들이 보여 주는 소란스러운 행동에도
불구하고 엘리엇(Eliot)의 『황무지』(*The Wasteland*)를 읽는 방법을 가
르쳤다고 말할 수 있을 것이다. 피터스 역시 교육받은 사람을 기르는
데 성공할 수 있다고 가정하지 않으면서도 사람들을 교육할 수 있다고
말할 수 있기 때문에 "교육"이라는 용어에 대해서도 그렇게 말하고 있
다. 하지만 우리는 누군가가 성공을 염두에 두면서 교육을 받는다고 말
할 수 있다(p. 2).

　이러한 관점에서 교육적인 과정들은 성취라기보다는 과업이다. 교육
적 기준들의 성취 측면에 강조점을 둘 때 이 과정들은 교육받은 사람의
기준들로 해석된다. 이것을 다음과 같이 표현할 수 있을 것이다(Pe-
ters, 1967b, p. 9를 비교하라).

1. 교육받은 사람은 가치 있는 것으로 보이는 활동들에 참여함으로
   써 삶을 이끌어 간다.
2. 이러한 참여는 활동들의 주요 원리들에 대한 지식 및 그러한 활동
   들의 내재적 가치에 대한 이해에 의해 규정된다.
3. 이러한 지식과 이해는 교육받은 사람의 세계관에 차이를 만들어
   낼 뿐만 아니라 그러한 활동을 규정짓는 원리들 및 표준들에 대한
   관심을 불러일으킨다.

하지만 이러한 성취 기준들은 수단과 분리될 수 없다. 왜냐하면 과업의 의미에서 누군가를 교육시킨다는 것은 성취의 의미에 담긴 기준들을 논리적으로 전제하고 있기 때문이다. 나는 누군가를 가치 있는 관점으로 입문시켜야 하며, 이것은 가치 있는 관점을 가지게 된 사람으로부터 분리될 수 없는 일이다. 나는 그러한 관점을 뇌 이식을 통해 추론할 수 없다. 왜냐하면 관점의 소유는 강압을 가한다고 해서 얻을 수 있는 것이 아니라 학습을 통해 얻을 수 있기 때문이다.

이러한 논리적인 관계는 교육에 있어서 수단과 목적이 서로 되섞여 있다는 근거로 작용한다. 왜냐하면 우리가 과업이나 성취의 의미에서 교육이라는 말을 사용할 때조차도, 이 두 가지 용법 모두가 교육의 기준들로 되돌아가도록 하기 때문이다. 우리는 교사들에게는 유용할 수도 있지만 논리적인 관계 밖으로 밀려나 버린 과정들로부터 교육적인 과정들을 비교함으로써 이것이 어떻게 작용하는지 이해할 수 있을 것이다. 예컨대, 피터스(1967b, p. 10)가 "외적인 지원"(extrinsic aids)이라고 부른 것을 생각해 보자. 우리는 이미 그러한 지원이 때로 동기유발을 불러일으키는 도구라는 점을 살펴보았다. 하지만 이러한 도구는 어디까지나 교육을 지원하는 것이지, 교육과정의 일부는 아니다. 또한 이것은 그 가치들이 우연하거나 경험적인 것이 아니기 때문이기도 하다. 예컨대, 교실 관리를 하기 위한 "토큰 경제" 접근방식을 생각해 보자.[3] 토큰 경제는 아이들에게 과업 완수에 보상으로 주어지는 것이라는 차원에서 운영되기 때문에 그것은 학습을 촉진시키기 위한 유용한 전략이라고 할 수 있다. 하지만 토큰 경제는 학습의 필요조건으로 도움

---

3 역자주: 토큰 경제(token economy)는 토큰을 보수로 주는 행동 요법으로, 토큰이 특별한 음식, 텔레비전 시청, 자유 시간 등과 교환된다.

이 될 만한 것이 없다. 이런 점에서 교육 과업에서 성공을 이루어 내기 위해 토큰 경제에 의존할 수는 없는 일이다. 그것은 교육적인 과정을 구성하는 것이 아니라 다만 용이하게 하는 것일 따름이다. 토큰 경제는 과업-성취 체제 안에서는 아무런 의미를 가지지 못한다. 만약 토큰 경제를 사용하면서 그들이 하는 일이 무엇인지에 대한 질문을 받게 된다면 "나는 그들을 교육하고 있다"라고 자신 있게 답하는 사람은 아무도 없을 것이다.

다른 한편으로, 교육 과업의 측면이면서도 또한 성취의 측면 일부와 관련이 있는 과정들이 있다. 예컨대, 피터스가 교육을 보다 넓은 관점에서 사물에 대한 "존재 이유"(reason why)를 이해하는 것으로 바라보면서, 훈련(訓練)을 이러한 과정들 가운데 하나로 포함시키고 있다는 것은 놀라운 일이다. 하지만 피터스는 훈련이란 교육의 본질적인 부분이라고 주장한다. 첫째, 훈련이란 수업과 범례를 통한 학습을 요구하는 복잡한 실제들과 관련이 있다(Peters, 1967b, p. 15). 나아가 이러한 복잡한 실제들의 성취는 개념들의 획득과 적용을 피해 갈 수 없다. 훈련과 개념 획득 간의 관계는 훈련이 지식 및 이해의 발달과 관련이 있다는 것을 의미한다—즉, 훈련을 받았다는 것은 교육받은 사람의 성취와 관련이 있다는 것을 의미한다. 확실히 훈련은 교육의 충분조건은 아니지만, 때에 따라서 그것은 문자 및 산수 기술을 습득하려는 학습자에게 중요한 과업이다(pp. 14-15).

"교육"이라는 용어에 대한 개념분석을 통해, 피터스는 그 의미를 명료화하고, 그것의 적용에 내재해 있는 기준들을 밝히고 있다. 이러한 점들에 대한 명료화 작업은 교육정책 및 실제에서 생겨나는 혼란을 해결하는 데 중요한 역할을 한다. 대부분의 정책 논쟁 영역인 "교육의 질"(quality in education)에 대한 아이디어를 예로 들어 보자. 피터스는 경제학자들이 교육의 질을 재는 방식으로 학교제도의 운영 결과를 수량화(數量化)하려고 하지만 그러기 위해서는 먼저 "측정 가능한 결과"가 실제로 무엇인지를 명료화할 필요가 있다고 주장한다. "질"이란 교육과정에 내재하는 가치를 증진시키는 학교체제를 염두에 두고 하는 말인가 혹은 효율성, 사회적 유대, 고용과 같은 외적 가치들을 증진시키는 데 효과가 있는 체제를 염두에 두고 하는 말인가? 우리가 교육적인 질에 관심을 기울이는 한, 교육이란 쉽게 측정하거나 비교할 수 없는 다양한 필요 기준들을 가지고 있다는 점을 명심해야 한다. 하지만 우리가 관심을 가지는 것은 이러한 기준들 가운데 그 어느 것도 만족시키지 못하는 학교체제이다(Peters, 1969a, p. 159). 또한 피터스의 개념분석은 중요한 정책과 실제에 관련된 문제들을 계속해서 재검토하도록 권장하고 있다. 과연 학교들은 과업과 성취의 용어가 가지는 두 가지 의미의 측면에서 실제로 교육을 하고 있다고 할 수 있는가?

4. 개념분석에 대한 비판

피터스의 개념분석은 결코 비판을 피해 갈 수 없다. 사실 비판에 대한 그의 반응을 알아보기 위해서는 개념분석의 역할 및 교육 개념의 존중에 대한 그의 초기 견해들을 명료화할 필요가 있다. 특히 "교육목적—개념적 탐구"(Peters, 1967a)란 글에서 드레이(William H. Dray)와 우즈(Peter Woods)가 제기한 질문들은 피터스의 큰 관심을 끌었다(El-liott, 1986, p. 44). 피터스는 같은 글 안에서 그에게 주어진 비판들에 응답하였으며, "교육과 교육받은 사람"(1970c)에서 이러한 비판들을 보다 체계적으로 다루었다. 이 절에서 우리는 피터스의 접근방식을 강화하는 방법으로 이러한 비판과 논평을 확장하고 이것이 어떻게 그의 두 번째 계획, 즉 정당화 분야로 옮겨 가게 되었는지 재구성해 볼 것이다.

이의제기 1: 인지적 조건들 중의 하나는 개인이 폭넓은 인지적 내용을 가지는 지식 및 이해로 입문해야 한다는 것이다. 교육받은 사람은 어떤 폭넓은 이해를 가진 사람이다. 하지만 우리는 전문적인 교육(*specialized* education)을 받은 사람에 관해 말할 수 있으며, 이것은 논리적으로 모순이라고 할 수 없다(Woods, 1967, p. 33).

이러한 이의 제기에 대한 피터스의 반응은 짤막하며 솔직하다. 그에게, 전문적인이라는 용어의 용도는 본질적으로 "교육"이라는 용어를 이해할 때 어쩔 수 없이 파생(派生)하는 것이다. 따라서 우리는 일반적으로 말해서 교육이 더 일반적인 성격을 띤다는 점을 이해하지 못하고는 "전문적인" 교육이라는 말을 하기 어려울 것이다(Peters, 1970c, p. 6). 그렇다면 왜 우리는 이러한 교육이 먼저 전문화되어야 한다고 설명하고 있는가? 하지만 더욱 문제가 되는 것은 이러한 이의 제기에 대한 정교한 해석이다.

이의제기 2: 인지적 조건들 중의 하나는 우리가 가치 있는 것에 입문해야 한다는 것이며, 피터스에게, 이것은 철학, 역사, 과학 그리고 세상에 빛을 던져 주는 기타 인지적 전통과 같은 지식 및 이해의 형식을 포함하고 있다. 하지만 가치가 있는 것으로 여겨지는 것은 시공에 따라 상대적이다. 예컨대, 우리는 사냥과 모임이 가치의 영역 및 바람직한 활동으로 여겨지는 전통적인 사회에서 살았다. 사실, 어떤 이는 사냥과 모임 안에 속한 특수한 활동들을 즐겼으며, 그러한 것들의 원리를 이해했고, 이것을 통해 이루어진 견해를 가지기도 했고, 그것에 참여하기도 하였다. 이것들은 전통적인 사회에 적용된 것으로서 형식적인 교육 기준들에 맞아 떨어지는 것이었다. 예컨대, 어떤 사람은 사냥 이면에 놓인 원리를 이해하게 되었으며, 사냥을 실제적인 가치를 가지는 것으로 보면서 그것을 내재적인 방식으로 평가하게 되었다(Woods, 1967, pp. 33-4).

이러한 관점에서 가치조건(전달할 만한 가치가 있어야 한다는 것)은 단지 논리적인 필요조건일 따름이며, 어떤 시간과 공간 안에서 가치가 있는 것으로 여겨지는 무엇인가가 그 안에 채워져야 한다는 것이다. 이러한 가능성이 제2장에서 제기되었다는 점을 상기해 보라—피터스는 좀 더 분명한 방식으로, 교육적으로 가치가 있는 활동들과 바람직한 것이 무엇인지에 대한 다양한 생각을 가진 개인의 주관적인 관점에서 가치가 있는 활동을 구별하려고 하였다. 요컨대, 가치조건(지식과 이해)은 필요하지만 인지적 조건은 피터스가 글을 썼던 시대에 중요한 것으로 보였던 우연한 조건일 따름이다. 교육적으로 가치가 있는 것은 사실 광범위하며, 시간, 문화, 장소에 따라 상대적이다.

여기서 피터스는 지식과 이해가 어떻게 교육 개념의 우연한 특징이 아니라, 사실 자신이 생각했던 방식대로, 필요한 특징인지 보여 주고자 한다. 하지만 이것은 보다 복잡한 분석이 필요하며 이에 따른 일련의 이의 제기가 수반된다. 그의 초기 분석에서 피터스는 몇몇 기준들을 밝히려고 한다. 하지만 일단 우연성(偶然性)에 대한 질문이 제기되면서 개별적인 기준들의 논리적 관계가 허물어질 수 있다. 예컨대, 다음의 사례들을 생각해 보자.

1. 가치 있는 조건만이 논리적으로 필요한 것이며, 인지적 조건은 우연한 것이다.

이러한 이의 제기에 대해서는 이미 위에서 다루었다. 하지만 다음 사례를 생각해 보자.

2. 가치 조건과 인지 조건 그 어느 것도 필요한 것이 아니다. 모든 기준은 교육의 개념 자체를 우연한 것으로 만든다는 점에서 우연한 것이다.

예컨대, 우리는 교육제도에서 전달되는 것이 어떤 가치를 가진다는 점을 제안하지 않으면서도 다른 시대와 다른 장소의 교육제도에 관해 말할 수 있다(Peters, 1970c, p. 9). 나아가 많은 이들이 "나쁜 상태에 놓이도록" 교육받았다고 말하기도 한다. 피터스는 그 사례로 교육적인 과정을 다른 신앙을 가진 사람들을 공격하기 위한 것으로 생각하는 폐쇄적인 종교 공동체를 들고 있다(p. 9). 결국 우리는 분석을 하고 나서는 다음과 같이 주장할 수 있다.

3. 인지적인 조건은 필요한 것이며 가치조건은 우연한 것이다.

이러한 견해에 의하면, 지식과 이해란 교육받은 사람이 어떤 의미를 가지는가를 구성하는 요소일 따름이다. 피터스가 살았던 시대의 사회는 아마도 다른 시대보다는 이러한 구성적 요소를 보다 잘 알고 있었을 것이다. 그 결과 현대 산업사회에서 지식과 이해의 실제적 활동 범위는 훨씬 더 크다고 할 수 있으며, 그러므로 우리가 살고 있는 사회는 지식과 이해에 더 많은 가치를 부여하고 있다. 따라서 교육받았다는 것은 지식과 이해를 가지고 있다는 주장이 진실이듯이 그러한 지식과 이해가 가치 있는 상태로 받아들여져야 한다는 주장도 진실이다(p. 10). 이러한 접근방식은 (2)에서 무너뜨린 이의 제기를 문제 삼을 수 있을 것이다. 예컨대, 어떤 사람이 교육을 가치 있는 것으로 생각하지 않는다는 사실은 교육이 지식과 이해를 필요로 한다는 사실과는 별개의 것이다. 확언컨대, 폐쇄적인 사회는 교육을 낮게 평가하는 일에 대단히 큰 관심을 기울이지만, 이것은 인지적 조건에 관련된 것이 아니다―어떤 사람은 교육이 인지적인 조건을 포함하고 있지 않다는 점을 밝히면서 교육을 경시할 수 있다. 사실, 우리는 폐쇄적인 사회가 교육을 거부하고 경시하는 이유가 지식과 이해가 교육의 필요조건이기 때문이라고 주장할 수 있다―교육의 이러한 견고한 측면은 폐쇄적인 사회의 편협함을 위협하는 위험에 빠질 수 있다. 이것이 바로 "나쁘거나" "위협적인" 것으로 보이는 이유이다.

　이의제기 3: 교육받은 사람의 필요조건들에 대한 이런 분석의 배경 속에서 보다 곤욕스러운 이의 제기가 있었는데, 이것은 드래이(Dray)가 피터스를 겨냥한 것으로, 드래이는 교육에 대한 피터스의 개념적 설명이, 교육은 무엇이어야 하는가에 대한 피터스 자신의 가치를 투사하고 있다고 주장하였다(Dray, 1967, pp. 38-9; Elliott, 1986, pp. 43-4). 이러한 견해에 의하면, 피터스는 때에 따라 이론적으로 혼란스럽고 철학적 명료화가 필요한 "교육"이라는 용어의 특별한 용도를 선택하였는데, 이것은 일반적으로 자신의 관점과 맞아 떨어지는 교육의 과정에 대한 그의 개인적 견해와 잘 어울리는 것이다. 이러한 관점에서 개념분석은 실제로 동어반복(同語反覆)적인 것이다. 왜냐하면 이것은 다음과 같은 점들을 암시하고 있기 때문이다.

　(P1) "교육"이라는 용어의 의미는 학습자를, 그 자체의 목적을 가지

는 지식과 이해를 포함하는 가치 있는 활동들로 입문시키는 것
이다.

(P2) "교육"이라는 용어를 사용하는 사람은 그러한 개념의 용도에
내재하는 기준들에 관심을 가져야 한다.

(C) 그러므로 교육받는다는 것은 그 자체의 목적을 가지는 지식과
이해에 대한 헌신을 포함하는 가치 있는 활동들로 입문하는 것
이다.

이러한 논의의 형식은 논점-회피(question-begging)의 경우에 해당
한다는 것을 알아 둘 필요가 있다. 피터스는 아마도 자신이 개념분석을
통해 밝히고자 했던 모든 기준들을 용어의 정의 안에 포함시키고 있는
것 같다. 이러한 관점에서 피터스가 제시한 교육의 개념은 그가 주장했
던 바대로 명료화된 것이 아니다. 드래이(Dray, 1967, pp. 36-9)에게,
교육의 개념은 "지식"이나 "진리"와 같은 개념들이 그러하듯, 논리적
인 것들에 의해 지배받는 것이 아니다. 오히려 교육은 본질적으로 가치
있는 혹은 다른 어떤 것에로의 입문 이상의 것을 암시하는 우연한 용어
이다. 그러므로 드래이의 주장에 의하면, 교육이 실제로 무엇인가를 말
하려는 시도는 발달 및 학습에 대해 자신이 좋아하는 견해를 정교하게
합리화하려는 죄를 짓는 것이다.

5. "용어"교육 대 교육받은 사람

피터스는 교육 개념의 지위에 대한 이러한 비판을 자기 자신의 입장을
명료화하기 위한 기회로 받아들인다. 과연 교육은 철학적 분석의 대상

이 될 수 있는가?

피터스는 자신이 글을 쓰고 있는 시대까지 전개되어 온 교육의 개념에 대한 역사적 궤적을 인정하면서 논의를 시작한다. 여기서 교육의 본질적인 특징들이 정리되기 시작하는데, 말하자면 19세기 전문화된 직업을 염두에 둔 체계적인 훈련에 초점을 맞춘 교육의 구식 견해에 반발하면서 교육의 특징들이 정리되기 시작한다. 이러한 "정리된" 개념은 전문적인 훈련의 편협함에 맞서 싸웠지만 오늘날 사용하고 있는 것과 같은 교육 개념의 기준적 특성을 갖추지는 못하고 있었다(Peters, 1970c, pp. 10, 11). 덜 세련되기는 하였지만 그럼에도 확장된 용어가 어떤 양육(養育)의 종류, 예컨대 아이-기르기, 생활 경험 등을 설명할 때 사용되었다. 이 개념은 상당히 넓은 범위에 걸쳐 사용되었지만, 분명한 기준들이 없이 사용되었다(기준들이 결정되어 있지 않았다). 여기에서 피터스는 사람들이 자기가 생각하는 것과 양립할 수 없는, 그리고 논리적으로 모순이 없는, 보다 일반적인 의미로 "교육"이라는 용어를 계속 사용하고 있음을 알게 된다. 이는 다만 "교육"이라는 일반적인 용어의 용도가 가지는 의미가 우리 시대의 용법으로 보이는 보다 "엄격하거나" 기준을 갖춘 형식과는 다르다는 것이다. 우리는 "교육"이라는 용어를 일반적이거나 특수한 의미로, 기준적인 의미로, 설득력 있게 사용할 수 있다.

이러한 분석을 하면서, 피터스는 우리가 매우 일반적이고 무차별적인 의미의 교육과 보다 기준적인 형식의 교육을 구별할 수 있을 것이라고 말한다. 하지만 이러한 주장이 교육 개념의 논리적이고 규범적인 지위에 어떤 영향을 줄 수 있다는 것인가? 이것은 다만 가치조건이나 인지적 조건이 "교육"이라는 용어에 필요하다는 것을 의미하는가? 혹은 용어의 일반적인 용도가, 실제로 필요한 조건이란 존재하지 않으며 드

래이의 주장이 근본적으로 옳았다는 점—교육이란 훨씬 많은 것들로
의 입문이다—을 보여 주는 것은 아닌가? 피터스는 이 점에 관해 다음
과 같이 인용하고 있다.

> "교육"이란 원래 가르기, 양육, 수업 등의 과정을 드러내기 위해 사용되었
> 다. 이러한 일에 참여하고 있는 사람들은 전달해야 할 것에 어떤 중요성을
> 부여해야 한다고 생각하지 않았다는 점에 대해 별로 신경을 쓰지 않았기 때
> 문에 이러한 과정들과 가치 있는 것이 무엇인가에 대한 생각 사이에는 늘 느
> 슨한 관계가 존재하게 되었다. 하지만 이 단계에서 이러한 관계를 개념적인
> 관계로 생각할 수 있는 것인지는 의문스럽다. 왜냐하면 이 단계에서 "양육"
> 이 가족이 가진 기능들 가운데 하나이지 특수한 제도의 기능이 아니라는 점
> 에서 실제로 전달해야 할 가치가 있는 것과 그렇지 않은 것에 대해 많은 것
> 을 고려할 것 같지는 않기 때문이다. 그리하여 교육이란 가치가 있는 것으로
> 여겨지는 여러 가지 내용의 전달을 포함하고 있어야 하지만 별로 중요하지
> 않은 여러 가지 내용들도 포함하게 되었다. 하지만 산업주의(産業主義)의
> 도래로 읽기, 셈하기, 지식, 기술들이 중요한 가치를 지니게 되었고, 따라서
> 이처럼 커져 가는 유산(遺産)을 전달해야 할 특수한 기관들의 확대로 인해
> 교육은 이러한 기관에서 행하는 다양한 수업 과정들과 밀접한 관계를 맺게
> 되었다(Peters, 1970c, p. 13).

하지만 이 용어의 사용에 대한 역사적인 발전과정은 피터스가 이해
한 바와 같이 교육 개념에 대해 좀 더 가까이 접근해 갈 수는 있지만 이
개념의 의미 있는 적용에 필요한 조건들이 무엇인지에 대해서는 이렇
다 할 만한 것을 제시하지 못하고 있다. 교육이란 전적으로 입문이다.
피터스는 결국 유산(遺産)이 직업을 얻거나 교육적 기준들과 우연한 관

계를 가지는 기술, 가치들을 발전시키는 데 유용하기 때문에 사람들이 이러한 유산을 소중하게 여길 것이라고 말한다(pp. 12-13).

하지만 보다 좁거나 "엄격한" 설명에 담긴 교육의 이념(理念)은 우리가 그것을 교육받은 사람(educated *person*)의 필요조건과 관련짓게 되면 더 큰 개념적 무게를 갖게 된다.

> 하지만 내가 그랬듯이, 우리가 "교육받았다"라는 것이 무엇을 의미하는지를 분석하고, 교육을 그 결과에 기여하는 과정들에 속하는 것으로 바라본다면, 이 두 가지와 지식의 관계 그리고 전반적인 발달과의 관계가 더욱 중요해진다. 가치조건은 이것과 뗄 수 없는 관계를 가지게 된다. 왜냐하면 교육받은 사람의 개념은, 교육을 그러한 사람의 발달과 관련이 있는 것으로 바라보는 사람들의 이상(理想)으로 작용하기 때문이다. 이러한 이상은 전문적인 지식의 중요성이 19세기에 출현했을 때 두드러지게 나타났다. … 하지만 낭만주의적인 저항운동의 영향으로, 그 실제적인 것이 도구적인 것에서 분리되자마자, 그것은 지식 추구와 더불어 사심(私心) 없이 추구할 수 있는 내재적 가치와 조화를 이룰 수 있게 되었다. 따라서 교육받은 사람에 대한 우리의 개념은 다양한 것을 추구하면서 즐거워 하고 자신을 위해 계획을 세우고 그것을 추진하는 사람에 관한 것이며, 삶의 행위가 어느 정도 전반적인 이해능력 및 감수성(感受性)으로 변형되는 사람에 관한 것이다(Peters, 1970c, pp. 13-14).

피터스는 보다 일반적인 교육의 개념과 교육받은 사람의 이념을 구분함으로써 가치 및 지식 조건들에 대한 이의 제기가 해소될 수 있을 것으로 생각한다.

그 이유를 제시하면 다음과 같다. 분명한 것은 교육받았다는 것의 비도구적인 측면이 지식과 인지 조건들의 상호 필요성을 이해하는 열쇠를 제공한다는 것이다. 왜냐하면 교육받았다는 것은 명확한 기준들의 하나인 바람직한 상태를 유지하는 것이어야 하기 때문이다 — 이것이 바람직한 것이어야 한다는 것은 이러한 조건이 다른 어떤 것의 수단이 아니라 그 자체로서 좋은 것이라는 이유에서이다. 이제 내재적 가치조건이 어떤 식으로든 지식과 관련되어 있음을 보여 주어야 한다면, 이두 가지 조건들이 필요하다는 점을 믿도록 해 주어야 할 것이다.

　이러한 경우를 다루면서, 피터스는 테크네(techne)라는 그리스어를 넌지시 언급하고 있다. 테크네란 생산적인 일에 내재하거나 그것에 속하는 지식의 원리를 말하는 것으로, 이것은 에피스테메(episteme)와 구분되는 것으로, 에피스테메란 맥락에 제한을 받지 않고 보다 이론적인 지식의 원리를 말하는 것이다(Dunne, 1997). 목공(木工)에 대한 지식을 생각해 보자. 에피스테메란 물리법칙에 대한 지식을 말하는 것이며, 이러한 법칙은 건축에 적용될 수 있지만 선험적(a priori)이고 일반적인 방식에도 적용된다. 물리학에 대한 우리의 이해란 확실히 우리가 건물을 어떻게 세울 것인가 하는 방법을 이론화하려고 할 때 작용할 것이다. 우리는 건축 계획이 어떻게 구현되어 나가는지를 예측하기 위해 힘이라든가 위치 에너지에 대한 지식을 사용할 수 있지만 이러한 법칙은 목공 기예에 관련된 것만이 아니다. 테크네는 기예의 맥락적이고 특수한 측면을 말하는 것으로, 예컨대, 목수는 목공의 실제에 내재하는 독특한 규범들과 가치들을 잘 알고 있다. 나아가 이러한 규범들이란 일을 마무리하기 위한 수단으로 이해할 수 없다. 왜냐하면 그것들은 그러한 일의 구성요소이며, 그것에 헌신한다는 것은 기예 그 자체와 분리될 수 없는 것이기 때문이다.

　피터스는 플라톤과 아리스토텔레스가 테크네와 에피스테메를 구분하면서 밝히고자 한 것은 어떤 이해의 영역은 이론적인 관점이나 실천적인 일을 구성하는 표준을 수반한다는 아이디어라고 설명한다. 달리 말해서, 학습자는 자신이 행하는 일들 "안에" 들어가 그것들 안에 내재하는 표준들을 이해하고 배려함으로써 그 자체를 위한 일들에 참여할 수 있다(Peters, 1970c, pp. 14-15). 피터스는 음식을 먹는 것과 같은 무반성적인 활동들과는 달리 교육받은 사람은 선이나 행복한 삶에 대한 폭넓은 지식을 획득한 사람이다. 이것은 교육받은 사람이 한 종류의 삶을 가치 있는 것으로 바라본다는 것을 말하는 것이 아니라, 오히려 그 자체를 위한 일을 가치 있는 것—이러한 것을 무조건적으로 선한 것으로—으로 여기는 지식을 습득했다는 것을 말하는 것이다. 달리 말해서, 교육받은 사람은 얼마나 가치가 있는가 하는 것을 알고 있다는 점에서 가치 있는 마음의 상태를 유지하고 있는 사람이다. 가치조건과 인지조건은 서로 잘 들어맞으며 이제 우리는 지식이 교육과 다음 세 가지 방식으로 관련을 맺고 있다고 말할 수 있다.

　a. 지식의 깊이
　b. 지식의 폭
　c. 선에 관한 지식(비도구적인 태도)

여기서 교육받은 가치 있는 상태란 이 세 가지와 관계가 있으며, 이러한 가치 있는 상태의 비도구적인 측면은 선하거나 행복한 삶에 관한 지식의 영향을 받는다. 선이나 행복한 삶에 관한 지식은 "안으로부터" 사물의 내재적 가치를 볼 수 있는 능력을 포함하고 있다. 우리가 좀 더 좁은 의미에서 교육에 대해 생각해 보면, 교육의 기준이란 그 자체의 가능성을 지닌 조건으로서 지식이나 가치에만 의존하는 것도 아니고 그것에 빚을 지고 있는 것도 아니다. 지식과 가치 이 두 가지는 교육적인 삶 속에 서로 논리적으로 가정되어 있다.

둘째, "일반적인" 교육(general education)과 교육받은 사람을 분리하는 것은 보다 잘 정제된 개념적 이의 제기를 다루는 데 도움을 줄 수 있을 것이다. 이의 제기 2 — 교육이란 시·공간의 가치 있는 활동들과 상대적인 것이다 — 를 예로 들어 보자. 여기서 지식조건은 필요하지 않지만 가치조건은 필요하다. 이것은 우리가 스파르타 교육(Spartan education)의 이념에 대해 말할 수 있는 이유이며 그것이 논리적으로 모순이 아니라는 점을 말할 수 있는 이유이다. 스파르타의 교육, 수렵 및 채집인 교육 그리고 정치교육, 이 용어들 가운데 그 어느 것도 이론적인 활동을 논리적으로 가정하지 않고 있으며, 폭과 깊이의 기준을 만족시키지 않는다. 하지만 피터스는 교육받은 사람의 이상(理想)이 보다 특수한 의미에서 교육의 개념을 함축하고 있다고 말한다. 따라서 그는 교육받은 스파르타인(educated Spartan)에 대해 언급하는 것은 모순이라고 말한다(Peters, 1970c, p. 16). 교육받은 사람은 사람으로서 교육받은 것이지, 특정 문화 전통, 이론적 관점, 실제적 활동의 맥락에서 교육받은 것이 아니다. 누군가가 스파르타적인 교육을 받을 수 있지만 그가 기준들을 만족시키지 않는 한 교육받은 사람이 아니다. 어떤 사람이 용어의 특수한 의미에서뿐만 아니라 보편적인 의미에서 교육을 받았다고 말하는 것은 그러한 특정 용어의 사용에 내재하는 필요한 인지조건과 가치조건에 관심을 가진다는 것을 의미한다. 마찬가지로 피터스는 우리가 어떤 사람이 교육을 받았다고 말할 수 있으며, 이것은 그 사람이 학교교육(schooling)의 과정을 밟았다는 것을 의미한다고 말한다. 하지만 누군가가 교육받은 사람이라고 말할 때, 우리는 그 사람이 가치조건 및 인지조건에 의해 드러나는 기준들을 성취하였다는 것을 의미한다.

우리는 이것을 또 다른 방식으로 생각해 볼 수 있다. 즉 피터스에게, "교육"이라는 용어를 특수하게 사용한다는 것은 마음속에 과업-성취 관계를 분명하게 이해하고 있다는 것을 의미한다. 이러한 일은 학습자에 의해 이루어지는 성취를 이끄는 자발적이고 지도적인 과업에 참여하는 교사들 및 학습자들의 당사자적 관점(first-person perspective)에 헌신한다는 것을 포함하고 있다(제2장을 보라). 그렇기 때문에 예를 들어, 우리는 어떤 사람이 교육받았다고 말할 수 있지만 이것은 어디까지나 기술적인 의미(descriptive sense)에서 교육받았다는 것만을 의미한다. 왜냐하면 그 사람은 어떤 교육과정을 밟고 있다고 할 수 있겠지만, 앞에서 말한 기준에 비추어 볼 때 의미 있는 그 어떤 과업이나 성취도 해내지 못하고 있기 때문이다. 우리는 "가치조건이나 지식조건이 고려되어야 한다고 생각하지 않으면서도 "스파르타의 교육"이라는 말을 할 수 있다. 하지만 보다 특수하면서도 당사자적인 주장을 반영하는, 즉 "나는 그들을 교육하고 있다"는 관점에서 우리는 기준과 관련이 있는 과업 및 성취 용법을 제시할 수 있다.

분명히 말하건대, 명료화하려는 이러한 시도는 결정적인 것으로 받아들여지지 않으며, 이러한 논의는 쉽게 해석되지도 않는다. 예컨대, 엘리엇(R. K. Elliott, 1986, p. 44)는 "교육"과 "교육받은 사람"에 대한 피터스의 구분을, 전문적인 교사 자신들이 하는 일을 어떻게 이해하고 있는가를 다소 임의적인 해석학적 방법으로 명료화하는 작업으로 읽어내고 있다. 달리 말하자면, 피터스가 말하는 "당사자"란 교사 자신의 관점을 말한다. 엘리엇은 교사들이 자신들의 기예를 "안으로부터" 혹은 그 자체로서 목적을 가지는 것으로 이해할 수 있겠지만 장인(匠人)들 대다수도 그렇게 한다. 이것은 특히 문제가 될 만한 것이다. 왜냐하면 전문가들과 장인들은 이치에 맞지 않고, 받아들일 수 없으며, 잘못 인식된 방식으로 자신들이 하는 실제적인 일들을 이해할 수도 있기 때문이다. 자신이 하는 일을 삶과 죽음을 지배하는 신과 같은 권능(權能)으로 이해하는 의사를 생각해 보자. 그리고 기예를 특수한 종교적 신념을 지키기 위한 것으로 이해하는 교수 전문가를 생각해 보자. 그들은 모두 비도구적인 관점에서 자신들이 하고 있는 것을 분명히 알고 있는지도 모른다.

엘리엇의 비판을 진지하게 생각해 볼 만한 가치가 있으며, 어느 정도는 그것이 피터스의 철학에 대한 결정적인 해석으로 적용될 수 있다는 점을 알아 둘 필요가 있다. 분명히 말하건대, 사람들은 여기서 피터스의 분석을 일종의 교육의 개념에 대한 조작(造作)이거나 교육적 가치에 대한 자신의 견해를 추론해 낸 편견(偏見)이라고 해석할 수 있다. 이러한 견해에 의하면, 언어적 맥락은 그가 교육에 관한 결론을 이끌어 낼 때 배경이 되는 원천으로 기여하고 있다. 예컨대, 1960년대 런던에 살고 있는 사람들은 아마도 교육에 관해 보다 특수하고 엄격한 방식으로 말했던 것 같다. 런던 사람들의 귀에 "교육받은 스파르타인"을 언급하는 것은 논리적인 모순처럼 들릴 수 있을지 모르겠으나, 이것은 오늘날 대학 교수의 역사적 관점 혹은 "해석적 지평"(interpretative horizon)의 관점에서나 그렇게 들릴 것이다. 또한 우리는 한편으로는 보편적 개념으로서 교육에 대한 맥락-초월적인 분석(context-transcending analysis)을 가하는 설명 그리고 다른 한편으로는 오늘날 사용되는 용어로 교육의 필요한 특징에 대한 맥락-관련 분석(context-specific analysis)을 구분함으로써 보다 동정적인 방식(sympathetic way)으로 이것을 읽어 낼 수 있을 것이다. 피터스는 "필요조건들"에 관심을 기울일 수 있겠으나 그러한 필요조건들은 다만 오늘날 사회의 구성원들 사이에서 그 개념을 사용하는 사람들에게 적용될 수 있을 뿐이다.

이러한 동정적-맥락적 읽기(sympathetic-contextual reading)는 허스트(Paul Hirst)의 해석에서 발견된다. 허스트는 피터스가 교육에 대한 독특한 견해를 제시하고 있으며, 그것을 보편적인 것인 양 다루고 있다는 비판에 대해 피터스를 변호하고 있다. 그는 다음과 같이 적고 있다.

그가 교육의 '개념'을 명료화하는 일에 지속적인 관심을 가지게 된 것은 선험적인 언어적 필연성(a priori linguistic necessities) 때문이 아니라 오히려 현대 교육사상 안에 담겨 있는 복잡한 요소들 때문이다. 그 어느 곳에서도 그는 이 점이 바로 우리의 개념들이 따라야 할 방식이라고 제안한 적이 없다. ··· 어느 곳에선가 그는 '교육'을 분석할 때 본인이 '본질주의'로 나아가는 길에 들어선 것이 아닌가 하는 의문을 제기한 적이 있다. 이 점에 대해 그는 답하길, "솔직히 나는 그렇게 하고 싶은 마음이 없다. 못마땅한 것이 있다면 그것은 어떤 특징이 논의가 이루어지는 맥락이나 문제와는 관계가 없이 본질적인 것으로 여겨진다는 점이다." ··· 내가 생각하기에 이러한 주장은 그가 본질주의적인 분석을 하기보다는 오히려 개념들이 쓰이는 맥락 안에서 그 개념들의 근본적인 특징이 무엇인지를 밝히는 것이라는 점을 분명히 한 것이라고 할 수 있다(Hirst, 1986, p. 13).

하지만 우리는 피터스의 개념분석을 다른 방식으로 읽을 수 있다. 예컨대, 엘리엇은 이러한 방식을 택하고 있다. "우리는 그가 본질주의자가 되기를 원치 않는다는 선언을 했음을 안다. 또한 아마도 이것이 바로 그의 견해의 기초가 무엇인지 즉, 교육의 본질에 대한 통찰이 무엇을 전제로 하고 있는지를 아는 가장 중요한 단초라고 할 수 있다"(Elliott, 1986, p. 45). 엘리엇은 피터스를 "구식 스타일"(old style)의 철학자로 읽어 내고 있다. 말하자면 분석적 스타일과는 다른, 그리고 인간실존과 선한 삶의 본질에 대해 본질적인 견해를 제시한 범상치 않은 철학자로 읽어 내고 있다(p. 45). 여기서 우리는 비동정적인 보편주의자의 독법(unsympathetic-universalist reading)이 존재한다는 점을 알게 된다.

따라서 우리는 허스트와 엘리엇이 "본질주의"에 대한 피터스의 입장을 서로 다른 방식으로 읽어 내고 있음을 알 수 있다. 허스트가 피터스의 입장을 맥락적으로 읽어 내고 있는 반면 엘리엇은 보편적인 것으로 읽어 내고 있다. 하지만 여기에 피터스의 개념분석을 이해하는 또 다른 방식이 있다. 우리는 역사적 과정을 통해 교육받은 사람의 규범적인 기준들을 밝힐 수 있듯이, 분석적 명료화의 과정을 통해 그러한 기준들을 밝히고 있다고 말할 수 있을 것이다. 피터스는 확실히 그러한 용어들로 설명을 하지는 않았지만, 그는 자신의 분석을, 점증하는 대량노동 및 훈련과 같은 어떤 역사적인 발전과정에서 우리에게 중요한 교육의 과정의 측면들—이것은 전문적인 훈련과 인간발달의 다른 형식들에 저항하는 방식으로 말하도록 고무시키는 것이다—을 갈고닦는 방법으로 보고 있다. 여기서 교육의 본질과 범위 그 자체는 학습과 발달에 관한 잘 정제된 통찰을 포함하는 학습과정을 통해 밝혀진다. 이러한 관점에서 볼 때, 스파르타인은 역사의 어느 순간에 교육받은 사람이 될 수 있겠지만, 교육받은 사람의 지적 이해에 필요한 개념적·규범적·언어적 자료를 가지고 있지 않았다. 하지만 이것은 교육의 좁은 개념이 "자연스럽거나" 선험적이라는 것을 뜻하는 것이 아니라, 전개되거나 구성되어 온 생각이 역사적인 시간을 넘어서고 있다는 것을 뜻한다. 우리는 이것이 피터스가 천명한 본질주의를 보다 역사적으로 읽어 내는 것이

라고 할 수 있겠지만 이것이 전적으로 그의 사상과 동떨어진 것이라고
할 수는 없다.

우리가 다음 장에서 살펴보겠지만, 피터스는 예컨대, 현대 도덕성의
발달을, 문화적으로 특수한 행동양식들에서 비롯되는 사람다운 사람에
대한 인식을 포함하는 도덕적 원리들이 분화(分化)되는 과정으로 이해
한다. 이것은 현대화의 과정을 통해 이루어지는 분리의 과정이다. 도덕
적 원리들이 시간을 초월해 중요한 것이긴 하지만(스파르타인들은 이
러한 점을 인식하지 못하고 있었을지도 모른다), 이것들은 아직까지도
시공간과는 관계 없이 타당한 것이며 적용 가능한 것이다(우리는 스파
르타인들이 다른 사람들을 존중하지 않는 것에 대해 도덕적으로 책임
이 있다고 말할 수는 없겠지만, 그들이 다른 사람들을 도덕적 존중감을
가지고 대하지 않았다는 것은 그릇된 것이라고 말할 수 있을 것이다).
피터스에게 모든 사람들을 도덕적으로 존중해야 한다는 생각과 행복하
거나 선한 삶에 대한 윤리적 생각을 분리하는 일은 오직 장차 여러 가
지 선택 사항을 마련해 가는 현존재(現存在)를 통해서나 가능한 일이
다. 또 그렇게 될 때 비로소 교육의 개념 역시 인간 양육 및 발달에 대
한 다양한 생각과 구별될 수 있다고 주장할 수 있을 것이다(Martin,
2009 ; 2012).

4

교육의 윤리적 정당화

1. 서론

앞의 두 장에서 우리는 피터스의 개념분석이 교육정책이나 실제에서
생겨나는 중요한 문제가 명료할 때, 어느 정도 그리고 어떤 방식으로
사용되는지에 초점을 맞추어 논의하였다. 교육적인 논의에서 공통적으
로 적용되는 용어들, 즉 "목적" 및 "자질"과 같은 용어들에 대한 명료
화가 이러한 점에서 도움을 주기는 하지만, 이것에 수반되는 명료화가
의미 있고 도움이 되는 것이 되기 위해서는 "교육" 자체의 개념적 범위
에 대한 명료화가 필요하다.

이러한 개념분석은 "교육"이라는 개념을 의미 있게 사용하려는 주체
에 의해 논리적으로 가정되어 있는 형식적인 기준들을 밝히도록 해 준
다. 예컨대, 누군가가 교육을 하고 있다고 말하는 것은 최소한 그 사람
이 가치가 있는 활동이나 관점에 대한 지식과 이해를 증진시키려 한다
는 것을 의미한다. 그러므로 "나는 그를 교화(教化)의 방법으로 교육하

였다"라고 말하는 것은 논리적인 모순이거나 그 개념을 잘못 적용한 것이다. 나아가 이러한 기준들이 본질상 형식적인 것으로 보일 수도 있겠지만, 우리는 이것들을, 교육의 적극적인 특징으로 부각되는, 소위 "입문으로서 교육"의 개념에서 가장 잘 구체화할 수 있는 방식으로 적용할 수 있다.

또한 우리는 이러한 기준들을 보다 본질적인 의미에서 적용할 수 있다. 왜냐하면 우리가 이미 살펴본 바와 같이, "교육"이라는 용어는 "과업"(課業)의 의미와 "성취"(成就)의 의미에서 모두 사용될 수 있기 때문이다. 이러한 견해에 의하면, 우리는 교육과정이 교육의 기준들에 부합하도록 하는 방법이 무엇인지를 확인할 수 있다—예컨대, 학습이란 과업의 내재적 측면이 되어야 한다. 또한 우리는 그 기준들이 성공적으로 교육받은 사람에게서 드러나는 방식을 확인할 수 있다—예컨대, 교육받은 사람은 자신이 비도구적인 측면을 소유하고 있다는 것을 이해하는 사람이다.

하지만 명료화란 이러한 명료화의 적합성(適合性), 정당화 가능성(正當化 可能性), 일반화 가능성(一般化 可能性), 그것을 통해 타당성(妥當性)을 인정받은 본질적인 내용에 관해서는 아무것도 말해 주지 않는다. 개념분석은 규범적인 것으로 이해되어야 할 기준들이 무엇인지 밝혀 준다. 즉, 과업의 의미에서 교육받았다고 주장하거나 성취의 의미에서 교육받았다고 주장하는 사람은 그러한 기준적 측면의 통제하에 있다는 것이다. 여러분이 지금 교육을 하고 있다면, 우선 학생의 이해력을 증진시켜야 할 것이다. 하지만 개념분석이란 그러한 기준들을 정당화하는 것이 아니라 규범적인 기준들을 지도화(地圖化)하거나 기술(記述)하는 것이라는 점을 명심해야 한다. 분명하게 말하건대, 만약 우리가 피터스의 분석을 지지한다면, "교육"이라는 용어를 사용할 경우, 그 용어

안에는 이미 이해를 증진시켜야 한다는 뜻이 담겨 있다고 봐야 할 것이다. 하지만 분석이 반드시 이해를 증진시켜야 하는 것은 아니다. 결국, 사회 안에는 언어생활과 문화생활을 사로잡는 부정의하며, 비효과적이거나 해로운 규범들과 원리들이 존재한다. 피터스의 개념적인 지도가 정확한 것이라면, 그것은 내적으로만 타당할 따름이다―여러분이 개념적인 지도를 집어 들었다면, 여러분은 기준들을 따라야 한다. 하지만 왜 그렇게 해야 하는가? 우리가 그러한 교육의 개념을 받아들어야 할 이유가 무엇인가? 이러한 질문은 피터스가 세운 다음과 같은 두 번째 철학적 계획과 관련된 것이다. 즉,

  2. 여러분은 "교육"이 가치 있는 것이라는 점을 어떻게 알 수 있는가?―정당화에 관한 질문

    따라서 이 장에서 우리는 피터스의 개념분석이 가지는 한계에 초점을 맞추면서 그가 어느 정도로 개념에 대한 정당화를 시도하고 있는가를 탐색하고자 한다. 개념분석의 한계에 대한 피터스 자신의 견해를 살펴본 뒤, 우리는 피터스가 교육의 정당화 과정에서 중요한 역할을 하는 것으로 이해하고 있는 두 가지 가치 형식, 즉 간주관적인 도덕적 원리들(interpersonal moral principles)과 가치 있는 활동들을 살펴보고자 한다.

2. 개념분석 대 기준의 정당화

개념분석이 이루어진 후 피터스의 교육 개념의 일반화(一般化) 가능성,

공유(共有) 가능성, 혹은 정당화(正當化) 가능성의 문제가 그의 교육철학의 두 번째 주된 특징으로 제기되고 있다. 왜냐하면 명료한 교육 개념의 지위—초월적, 맥락적, 혹은 구성적—에 대한 논쟁과는 관계 없이 그러한 개념과 밀접한 관련을 맺고 있는 기준들이 실제로 정책과 실제에 관한 질문들을 다루는 데 있어서 중요한 의미를 가지는 것이라면 정당화 되어야 할 필요가 있을 것이다. 피터스는 즉시 그러한 질문을 제기하는 것은 개념분석과는 다른 종류의 철학적 방법을 요구하는 것이라고 지적한다.[1]

개념분석은 모든 것을 현상 그대로 남겨 둔다. 왜냐하면 전인적인 발달과 내재적 동기유발에 관심을 기울이는 이런 방법으로 지식과 이해를 강조하는 것이 과연 바람직한 것인가 하는 문제가 제기되기 때문이다. 이런 종류의 문제를 제기하는 것은 우리가 오늘날 상황에 대한 경험적 분석뿐만 아니라 윤리학과 사회철학에 관심을 갖도록 한다(Peters, 170c, p. 19).

나아가 『윤리학과 교육』에서 그는 다음과 같이 말하고 있다.

"교육"이란 "개선", "향상", 그리고 "가치 있는 것의 전달"과 같은 개념을 가지고 있다. 그러므로 교육이 윤리적인 가치를 포함하고 있다는 것은 논리적 필연성의 문제이다. 하지만 특정 사회 안에서 "가치가 있는 것"의 변인에 속

---

1 이러한 인식은 피터스의 후기 사상 전개에서 이루어진 것이 아니다. 피터스는 자신이 계획을 세웠을 때부터 이 점에 대해 정확히 알고 있었다. "교육목적—개념분석" (1967a)에 서술된 다음 글을 보라. "'교육목적의 분석'이 물론 본질적인 문제들을 해결할 수는 없을 것이다. 왜냐하면 도덕적인 결정이란 개념분석으로부터 이루어지는 것이 아니기 때문이다."(p. 17).

하는 특정한 가치들에는 논리적 필연성이 없다. 이러한 가치들에 대한 정당화(正當化)는 또한 개념분석의 영역을 넘어 윤리이론의 영역으로 나아가야 한다(Peters, 1966a, p. 91).

여기서 피터스가 말하고자 하는 것은 "교육"과 같은 개념을 의미 있게 적용하고자 할 때 중요시되는 논리적 일관성은 정당화의 문제와 구별되어야 한다는 것이다. 이러한 방식으로 이해되는 개념이 가치 있는 것이라고 할 수 있는가? 왜 우리는 그러한 교육을 받아야 하는가? 교육은 선한 삶에 필수 불가결한 것인가? 우리는 아이들을 저런 방식이 아닌 이런 방식으로 교육을 시켜야 할 도덕적 의무를 가지고 있는가? 교육의 기준들이 규범적이라고 할 수 있지만, 이러한 규범들—지식과 이해의 증진, 활동의 내재적 가치에 대한 감각—은 합리적 정당화(合理的 正當化)를 요한다. 피터스(Peters, 1970b, p. 19)는 이러한 문제들을 "생생한 윤리적 토론"의 문제들이요 가치 있는 "내용"과 관련이 있는 주제들로 바라보고 있다.

우리는 이러한 정당화의 문제가 갖는 중요성을 간과해서는 안 될 것이다. 왜냐하면 누군가가 개념의 기준들을 만족시키는 방식으로 교육받는다는 것이 왜 가치 있는가 하는 이유를 제시하지 못한다면, 명료화(明瞭化)를 통해 제기되는 대부분의 문제들은 우리를 당황하게 만들 수 있기 때문이다. 교육 개념의 사용에 대한 언어적 명료화는 어디까지나 명료화의 문제이지 그 이상의 것은 아니라고 할 수 있다. 명료화는 서로 경쟁적인 관계에 있는 개념들에 대한 상호 이해를 향상시켜 주지만, 해결 가능성을 보여 주지 못하며, 개념의 의미가 어떻게 우리의 실천적 판단을 이끌어 줄 것인지 혹은 그러한 개념에 의존하는 판단이 어떻게 정반대가 되는 생각들로부터 생겨난 교육적 판단보다 더 강하다고 할

수 있는지와 관련된 타당한 표준들이나 인지적 내용에 대한 감각을 제
공하지는 못한다. 달리 말해서, 피터스는 어떤 교육 개념을 제시하였을
지도 모른다―그는 교육과 관련이 있는 문제들에 대해 어떤 정의를 내
렸다고 할 수도 있다―하지만 그는 그러한 설명을 정당화하지 않았다
고 할 수도 있다. 즉, 그는 이러한 문제들에 대한 해결책이 무엇인지 혹
은 우리가 이러한 것들을 먼저 해결하려고 하는지에 대한 이유를 말하
고 있지 않다. 이제 사람들에게 맡겨진 일은 명료화를 위한 명료화이다
―즉 교육철학자는 기껏해야 이론가들이나 학파들이 주장한 것을 이해
하도록 돕거나 그것이 내적 일관성이 있는지를 감시하기보다는 훨씬 적
은 노력으로 특정 교육이론가들이나 학파들을 분석하고 있다는 드래이
의 회의론적 견해를 옹호하는 것이다(Dray, 1967, p. 39).

3. 교육에 있어서 두 가지 윤리적 가치의 형식

"교육과 교육받은 사람"라는 글의 끝부분에서 피터스는 아이들을 어떻
게 기를 것인가 하는 질문에 답하는 것은 윤리적인 영역에서 여러 가지
질문들에 답하는 것이라는 헤어(R. M. Hare)의 주장을 인용하고 있다
(Hare, 1952, pp. 74-5; Peters, 1970c, p. 20). 나아가 헤어가 기본적
인 도덕적 원리(우리가 "옳음"이라고 말할 수 있는 것)에 대한 정당화
에 대해 언급하는 반면, 피터스는 "선한 것"에 대해 언급할 수 있다고
주장한다. 피터스는 때로 이러한 구분을 한편으로는 인간존중의 문제
로, 다른 한편으로는 가치의 문제로 언급하고 있다. 사실, 우리가 앞으
로 살펴보겠지만, 피터스는 가치 있는 것이 무엇인가에 대한 질문은 선
한 것에 대한 질문이며 나아가 교육적인 질문이란 기본적으로 학습자

들을 어떻게 선하거나 행복한 삶으로 입문시킬 것이냐에 관한 질문이라고 믿고 있다. 하지만 이 두 가지 윤리적 가치의 형식들(선한 것/가치 있는 것과 옳은 것/도덕적인 것)은 교육의 정당화 과정에서 중요한 역할을 한다는 점을 알아 둘 필요가 있다.

첫째, 우리는 합당한 인간 실제의 부분으로 인식되는 개인 상호 간 존중의 원리 및 "도덕적으로 합당한 절차들"을 정당화해야 한다(Peters, 1967b, p. 3). 우리는 아이들을 존중의 마음으로 대하며, 나아가 그들을 "발달하는 의식의 구심점"으로서 대한다. 우리는 아이들을 어떤 도덕적인 태도를 가지고 대하게 되는데, 그러한 태도란 우리의 도덕적 존중감을 만인에 대한 존중감으로 바꾸려는 태도이며, 진보주의 교육자들이 강조하는 태도이다. 이러한 도덕적 태도란 정당화를 필요로 한다. 왜냐하면 교육자들은 피상적으로 이와 유사한 도덕적 태도를 공유하고 있다고 할 수도 있겠지만, 그러한 이유를 가져야 할 이유들은 서로 다르며, 그러한 이유들에 따른 행동 또한 서로 다르기 때문이다. 예컨대, A교사는 아이들이 도덕적으로 존중할 만한 가치를 가지고 있기 때문에 아이들의 자유를 인정할지 모른다. 그러나 B교사는 근본적으로 아이들을 그렇게 대하는 것이 보다 창의적이고 풍부한 교육환경으로 이끌어 주는 것이기 때문에 아이들의 자유를 인정할지도 모른다. 물론 자유가 효과적인 방법이 아닐 경우 B교사는 학생의 자유를 무시할 필요가 있다고 느낄지도 모른다. 반면 A교사는 자기가 하는 일을 바꾸려 하겠지만, 아동 자유에 대한 존중은 분명히 지켜야 한다. 여기서 정당화의 문제란 다름이 아니라 어떤 이유로 아이들에게 도덕적 존중의 태도를 가져야 하는가 하는 점이다. 우리는 이러한 점을 어떻게 정당화할 것인가?

둘째, 교육과 같이 도덕적으로 합당한 실제들은 교육적인 과정을 가치 있는 일로 만드는 가치들의 맥락에서 보다 더 정당화가 잘 이루어져야 한다. 달리 말해서, 우리는 교육의 내용을 정당화할 필요가 있다. 이러한 정당화 계획은 교육의 개념과 밀접히 관련이 되어 있는데, 그 까닭은 우리가 왜 지식 및 이해를 소중히 여겨야 하는가에 관한 질문에 직접 관여하고 있기 때문이다.

따라서 표면상으로 우리는 어떤 의미에서 "이중적인 정당화" 혹은 "두 단계의 정당화 계획"을 가지고 있는 것처럼 보인다. 첫째, 우리는 개인 상호 간 도덕성의 기본 원리들을 정당화하고 이를 피터스(Peters, 1966a, p. 92)가 『윤리학과 교육』에서 "교육의 방식"(the manner of education)이라고 부른 교육 영역에 적용해 봐야 한다. 둘째, 우리는 교육의 기준들을 이해하고자 할 때 요구되는 다른 어떤 내용들뿐만 아니라 지식 및 이해의 형식들을 정당화해야 한다. 분명히 말하건대, 가치의 두 형식은 서로 복잡한 방식으로 상호 관련을 맺고 있다. 사실, 각각의 정당화는 때로 "선험적 논의"(先驗的 論議) 혹은 "선험적 정당화"(先驗的 正當化)로 불린다는 점에서 공통의 접근방식을 가지고 있다. 이러한 선험적 접근방식은 일반적으로 피터스의 철학적 작업과 인성과 도덕적 발달에 관한 그의 견해에 중요한 시사를 던져 주고 있다. 따라서 우리는 피터스가 시도한 교육의 정당화 방식을 다음 두 부분으로 나누어 탐색해 보고자 한다. (a) 도덕적 정당화 (b) 교육적이면서도 가치가 있는 활동들에 대한 정당화.

4. 도덕적 정당화

도덕적 정당화에 대한 피터스의 설명은 보편주의적이다. 이렇게 생각할 수 있는 것은 그가 윤리적 삶이란 모든 사람들이 존중해야 하는 도덕적 의무의 원리에 의해 이루어진다고 믿고 있기 때문이다. 도덕적 삶에 대한 이러한 측면은 피터스의 저작에 대한 허스트(P. Hirst)의 인상 깊은 평가에 잘 묘사되어 있다.

[그의] 설명에 기본을 이루고 있는 것은 합리적인 보편주의적 도덕성에 대한 생각이다. 이러한 생각은 사회변화 및 경제발전의 결과로 빚어진 삶 규범의 파괴와 경쟁적 세계관으로부터 비롯된 것이다. 어떤 세계관이 진실하며 어떤 규범이 맞는 것인가를 성찰하는 동안 인간은 그러한 문제들을 결정하기 위해 더 높은 차원의 절차적 원리들을 받아들인다는 것이다. 이것은 도덕의 문제란 관습이나 법률의 문제와 구별되어야 하고, 규범이란 비판을 받거나 수정되어야 하며, 따라서 인간이란 일반적으로 자율적인 도덕적 존재로서 스스로 설 수 있게 된다는 것을 의미한다(Hirst, 1986, p. 31).

하지만 피터스에게 중요한 것은 그러한 보편주의적인 규범의 정당화이며, 이것이 바로 『윤리학과 교육』(1966a)에서 시도한 도전이다. 이것은 결코 평범한 일이 아니다—도덕적 원리와 도덕적 판단이 "옳은" 혹은 "그른", "정확한" 혹은 "부정확한", "이해가 되는" 혹은 "잘못된" 것일 수 있다는 회의론(懷疑論)은 도덕철학과 도덕 인식론의 역사에서 오랜 기간 동안 기본적인 문제로 다루어져 왔다. 예컨대, 우리는 우리가 생각하는 판단이 옳거나 도덕적 결정이 옳은가를 결정할 때 사용하는 표준들이 정확한지를 어떻게 알 수 있는가? 자연과학에서 사용해 온 검증 테스트가 이루어지지 않으면, 사람들은 다만 놀라워 할 따름이다. 이러한 점은 본질적으로 다른 도덕적 행위의 표준을 중시하는 다른 문화들이 있다는 인식으로 인해 더욱 복잡해진다. 도덕적 회의론은 때로 아이러니하게도 일반적으로 옳거나 그른 것을 결정하기 위해 사용하는 정당화 체계가 특정 가치, 신념, 그리고 실제를 힘이 적은 집단에 부과할 때 사용하고, 또 사용할 수 있다는 도덕적 관심을 수반한다.

피터스는 그러한 관심을 의식하고 있으며, 따라서 그는 현대 도덕이론의 역사 안에서 다양한 정당화 이론들을 고찰하고 있다. 그는 대부분의 정당화 이론들이 도덕적 원리를 합리적으로 정당화하려고 할 때에 요구되는 두 가지 필요 요건들 중 하나를 설명하는 데 실패하고 있다고 주장한다. 여기서 그가 언급하는 요건들이란 도덕적 지식의 자율성(自律性)과 객관성(客觀性)이다. 자율성이란 도덕적 판단이 근본적으로 경험적인 주장이나 우연히 획득한 신념에 의존하지 않는 아이디어를 말한다. 자연주의(自然主義)와 같은 어떤 도덕이론들은 "자연주의적" 정당화를 즉각 의심하게 만드는 경험적 일반화에 의존한다. 예컨대, 우리는 동물들이 자원을 두고 경쟁한다고 주장할 수 있다. 사람은 동물이기 때문에 경쟁할 수밖에 없지만 동물이 경쟁적이기 때문에 사람도 경쟁적일 수밖에 없다고 추론하는 것은 형식적으로 타당하지 않다. 우리가 다른 동물처럼 행동해야 한다는 원리를 가지고 있지 않는 한, 왜 우리는 동물이 하는 행동을 해야 하는가? 이러한 원리는 어디에서 비롯된 것인가? 피터스(Peters, 1966a, p. 97)는 정당화가 가능한 자율성을, "그 어떤 도덕적 판단도 그 자체로서 도덕적 판단이나 원리를 담고 있지 않은 그 어떤 전체로부터 추론할 수 없는 것"으로 서술한다.

어떤 다른 도덕이론들은 객관성을 희생시키면서까지 자율성을 지키려고 한다. 피터스는 객관성에 대해 다음과 같이 적고 있다.

도덕 문제를 다루는 데 있어서 오류가 생겨날 수 있으며 누군가가 오류를 범할 수 있다는 가설은 어느 특정인이나 집단의 견해나 태도와는 무관하다는 사실에 의존하고 있다. 객관성을 내세우는 것은 도덕적 가치의 선택이란 단순히 개인적 취향이나 집단 연대의 문제라는 점을 부인하는 것이다(Peters, 1966a, p. 99).

달리 말하면, 어떤 도덕이론들은 도덕적 삶이란 그 자체의 고유한 영역을 가지고 있다는 점을 가정하고 있지만, 도덕적 영역 안에서 만들어진 주장의 진리나 옳음에 대해서는 설명하지 못하고 있다. 이러한 견해에 따르면, 도덕적 삶이란 "인지적인 내용"(cognitive content)을 가지고 있지 않다―즉, 우리는 도덕적 삶을 알 수 없거나 그것에 관해 잘못 알고 있다. 도덕적 삶이란 바로 그런 것이다.

그러므로 피터스는 도덕적 영역의 자율성과 객관성을 지키기 위한 도덕적 정당화 이론을 발전시키는 데 관심을 가지고 있다. 특정 장소에서 받아들여지는 도덕적 정당화의 측면이 있다는 점에서 도덕적 원리를 정당화하는 일은 잠정적으로 도덕적 주장의 타당성 및 적용 가능성과 관련된 회의적인 질문을 불러일으킬 수 있다. 피터스는 "도덕적 태도"와 그것에 담겨 있는 원리들이 아이들을 포함한 모든 사람들에게 어떻게 적용되는지 보여 주려고 한다. 하지만 회의론은 도덕적 정당화를 넘어 더 확장될 수 있으며 정당화 일반에 적용될 수 있다. 여기서 정당화가 가능한 "자율성" 및 "객관성"이 무엇을 의미하는지에 대한 중요한 기준들은 특정 문화나 전통 안에 뿌리를 내리고 있다. 달리 말해, 도덕 영역이 원리상 자율적인 것이라고 동의한다고 할지라도, 우리가 도덕적 논의에서 관심을 기울이는 원리들은 의심의 여지가 있는 것이다. 결국, 회의적 입장은 우리가 관심을 기울이는 어떤 도덕적 원리란 옳음이나 선에 관한 가정을 단지 역사적으로 혹은 문화적으로 드러내는 것이라고 제안하고 있다.

예컨대, 행동의 결과에서 도덕적 판단의 정당성을 찾으려한 공리주의(公利主義)는 자율성과 객관성의 기준들 모두를 만족시킨다. "최대다수의 최대행복을 위해 행동하라"는 도덕적 원리는 근본적으로 경험적 전제에 의존하지 않는다. 우리는 우리가 해야 할 것이 무엇인가를 이해하기 위해 이 원리를 특정 상황에 적용한다. 나아가 이 원리는 그러한 틀 안에서 이루어지는 도덕적 판단이 우리가 옳거나 그르다고 하는 어떤 것이라는 점에서 객관적인 것이다. 우리는 X를 행하기 위해 선택할 수 있지만, Y가 더 나은 결과를 가져올 수 있다는 점이 밝혀질 수도 있다. 하지만 왜 이러한 원리가 근본적인 도덕적 원리가 되어야 하는가? 아마도 이러한 원리는 그것을 고무시키는 산업 시대를 가장 잘 반영하고 있다. 즉, 이 원리는 합리화, 생산 공정, 자연 환경에 대한 통제를 중시하고 있다. 우리는 이러한 정당화를 어떻게 정당화할 수 있을 것인가?

1) 선험적 논의

피터스는 도덕적 정당화에 있어서 잠재적으로 무한히 퇴보하려는 움직임을 막으려고 한다(내가 도덕성을 정당화하기 위해 사용하는 원리가 정당화될 필요가 있는데, 그것은 또 다른 원리들에 대한 호소가 필요하며, 나아가 선험적 논의(先驗的 論議)에 호소함으로써 정당화할 필요가 있기 때문이다…)[2]. 선험적 논의를 사용한 피터스의 입장에 대한

2　클레잉이 피터스의 선험적 논의의 응용방식에 대해 비판적으로 논의한 바 있듯이, 선험적 접근방식은 남아도는 도덕적 정당화의 이론들 중의 하나가 아니라 가능한 한 정당화에 필요한 방식으로 도덕성의 합리적 근거를 결정하려는 하나의 시도라고 할 수 있다. "따라서 칸트(1781, B.xxxv)는 두 가지 종류의 정당화를 구분하였다. 즉, 독단적인

클레잉(John Kleing)의 비판은 선험적 논의의 본질과 범위를 잘 정리
해 주고 있다.

> 우리는 "선험적 논의"를, 어떤 원리가 언어-행위나 인지적 상황에 논리적으
> 로 전제되어 있다는 점을 보여 줌으로써 그것을 정당화하거나 정당화하려는
> 어떤 논의로 이해한다. 선험적 논의를 이렇게 넓게 특성 짓는 것은 그것의
> 일반성과 본질 모두에 변화가 있음을 허용하는 것이다. 그 자체를 말-행위
> [비-모순(non-contradiction)의 원리에 대한 아리스토텔레스의 옹호와 같
> 은 것]에 근거를 두는 것은 일반적으로 어떤 주장을 하거나 특정한 주장을
> 하려는 것인지에 대한 논리적 가정을 밝히는 일과 관련이 있다. 그 자체를
> 인식적 상황에 근거를 두는 것은 일반적으로 경험이나 언어 일반, 혹은 특정
> 지식 주장, 신념, 개념 혹은 논의 형식들에 대한 논리적 가정을 밝히는 일과
> 관련이 있다(Kleing, 1973, pp. 150-1).

우리는 선험적 논의가 피터스의 도덕적 원리에 대한 담론적인 정당
화를 통해 어떻게 작용하는지를 이해할 수 있을 것이다. 그는 공적 이
유를 활용하기 위한 필요조건에 관련된 선험적 논의를 제공한다. 즉,
불가피하게 해야 할 것과 해서는 안 되는 것에 관한 공적인 논의는 일
반적으로 정당화의 공적 성격을 전제로 하고 있다. 예컨대, 비모순(非
矛盾)의 원리는 진리 추구를 목적으로 하고 있는 공적 논의에 필요한

정당화(dogmatic justification)와 선험적 혹은 비판적 정당화(transcendental or criti-
cal justification)를 구분하였다. 전자는 그가 고전적인 정당화 이론 모두를 모은 것으
로, 그 가정이 검증되거나 정당화되지 않는다는 점에서 독단적이라고 할 수 있다—즉,
'순수이성의 독단적인 절차는 그 자체의 힘에 대한 사전 비판이 없다'는 것이다. 이에 반
해 후자는 '비논점 회피(nonquestion-begging), 즉 '순수이성 기관 자체에 대한 비판'
을 제공할 의도로 만들어진 것이다."(Kleing, 1973, p. 150).

논리적 가정이다. 참여자들이 스스로 각운(脚韻)이나 이유 없이 모순에 빠진다면, 진리를 탐구하고자 하는 논의란 충분히 이루어지기 어려울 것이다. 이러한 논리적 가정이 필요하고 불가피한 것으로 보일 경우 이 것은 논의에 참여하는 사람들이 반드시 택해야 할 원리로 정립될 수 있다. "어떤 원리가 의미를 가지고 있고, 적용되어야 하며, 중요성을 가지는 논의 형식에 필요하다는 점이 밝혀진다면, 그때 이것은 원리를 정당화하기 위한 매우 강한 논의가 될 수 있을 것이다."(Peters, 1966a, p. 115).

피터스는 계속해서 실천적인 질문들과 관련하여 "나는 어떻게 해야 하는가?"라는 질문을 묻는 사람은 어떤 행동을 할 좋은 이유와 나쁜 이유—즉, 예컨대, 어떤 사람을 다른 사람과 다르게 다룰 이유—를 구별하는 데 쓸 수 있는 원리가 있다는 점을 논리적으로 가정하고 있음을 진술하는 정의(正義)의 원리를 전개한다(p. 122). 피터스는 이 점에 대해 다음과 같이 적고 있다.

앞에서 서술한 상황이란 공적 언어를 소유하고 있는 개인이 "나는 어떻게 해야 하는가?"라는 질문을 던지는 상황이다. 이러한 상황에서 그는 여러 가지 선택을 할 수 있으며, 그 중에서도 어느 한 가지 방안을 택하는 이유가 무엇인지 물을 수 있다. … 실천이성(實踐理性)의 논의를 진지하게 사용하는 사람은 아무것이나 무턱대고 골라잡는 것이 아니라 참된 선택을 하려고 하는 사람이며, 여기서 "해야 한다"는 말은 이유(理由)를 가지고 있다는 말과 동의어라고 할 수 있다. 이유를 가지고 행동해야 한다는 생각에는 기본적으로 정당한 차이 없이 차별하지 않는다 라는 원리가 논리적으로 가정되어 있다. … 실천적 논의(實踐的 論議)를 진지하게 사용한다는 것은 곧 그러한 이유를 찾는데 헌신(獻身)한다는 뜻이다. … 이러한 논리적 가정이 없다면 논의는 무의미해진다(Peters, 1966a, p. 121).

　피터스가 말하는 "정의의 원리"는 "원리가 있어야 한다는 원리"를 말하는 것이다(p. 123). 하지만 이것은 무한한 퇴보를 수반하는 것이 아니다. 이유가 지적인 실천적 논의의 부분과 선험적으로 관련되어 있다는 것을 논리적으로 가정하는 불가피성(不可避性)과 필연성(必然性)은 모든 하위 원리들을 파생시킨 정의의 원리에 "기반을 두고 있다". 예컨대, 정의의 원리는 나아가 경쟁적인 이유들의 관련성을 결정하는 데 사용되는 추가적인 기준들이 존재한다는 논리적 가정을 수반한다. 결국, 이유가 가지는 인지적 힘을 평가하기 위한 원리들이 존재한다는 논리적인 가정은 자의성(恣意性)과 퇴보(退步)에 대한 책임에서 벗어나게 해 줄 것으로 생각된다. "왜냐하면 이것은 실천적 추론(實踐的 推論)이 중요한 의미를 가지고 있고, 적용되어야 한다면, 반드시 받아들여져야 한다는 원리라는 점을 밝히고 있기 때문이다."(p. 125).

　일단 정당화의 원리가 확립되자 피터스는 몇 가지 도덕적 원리들을 선험적으로 끄집어내기 시작한다. "나는 어떻게 해야 하는가?"라고 묻는 사람이 공적인 정당화에 헌신하고 있다는 점을 밝힌 후 그가 해야 할 일은 "해야 한다"와 같은 주장에 필요한 부차적인 원리들이 무엇인지를 결정하는 것이다. "내가 나의 목표를 추구하는 데 있어서 남의 이익을 고려해야 할 이유가 무엇인가?"라는 질문을 생각해 보자. 우리는 사람들이 다른 사람의 이익을 고려해야 하는 이유를 어떻게 정당화할 수 있을 것인가? 피터스에게 그것에 대한 답은 그러한 질문을 할 때 따라 나오는 논리적 가정에 대한 선험적 반성을 통해 드러난다. "그 답은 다른 사람의 이익고려(利益考慮)가 "왜 저렇게 하지 않고 이렇게 하는가?"라는 심각한 질문에 논리적으로 가정되어 있다는 것이다. 이러한 질문은 … 공적 논의 안에서 이루어지는 질문이다"(1966a, p. 171). 예컨대, 심지어 순전히 이익에 대한 논쟁에 참여한 이기적인 사람이라고 할지라도 그는 모든 사람의 이익이 실천적 논의 속에서 고려된다는 점을 논리적으로 가정할 수밖에 없다. 이것은 이익에 대한 공적인 질문을 하는 사람이 다른 사람들의 이익-주장을 의도적으로 배제시키기도 하지만 그 자신도 배제될 수 있다는 점을 지지하기 때문이다.

> 이러한 논의에 참여하려고 한다면 합리적인 사람은 해 볼 만한 가치가 있는 일들이 있으며, 그러한 일들은 참여해 볼 만한 가치가 있는 것이라는 점을 가정하고 있어야 한다. 자신의 동료들과 이 문제에 대해 논의해 본 뒤에 그러한 가치 있는 생활에서 자신의 입장이 송두리째 무시당하고 있다고 생각하는 사람이 있다면, 그 사람이 그러한 공적 논의에 참여할 수 있게 될 것인지 상상하기 어렵다. 합리적인 사람으로서 그는 또한 공적인 논의에서 자신에게 해당하는 것이면 다른 사람에게도 적용된다는 점을 인식해야 한다. 도대체 어떻게 자기 혼자만 주장할 것이 있다고 생각할 수 있는가?(Peters, 1966a, p. 171).

피터스는 이러한 점을 근거로 이익고려의 원리를 정당화하고 있다(pp. 172-8). 회의론자에게, 피터스는 그러한 도덕적 가정의 불가피성을 도덕적 원리의 공평성(公平性)을 옹호하기 위한 충분한 근거로 보고 있다. 이것은 이러한 가정이 숙고(熟考)하고 있는 모든 사람들에게 필요하고 불가피한 것이기 때문이다. 나아가 정당화의 공적 본질은 논리적 가정이 상이한 문화와 다른 세계관 전체에 걸쳐 각 개인의 숙고를 안내하는 절차적 틀을 부여한다는 것을 의미한다. "공평함, 자유, 이익고려, 그리고 인간존중(人間尊重)이라는 근본 원리들은 … 본질적인 특

성을 띠고 있다기보다는 일종의 절차적인 것이다. 따라서 이것들은 도
덕적이고 정치적인 문제들에 대한 근본적인 해결책을 찾으려 할 때 절
차적인 원리의 틀을 제공한다."(Peters, 1966a, pp. 298-9). 달리 말해
서, 정당화된 도덕적 원리들은 도덕적 문제들에 대한 논의 과정에서 제
시되는 이유의 인식적인 힘을 평가하기 위한 절차를 마련한다.

피터스는 이러한 방식으로 교육과정에 참여하고 있는 사람들의 도덕
적 태도에 대한 정당화를 제시하고 있다. 평등한 대우나 자유와 같은
원리들은 보다 더 효과적인 학습환경을 만든다는 이유로 교사의 도덕
적 추론의 대상이 되는 것이 아니며, 그러한 원리들은 학습자의 적절한
발달과정을 이끌어 내는 "자연스런" 성장과정을 반영하는 것도 아니
다. 오히려 이유에 근거하여 행동하려는 사람은 인간존중에 대한 도덕
적 이해에 기여하는 기본적인 도덕적 원리들에 헌신적이다.

2) 이의제기

선험적 논의는 피터스가 추구하는 목적을 달성하는 데 충분하다고
할 수 있는가? 클레잉은 도덕 원리에 대한 피터스의 선험적 논의에 대
해 두 가지의 비판을 제기한다. 첫째, 그는 선험적 논의가 도덕성에 대
해 실제적인 관심을 가지는 사람들에게만 적용되거나 자신들이 해야
할 것이 무엇인가를 "심각하게" 탐구하는 사람들에게만 적용되고 있는
것 같다는 주장을 한다(Kleing, 1973, p. 152). 예컨대, 우리는 도덕적
원리를 근본적으로 불건전한 것으로 여기거나 도덕적인 질문 — 나는
어떻게 해야 하는가? — 을 던지는 것을 거부하는 회의론자를 생각해
볼 수 있다. 이러한 사람은 겉보기에 결코 모순을 범하고 있는 것이 아
니다. 논의의 규칙들이 도덕적 정당화의 게임을 하는 사람들에게만 적

용되고 있다. 하지만 만약 여러분이 게임을 잘 모른다면, 여러분은 그러한 규칙들을 가지고 게임해서는 안 될 것이다. 도덕적 태도란 사실 필연성(必然性)의 문제가 아니라 기호(嗜好)의 문제이다.

둘째, 클레잉은 피터스가 정당화를 하려다가 논점 회피 논의의 죄를 졌다고 주장한다.[3] 이점에 대해 그는 다음과 같이 적고 있다.

> 도덕적 논의에서 빠져나오는 것이 피터스가 제안한 것만큼 실현 불가능한 일은 아니다. 왜냐하면 "나는 어떻게 해야 하는가?"라는 형식의 질문 모두가 성격상 도덕적인 것은 아니기 때문이다. 어떤 사람은 비도덕적이며, 합리적이고, 행동-안내 원리들을 채택하기도 한다. 이것은 때로 정치와 사업 분야에서 일어난다고 생각할 수 있는데, 이러한 영역에서 이러한 원리들이 성공적으로 적용되기에는 너무 미흡한 점이 있다. 따라서 선택이란 실제로 도덕적 논의와 불합리성 사이에서 이루어지는 것이 아니라 행위의 도덕적 원리를 받아들일 것이냐 아니면 비도덕적 원리를 받아들일 것이냐 하는 것 사이에서 이루어진다(Kleing, 1973, p. 152).

이러한 관점에서 피터스는 자신의 정당화 체계를 지키려는 방식으로 "해야 한다"의 도덕적 의미를 강조하려고 한다. 피터스는 본질적으로 논점-회피 논의에 참여하고 있다고 봐야 한다. 그 이유는 그가 "나는 어떻게 해야 하는가?"라는 질문을 하나의 전제로 제시할 때 이미 그는 그러한 질문에 담긴 의미와 동일한 본질적인 규범적 가정을 이끌어 오고 있기 때문이다. "나는 어떻게 해야 하는가?"라는 질문을 하는 사람

---

3 역자주: 논점 회피 논의(question-begging argument)란 발화자나 경청자가 대화할 때, 발화자가 어떤 의도를 가지고 조직적이고 계획적으로 대화를 전개하는 태도를 말한다.

은 "여러 가지 선택을 할 수 있으며, 그 중에서도 어느 한 가지 방안을 택하는 이유가 무엇인지 물을 수 있다."고 가정한다(Peters, 1966a, p. 122). 피터스는 이런 맥락에서 "해야 한다"라는 말의 의미를 "어떤 일을 하는 데에는 그럴 만한 이유가 있다는 생각과 동일한 것"으로 바라보고 있다(p. 121). 그리고 나서 그는 계속해서 "해야 한다"는 말이 타당한 이유 없이 차별을 해서는 안 되며, 따라서 동등한 대우를 받아야 한다는 원리를 의미한다고 주장한다. 하지만 "해야 한다"라는 말의 의미란 피터스가 원리를 이끌어 오기 위해 사용한 전제라는 점을 알아두어야 한다. 이러한 원리는 우리가 타당한 이유들을 가지고 다른 사람에 대한 불평등한 대우를 반드시 정당화해야 한다는 점을 보여 주고있다. 한편, 이러한 원리는 피터스가 논점-회피의 오류를 범하고 있으며 공격을 받고 있는 "해야 한다"는 용어 자체에서 비롯된다고 여기는의미와 동일하다고 할 수 있다. 왜냐하면 이러한 맥락에서 "해야 한다"는 용어의 의미는 잠정적으로 특정한 공적 질문을 할 때 사용되는 언어게임의 영향을 받는다는 점에서 서로 다르기 때문이다. 예컨대, 사람들은 도덕적 의무에 대해 각기 다른 생각을 가지고 있다는 점에서 "해야 한다"는 용어가 사람마다 서로 다른 의미를 가지고 있다고 말 할수 있을 것이다. 또한 "의무감"에 대한 피터스의 정의(定義)는 오히려 자의적(恣意的)인 것이라고 볼 수 있는데, 그 까닭은 도덕적 논의에 참여하는 사람들에 의해 만들어지는 공적 가정들에 근거를 두고 있는 보편적 타당성을 중시하는 도덕적 정당화의 이론에 어울리지 않기 때문이다.

이러한 이의 제기는 결정적인 것이라고 볼 수 있는가? 철학자요 비판이론가인 하버마스(Jügen Habermas)는 소위 "논의 도덕성"(discourse morality)으로 알려진 자신의 도덕적 규범에 대한 정당화를 설

명하는 가운데 피터스의 선험적 접근방식을 소개하고 있다.[4] 하버마스
가 지적한 바와 같이(1990, p. 85), 피터스는 가정 자체의 범위를 넓힘
으로써 이 같은 논점-회피 반론을 맞받아친다. 피터스의 가정이 논쟁
적 논의 일반에 적용된다고 할 때, 사람들이 "의무감"에 대한 의미론적
연역추론(演繹推論)에 참여해야 한다고 할 수는 없을 것이다. 하버마스
는 자유의 도덕적 원리에 대한 정당화와 마찬가지로, 가끔씩 이같은 반
대 반론(反對反論)을 암묵적으로 이용하고 있다고 주장한다.

> 하지만 논의는 단지 "나는 어떻게 해야 하는가"라는 질문을 심각하게 던지
> 는 사람의 관심사로만 여겨져서는 안 될 것이다. 왜냐하면 최소한 의견의 영
> 역에서 자유의 원리란 어느 합리적 존재가 추론하는 것을 열심히 배우려고
> 할 때 입문해야 할 논의의 형식을 일반적으로 가정하고 있기 때문이다. 추론
> 이 가장 중시되는 문제들의 경우 가장 중요한 것은 힘이나 내적 조명(照明)
> 이 아니라 논의(論議)이다. 논의의 조건들은 합리적 존재가 공적 논의에 기
> 여하도록 해 주는 일을 포함하고 있다(Peters, 1966a, p. 181).

선험적 논의에 대한 이같은 확장된 설명은 클레이닝의 첫 번째 반론
에도 마찬가지로 적용될 수 있다. 공적 정당화에 대한 도덕적 원리들은
도덕적 정당화 게임을 거절하는 사람에게 자기 참조적인 방식으로 다
시 되돌아온다. 왜냐하면 그 사람은 정당화의 공적 규칙들을 사용해 도
덕적 정당화에 대해 반론을 제기하고 있기 때문이다. 피터스에게, 실천
이성의 연습이란 도덕적 연습이거나 도덕적 실제이기 때문에 회의론자

---

4 하지만 하버마스는 스스로 자신의 논의 도덕성 계획을 "선험적인 것"이라고 서술
하기보다는 "유사-선험적인 것" 혹은 "선험적이면서도 프래그마틱한 것"으로 서술하고
있다. 이에 대한 구분을 자세히 알아보려면 Habermas(1990, 2008)를 보라.

조차도 때에 따라서는 그러한 실천이성에 참여해야 하며, 그가 그렇게
할 수 있는 한 그는 개인 상호 간 담론적인 도덕적 정당화 체계를 암묵
적으로 지지하고 있는(사용하고 있는) 것이다.[5]

5. 도덕적 삶, 우애, 그리고 도덕공동체

피터스가 사용한 선험적 정당화의 범위와 깊이는 공적인 이성적 삶이
근본적으로 그의 철학 안에서 어떻게 작용하고 있는가에 대한 초기의
지침들을 제공해 주고 있으며 이는 교육에 대한 그의 정당화에 상당히
큰 시사들을 던져 주고 있다. 우리는 앞 장에서 이것의 단초가 될 만한
것, 예컨대, 피터스는 교육을 부분적으로 공적 세계에로의 입문으로 서
술하고 있음을 살펴보았다. 나아가 피터스(Peters, 1967b, pp. 21-2)는
합리적 논의의 이상(理想)을 최고의 경지 혹은 교육적 이상의 가장 순
수한 표현으로 보고 있다. 하지만 피터스의 저작에서 이성의 역할은 현
대 자유주의 이론의 흐름이 범했던 개인주의적인 것이 아니다. 합리적
도덕성에 대한 이같은 반론들은 최소한 다음 두 가지 형식과 관련하여
출현한 것이다.

첫째, 철학적 공동체주의자들은 때로 합리적 도덕성에 대한 원리 기
반 설명에 내재하고 있는 형식주의(形式主義)와 보편주의(普遍主義)는
개인을 마치 다른 사람들과 정서적, 정치적, 혹은 문화적 유대를 맺을

---

5   물론 또 다른 반론도 있다. 예컨대, 하버마스는 피터스가 공적 정당화를 부적절하
게도 "도덕적으로 설명하려고"(moralized) 하다가 행동과 논의를 섞어 버렸다고 생각
한다. 피터스의 접근방식이 갖는 한계들에 대해서는 Habermas(1990)와 Mar-
tin(2012)을 보라.

때 단지 잠정적인 관계를 가지는 추상적인 실체(實體)로 대한다고 주장한다. 이러한 견지에서 개인 상호 간의 도덕성[6]을 실현해야 할 사람이란 공동체의 구성원이 되기 이전에 존재하는 "무연고적" 자아(無緣故的 自我: unencumbered self)이다. 결론적으로, 이러한 유대는 합리적 주체에 견주어 볼 때 파생적이고 이차적인 가치를 가지는 것이다. 개인 상호 간의 도덕성이란 나의 추상적인 자아가 여타의 우연한 애착관계보다 우선하거나 보다 중요하다는 점을 말해 준다.[7] 피터스가 채택한 원리 기반 도덕이론(principled moral theory)은 이러한 합리적 개인주의를 사람들에게 강제로 부과하고 있다는 비판을 받을 수 있다. 예컨대, 나는 이익고려의 원리에 따라 다른 사람의 이익을 기꺼이 고려할 수 있을 것이다. 하지만 나는 추상적인 생각을 가지고 그렇게 할 수 있으며 따라서 나를 가족, 공동체, 다른 모임들의 구성원으로 만드는 조건, 관계, 가치, 그리고 관점을 부정하거나 인정할 수도 있을 것이다. 결국, 공동체주의자는 내가 서로 상충하는 이익들을 수정 가능하고, 거부 가능하며, 부정할 수 있거나 "얄팍한" 것으로 바라봄이 없이, 공평한 방식으로, 그러한 이익 모두를 평가할 수 있는지를 제안한다. 따라서 공동체주의자들은 우리는 공동체 안에서 생생한 관계를 통해 구성되며, 비개인적이고 보편적인 행위의 규칙들에 대한 강조가 오히려 이러한 구성 요소들을 경시한다고 말하려고 한다.

둘째, 원리 기반 도덕성은 다만 자신에게 속한 것을 권리의 문제라고 주장하면서 홀로 서 있는 "원자적" 개인의 요구에 대해 말하고 있는 것

---

6 역자주: interpersonal morality이란 때로 '간주관적(間主觀的)인 도덕성'으로 번역되기도 하지만 여기서는 문맥을 고려하여 상호 간의 도덕성으로 번역하였다.

7 이러한 비판에 대한 기본적인 사례들에 대해서는 Sandel(1982)과 Walzer(1982)를 보라.

이라는 아이디어에 관심을 가진다.[8] 받아들여진 비판은 원리를 가지고 자신의 행동을 통제함으로써 각 개인의 자유가 보존되는 주관적인 자유의 영역에서 활동하는 사람에 대한 것이다. 이러한 설명은 우리의 이익이 거대한 공동체에 어떤 방식으로 관련되어 있는지 이해하기 어렵게 한다. 만약 내가 나의 행동을 통제함으로써 결국 내 이익을 지킬 수 있다면, 우리가 우리 자신의 특정한 이익을 안전하게 도모하면서 갖게 되는 공동의 이익과는 다른 이익을 어떻게 공동으로 얻을 수 있을 것인가? 공화주의(共和主義) 정치이론가들은 가끔 이러한 도덕적 태도를, 주관적인 권리와 자유에 대한 자유민주주의적인 강조의 결과로 이해한다. 공화주의적인 전통은 우리가 공동체의 정치적 삶에 참여하고 기여하기 위해 공유된 의무감을 강조해야 한다고 주장할지도 모른다. 그러한 자기-고려적인 도덕적 태도(self-regarding moral attitude)가 교육 분야에서 어떻게 작용할 것인가?

개인 상호 간의 도덕성에 관한 이같은 관심은 피터스의 교육철학과 관련이 깊다. 피터스에게 이성의 삶은 사람이 된다는 것의 중요한 구성요소이다. 사랑하는 관계라든가 가치 있는 실천과 같은 삶의 여러 가지 측면들에서 도출해 낸 것을 요구하고, 자기 중심적인 개인 이익 추구를 요구하는 개인 상호 간의 도덕성은 전통에 의해 규정되는 공유적 혹은 공적 삶으로의 입문뿐만 아니라 내재적 가치 및 가치 있는 활동들을 강조하는 교육의 개념과 차이가 있는 것처럼 보인다. 따라서 피터스는 자신의 선험적 논의가 정당화하고자 하는 도덕적 삶이 다른 윤리적 가치들과 모순되지 않는다는 점을 보여 주어야 했다.

---

8 이러한 자기 중심적인 근거에 대한 피터스의 선험적 논의에 대한 비판에 대해서는 Montefiore(1981)를 보라.

개인 상호 간의 도덕성에 대한 개인주의적인 설명을 균형 잡는 한 가지 방법은, 도덕적 관점이 전체적인 수준에서 나타나도록 하는 방식들을 강조하는 것이다. 다시 말해 피터스는 이 점에 대해 다음과 같이 말하고 있다.

> 인간으로서 다른 사람에 대한 동료-감정(同僚-感情)은 구체적인 대면 관계로 형성된 집단의 구성원이 느끼는 우애(友愛: fraternity)에 비하면 추상적인 감정이다. 도덕적 판단 주체는 도덕적인 문제를 논의하기 위해 특별한 모임을 만들지 않는다. ⋯ 도덕성이란 사교집단, 계급, 혹은 국가에 의해 규정되는 규범이 아니다. ⋯ 그러므로 "도덕공동체"(道德共同體)란 공동의 과업을 실현하기 위해 오랫동안 부단한 접촉을 통해 쌓아 온 거대한 충성심(忠誠心)에 의해 성립되는 것이 아니다. ⋯ 사실 다른 사람을 한 인간으로 대한다는 것은 그의 지위와 역할, 그리고 그의 자연적 친밀감 및 연대와의 관련을 떠나서 그를 인식한다는 것이다. ⋯ 정의상, "도덕공동체"는 권위 구조도 아니요 합의에 호소하여 세워지는 조직이 아니다. 이 말은 도덕적 규칙의 타당성이란 국가나 클럽의 규칙처럼 권위에 호소하거나 다수의 합의에 의해 결정되는 것이 아니라는 뜻이다. ⋯ 도덕적 규칙의 타당성은 이성에 비추어 결정되는 것이다⋯.(Peters, 1966a, p. 226).

피터스가 말하는 도덕공동체의 구성원들은 "한 인간으로서" 동등한 또 다른 사람들을 만나게 된다는 점을 알아야 한다. 하지만 안타까운 일은 우리가 피터스가 추상적인 타인들로서 서로 만나게 된다고 말하고 있다는 점을 읽어 내지 못하고 있다는 것이다. 피터스가 말하고자 하는 것은 개별적인 이익이 비록 도덕적으로 관련이 있다고 할지라도 결정적인 권위를 가지는 것은 아니라는 것이다. 이익이 행동을 일으키는 이유가 될 수 있지만, 그것이 이익이 되기 때문에 이유를 가진다고 할 수는 없는 일이다. 어떤 이익은 행동을 불러일으키는 데 있어서 형편없는 이유가 될 수 있다. 예컨대, 누군가가 다른 사람을 해하는 데 관심을 가질 수 있지만 분명히, 사람이란 피터스가 말하는 이상적인 도덕 공동체에서보다는 구체적이고 직접적인 "면대면" 공동체에서 사회화 되며 이익도 취하게 된다. 하지만 도덕공동체란 이러한 특수한 이익이 개인들 사이에서 충돌할 때 호소할 수 있는 공동의 최종 법정(法庭)이다.

그럼에도 도덕공동체를 이러한 맥락에서 파악하는 것은 도덕적 원리가 다른 사람의 이익을 얼마나 진지하게 고려하는지를 적절하게 설명하지 못한다. 피터스는 이런 점을 충분히 인식하고 있다. 그가 말하는 도덕공동체는 구성원들 간의 진지한 관심을 통해 만들어질 수 있다. 피터스는 이러한 연대 형식(혹은 "우애)에 대해 다음과 같이 설명하고 있다.

가족이나 국가나 계급이나 클럽에 대한 애착이 무엇이든지 간에 합리적 존재가 반드시 가져야 할 한 가지 친족감정(親族感情)이 있다. 이것은 다른 사람을 합리적 존재로 여기는 친족감정이다. 그가 합리적 존재인 한, 그리고 다른 합리적 존재와 함께 어떻게 해야 하는가에 대한 답을 찾기 위해 결속되어 있는 한, 그들과 인간으로서 친족관계를 맺고 있다는 사실, 그리고 각자의 관점이 존중되어야 하며, 요구가 공평하게 다루어져야 하며, 이익이 부당한 간섭 없이 추구되어야 한다는 사실은 당연히 중요한 것으로 고려되어야 한다. 왜냐하면 이러한 최소한의 친족관계는 실천이성이 적용되어야 할 상황의 전제조건이기 때문이다(Peters, 1966a, p. 225).

우애(友愛)에 대한 이런 설명은 좀 더 신중하게 해석될 필요가 있다. 왜냐하면 이러한 설명은 피터스가 도덕공동체에 대한 합리주의적인 설명을 받아들이지 않는 사람들의 성격에 관해 대인논증(對人論證)을 하려는 것으로 읽힐 가능성이 있기 때문이다.[9] 하지만 우리는 피터스의 입장을 이런 식으로 읽는 것은 잘못이라고 생각한다. 도덕적 우애 (moral fraternity)에 대한 피터스의 설명은 그가 실천적 논의를 위해 요구했던 것의 맥락 안에서 평가되어야 한다. 피터스에게 도덕적 우애란 도덕적 논의의 가능성을 실현하기 위한 필요조건이다. 사실, 각 개인은 다른 사람들에게 어느 정도 이러한 감정을 경험한다. 그럼에도 형식적이거나 기본적인 수준에서, 도덕적 우애는 어느 협동적인 도덕공동체의 지속을 위해 선험적으로 필요하다. 만약 개인이 다른 사람을 한 인간으로서 그의 이익을 진지하게 고려하지 않는다면, 무엇을 해야 하는지를 결정할 수 없을 것이다.

우애나 연대적인 개인 상호 간 도덕성에 대한 이러한 설명은 다른 윤리적 경험의 형식들과 잘 어울릴 수 있다. 이 점은 놀랄 만한 것이 아니다. 왜냐하면 제6장에서 살펴보겠지만, 피터스는 도덕적 삶에 대한 접근방식이 결코 획일적이지 않기 때문이다. 그는 인간의 도덕발달 및 경험에 대한 습관과 실천이성의 중요성을 중시한 아리스토텔레스(Aristotle)와 칸트(I. Kant)의 도덕적 관점이 기여한 바를 충분히 인식하고 있다.

하지만 교육은 개인 상호 간의 도덕성에 대한 피터스의 생각과 정확히 어느 곳에서 관련을 맺고 있는가? 예컨대, 피터스가 교육의 기본적

---

9 역자주: 대인논증(ad hominem argument)이란 논의의 대상이 되는 사람의 인격·경력·사상·직업 따위를 지적함으로써 자기의 주장이 참되다는 점을 내세우는 오류 논법을 말한다.

인 특징이란 경험, 전통, 표준들, 그리고 원리들로 이루어진 공적 세계로의 입문을 포함하고 있다고 주장하고 있음을 상기해 보라. 분명히 공적인 도덕적 정당화의 실천도 여기에 포함된다고 봐야 할 것이다. 도덕교육과 도덕적 추론의 능력은 교육 과정의 매우 중요한 특징이다. 하지만 이러한 교육은 충분한 것이 아니다―왜냐하면 교육이란 가치 있는 것으로의 입문을 포함하고 있기 때문이다. 도덕성에 대한 피터스의 선험적 정당화는 확실히 여기―즉 도덕적 추론으로의 입문은 그것이 어떤 삶의 형식에 선험적으로 필요한 것이라는 점에서 가치 있는 것이다―에 적용된다고 할 수 있을 것이다. 하지만 피터스는 교육에 대해 이것 이상의 것을 염두에 두고 있다.

6. 교육의 정당화와 가치 있는 활동

피터스에게, 개인 상호 간의 도덕성이란 대부분 교육의 외적인 문제이다. 도덕적 태도란 삶의 여정 전체에 적용되는 것이다. 이러한 사실에 비추어 볼 때 우리는 기본적인 도덕적 원리들이 다른 영역이나 맥락에 적용될 뿐만 아니라 교육적인 과정에 적용되는 동안 그러한 원리들은 아이들이나 학습자들을 규제하거나 보호하는 기능을 가진다고 생각할 수 있다. 그것은 우리가 "의식의 구심점을 발전시키는 데" 도움을 주는 도덕적 존중의 기본 형식들이 무엇인지를 말해 준다. 예컨대, 자유의 원리는 학습자의 자유를 불필요하게 옥죄는 것이 그릇되고 허용할 수 없는 것이라는 점을 말해 준다. 하지만 이러한 원리는 교육적 맥락 안팎에서 모든 사람들에게 적용 가능하다. 이 원리에 관해 딱히 교육적이라고 구별할 만한 것은 아무것도 없다. 개인 상호간의 도덕성이란 교육적인 가치나 교육적으로 가치가 있는 것을 직접적이거나 적극적인 방식으로 알려 주지 않는다. 따라서 『윤리학과 교육』(1966a)에서 전개한 도덕적 정당화의 선험이론(先驗理論)은 교육에 대한 어느 특정한 생각으로 만들어진 것이 아니다. 예컨대, 『윤리학과 교육』은 자유의 원리와 같은 원리들이 어떻게 교실에 적절히 적용되느냐 하는 점을 보여 주고 있다. 예를 들어 아이들의 직접적인 욕구를 줄일 때 아이들이 더욱 풍부한 교육적 맥락에서 더 큰 자유를 실현해 갈 수 있다는 것이다(Peters, 1966a, pp. 192-8). 하지만 정의와 마찬가지로 자유란 아직 "독립적인 원리"로서 다음에 숙고할 문제에서 제외되는 교육적 관심사와는 별개의 것이다.

　교육은 왜 도덕 영역과 동일한 것으로 다루어질 수 없는가? 교육의 윤리적 가치에 대한 각각의 정당화가 요구되는 까닭은 무엇인가? 교육의 과정을 도덕 영역에서 규제해야 할 문제로 남겨 두는 것이 더 손쉬운 방법이 아닐까? 피터스 사상에 있어서 중요한 발전이 그리피스(A. Phillips Griffiths)와 공동 연구한 초기의 논문, 즉 "신중함의 자율성"(1962)이라는 글에서 발견된다.[10] 제목이 암시하고 있듯이, 이 논문의 목적은 신중한 판단 혹은 가치가 있거나 선한 것이 개인 상호 간의 도덕성에 대한 판단과 마찬가지로 객관적이고 자율적인 관점에서 평가되어야 한다는 점을 보여 주는 것이었다(pp. 162-3).

　요컨대, 논의의 핵심은 행동이나 판단의 이성적 힘에 대한 평가가 목적에 대한 평가를 통해 이루어져야 한다는 것이다(마찬가지로 수단 역시 이러한 목적을 성취하는 데 활용되어야 한다는 것이다). 하지만 그

10　역자주: "신중함의 자율성"(The Autonomy of Prudence)은 *Mind*, LXXI, no. 282에 실려 있다.

리피스와 피터스가 마음에 두고 있는 신중한 판단이란 칸트가 말하는 가언명령(假言命令)과는 다른 것이다. 여기서 특정 목적을 구현하려는 행동의 합리성은 그러한 행동이 목적의 의도를 수반하는 실천적 필연성과 어느 정도 조화를 이루는가에 의해 평가되어야 한다. 자율적인 개인 상호 간의 도덕성과 기술적인 신중함 사이에 사적 신중함(private prudence)을 중시하는 실천이성이 존재한다. 즉 "분명한 것은 사적 신중함에 대한 그런 판단이 행위 주체가 원하는 듯하고, 실제로 원하는 것을 넘어, 스스로 원해야만 하는 것이 무엇인가에 관심을 가지며, 보다 현명한 사람은 만족감을 얻을 수 있을 것이라는 점이다"(Peters and Griffiths, 1962, p. 167). 이러한 주장은 칸트의 주장과는 사뭇 다르다고 할 수 있다. 왜냐하면 칸트는 실천이성의 객관적인 원리들이 다음 두 가지 형식을 가지고 있는 것으로 보고 있기 때문이다. 즉, 하나는 가언명령으로, 이것에 따르면 어떤 행동은 어떤 것의 수단으로서 좋을 따름이다. 다른 하나는 정언명령(定言命令)으로, 이것에 따르면, 어떤 행동은 그 자체로서 선한 것이다(Kant, 1785, p. 25[4: 414–4:415]). 그리피스와 피터스는 개인의 목적을 평가할 수 있는 제 3의, 객관적인 실천적 원리가 있다면, 신중함의 자율성과 "기술적 신중함에 대한 가장 일반적인 절차적 원리들"(Griffiths and Peters, 1962, p. 171)을 분명하게 할 수 있을 것이라고 생각한다. 그리하여 그들은 그것이 갖는 선험적 필연성을 끄집어 냄으로써 신중함의 자율성을 분명하게 하려고 한다. 신중함에 대한 질문은 필연적으로 어떤 욕구에 대한 합리적 사정(查定)을 가정하고 있으며, 그러한 합리적 사정은 신중하고, 선하며, 가치 있는 것에 관해 추론하는 과정에 반드시 참여해야 하는 활동들—이 활동들이란 "형식적으로 그 자체와 유사한 것"이어야 한다고 주장하는 것들이다—이 있을 때만이 비로소 가능해진다. 여기서 그리피스와 피터스는 누군가가 주관적인 목적이 과다하다는 점을 합리적으로 사정할 수 있는 방법을 배울 수 있는 객관적인 조건들을 설정한다. 그들에게, "사적 신중함"에 대한 판단이 객관적이고, 실천적이며, 자율적이기는 하지만, 그것은 도덕성 영역의 밖에서나 가능한 일이다. 가치 있는 것에 대한 논의의 이런 초기의 견해는 피터스의 후기 저작에 시사를 주었을 것이다. 이렇게 생각하는 이유는 이러한 논의의 흐름이 교육적으로 가치 있는 활동들—"사적 신중함"에 대한 판단을 할 수 있는 능력을 갖기 위해 반드시 참여해야 하는 문학이나 과학과 같은 활동들—로 여겨지는 것에 대한 그의 견해를 구성하고 있기 때문이다.

이러한 활동들을 정당화해야 할 이유는 도덕적 영역에서 볼 때 자율적인 것이며, 이러한 자율성은 아마도 피터스가『윤리학과 교육』에서 밝힌 개인 상호 간의 원리들이 교육의 개념과 내적으로 아무런 관련이 없다는 이유를 설명하는 어떤 방식이 될 수 있을 것이다. 여기서 선험적 논의는 왜 우리가 "사적으로" 신중한 근거 위에서 목적/활동B가 아닌 목적/활동A를 선택해야만 하는 이유가 무엇인지 보여 주는 객관적인 가치의 형식을 이끌어 온다. 하지만 선에 대한 서로 상이한 생각으로 주어지는 특정 목적의 다양성을 낮게 평가하는 방식으로 목적을 규정하는 대신에, 원리의 형식적인 특성이란 다만 상충하는 목적들 사이에서 신중한 판단을 내리기 위해 우선 신중한 판단 자체의 객관적 표준들에 대한 합리적인 이해를 개발할 필요가 있으며, 이것은 지식의 이론적인 형식들로의 입문을 요구한다는 점을 보여 준다. 달리 말해서, 피터스는 개인 상호 간의 도덕성과 분명하게 구별되는 객관적이고 자율적인 가치의 형식이 존재한다고 제안한다. 앞으로 살펴보겠지만, 이런 객관적이고 자율적인 가치의 형식은 교육적인 삶이 무엇인가를 밝히기 위한 규범적 기준들을 설명하려는 피터스의 주장에 영향을 주고 있다.

피터스는 교육이란 교육적인 삶의 형식으로의 입문으로서, 우리는 이러한 입문을 통해 선한 삶과 행복한 삶에 관해 정당화할 수 있는 판단을 내릴 수 있게 된다는 것이다.

　우리는 피터스가 『윤리학과 교육』("가치 있는 활동들"이라는 장에서)과 "교육의 정당화"(1973c)라는 논문에서 교육에 대한 정당화에 관심을 기울이기 시작했을 때 선험적 논의에 대한 이러한 그의 초기의 견해가 어떻게 작용하고 있는지를 이해할 수 있다. 여기서 피터스는 일반적인 도덕적 원리들에 대한 정당화와는 확연히 구별되는 소위, "교육받았다고 했을 때 명시할 만한 가치들"(1973c, p. 239)이 무엇인지를 정당화하는 데 초점을 맞추고 있다. "정당화" 논문에서 피터스는 자신이 초점을 맞추고 있는 것이 개념적/기준적 의미에서 이해되는 것으로서 교육의 가치에 관련된 것이라고 분명히 밝히고 있다—즉 그는 개념분석을 통해 밝히고자 하는 규범적 표준들에 초점을 맞추고 있다고 분명하게 진술하고 있다. 그렇다면 교육받은 사람에 대한 이같은 현대적인 생각을 어떻게 정당화할 수 있을 것인가?

　첫째, 피터스는 교육받은 사람이 (a) 지식의 획득, (b) 이해의 폭을 넓히는 가치 있는 활동, (c) 그러한 활동에 대한 비도구적인 태도의 발달에 참여하게 될 때 갖게 되는 규범적 이상(理想)에 대한 **도구적 정당화**(*instrumental* justification)의 가능성을 찾아 나선다. 이같은 도구적 정당화는 처음에 매우 강하게 작용하는 것으로 보인다. 예컨대, 피터스는 지식과 이해가 분명히 도구적인 가치가 있음을 지적한다. 예를 들어 우리는 우리의 행동을 다른 사람의 행동과 조정하기 위해 기본적인 사실을 담은 지식을 공유하기를 원한다. 예컨대, 우리는 예언하기 위해 기본적인 원리나 규칙들에 대한 이해를 이용할 수 있으며 건설하고 노동을 할 때 우리의 노력을 더 많이 제어할 수 있다(Peters, 1973c, pp.

243-4). 나아가 이해의 폭은 사람들이 시민이 되도록 돕는다. 결국 지적인 시민은 보다 훌륭한 시민으로 생각될 수 있다. 또한 우리는 자신이 가진 기능의 내재적 가치를 중시하면서, 자신이 하는 일에 근본이 되는 지식의 형식을 "내면화"할 수 있는 의사나 교사와 같은 전문가들은 더 큰 관심과 근면한 태도를 가지고 자신의 일을 해 나갈 수 있을 것이라고 주장할 수도 있을 것이다.

확실히 교육의 도구적 가치에 대한 강한 정당화가 결정적인 것이라면, 피터스가 행한 개념분석 대부분은 위기에 처하게 될 것이다. 결국, 교육의 규범적 기준들이 교육받은 사람이란 무엇을 의미하는가에 내재되어 있다는 점에서 가치 있는 것으로 받아들여질 수 있다. 이러한 기준들은 단지 다른 목적을 실현하기 위해 유용한 수단이 아니다. 만약 이러한 규범들이 본질적으로 도구적인 가치를 갖는 것이라는 점이 밝혀진다면, 사람다운 사람을 발달시키고자 하는 교육의 약속은 윤리적인 힘을 잃고 말 것이다. 최종적으로 분석해 보건대, 지식의 증진, 종합적인 이해, 그리고 비도구적인 세계관이 근본적으로 유익한 태도인 것처럼 보일 것이다. 교육에 있어서 목적과 수단 간의 이러한 우연한 관계가 일단 확인되면, 이제 교육이 다른 어떤 것에 좋은 것이라는 점을 부정하기가 손쉬워진다. 예컨대, 우리는 어떤 사람들이 편협한 훈련으로 더 잘 봉사할 수 있을 것이라는 주장을 할 수 있으며, 따라서 폭넓은 이해가 사람들 앞에 전개되는 과업의 추구를 어렵게 만들 때, 그러한 폭넓은 이해력을 신장시켜서는 안 된다는 주장을 할 수 있을 것이다.

하지만 피터스는 이제 익숙한 선험적 관점에서 도구적 정당화의 한계를 밝히려 한다. 그는 도구적 정당화란 사람들이 가치가 있는 목적으로 이해하는 것들의 가치를 사정할 수 있는 사람의 능력을 당연한 것으로 받아들인다고 주장한다. 그러한 능력은 학습을 필요로 한다. 즉, 그

것은 최소한 어떤 것의 내재적 가치를 확인할 수 있는 능력을 필요로
한다. 예컨대, 내가 음악 소리를 감상하기 위해 기타 연주를 배운다면,
나는 최소한 내게 즐거움을 가져다 주는 음악의 특징들을 감상할 수 있
어야 할 것이다(p. 247). 우리는 그것이 얼마나 가치가 있는가 하는 점
을 배워야 한다.

하지만 피터스의 비판은 이보다 더 심원하다. 지식이 그러한 목적 가
치를 부여하는 선택된 목적의 특징으로 더 잘 접근해 갈 수 있도록 도
울 수 있을 것이라고 말하는 것이 그 중 하나이다. 하지만 우리는 그러
한 목적이 무엇인지에 대해서는 다르게 생각할 수 있다. 예컨대, 내가
감상하게 된 것들 가운데 그 어느 것도 지식과 이해의 측면에서는 많은
것을 요구하지 않는다는 점이다. 혹은 아마도 내가 추구하는 것 모두가
실제로 특수한 것이어서, 이론적인 지식을 추구하는 것은 상대적으로
시간을 낭비하는 것일 수 있다. 교육의 가치란 나의 주관적인 기호(嗜
好)나 목적과 우연적인 것일 수 있다. 내가 하기를 바라는 모든 것은 내
가 필요로 하는 것이 무엇이든 간에 나의 개인적 기호를 풍부하게 하거
나 명료하게 하기 위해 그것을 배우는 것이다. 물론 내가 사는 시 · 공
간에 의존하는 동안 이러한 기호는 달라질 수 있으며, 또한 나에게 도
움을 주는 교육도 달라질 수 있을 것이다.

이러한 한계는 신중한 이유의 자율성과 객관성에 대해 논했던 피터
스 초기의 저작으로 돌아가 귀를 기울이도록 한다. 피터스가 생각하기
에, 실제로 우리가 결정할 수 없는 선(善)들이 존재한다. 이러한 선들
은 가치 있는 것에 관한 지혜로운 판단을 하는 데 필요한 것들이다. 예
컨대, "교육의 정당화"에서 그는 정당화 문제를 다음과 같이 서술하고
있다.

그러므로 문제는 지식과 이해가 가치 있는 삶의 수준을 구성하는 선들 중의 하나로 포함되어야 하는가를 강하게 주장할 수 있느냐 하는 것이며, 그러한 강한 주장이 어떤 숙고 내용에 기반하고 있는가 하는 것이다. … 또한 문제가 되는 것은 교육받은 사람이 과연 어느 정도 비도구적인 견해를 가지고 있는가 하는 점이다. 이는 교육받은 사람이 자기의 지식을 순전히 유용성의 차원에서만 바라보지 않는다는 점을 암시해 준다(p. 247).

피터스가 교육적인 삶이란 다른 어떤 이유에서가 아니라 바로 그 자체로서 선한 삶이라는 점을 사람들에게 확신시키기 위해 제시하는 이유는 무엇인가? 피터스는 다음과 같은 경우에 호소하는 내적 정당화의 두 가지 형태를 구분하고자 한다.

(1) 교육적인 삶이란 세상에 대한 우리의 경험을 풍성하게 해 준다는 것(교육과 즐거움)
(2) 교육적인 삶이란 논의, 판단, 행동에 내재하는 인간 이성의 가치를 구체화한다는 것(교육과 이성의 요구)

1) 교육과 즐거움

피터스는 자신의 정당화 논의에서 이 두 경우를 다루고 있다. 그는 지식과 이해란 학습자가 먹는 것과 같은 기본적인 욕구보다 더 큰 "문명의 복잡함"(civilized complex)을 지니는 활동들에 참여할 수 있도록 하는 필요조건이라고 말한다. 나아가 아직 알려지지 않은 관심과 추구를 밝히는 것뿐만 아니라 목적과 활동을 정리하고 합리적으로 계획을 짜는 일은 교육받은 마음의 관심을 끄는 것으로서 따분함을 경감시킨다는 것이다. 그리고 마지막으로 가장 중요한 것으로, 피터스는 과학, 예술, 철학과 같은 이론적인 활동들이 진리의 세계로 들어갈 수 있도록 하는 열쇠 역할을 한다고 말한다. 신체적인 대상이나 쾌락을 가져다 주는 목적을 추구하는 일과 달리, 진리를 추구하는 일은 다양한 접근과 끊임없는 비판을 요하는, 복잡하면서도 다면적인 가치를 가지고 있다. 어떤 의미에서 진리를 추구하는 일은 가장 큰 인간적인 즐거움이다. 따라서 지식의 형식은 깊이 그리고 끊임없이 참여하기를 바라는 경험의 세계를 열어 준다(Peters, 1973c, pp. 249-50).

하지만 이러한 점들이 교육적인 삶의 가치를 차지하는 부분이기는 하지만, 이것들은 교육을 완전하게 정당화하기에는 충분하지 않다. 달리 말해서 이것들은 타당한 이유들이기는 하지만, 우리는 전적으로 그러한 정당화에 의존하지 않는다(p. 251). 피터스는 지식과 이해로의 입문이 덜 세련된 활동들의 가치를 무시하고 있으며, 동시에 지적인 추구가 우리들이 하는 것 모두를 규정한다는 주장에 너무 강한 기대를 거는 것이 아닌가 하는 듯한 설명에는 주지주의자(主知主義者)의 편견이 담겨 있다고 생각한다. "문명의 복잡함"에 대한 정당화는 뿌리 깊은 지적 삶의 경험에 훨씬 더 많은 무게를 싣고 있다. 교육적인 삶이 어떤 의미에서 즐길 만한 것이기는 하지만, 교육받은 사람이 늘 엄격한 지적인 추구에 참여한다는 생각은 기대와는 상당히 다르다고 할 수 있다.

2) 교육과 이성의 요구

따라서 피터스는 다시 한번 교육의 독특한 가치를 정의하기 위해 선험적 논의에 관심을 기울인다. X가 참이라는 것을 아는 것과 X가 왜 참인지의 이유(理由)를 이해하는 것은 실천적인 가치를 가진다고 지적하

면서 논의를 시작한다. 예컨대 내가 집을 지을 때, 힘이 측량과 관련이
있다는 사실을 알기를 원한다. 나는 나의 실제적인 요구에 부딪치기 때
문에 사실이 무엇인지를 아는 일에 실제적인 관심을 가지게 된다. 하지
만 피터스는 우리가 진리의 가치에 대해 추가적이고 보편적인, 어떤 의
미에서는 비개인적이고 실천적인 관심을 가져야 한다고 주장한다.

> [이러한 가치]는 그것이 가져오는 이익과는 무관한 가치를 가지는 것으로 이
> 해될 수 있다. 사실 참이 무엇인지를 찾으려고 하고 그것이 어떻게 이루어지
> 는가에 관해 기만하거나 실수하지 않으려는 사람의 마음 상태는 이익을 고
> 려하는 기준들 중의 하나를 제공하는 궁극적인 가치로 여겨질 수 있다. …
> 이러한 방식으로 진리를 바라보는 사람은 자기 마음을 편견과 실수로부터
> 해방시키기 위해 끊임없이 노력하고 있다는 점을 알게 될 것이다. 그는 때로
> 그것이 지겹고 지루한 것이라는 점을 알게 될지도 모른다. 그것은 그가 받아
> 들인 이상(理想)에 미치지 못할 수도 있겠지만 그에게 가장 중요한 문제이
> 다(Peters, 1973c, p. 251).

사실, 여기서 진리에 대한 생각은 피터스가 살던 시대의 공적 문화
안에서 지배적이었던 적극적인 생각들보다 개방적이라고 할 수 있다.
여기서 그가 마음에 두고 있는 "진리"의 이상(理想)이란 오류가능주의
적인 것이며(우리가 참이라고 하는 것을 새로운 정보의 측면에서 늘
수정할 수 있다는 점에서), 다원주의적이며(참이라는 것의 전달이 과
학적 실험을 통해 검증되는 진술에 제한을 받는 것이 아니라 도덕적인
주장 및 다른 가치-주장을 포함하고 있다는 점에서), 절차적인 것이다
(진리 추구에 반드시 필요한 진실-말하기, 성실함과 같은 여러 가지 덕
들이 존재한다는 점에서)(pp. 251-2).

이러한 맥락에서 이해되는 진리에 대한 관심은 인간 이성 발달에 필요한 다음과 같은 두 가지 조건들을 수반하는 것으로 보인다. 이 두 가지 조건이란 지식과 이해의 가치를 밝히는 데 필요한 것이다.[11] 첫째, (1) 진리에 대한 관심은 어떤 활동들을 구별하는 행동에 필요하거나 혹은 그것을 수반하는 이해 가능성 조건(intelligibility condition)을 가정하고 있다. 예컨대, 내가 예술가가 되기보다는 낚시꾼이 되기를 원한다면, 이 두 가지 활동을 구별하도록 해 주는 "개념체계"를 획득해야 한다. 따라서 피터스는 만약 우리가 우리 눈앞에 펼쳐진 다수의 다양한 활동들을 구별해 내고자 한다면, 광범위한 이해의 형식들에 대한 "개방적인" 태도를 활용해야 한다고 말한다(p. 252). 물론 이런 종류의 논의는 어디에선가 피터스가 지식과 이해의 이론적 형식들에 입문함으로써 얻게 되는 확장된 인지적 안목(cognitive perspective)의 이념에 대한 개념분석과 유사하다고 할 수 있다.

둘째, (2) 진리에 대한 관심은 어느 활동들을 선택하는 행동을 위해 필요하거나 또는 그것을 수반하는 정당화 조건을 가정하고 있다. 이러한 논의는 피터스가 정의의 원리에 대해 선험적으로 추론해 낸 것을 우리가 논의했던 내용과 유사하다고 할 수 있다. 피터스는 이러한 논의의 형식을 다음과 같은 형식으로 교육적 맥락에 적용하고 있다.

[만약] Y가 아닌 X를 선택하기 위한 이유가 주어진다면, 그 때 X는 Y가 가치가 있다거나 바람직한 것과는 거리가 먼 것이라는 어떤 특징을 보여 주어야 한다. … 자의적인 주장은 거부되어야 할 것이며, 관련성이 적은 숙고는

---

11   이러한 두 가지로 묶인 논의 전략은 보다 자세한 설명을 해 주고 있지만, 피터스가 그리피스(Griffiths)와 함께 전개한 "사적 신중성" 논의에서 그렇게 멀리 동떨어진 것은 아니라는 점을 알아 둘 필요가 있다.

피하고, 증거에 입각한 일반화가 이루어져야 할 것이다. 진리를 탐구하려는 이러한 절차들은 어떤 개인이 기호로 즐길 수 있는 그런 것이 아니다. 이것들은 그 개인이 합리적인 논의를 하는 가운데 발견해야 하는 것들이다. 이러한 절차는 혼란과 오류를 제거하는 데 기여하는 평가기준 없이 공적 실천만으로는 이해가 어려울지도 모른다(Peters, 1973c, pp. 252-3).

이러한 논의 체계는 진리에 대한 관심이 교육의 가치를 어떤 방식으로 드러내는가를 보여 주기 위해 적용될 수 있다. 첫째, 피터스는 정당화의 가치가 그러한 가치를 암묵적으로 지지하지 않고는 제기될 수 없는 것이라고 주장한다. 예컨대, "우리는 우리가 내린 결정을 왜 정당화해야 하는가?"라는 질문은 이미 정당화를 요구하고 있다는 것이다. 정당화를 소중하게 여기는 사람만이 그러한 질문을 던질 것이다. 정당화에 대한 그 어떤 요구나 이유도 정당화에 내재하는 가치를 가정하지 않고는 받아들여질 수 없다(p. 252). 이러한 의미에서, 정당화의 가치란 현대적인 의미에서 "가치"라고 할 수 없다. 그런 점에서 우리는 편하게 가치를 선택하거나 선택하지 않을 수 있다. 가치란 규범적으로 인간의 조건을 구성하며 그러한 조건 안에서 작용한다.

인간이란 이성의 요구에 따라 사는 존재이다. 물론 인간은 비이성적(非理性的: unreasonable)이거나 불합리(不合理)할 수 있다(irrational). 하지만 이러한 용어들은 이성의 관점에서 볼 때 무엇인가 미흡한 것으로 생각된다. … 유아기에서 벗어난 사람은 자신의 욕구를 인식하고, 기억하고, 추리하고, 배우고, 통제하려고 한다. 그가 이러한 일을 하려면, 그는 어떤 사정 절차를 따라야 한다. 그는 자신의 믿음과 행동을 어떻게 결정하는가? . … 인간적인 삶이란 이성이 요구된다는 증거를 제시하는 것이라고 말하는 것이다. 무엇인가 이러한 요구를 가진 사람들에 의해 받아들여지지 않는다면 그들의 삶은 현명하지 못한 삶이 될 것이다(Peters, 1973c, pp. 254-5).

이러한 절차상의 가치란 본질적인 교육적 가치가 될 수 있다. 왜냐하면 개인에게 이러한 가치가 실현될 수 있는 것은 그 개인이 이러한 이유들을 효과적인 방법으로 적용하기 위한 진리를 알고 있어야 한다는 점을 필요로 하기 때문이다.

둘째, 피터스는 어떤 명제(命題)들이 이성의 구사를 용이하게 해 준다는 점을 안다고 할지라도, 그러한 이성의 구사란 교육받은 사람에 대한 자신의 생각을 서술하는 가운데 중시했던 지식의 폭을 넓히는 일과 관련되어 있음을 강조한다. 바로 여기서 교육의 개념이 이론적인 활동들과 관련되어 있다는 "개념적 사실"(概念的 事實: conceptual truth)이 드러나기 시작한다는 것이다. 역사, 철학, 과학과 같은 이론적인 활동들이 그런 "광범위한 인지적 내용"을 가지고 있어 사람들이 판단과 선택을 할 때 깊이 있는 변화를 가능하게 해 주고 빛을 던져 주는 것이라면, 그러한 활동들로 접근해 가는 누군가를 부정적으로 대하는 것은 자의적인 것이 될 것이다(p. 256). 골프나 수영과는 달리, 이론적인 활동들은 "셀 수 없이 많은 다른 사물들에 대한 관점에 끊임없이 빛을 던져 주고, 폭을 넓히며, 깊이를 심원하게 해 준다"(Peters, 1966a, p. 159). 그러므로 교육이란 인간의 이성이 이해와 이해력의 전통을 통해 여과된다는 점을 보여 준다.

마지막으로, 이성의 요구는 또한 교육적인 가치로서 비도구적인 태도의 증진을 정당화해 준다. 피터스는 이러한 가치가 이미 인간 이성이 구현된 일부라고 주장한다.

왜냐하면 그것에 대한 정당화란 이미 언급했던 말 속에 내재해 있기 때문이다. 그것은 정당화가 무엇인가를 찾으려고 결정하는 순간 이미 거기에 논리적으로 전제되어 있다. 자기 삶에 관해 다음과 같은 질문을 던지는 사람, 즉 '왜 저것이 아닌 이것을 해야 하는가?' 라는 질문에 답하려고 하는 사람은, 이미 그것이 그러한 정당화의 종착점으로 여겨지는 곳에서 이제 정류장에 이르렀음을 아는 사람이다(Peters, 1973c, p. 262).

피터스가 말하는 "정류장"이란 도구적인 관점이 인간의 이성을 고갈시킬 수 없다는 점을 의미하는 것이다. 결국, 사람은 자신의 요구와 욕구가 의미가 있거나 관련이 깊은 것인가를 묻게 되며 종국에는 우선 추구할 만한 가치가 있는 것을 원하는 이유가 무엇인지에 대한 질문에 부딪치게 된다.

피터스에게 이러한 것들은 비도구적인 질문들이다. 결국, 진리란 나에게 최선의 것이 무엇인지를 넘어서는 질문들에 답을 하려는 것이지만, 이러한 질문들에는 도덕적, 미적, 실존적인 질문들이 포함되어 있다. 교육받은 사람은 이러한 다양한 측면에서 자신의 행동을 반영할 수 있는 사람이다. 이러한 능력들은 선하고 행복한 삶의 맥락에서 가치가 있는 것이 무엇이든지 간에 누구에게나 가치가 있는 것이다.

3) 교육의 정당화

요컨대, 피터스는 교육의 정당화가 이성의 요구에 응하는 인간 주체에게 필요한 조건 안에 놓여 있다고 주장한다. 이러한 이성의 요구는 보편적으로 진리를 탐구하는 일에 실제로 관심을 가지고 있는 사람에게 필요한 것이다. 이러한 요구는 정당화다운 정당화의 가치를 포함하

고 있다. 즉 "명제적 지식"으로 판단을 용이하게 해 나갈 수 있는 지식
과 이해를 획득하는 일, 종합적인 판단을 할 수 있는 폭을 가지는 이론
적인 지식과 이해의 형식들로 입문시키는 것 등을 포함하고 있다. 이러
한 관점에서 볼 때 교육이란 모든 사람들에게 가치가 있는 "교육적인
삶"의 형식 안에서 이러한 가치들을 "구현하거나" "실천에 옮기는" 것
이다.

　분명히 말하건대, 이러한 정당화는 피터스가 본래 "입문으로서 교
육"(1963a)이라는 논문에서 전개한 교육의 개념과 일관되게 어우러지
고 있다. 하지만 엘리엇(Elliott, 1986)이 정확하게 지적한 바와 같이,
강조하는 내용에 한 가지 중요한 변화가 있다. 자신의 초기 저작에서
지적한 바와 같이, 피터스는 비도구적인 태도에 대해 청교도(淸敎徒)적
인 견해를 가지고 있음을 드러내고 있다. 개념을 탐구를 하는 데 있어
그는 이론적인 활동들이 그 자체를 위한 진리에 대한 관심에서 받아들
여져야 한다고 강조하고 있다(Elliott, 1986, p. 52 ; Peters, 1967a, p.
18). 또한 엘리엇은 피터스가 초기의 개념분석 작업을 통해 우리가 연
구를 할 때 도구적인 이유를 가지고 연구를 해서는 안 된다는 의미에서
의 학문 분야에서 그 자체의 목적을 가지는 진리추구를 중시했다고 지
적하고 있다. 하지만 피터스는 이론적인 활동들이 퇴폐적인 사치를 위
해 쓰여야 한다고 결코 주장한 바 없다. 이러한 활동들은 교육받은 사
람이 참여를 통해 신장시키고자 하는 폭넓은 인간적인 가치 및 경험에
의해 정교화된다. 이러한 "신장"(伸長)이란 피터스가 이론적인 활동들
에 의해 예증되는 가치들을 정당화할 때보다 더 분명해지고 정교해지
고 있다. 이점에 대해 엘리엇은 다음과 같이 적고 있다.

　그의 관심은 일차적으로 실천이성(實踐理性)의 발달에 있으며, 이차적으로

는 이론적인 연구에 있다. 이 이론적인 연구란 실천적인 선택을 하기 위해 필요한 것이며, 일반적으로 말해서 어떻게 해야 하는가를 결정하는 데 있어서 우리를 돕기 위해 필요한 것이다. 결론적으로, 듀이에게서 그토록 중요하게 다루어졌던 탐구에 대한 강한 강조—진리의 추구—가 피터스에게 와서는 진리에 대한 관심(關心)으로 바뀌었다(Elliott, 1986, p. 51).

그러므로 피터스의 연구에 대한 비판적 사정을 하려는 사람에게 중요한 문제는 피터스의 이성에 대한 생각, 교육의 과정에 있어서 이러한 생각과 그 "실천" 간의 관계가 사람들에게 어느 정도 적용 가능하고 타당한가 하는 정도와 방식을 결정하는 일일 것이다. 예컨대, 이러한 관점에서 엘리엇은 회의적이다. 그는 이성의 요구에 대한 피터스의 작업이 갖는 타당성을 어느 정도 인정하지만, 그러한 요구가 선(善)에 대한 다양한 생각들에 대해 확실히 중립적인 성격을 지니는 교육의 개념으로 해석될 수 있다는 점에 대해서는 동의하지 않는다. 앞으로 제7장에서 살펴보겠지만, 엘리엇은 피터스가 "교육"이라는 용어의 "현대적인 용법"에 대한 개념분석에 관심이 많다기보다는 교육의 스토아적이거나 고전적인 이상(理想)에 더 많이 호소하고 있다고 생각한다. 또한 그는 합리적 탐구를 할 때 논리적으로 필요한 형식적 규칙들의 관점에서 볼 때, 교사와 학습자로서 우리가 가진 경험의 본질과 범위를 규정하는 파생적 가치들의 타당성에 대해서도 마찬가지로 회의적이다(Elliott, 1977, p. 15).

실천이성의 규범을 논리적으로 가정하는 일과 모든 공동체들이 공유하고 있는 에토스 혹은 커리큘럼의 맥락에서 이와 비슷한 규범을 조직하는 일 사이에는 상당히 큰 차이가 있다. 전자는 후자를 어느 정도 정당화할 수 있을 것인가? 이 책에서 우리가 하고자 하는 바는 이러한 질문에 답을 하려는 것이 아니라, 피터스의 작업에 대한 연구를 하기 위해서는 그의 개념분석에 대한 타당성뿐만 아니라 그의 정당화 계획 이면에 놓인 이성에 대한 생각, 나아가 실천이성이 민주 사회에서 어떻게 발달하고 신장되는가에 대한 인식론적, 도덕적, 그리고 정치적인 사정이 필요하다는 점을 지적하려는 것이다. 이러한 점에서 교육에 대한 피터스의 정당화는 실제와 정책에 관련된 응용 주제들을 다루는 방향으로 전개되고 있을 뿐만 아니라 역사적으로 개념화되어 온 도덕철학, 정치철학, 그리고 사회철학의 전통 안에 담긴 근본적인 질문들로 되돌아가고 있다.

자유교육, 삶의 질,
그리고 교사훈련

1. 서론

자유교육(liberal education)의 이상(理想)은 고대로부터 오늘에 이르기까지 유럽 문명을 구성하고 있다. 이 장에서 우리는 앞의 세 장에서 설명한 피터스의 교육에 대한 분석과 정당화를 고전적인 이상과 비교해 보려고 한다. 자유교육 안에 내재하는 개념적 애매성과 현대 자유민주주의에서 자유교육을 구현하려고 할 때 생겨나는 딜레마들을 논의한 후, 피터스가 제시하는 두 가지의 풍성한 제안을 탐색해 보고자 한다. 첫째, 인문학(人文學: humanities)이 자유교육 커리큘럼에서 핵심적인 역할을 해야 한다는 것이다. 둘째, 자유교육을 포함하여 모든 교육은 삶의 질을 추구하는 것이어야 한다는 것이다. 나아가 우리는 이러한 맥락에서 피터스가 이끌어 낸 중요한 결과들, 즉 교육이론의 본질적인 부분으로서 자유교육은 교사훈련의 핵심적인 요소가 되어야 한다는 점을 검증하고자 한다.

2. 자유교육의 이상

자유교육이란 무엇인가? 자유교육에 대한 피터스의 논의를 자세히 살펴보기 전에 자유교육의 역사와 어원을 살펴보는 것이 좋을 것 같다 (Jaeger, 1934-1947; Lüth, 1998; Löffler, 1910; de Rijk, 1965; Willmann, 1907).

서구 문화에서 자유교육은 파이데이아(*paideia*, *pais*, *paidos*=child, *agein*=to lead에서 비롯되었음)의 그리스적 이상과 자유교과(*artes liberales*, *ars*=art, *liber*=liberal)에 대한 로마적인 가르침에 기원을 두고 있다. 피타고라스(Pythagoras)와 플라톤은 소위 *egkyklios paideia*를 옹호하였는데, 이것은 "엔사이클로피디아"(encyclopaedia)라는 말에서 유래한 것으로, 교육받은 인간존재가 되는 데 필요한 총체적이거나 비전문적인 과정을 말하는 것이다. 이러한 과정은 "궁극적인 것을 탐구하는 학문"이나 지혜를 연구하는 철학을 위한 것이었다. 일반적으로 엔사이클릭한 연구에는 수학과 수사학뿐만 아니라 음악과 체육도 포함되었다. 파이데이아의 이상은 인간적인 완전함이라는 이념과 연결되어 있다. 이론적 지식의 이상으로서 이것은 기술 훈련과는 구별되는 것이다. 키케로(Cicero)와 퀸틸리아누스(Quintilian)는 기본적으로 이러한 자유과(自由科: libral arts) 전통을 계속해서 중시했지만, 그들은 윤리학과 정치학뿐만 아니라 문학과 시를 포함하여 수사학을 보다 중시했다. 자유교과들은 노예(奴隷)가 아닌 자유인(自由人)을 가르치기 위한 것이었다. 자유인을 길러 내는 것으로서 자유교과들은 철학자, 정치인, 심지어는 건축가를 길러 내는 데 필요한 필수 교과목들이었다.

중세기의 자유교과 커리큘럼은 두 가지 형태의 교과목들로 나누어진다. 즉, 3학(*trivium*, *tres*=three, *via*=road)과 4과(*qualdrivium*, *quattuor* = four) 로 나누어지게 된다. 전자에는 소위 *artes sermoninales*(*sermo* = speech, discourse에서 비롯되었음)이나 언어 훈련을 위한 것들, 즉 문법, 수사학, 변증법(논리학)이 포함되었다. 후자에는 소위 *artes reales*나 *physicae*(*res* = thing, *phusis* = nature)나 수리-물리적인 훈련을 위한 것들, 산수, 기하, 천문, 음악 등이 포함되었다. 이러한 7자유과는 *artes illiberales* 혹은 *artes serviles* 혹은 *vulgares* (servus = slave, vulgus = common people)와는 대비되는 것이다. 이 후자는 소위 *artes mechanae*(*mekhane* = contrivance, device)로 불리는 것으로, 여기에는 농업, 대장간업, 직조업, 무기제작업 등이 포함되며, 어떤 경우에는 길드에서 장인(匠人)의 지도하에 이루어지는 도제제도에서 훈련을 받는 기타 직업들이 이에 속한다. 차원 높은 인식과 명상(冥想)을 하기 위한 준비 단계로서, 7자유과는 철학의 시녀(侍女)였으며, 따라서 철학은 *ancilla theologiae*, 즉 신학의 시녀였다. 낮은 단계의 3학과 높은 단계의 4과는 철학과 신학을 이루는 가장 높은 지혜의 단계로 나아가는 길이었다. 중세 대학들에서 교양학부, 즉 *facultas artium* (the arts faculty)에서의 연구, 말하자면 자유교과에 대한 가르침과 철학의 가르침이 결합된 학부에서의 연구는 신학부, 법학부, 의학부에서의 연구에 필수적이었다. 대학은 영원한 진리를 명상하도록 해 줄 뿐만 아니라 법률가와 의사라는 전문가를 길러 내기 위한 곳이 되었다.

7자유과의 체계는 르네상스 시대에 와서 쇠퇴하기 시작하였다. 이 기간 동안 신에게 초점을 맞추는 삶에 대한 선험적인 견해는 자연, 특히 인간존재에게 초점을 맞추는 세속적인 견해로 바뀌었다. 3학 이전에는 교육의 수단에 지나지 않았으나 이제는 휴머니티의 계발이라는 차원에서 내재적인 교육목적이 되었다. 이제 자유교육은 전적으로 인간 연구, 즉 *studia humaniora*(*humanus* = human)와 관련을 맺게 되는데, 여기서 "인문학"이라는 말이 유래하게 되었다. 이러한 인문학 연구에는 언어, 문학, 시, 역사(특히, 고대 그리스와 로마문화), 철학, 미술 등이 포함된다. 이탈리아 휴머니즘이 쾌락주의적이고 심미적인 특징을 가지고 있는 반면에 독일의 휴머니즘은 보다 도덕적이고 교육적인 특징을 가지고 있는 바, 후자의 휴머니즘은 에라스무스(Erasmus)에 의해 예증된 바 있다(Huizinga, 1924).

계몽기(啓蒙期)에 독일에서 자유교육은 *Bildung*(=형성, 계발; *Bild*=이미지, 그림에서 유래했음)과 관련이 있다. 그것은 본래 인간을 신의 형상을 닮도록 계발한다는 의미를 가지고 있었지만, *Bildung*은 전통적인 독단으로부터 마음을 해방시킨다는 의미를 갖게 됨에 따라 사람들은 스스로를 형성해 갈 수 있을 것이라는 생각을 하게 되었다. 이러한 의미에서 *Bildung*이란 *Selbst-Bildung*(*Selbst*=the self, the I)로, 이것은 자기 자신에게 자신의 그림을 새기는 것을 포함하고 있다. 루소(J.J. Rousseau)는 개인의 자아-실현에 대해 가장 급진적인 입장을 드러낸 데 비해, 훔볼트(K.W. Humboldt)는 보다 중도적인 입장을 드러냈다. 훔볼트에 의하면, *Bildung*의 목적은 주변 문화와 변증적인 관계를 맺으면서 인간의 모든 능력을 조화롭게 발달시키는 것이다. *Bildung*으로서 이같은 자유교육의 이상은 자유교과 커리큘럼이나 인문학의 수단으로서 지식의 추구와 반드시 관련되어 있는 것은 아니다.

3. 자유교육의 애매함과 딜레마

시간이 흐르면서 피터스는 자신이 교육의 개념과 자유교육의 개념을 동일시하고 있는 것이 아닌가 하고 스스로에게 묻고 있다. 때로 그는

일반적으로 교육을 위해 끄집어 낸 기본적인 규범적, 인지적인 조건들
보다도 더 강한 조건들을 자유교육에 제시하려는 것처럼 보인다(Pe-
ters, 1963a; 1966, pp. 43-5). 하지만 다른 어떤 때에는, 도덕교육의
개념과 마찬가지로 이 두 개념을 근본적으로 동일한 개념으로 다루는
것에 대해 반대하지 않고 있다(Peters, 1970b, pp. 81-2). 자유교육에
대한 분석이 그가 제시한 교육적 기준들을 효과적으로 그리고 집중적
으로 요약할 때 쓰일 수 있겠지만 자신의 후기 저작에서 그는 분명히
자유교육과 관련된 애매함과 딜레마의 주제로 되돌아가고 있다. 자유
교육이 갖는 내재적 가치 때문이기도 하지만 피터스가 자유교육에 관
한 기존의 논의에 덧붙일 만한 새로운 무엇인가를 주장했다는 점에서
이 주제를 다룰 만한 가치가 있다. 나아가 자유교육에 대한 피터스의
평가는, 우리가 3장에서 살펴본 바와 같이, 교육받은 사람에 대한 단일
의 개념으로부터 교육의 두 가지 개념, 즉 보다 일반적인 개념과 보다
특수한 개념으로 변화해 갔음을 잘 보여 주고 있다.

　피터스는 자유교육을 자유(自由)의 개념에 대한 홉스적인 해석과 관
련지으면서 그것의 분석을 시작하고 있다. 자유란 행동을 할 때 여러
가지 선택을 할 수 있는 능력을 소유하고 있다는 의미에서 "적극적으
로" 해석되는 것이 아니라 사람들이 원하는 바를 하고자 할 때 장애나
제재가 없어야 한다는 의미에서 "소극적으로" 해석된다. 따라서 자유
교육에 필요한 것은 기본적으로 여러 가지 교육형식(그 형식이 무엇이
든지 간에)을 실현하기 위한 적극적인 노력이 아니라 교육을 방해하는
제재 요소들을 제거하기 위한 소극적인 노력이 필요하다는 것이다. 자
유교육이 제거하고자 하는 여러 종류의 제재들이 있기 때문에 자유교
육의 개념은 내적으로 애매하거나 다의적(多義的)일 수밖에 없다. 피터
스는 다음 세 가지의 의미를 구분한다. 즉, 자유교육이란 (1) 그 자체를

위한 지식, (2) 일반적인 교육, (3) 비권위주의적인 교육으로 구분된다. 첫 번째의 것은 도구주의(道具主義)와 직업교육을 제거하기를 원하고, 둘째의 것은 편협한 전문화와 파편화(破片化)를 제거하기를 원하며, 셋째의 것은 독단주의(獨斷主義)와 교화(敎化: indoctrination)를 제거하기를 원한다. 이제 이러한 해석들 이면에 놓인 아이디어를 통합하는 일이 자유로운 마음의 발달과 더불어 지식 및 이해와 관련하여 중요하다. 피터스는 이 세 가지 자유교육에 대한 생각들을 비판적으로 논의할 뿐만 아니라(Peters, 1977a), 현대 민주사회에 이러저러한 생각을 구현하려는 자유주의자가 직면하게 되는 딜레마들을 지적하고 있다(Peters, 1977b). 이제 피터스의 논의와 평가를 살펴보자.

1) 자체를 위한 교육

피터스에 의하면, 자유교육을 그 자체를 위한 지식으로 바라보는 생각은, 고대 그리스의 파이데이아(*Paideia*)의 이상을 회상시키는 것으로, 이것은 그 자체를 위해 추구되어야 할 이론적인 지식과 실제적인 목적을 위해 추구되어야 할 지식을 구분하는 견해에 기반을 두고 있다. 인간이라는 존재는 자유로운 발달을 통해 완전함을 추구하는 합리적 동물이기 때문에, 합리적이고 이론적인 가치를 실천적이고 기술적인 가치보다 중시하기도 한다. 자유교육에 대한 이러한 고전적인 생각은 다음 두 가지의 근본적인 문제를 가지고 있다(Peters, 1977a, pp. 50-8). 첫째, "그 자체를 위한"과 "실제적인 목적을 위한"을 이분법적으로 나누는 것은 너무 거칠고 부적절해서 학습상황의 본질을 이해하기 어렵다. 둘째, 고전적인 생각은 대학에서 지식의 진보에 적용되기 어렵듯이, 일선 학교에서의 지식 획득의 맥락에도 적용되기 어렵다.

제2장에서 지적한 바 있듯이, 피터스는 "그 자체를 위한"과 "실제적인 목적을 위한"을 이분법적으로 나누는 것은 너무 거칠다고 주장한다. 왜냐하면 실제적인 목적이 학습활동에 내재적인 것이 되거나 외재적인 것이 될 수 있기 때문이다(우리는 제3장에서 피터스가 오크쇼트를 비판할 때 그러한 거친 구분에 대해 얼마나 못마땅하게 여겼는지 지적한 바 있다). 어떤 소년이 유능한 공구제작자가 되기 위해 금속 작업을 하는 학습상황, 혹은 의대생이 사람을 치료하고 고통에서 구해 내기 위해 해부학을 공부하는 상황, 혹은 소나타를 연주하여 바이올린 연주자가 되기 위해 바이올린을 열심히 연습하는 상황을 생각해 보라. 이 세 가지 경우에, 학습자가 연습을 하는 더 큰 목적 혹은 순전히 도구적인 목적은 없는 것 같다. 학습자들은 (재정적인) 보상, 칭찬, 체벌 피하기, 지위, 수상하기, 성적 높이기, 시험 합격을 위해 반드시 학습활동을 하는 것은 아니다. 물론 이러한 외재적인 실제적 목적들은 항상 학습에 영향을 주지만, "때로 사라지면서도 내적으로 학습과 관련이 있는" 내재적인 실제적 목적들과는 구별되어야 한다(Peters, 1977b, p. 79). 우리는 여러 가지 방식으로 부자가 되고 명성을 얻을 수 있지만, 해부학을 통달하지 않고는 사람을 치료할 수 없다. 이와 마찬가지로, 금속작업이나 바이올린 연주 기법은 도구 제작자가 되거나 콘서트 음악인이 되거나 거기서 만족을 누리기 위한 구성요소이다. 따라서 "실제적 목적을 추구하기 위한 지식"이라는 용어를 "그 자체를 위한 지식"과 대조시키면서 이분법적인 방식으로 사용하는 것은 내재적인 목적과 외재적인 목적 간의 중요한 차이를 얼버무리고 넘어가려는 것이며 실제적인 것을 도구적인 것으로 환원하려는 것이다.

이분법(二分法)이 부적절하다고 하는 것은 실제적인 활동들 또한 한편으로 그 자체를 위한 것으로 추구될 수 있으며, 다른 한편으로 순전히 도구적인, 실제적인 목적 또한 이론적인 활동들에 스며들어 갈 수 있기 때문이다. 교양 및 과학학부에서 이론적인 연구를 할 때 그 자체를 위한 지식을 탐구하기 위해서는 순수한 호기심, 흥미, 진리에 대한 관심, 창의성, 난해한 문제 풀기, 일을 완성하려는 의욕 등에 대한 학습이 필요하다. 하지만 이러한 내적 동기들은 의학부 및 엔지니어링 학부에서는 실제적인 탐구 이면에서 나타날 수 있다. 즉 "교각(橋脚)들은 오래 견딜 만한 가치가 있는 물건을 세우는 것을 즐거워하는 엔지니어들에 의해 세워진다. 하지만 교각들은 이러한 종류의 비도구적 태도를 가진 사람들의 산물인 시(詩), 수학공식, 과학이론이 아니다"(Peters, 1969a, p. 28). 나아가 순수한 탐구는 야망, 시기, 탐욕과 같은 외재적인 동기의 영향을 받을 수 있다. 이러한 이기적인 동기들은 마찬가지로 지식 탐구에 대한 학자의 사심(私心) 없는 태도를 해치거나 바꾸어 놓을 수 있다.

피터스에 의하면, 그 자체를 위한 지식으로서 자유교육을 바라보는 견해는, 원칙적으로 대학에서 지식을 발전시키는 일에 참여하고 있는 학습자나 연구자의 지식에 대한 태도를 반영한다. 이러한 태도는 상당히 큰 가치를 가지고 있지만, 지식에 대한 합당한 태도가 아니며, 학습자가 학습상황을 심각하게 왜곡함이 없이 지식을 획득할 수 있는 상황 모델로 사용될 수 없다. 누군가가 지식-획득 상황에서 지식-발전에 적합한 사심 없는 태도를 보였을 때, 여기서 간과된 것이 있다면 그것은, 피터스가 "인간유산"(人間 遺産: human heritage)이라고 부른 것 (1977a, p. 55)으로 학습자를 입문시키는 일이다. 이러한 유산에 대한 학습은 그 자체를 위한 지식을 추구한다고 해서 동기화될 수 있는 것도 아니며, 지식의 발전을 특징짓는 연구활동에 의해서 획득되는 것도 아니다. 하지만 피터스(1977a, p. 55)에 의하면, 이러한 인간 유산의 획득은 "교육받은 사람의 중요한 징표"(hall-mark)이다. 이러한 인간 유산이 전문적인 연구의 산물이라고 할지라도 그것을 획득하는 일은 입문의 문제이다. 시간이 흐름에 따라 피터스는 교육 일반을 위한 인간유산으로의 입문이 매우 중요하다는 점을 강조한다. 이 점은 그의 교육이론에서 매우 중요하다고 할 수 있는데, 그것은 그가 인간 유산으로의 입문을 세 종류의 자유교육에 대한 관점들을 평가하기 위한 기준으로 사용하고 있기 때문이다.

그렇다면 "인간유산"이란 무엇인가? 피터스에 의하면,

다양한 차원의 이해를 담고 있는 지식의 체계, 즉 이것이 인간 삶의 일반적인 조건들에 대한 신념, 태도, 반응을 결정하는 한 어떤 사람에게 매우 중요하거나 '관련이 깊은' 지식의 체계가 있다는 것이다. 이것은 어떤 사람이 관심과 순수한 호기심을 가지고 깊게 연구하는 분야가 있듯이, 반드시 그 자체를 위해 획득되는 것이 아니며 혹은 이것은 특수한 목적을 이루는 데 쓸모가 있다는 이유로 반드시 획득되는 것도 아니다(Peters, 1977a, pp. 55-6).

지속성을 가지는 인간유산은 지식의 체계—신념, 태도, 반응의 일반적 체계—로서, 인간 삶의 일반적인 조건들과 관련이 있다. 인간조건(人間條件)이란 처리해야 할 역경(逆境)처럼 해결할 수 있는 문제가 아니다. 인간존재는 죽음, 고통, 개인적 관계, 권위, 폭력과 같은 역경에 직면하게 되는데, 이러한 역경은 모든 사람들에게 보편적인 정서와 예민한 관심을 불러일으키기 때문에, 인간조건을 다루기 위해 우리 조상들에게서 물려받은 지식의 체계는 언젠가 누군가의 삶에 관련될 수밖에 없다. 또한 그것이 갖는 예언의 중요성 때문에 그 누군가는 삶의 역경을 헤쳐 나가기 위해 그러한 신념체계와 태도를 발전시켜 나가라는 격려를 받을 수밖에 없다. 이같은 인간 유산에 대한 학습은 그 자체를 위한 지식을 얻으려는 바람에 의해 동기화되지 않으며, 실제적인 목적을 실현하기 위해 그것을 도구적으로 사용하려는 바람에 의해서도 동기화되지 않는다. 우리는 이러한 지식체계의 획득이 이러한 동기로 환원될 수 없는 실존적 관심(實存的 關心)에 기반을 두고 있다고 말할 수 있다. 또한 이러한 지식의 체계가 당장 "유용하지" 않다고 할지라도, 이것은 "무기력한" 것이 아니다. 왜냐하면 이러한 지식의 체계는 역경에 처한 대부분이 사람들의 경험에 적용되기 때문이다. 아래에서 우리는 인간 유산의 내용, 즉 "교육받은 사람에게 본질적인 것으로 보이는 지식의 영역"(Peters, 1977a, p. 58), 혹은 "인간 삶의 일반적인 조건들에 직면한 어떤 사람과 관련된 지식"(p. 60)을 다룰 것이다.

자유교육을 그 자체를 위한 지식으로서 바라보는 견해를 실천에 옮겨보려는 자유주의자는 어려움과 딜레마에 직면하게 된다(Peters, 1977b, pp. 75-9). 중요 어려움 중 하나는 이론적 활동들의 내재적 가치를 지나치게 우선시 한다는 것과 관련되어 있다. 기술공학적인 산업사회에서 이론적인 명상과 연구에 내재하는 합리성, 즐거움, 만족감이라는 가치들이 고통의 완화나 인간적인 의사소통의 개선과 같이 의학이나 엔지니어링을 실천할 때 그것에 내재한 실제적인 목적을 갖는 가치들보다 중요하며, 내재적이고 이론적인 가치들이 순전히 도구적인 가치보다 중요하다고 주장하는 것은 논란의 여지가 있다. 딜레마는 제도적인 수준과 심리학적인 수준에서 생겨나며 한편으로, 자유교육에 대한 자유주의자의 호소는 소비사회에서 외재적인 목적과 외재적인 동기가 지배하는 경향에 대한 해독제(解毒劑) 작용을 하는 것 같지만, 다른 한편으로 개인의 자유와 자아실현에 대한 자유주의자의 가치는 순전히 도구적이고 이기적인 동기를 부추기는 경향이 있다. 이러한 자유주의적인 가치들을 반영하고 있는 학교와 공적인 시험체제는 경쟁을 부추기며, 개인의 성취는 지위와 부의 차원에서 측정된다. 개인주의적인 사회에 널리 퍼져있는 야만, 시기, 그리고 탐욕은 성공하기 위해 치열하게 경쟁하는 심리학적 보조장치들이다.

2) 일반교육

자유교육을 일반교육으로서 바라보는 관점은 고전적인 자유과 커리큘럼을 기반으로 전면적인 발달을 획득해야 한다는 이상(理想)을 회상하도록 한다. 일반적인 지식-획득으로서 자유교육은 총체적인 지식을 획득함으로써 마음을 전체적으로 발달시키는 것을 목적으로 하고 있다. 따라서 이러한 해석은 교육의 폭을 강조하고 있으며, 편협한 전문적인 훈련이나 지식을 파편화하는 것을 반대하는 사람의 교육을 강조하고 있다. 이같은 자유교육의 "회칙적(回勅的)인" 생각(encyclical conception)에는 다음과 같은 세 가지의 큰 난점이 있다(Peters, 1977a, pp. 59-62).

첫째, 일반교육으로서 자유교육에 대한 생각이 분명히 편협한 전문화를 배제하고 있기는 하지만, 그것이 적극적으로 어떤 내용을 담고 있는지 분명하지 않다. 어떤 사람을 "자유롭게 교육받은" 사람이라고 부르기 위해서는 지식의 폭을 얼마나 넓혀야 하는가? 또한 그것을 어떻게 구별해야 하는가? 이러한 질문들에 답하기 위해 피터스는 폴 허스트(Paul Hirst)가 주장한 "지식의 형식" 논제를 끌어들인다(Hirst, 1965; Peters and Hirst, 1970, 4장). 이 지식의 형식 논제에 따르면, 지식의 영역 안에서 비자의적인 구분이란 서로 구분되는 개념체계, 진리기준, 검증절차에 근거하여 이루어진다. 논제는 7개 혹은 8개의 지식의 형식으로 구분된다. 즉 수학, 물질과학, 인간과학, 역사, 문학과 예술(뿐만 아니라 도덕적 지식), 종교 그리고 철학으로 구분된다. 하지만 우리가 이러한 논제를 받아들인다고 할지라도, 누군가가 "자유롭게 교육받은" 사람이라는 말을 듣기 위해서는 이러한 형식들 각각에 얼마나 깊이 들어가야 하는가 하는 문제가 남아 있다. 우리는 전문가나 연구자에게 기대하듯이, 교육받은 사람이 자기 스스로를 검증하고, 자신이 가진 지식에 대한 증거로 접근해 갈 수 있을 것이라고 기대할 수는 없을 것이다. 서로 다른 학문 분야에서 서로 관련이 없는 사실들을 수집해 소유하는 것만 가지고는 충분하다고 할 수 없다. 서로 다른 개념체계 혹은 서로 다른 진리-기준들과 중요한 원리들을 구성하는 본질적인 요소들을 획득했다고 해서 충분하다고 할 수 있는가? 그것은 편의상 "깊이"의 문제이다.

둘째, 지식의 영역이 상당히 방대하여 오늘날과 같은 지식사회에서 만능인간(萬能人間: *homo universalis*)이란 심리학적으로 존재할 수 없는 것이라면, 어떤 하위 학문들이 "지식의 형식들"에 따라 선정된 7가지(혹은 8가지) 학문 분야에 안배될 수 있는 것인가? 예컨대, 자연과학 안에서 왜 화학 대신에 생물학을 선정해야 하며, 지구과학 대신에 천문학을 선정해야 하는가? 인문과학 안에서는 왜 심리학 대신에 경제학이 선정되어야 하며, 사회학 대신에 교육학이 선정되어야 하는가? 이 두 과학문화의 맞은편에서 왜 철학보다 진보이론이 선정되어야 하며, 왜 논리학보다 역사학이 선정되어야 하는가? 이것은 "선정"(選定)의 문제이다.

셋째, 일반교육으로서 자유교육은 서로 다른 측면에서 세계를 이해하는 감각뿐만 아니라 단일한 통일된 관점을 소유해야 한다는 점에서 전면적인 이해를 목적으로 하고 있다. 서로 구별되는 지식의 형식은 분리되거나 격리되어서는 안 된다. 오히려 이 형식들은 적극적으로 통합되어야 하는데, 자유로운 전인교육(全人敎育)을 위해 우리가 사용할 수 있는 지식 통합의 전략은 무엇인가? 이것은 바로 "통합"(統合)의 문제이다.

자유교육을 일반교육으로 바라보는 견해를 구현해 보려는 자유주의자는 자유롭게 교육받은 사람의 이상이 시대착오적이거나 엘리트주의적인 것이라는 비판에 직면하게 된다.(1977b, pp. 69-73). 제도적인 차원의 교육부 관점에서 볼 때, 전면적인 이해의 발달은 상당히 사치스러운 것으로 보일 것이다. 너무 많은 것들이 이러한 자유교육으로부터 배제될 것이며, 우리 사회의 경제적이고 사회적인 요구와는 무관한 것이 될 수 있다(Pring, 1993, pp. 57-60). 산업사회에서 공적 기금을 쓰는 데에는 상당한 압력이 가해지며, 때에 따라서는 일찍부터 전문화를 요구하는 기술교육이나 직업훈련을 위해 재정이 쓰이고 있다. 심리학적 수준에서, 중등학교의 평균 수준의 학생들이 7개(혹은 8개)의 지식의 형식을 깊이 있게 공부할 수 있을 것이라는 가정이 어느 정도 실현 가능할까? 나아가 평균 수준의 학생, 아마도 영재 학생도 최소한 하나 혹은 두 개의 지식의 형식이 따분하고 지루한 것이라는 점을 알게 될 것이다. 학생들에게 너무 많은 것을 가르치려는 것은 그들의 열정을 고무시키고 동기를 자극하려고 할 때 오히려 역효과를 가져올 수 있다. 일반교육으로서 자유교육이 지루함을 가져올 수 있다는 이러한 논의는 반대로 전문화가 필요하다는 논의이며, 또한 메리 워녹(Mary Warnock)이 지적한 바 있듯이, 자유교육을 그 자체를 위한 지식으로 보려는 논의라고 할 수 있다.

[자유교육]이란 가르침이 끝나는 지점을 벗어나 학생이 주제를 계속 다루어

갈 수 있을 만큼 생생하고 역동적인 상상력(想像力)을 발휘할 수 있을 때 비로소 가능해진다. … 내가 이해하는 한 이러한 요구를 만족시킬 수 있는[주제를 스스로 탐구해 나갈 수 있는] 유일한 방법은 6개의 형식에서 전문화(專門化)를 이루는 것이 아니라 그 이상의 것에서 전문화를 이루어야 한다는 것이다. 결국 지루함 이상으로 상상력 발휘에 해가 되는 것은 없다. … 모든 것을 수박 겉핥기식으로 가르치려는 시도에 반대하는 나의 주된 논의는 지루함으로부터 오는 논의이다. … 교육에 있어서 질이란 "깊이가 있는" 어떤 것에 대한 학습을 수반한다. 만약 주제의 범위가 너무 넓을 경우, 학생은 스스로 다루어 나갈 수 있는 방식으로 상상력을 발휘해 나가기 어려울 것이다. … 또한 모든 교육의 목적은 이러한 자유를 계속 찾아 가도록 하는 것이다 (Warnock, 1973, pp. 115-20).

피터스에 의하면, 이러한 심리학적이고 제도적인 어려움들은 앞에서 언급한 바 있는 깊이, 선정, 통합의 문제와 함께 자유교육의 내용 문제로 다루어져야 한다. 피터스가 보통 수준의 개인이 학교교육 중등 단계 말미에 성취하는 것이 불가능한 것이 아니라고 생각한다. … 소위, "전면적인 이해의 핵심 내용"이 무엇인지를 규정하고 있지는 않지만, 일반적인 지식-획득으로서 자유교육이 이러한 비판으로부터 벗어나기 위해 혹은 최소한 이러한 비판을 완화시키기 위해 포함시켜야 하는 지식 분야를 폭넓게 다루고 있다. 우리가 누군가가 인간 조건에 맞서 싸우는 데 관련이 있는 지식의 체계를, 전면적인 발달의 핵심 내용으로 선정한다면, 그러한 지식의 체계가 소수의 엘리트뿐만 아니라 모든 이들을 위한 "구명장비"나 "생명구출 매뉴얼"을 보여 준다는 점에서 무게감이 있어 보인다. 대부분의 사람들은 실존적 관심에 기초하여 이런 지식의 체계에 흥미를 가지고 있는데, 자유로운 아동교육이 아이들을 인간 유산에 입문시키게 되었을 때 일반적인 지식의 깊이와 통합은 누군가가 삶의 역경을 다루는 데 필요한 신념 및 태도의 체계와 관련해서만 결정이 된다는 것이다. 따라서 피터스는 지식의 형식에 대한 통합 및 (하위) 학문의 상대적 중요성을 이해하기 위해서는 특정한 인간 유산에로의 입문이 중요하다는 점을 강조하고 있다.

3) 비권위주의적인 교육

자유교육을 비권위주의적인 교육으로 바라보는 관점은 자기-형성(自己-形成: *Selbst-Bildung*)의 이상과 밀접하게 관련되어 있다. 이러한 의미에서의 자유교육은 권위주의적인 교화(敎化) 및 비자유주의적인 획일성(劃一性)과는 대조를 이루는, 소위 개인적 자율성과 비판적 사고의 발달을 목적으로 하고 있다. 자유교육에 대한 앞의 두 가지 관점이 마음의 자유로운 발달을 인간이 합리성과 자유교과 커리큘럼 안에서 수립한 것과 관련을 짓는 반면에, 이 관점은 자아실현을 개인의 선택이나 결정에 의해 이루어지는 것으로 생각한다. 이러한 의미에서 자유교육에 대한 두 가지의 자유주의적인 해석이 있다. 하나는 급진적인 해석이고, 다른 하나는 중도적인 해석이다(Peters, 1977a, pp. 62-4). 전자의 경우 마음의 독립성 발달은 다른 사람들에 의한 범례(範例), 다른 사람들의 가르침, 공적 전통에의 입문에 의해 방해를 받는 반면에, 후자의 경우 그러한 "간섭"은 합리적 반성과 비판적 사고의 능력이 방해를 받지 않는 한 자유교육에서 필수적인 것으로 여겨진다. 급진적인 자유주의자에게, 사람 자신의 경험과 근본적인 결정이 신성불가침한 것인데 반해 중도적인 자유주의자에게, 사람 개인의 선택이란 지적인 것으로, 이성과 공적인 삶의 형식을 통해 이루어지는 것이다.

　알고 보니, 피터스는 다시 한번 특정 인간유산에의 입문이 갖는 중요성을 언급하면서 자유교육을 비권위주의적인 교육으로 해석하는 두 번째 자유주의자의 입장을 지지한다. 우리가 제2, 3장에서 살펴본 바와 같이, 이에 대해서는 제8장에서 좀 더 자세히 살펴보겠지만, 피터스는 급진적인 아동 중심적인 접근방식과 권위주의적인 접근방식 간의 중도적인 노선을 걸으려고 한다.

　　진보주의자들은 … 비판적 사고, 창의성, 자율성과 같은 마음의 자질을 강조하였다. 하지만 그들이 충분히 숙고하지 못한 것이 있다면, 사람들을 비판적이고, 창의적이며, 자율적인 사람으로 만드는 데 필요한 지식과 경험의 형식들이 제공되지 않는다면 이러한 덕들은 공허한 것에 지나지 않는다는 점이다. … 비판할 내용 없는 비판이란 초점을 잃은 비판일 따름이다. 자율성이란 … 선택을 할 때 요구되는 규칙의 체계를 통달하지 않고는 불분명한 이상에 지나지 않는다. 달리 말하면, 낭만적인 저항운동은 모종의 고전적 배경을 논리적으로 전제하고 있다(Peters and Hirst, 1970, 31-2).

　피터스에 의하면, 자유교육의 맥락에서 "고전적 배경"이란 다름이 아니라 인간의 조건 및 삶의 역경과 밀접하게 관련되어 있는 그런 지식의 체계를 말한다. 인간 삶의 일반적인 조건들과 관련이 있는 일반적인 신념 및 태도의 체계는 스스로 무엇인가를 하려는 개인들에게 반드시 필요한 것인데, 이러한 인간 유산에 입문하는 일은 자아실현에 필수적인 것이다. 자율적인 선택이란 이러한 유산을 배경으로 할 때 지혜로운 것이 될 수 있다. 즉, "개인적인 창의성이란 이러한 공적 유산이라는 배경을 바탕으로 이해될 수 있다"(Peters, 1974b, p. 430). 다음 장에서 우리는 개인적 자율성의 개념에 대한 피터스의 분석을 좀 더 자세히 살펴볼 것이다.

급진적인 자유주의자와 중도적인 자유주의자 모두 비권위주의적인 교육으로서 자유교육을 구현하려고 할 경우 딜레마와 역설에 부딪치게 된다(Peters, 1977b, pp. 80-4). 자유에 대한 간섭을 못마땅하게 여기는 급진적인 자유주의자는 의무교육을 못마땅하게 여기며, 그런 의미에서 "탈-학교론자"이다. 하지만 아이들을 권위주의적인 제도로부터 자유롭게 한다는 것은 동시에 직업세계에로 나아가려는 시도를 제한하는 것이며, 학교가 전달하는 문화유산에 기초하여 스스로 무엇인가를 하려는 의욕을 위축시키는 결과를 가져올 수 있다. 나아가 아이들이 사물을 자연스럽게 스스로 발견할 것이라고 여기는 낭만적인 아이디어는 인류가 생존하기 위해 사용하는 수단과 문화유산을 전달하는 수단이 모방(模倣)과 동일시(同一視)—타인들의 범례를 모델링하는 것—의 수단이라는 사실을 무시하는 것이다.

중도적인 자유주의자는 개인적 자율성 이외에도 정의(正義), 평등, 타인의 복지(福祉)와 같은 가치들을 받아들인다. 의무적인 학교교육이 아이들의 자유를 손상시키지만, 그것은 아이들 모두에게 개인복지뿐만 아니라 직업 시장에 나아갈 수 있는 공정한 기회를 분배하기 위한 지식이나 기술을 제공한다. 이러한 가치들이 자율성보다 더 중요한가, 그리고 부권주의(父權主義)가 정당화될 수 있는가 하는 문제는 자유주의자에게, 심지어 중도적인 자유주의자에게 중요한 주제로 남아 있다. 학교교육이 의무적이건 혹은 자발적이건, 그것은 늘 자율성과 비판적 사고를 침해하며 아이들을 권위주의적인 제도를 통해 인간유산에 입문시키는 일은 오랜 시간을 요하기 때문에, 아이들의 신념과 행동은 오랜 기간 동안 타율적으로 결정될 수밖에 없다. 우리가 이러한 사실에 권위주의적인 방법들(예컨대, 벌)과 외재적 동기유발(예컨대, 칭찬과 비난)

이 학교에서 어쩔 수 없이 사용될 수밖에 없다는 사실을 덧붙인다면, 우리는 소위 교육의 역설(*paradox of education*)에 부딪칠 수밖에 없을 것이다. 말하자면, "개인이 남에게 배워야 하는 상황에 처했을 때 그가 스스로 생각하도록 어떻게 고무시켜야 할 것이며, 배우기 싫어하는 아이들에게 어떤 통제와 동기유발 구조가 제공되어야 하는가?"(Peters, 1977b, p. 82).

4. 인문학과 삶의 질

자유교육에 대한 세 가지의 해석에 대한 피터스의 논의가 정당화될 수 있을 만큼 결정적인 것은 아니기는 하지만, 분명한 것은 그가 그것들 각각의 타당성(妥當性)과 질(質)을 평가하기 위해 인간 유산에로의 입문이라는 참고기준(參考基準)에 여전히 의존하고 있다는 점이다. 이러한 기준의 견지에서 우리는 피터스가 이런 점을 감안하여, 일반교육으로서 자유교육에 대한 두 번째 견해가 가장 적절한 것이라고 생각하고 있는 것이 아닌가 하고 추측해 볼 수 있다. 그 첫 번째 생각, 즉 "그 자체를 위한 것"이라는 견해는 기준에 어울리지 않는 것처럼 보인다. 반면에 세 번째 (중도적인) 비권위주의적인 견해는 내용의 문제를 해결하기 위해 입문 기준을 인간 유산에 통합해 넣을 수 있다고 보는 두 번째의 일반적인 견해를 가정하고 있는 듯하다. 나아가 피터스는 자신의 견해를 자유교육에 대한 허스트의 일반적인 견해, 특히 그와 공동 저술한 『교육의 논리』(*The Logic of Education*, 1970)라는 중요 저작 안에서 허스트가 제시한 "지식의 형식" 논제와 관련을 짓고 있다.

그럼에도 피터스의 기준은 안타깝게도 모호한 것으로 남아 있다. 인

간 유산을 구성하는 내용이란 정확히 무엇을 말하는가? 어떤 지식의
체계가 그 안에 들어가야 하는가? 어떤 (하위) 학문들이 포함되어야
하는가? 피터스는 인간 유산의 내용으로, "때로 '인문학'으로 불리는
지식의 영역을 염두에 두고 있는데, 이것은 자유교육의 내용을 구성하
는 지식의 형태를 결정할 때 매우 중요한 것이다"(Peters, 1977a, p.
66). 이러한 지식체계의 내용은 인간의 조건 및 삶의 역경을 헤쳐 나가
려는 사람에게 중요한 것이며, 따라서 자유교육의 핵심적인 내용은 인
문학(人文學)으로 이루어진다. 피터스가 "이런 종류의 지식이 무엇인지
를 구분하거나 그것과 정통적인 학문들, 직업교과들과의 관계를 검토
하는 등의 어려운 작업"(p. 66)을 드러내 놓고 한 것은 아닐지라도, 그
는 자신의 논문인 "주체성과 표준들"(subjectivity and standards,
1974b, p. 413)에서 "인문학에 대한 접근 이면에 놓인 인간 역경에 대
한 보다 일반적인 태도"에 관해 "보다 종합적인" 스타일로 글을 썼다.
그는 이 논문에서 인문학의 유산이 가지는 지위를 암묵적으로 다루고
있으며 피터스는 이러한 태도가 교육에서 매우 중요하다고 여기기 때
문에, 우리는 인문학의 지위 및 기초에 대한 그의 견해를 재구성해 보
고자 한다. 놀랍게도 우리가 이러한 재구성을 통해 드러낼 수 있는 것
은, 일반교육으로서 자유교육을 인문학이라는 유산에로의 입문으로 정
당화할 수 있다는 것이다.

1) 인문학의 지위

(자유)교육에 있어서 인문학의 역할이 무엇인가에 대한 피터스의 생
각에는 다음 두 가지의 중요한 테마가 담겨 있다. 첫째, 인문학은 공유
된 유산을 드러낸다는 것이며, 둘째, 이러한 공적 유산은 "인간이 된다

는 것이 무엇인가"를 탐구한다는 것이다. "인문학"에 대한 일반적인 설
명을 한 후 두 번째 테마를 다루어 보자.

피터스는 "인간과학"(the human sciences)에 대해 다음과 같이 종
합적인 서술을 하고 있다.

> 인문학이란 … 인간들이 자신들의 행동을 설명하고, 서술하고, 평가하기 위
> 해, 세계에 대한 입장을 배우기 위해, 느끼고 반성하는 방법을 표현하기 위
> 해, 그리고 사고하고 행하는 이유를 정당화하기 위해 발전시킨 언어의 집합
> 이다. … 인문학은 인간들이 인간이 된다는 것이 무엇인지를 탐구하는 과정
> 에서 밟게 되는 다양한 길을 보여 준다(Peters, 1974b, p. 423).

우리는 "인문학"과 "인간과학"이란 용어들을 넓은 의미에서 바꾸어
가면서 쓸 것이다.[1] 피터스에 의하면, 인간의 "언어 집합"은 문학(그리
고 시), 역사, 철학(그리고 윤리학), 종교학, 심리학, 사회학, 그리고 경
제학으로 이루어져 있다. 그는 좁은 의미에서의 인문학(앞의 4가지 학
문들)과 사회과학(뒤의 3가지 학문들)을 구분하지 않는다. 왜냐하면
사회과학에서의 인과론적인 총괄-법칙모델(causal, covering-law
model)과는 다른, 목적지향적인 규칙-추구모델(purposive, rule-fol-
lowing model)을 지지하기 때문이다(Peters, 1958, 제1장).[2] 따라서

---

1   여기서 피터스는 『인간과학 입문』(Einleitung in dis Geistewissenschaften, Intro-
duction to the Human Sciences, 1883)의 저자인 빌헬름 딜타이(Wilhelm Dilthey)의
입장을 따르고 있는 것 같다. 딜타이에 의하면, 인간과학은 인문학(좁은 의미에 있어
서)과 사회과학을 포함하고 있다. 이것들은 문헌학, 문학적이고 문화적인 연구, 종교,
심리학과 같은 학문들로부터 정치과학과 경제학에 이르고 있다. 딜타이에 관해 좀 더
알아보려면 예컨대, Makkreel(2012)를 보라.
2   사회과학에 있어서 총괄-법칙모델(covering-law model)에 대한 좋은 예에 대해서

"사회과학(혹은 행동과학)에는 자연과학보다도 해석과 편견으로 가려진 것들이 더 많으며", "대상과 상황에 대한 반응을 예언하기 힘든 것들이 더 많다"(Peters, 1974b, p. 425). 그렇기 때문에 사회과학의 설명은 "항상 높은 수준의 법칙들로부터 도출해 낸 연역추론보다도 특수한 것들을 낮은 단계의 일반화 패턴에 맞추려는 경향이 강하다"(p. 422). 따라서 피터스에 의하면, 사회과학은 자연과학보다는 좁은 의미에서의 인문학과 훨씬 더 가까운 측면이 있다. 넓은 의미에서의 인문학 안에는 "구체적인 보편성(concrete universals)—다양한 인간 행동과 신념 분야에서 드러난 의미 및 진리의 형식—에 대한 탐구가 존재한다는 것이다"(Peters, 1974b, p. 423).

　피터스가 인간과학과 자연과학을 서로 비교하지는 않았다고 할지라도, 그는 이 두 분야의 학문이 합리성에 대한 비슷한 기본적인 형식을 가지고 있으며, 인간과학은 자연과학의 배경으로 작용한다고 생각한다. "만약 우리가 '인문학'이란 여러 가지 방식으로 자연보다는 인간에 관심을 가지는 학문이라고 말한다면, 우리는 인간 행동 대부분이 자연에 관한 인간 사고의 맥락에서 인식 가능하다는 점을 알아야 한다"(Peters, 1974b, p. 421). 편의상, 우리는 자유교육에 있어서 자연과학이 행하는 역할을 무시할 것이다. 하지만 피터스에 의하면, 자연과학—수학과 마찬가지로—이 자유교육에 끼치는 공헌이 정확히 무엇인가 하는 점은 개방적인 질문으로 남아 있다. 자유교육에 있어서 인문학의 유산이 갖는 역할과 더불어 다른 특정의 공유 유산, 즉 자연과학의 유산이 갖는 역할은 무엇인가? 한편으로 지식의 기본 형식으로서 수학과 물질과학(물리학, 화학, 생물학)은 자유교육의 일반적인 지식군(知識

───────

는 Hempel(2001, 제4부)을 보라.

群)에 포함되어야 한다. 하지만 다른 한편으로, (수학적) 자연과학은 인간조건과 맞서 싸워야 할 어느 인간과 관련된 지식의 체계에 직접적으로 속하는 것이 아니기 때문에 피터스의 자유교육 항목 선정 기준에서 빠지게 된다. 여기서 우리가 이러한 문제를 해결할 생각이 없다고 할지라도, 피터스에게 자연과학의 지식은 최소한 자유교육의 "인문학적" 내용의 배경 조건으로 작용한다고 말할 수 있을 것이다. 즉, "자연과학의 어떤 부분을 무시하면서 인간세계를 설명하는 것은 경솔한 짓이다. 왜냐하면 자연세계란 우리가 우리 자신의 조건에 대한 견해를 구성하려고 할 때 부딪치게 되는 소여(所與: givenness)의 주된 장소이기 때문이다(Peters, 1974b, p. 421).

"인문학"이나 "인간과학"에 관한 일반적인 관찰과 함께 우리는 피터스가 (자유)교육과 관련하여 인간과학의 지위를 어떻게 생각하였는가 하는 첫 번째 주제로 돌아가 보자. 인문학이란 인간이 된다는 것이 무엇을 의미하는지를 이해하는 데 목적을 두고 있다. 인문학이란 인간조건을 이해하기 위한 노력과 삶의 역경에 대한 적절한 태도를 발전시키기 위한 노력을 정교하게 드러내고 있다. 피터스에 의하면, 어떤 삶의 차원들은 대부분의 인간존재가 특정 장소에서 부딪치게 되는 암반(巖盤)으로 받아들여질 수밖에 없다. 다음 두 가지 차원이 두드러진 것이다. 첫째, (자연)세계, 사회생활, 그리고 인간적인 반응들이 본래부터 주어져 있다는 것이며, 둘째, 인간 삶에는 일시성(一時性)과 우연성(偶然性)이 존재한다는 것이다. 이러한 삶의 "사실들"은 인간조건의 기본적인 틀을 구성하며 이러한 사실들은 인간존재란 자신들이 직면하는 역경과 마찬가지로 해결할 수 있는 문제들이 아니라는 점을 보여 준다.

피터스가 환기시켜 주는 첫 번째 차원은 사회적 동물로서 인간존재가 자연세계 및 사회세계의 현상에 직면하게 된다는 사실이다. 이러한 현상은 그 자체를 확고부동한 진리(예컨대, 자연법칙)로 드러나며 인간 삶 형식의 내키지 않는 일들(예컨대, 전쟁)로 드러난다. 환경에 대해 본능적으로 반응하는 동물과 비교해 볼 때, 인간존재는 명확하면서도 비자의적인 방식으로 자연현상 및 사회현상에 반응한다. 피터스는 인간 반응의 소여란 공통된 지각 장치의 토대 위에서 이루어지는 판단시 동의해 주는 것이라고 생각할 뿐만 아니라, 이보다 더 중요한 것은, 인간 삶의 두 가지 전제 조건이 있다는 것이다. 그 첫째는 이성(理性)의 요구로, 이것은 우리가 우리의 조건에 관한 어떤 사고들을 결합시키고자 할 때 반드시 따라야 할 비-모순 및 보편화 가능성과 같은 논리적인 원리들 안에서 가장 잘 작용한다. 둘째는 사회적 동물로서 우리 삶의 형식이며, 사회가 우리에게 요구하는 덜 고질적인 관습들을 받아들이거나 거부할 때 그 밑바탕에 깔려 있는 위험, 좌절, 고통과 같은 상황들에 대한 공통된 반응이다(Peters, 1974b, p. 417).

우리는 이 두 가지 인간 삶의 조건들을 "이성-반응"(reason-responsiveness)과 "정서-반응"(emotion-responsiveness)이라는 용어들로 설명할 수 있을 것이다.[3] 합리적이고 사회적인 동물로서 인간존재는 자연현상 및 사회현상에 대해 정서적으로 반응할 뿐만 아니라 이성적으로 반응한다.

피터스가 우리에게 환기시켜 주는 또 다른 인간조건의 차원은 시간의 차원이다. 우리가 영원히 살 수 없다는 사실은 내적으로 삶의 우연성(偶然性) 및 취약성(脆弱性)과 관련이 되어 있다. 삶은 생과 사, 즐거

---

3   후자를 대체할 만한 대안적인 용어는 스트로슨(Peter Strawson)이 사용한 "반응태도 및 감정"이라고 할 수 있을 것이다(Strawson, 1962).

움과 고통, 건강과 병, 희망과 절망, 선과 악 등이 되 섞인 상황 속에서
인간적인 것을 드러낸다. 삶의 이러한 역경들이 인간의 복지에 영향을
주기 때문에 이것들은 삶의 질(質)에도 영향을 주며 이러한 삶의 질에
대해 실존적 관심(實存的 關心)을 가지도록 한다. 자연세계와 사회세계
안에서 생겨나는 우연한 사건들이 인간 존재의 복지나 행복에 영향을
주기 때문에, 이러한 사건들은 인간이 끊임없이 관심을 가지는 삶의 질
을 결정한다. 말하자면 삶의 질에 대한 인간의 관심, 즉 "인간 삶에 있
어서 보다 영속적이고 넓은 관심사들―의사소통, 음식 구하기, 고통에
서 벗어나기, 진리추구"(Peters, 1974b, p. 420)―은 인간이 가진 취약
성 때문에 회피할 수 없는 것들이다. 피터스에 의하면, 삶이 우연한 것
이라는 사실은 인간 삶의 제한적인 생존 기간에 대한 관점뿐만 아니라
과거, 현재, 미래로 계속되는 삶의 연속성에 대한 이해와 관련이 있다.
이러한 사실은 역사적 인식의 중요성을 지키기 더욱 어렵게 만들며, 즉
각적인 만족과 소비의 즐거움이라는 이데올로기에 의해 지배받는 사회
안에서 자신이 살아 있는 짧은 기간 동안 무엇인가 해 보려는 노력을
어렵게 만든다.

　　인간 삶의 두 번째 차원들―자연환경과 사회환경의 소여 및 인간의
일시적이고 우연한 본질뿐만 아니라 환경에 대한 합리적이고 정서적인
인간적 반응의 소여―은, 피터스에 의하면, 어떤 가치 있는 교육적인
활동을 위해 참조해야 할 중요한 내용들을 구성한다. 즉 "교육, 특히
인문학 분야에서의 교육이 이러한 차원들 안에서 다루어질 수 없는 것
이라면, 이것은 논의를 회피하는 것이라고 봐야 할 것이다. 왜냐하면
교육이란, 때로 그렇게 언급된 바 있듯이, 삶을 위한 것이 아니기 때문
이다. 교육은 삶의 질을 탐구하기 위한 것이다"(Peters, 1974b, p.
416). 일반적인 의미에서 지식(과 이해) 전달로서의 교육과 특수한 의

미에서 자유로운 마음의 발달로서의 자유교육은 삶의 질을 향상시키거나 최소한 그것을 유지하는 일과 관련되어 있다. 특히 인문학은 세계의 소여와 인간본성의 우연성에 직면하여 이러한 가능성을 실현하는 일과 관련을 맺고 있다. 따라서 인문학은 자유교육 커리큘럼에서 중요한 역할을 한다고 할 수 있는데 그 까닭은 인문학이 마음의 자유로운 발달과 가장 관련이 깊은 지식을 포함하고 있기 때문이다. 자아-실현이나 스스로의 자기 형성이 삶의 질을 결정하는 중요한 요인이듯이, 인문학에 입문하는 것으로서의 자유교육은 개인적인 복지 및 행복에 기여할 수 있다. 이러한 의미에서 인문학은 삶의 질에 대한 실존적 관심을 포함하고 있으며 인문학이 이러한 실존적 관심을 가지는 것은 삶의 문제를 기술적으로 통제하기 위해서가 아니라 삶의 역경에 맞서 싸워 나가도록 하기 위해서이다.

인문학은 삶의 역경이 가져다 주는 압력을 견뎌 나갈 수 있도록 하는 삶의 질 보호와 관련이 깊은 지식의 체계를 구성한다. 고대로부터 이루어진 인간적 노력으로서, 그리고 다른 이름하(예컨대, 삼학)에 이루어진 자유교육의 본질로서, 인문학은 공유된 유산을 드러내고 있다. 우리는 (자유)교육에 있어서 인문학의 역할이 무엇인지에 대한 피터스의 생각에 나타난 두 번째의 주요 테마에 대해 간단히 살펴보았다. 인문학이란 인간본성과 문화에 대한 과학이기 때문에 이러한 인간 유산으로 입문시키는 일은 다음과 같은 비판적 전통으로 안내하는 것이다.

> 과학이란 이성이 작용한 최고의 사례라고 할 수 있는데, 이것은 그것이 비판의 기회를 제공할 뿐만 아니라 검증절차에 따라 허용되는 판단에 일치하기 때문이다. 이러한 것은 객관성(客觀性)을 보증하며 자의성(恣意性)에서 벗어나게 해 준다(Peters, 1974b, p. 424).

이러한 비판적 절차들은 일반화를 통해 평가가 이루어지는 공적 절차들이다. 피터스에 의하면, 자연과학뿐만 아니라 인문학(넓은 의미에서)은 비판적 합리론(批判的 合理論)의 공적 전통 안에서 작용하고 발전한다.[4] 예컨대, 문학비판 및 이론 인문학과 역사적 (탐구)방법 안에 존재하는 것, 철학에서의 비판적 사고에 주목해 보라.

합리적 노력으로서, 인문학은 규범적인 과업이다. 인문학의 비판적 전통 안에서 이루어지는 과학적 활동들은 몇몇 인식론적 가치들을 존중해야 한다. 이러한 활동들은 서로 상이한 학문 분야에서 다양한 이성의 요구를 드러내는 인문학의 표준들을 따라야 한다. 이러한 표준들은 탐구의 목표를 구성할 뿐만 아니라 과학적 방법을 구성한다.

> … 목적은 감수성과 이해를 증진시키는 것이다. 하지만 이것은 명료성, 정합성, 일관성, 진리성, 진실성, 지각력 등과 같은 가치들의 맥락에서 해석되어야 한다. 이러한 지적 가치들은 진리 탐구에 있어서 매우 중요한 것이며 이해와 통찰을 위해 끊임없이 투쟁하도록 압력을 가한다(Peters, 1974b, p. 426).

매우 중요한 가치들과 일반적인 표준들과는 별도로, 다양한 인문학안에 보다 특수한 하위 표준들이 존재한다. 이러한 하위 표준들은 윤리적이거나 미학적인 것에 몰입할 때 생겨나는 것들이다. 이성의 일반적인 요구는 무비판적인 반응에 스며들어가 존중의 원리와 도덕 분야에서 있어서 정의의 원리와 같은 특수한 원리들을 불러일으키거나 문학

---

4   여기서 피터스는 칼 포퍼(Karl Popper)의 비판적 합리주의와 궤를 같이하고 있다. 피터스에게 강한 영향을 준 포퍼의 견해에 대해서는 Magee(1973)와 O'Hear(1980)를 보라.

에 있어서 표현력과 아름다움과 같은 특수한 사정(査定)을 가능하게
한다.

2) 자유교육의 정당화

위에서 소개한 바 있듯이, 자유교육에 있어서 인문학의 역할에 관한
두 개의 중요한 테마와 관련해 피터스는 인문학의 기초 학문들에 대해
자기 나름의 독특한 견해를 제안하고 있다. 그는 공유 유산으로서 인문
학과 인문학의 표준들을 인간 조건의 의미 및 삶의 질을 위한 연구와
연결을 짓고 있다. 사람들을 이성의 요구에 스스로 따르도록 하는 비판
적 전통으로서 인문학의 유산은 "우리 모두가 처한 상황"(Peters,
1974b, p. 427) 및 삶의 질을 위한 실존적 관심에 접목되어 있다. 피터
스는 인간본성의 우연성과 취약성을 충분히 인식하면서, 세계에 대한
인간의 정서-반응과 이성-반응의 소여(所與)로부터 논의를 시작한다.
그들이 처한 상황의 압력과 이에 수반되는 삶의 질을 위한 관심은 인간
존재로 하여금 자신들의 추론 능력을 체계적으로 사용함으로써 자신들
의 보다 직접적인 정서적 반응을 바꾸도록 만든다. 이성의 요구에 따라
면서 그들은 삶의 질을 향상시키기 위해 삶의 역경들에 대한 반응을 합
리적으로 다루고 체계화하려고 한다. 인문학의 기초들에 관련하여 피
터스가 가진 주된 사유 노선은, 그가 인문학을, 인간 상황에 합리적으
로 대처하려는 이러한 초기의 노력의 역사적이고 체계적인 발달로 인
식한다는 점이다. 즉, "우리가 인문학이라고 부르는 것은 우리가 살고
있는 인간세계를 이해하기 위해, 그것을 창조하고 재창조하기 위해, 그
리고 그것에 대한 다양한 입장을 수립하기 위한 노력을 체계화한 것이
다"(Peters, 1974b, pp. 420-1). 인문학이란 "우리가 처한 조건에 대한

견해를 구성하려는 시도"(p. 421)를 보여 준다. 인간과학의 활동들은 삶의 질을 향상시키기 위한 목적을 가지고 인문학에 대한 합리적 표준들을 관찰한다. 이러한 의미에서, 이러한 기준들에 대한 관찰은 삶의 질을 위한 실존적 관심과 직접적으로 관련되어 있다. "왜냐하면 삶의 질이란 이러한 관심과 내적으로 관련되어 있는 표준들과 직접적으로 관련되어 있기 때문이다. 인문학과 과학은 이러한 관심의 주된 출처를 보여 준다."(p. 420). 인문학은 삶의 역경에 관해 진지하게 관심을 가지면서 이성을 사용하여 문명화된 삶(civilized life)의 질이 가능해질 수 있도록 인간이 세계 안에서 어느 곳에 자리를 잡아야 하는가에 대한 커다란 그림을 그리려고 한다. 제7장에서 우리는 피터스가 인간적이고 문명화된 삶을 실현하기 위한 탁월한 수단으로서 "이성의 삶"(the life of reason)이라고 부른 것에 대해 좀 더 자세히 논의하겠다.

뜻밖에, 피터스는 "주체성과 표준들"이라는 논문에서 인문학의 지위에 대해 고찰한 바 있는데, 그는 여기서 자유교육에 대한 정당화를 드러내 놓고 시도하지는 않았지만, 그러한 정당화를 중시했다는 점은 분명한 사실이다. 자유교육에 대한 세 가지 해석을 시도한 피터스 논의의 관점에서, 우리가 이미 지적한 바 있듯이, 일반교육으로서 자유교육에 대한 두 번째 견해가 가장 적절하다고 생각해 볼 수 있을 것이다. 이러한 가정은 피터스가 다른 견해들을 평가하기 위해 사용한 인간 유산으로의 입문 기준에 영향을 받고 있다. 내용의 문제를 해결하기 위해 일반교육으로서 자유교육은 이러한 기준에 대한 참조를 쉽게 포함시킬 수 있다. 만약 해당 인간유산이 인문학적인 것으로 확인된다면, 전면적인 발달의 핵심은 인간과학 분야가 되어야 할 것이다. 이러한 의미에서 다음과 같은 정당화의 문제가 제기될 수 있을 것이다. 즉 인문학으로의 입문이라는 차원에서 일반교육으로서의 자유교육이 가치가 있는 까닭은 무엇인가? 이러한 유산으로의 입문 기준이 설득력을 갖는 까닭은 무엇인가?

그것에 대한 대답의 하나로, 우리는 피터스의 논문인 "주체성과 표준들"에서 인문학의 중요성에 대한 정당화 논의 몇 가지를 끄집어 낼 수 있을 것이다.

(1) 모든 인간존재는 (a) 삶의 역경에 직면하며, (b) 그러한 역경에 정서적-반응과 이성적-반응을 보이며, (c) 삶의 질에 관심을 가진다.
(2) 인문학은 인간조건의 (정서적) 의미를 합리적으로 밝히며, 인문학의 표준들은 삶의 질을 위한 탐구를 구체화한다.
(3) 따라서 인문학은, 각 개인이 스스로 무엇인가가 되기를 원하는 한, 모든 인간존재에게 실존적으로 중요하거나 깊은 관련을 가진다.

일반교육으로서 자유교육의 주된 과업인 인문학으로의 입문은, 그러한 입문이 질 높은 인간적이고 문명화된 삶을 이끌 때 필수 불가결한 것이라는 점에서 정당화된다. 이것은 그 기본 전제가 보편성을 가지고 있다는 점에서, 즉 모든 인간존재가 비슷한 상황에 처해 있다는 사실로 인해 정당화된다. 인간의 조건은 모든 인간이 가진 운명이다. 나아가 이러한 표현은 비도구적인 정당화를 제공한다. 왜냐하면, 위에서 살펴본 바와 같이, 삶의 역경에 맞서는 사람에게 필요한 지식의 체계로서 인문학은 어떤 실제적이거나 외재적인 목적을 실현하는 데 도움을 주기 때문에 추구해야 한다는 그런 의미에서 "유용한" 것이 아니기 때문이다. 인문학의 유산은 가치 있는 삶을 구성한다.

자유교육의 정당화가 가지는 일반적인 구조가 이러한 노선에 따라 주어진다고 할지라도, 그것의 구체적인 내용이 무엇인가에 대해서는 상당한 논쟁이 일 수 있다. 그 중 하나는 인문학의 정확한 내용이 무엇이어야 하는지 분명하지 않다는 것이다. 피터스는 인문학을 스튜디아 후마니오라(*studia humaniora*)라는 르네상스적인 이상(理想)과 동일시하지 않는다. 문법, 수사학, 변증법이 덜 강조될 뿐만 아니라, 문학은 그리스와 로마 고전에 국한되는 것이 아니라 조지 엘리엇(George Eliot)의 소설과 톨스토이(Tolstoy)의 『안나 카레니나』(*Anna Kanenina*)와 같은 교양 소설들이 포함되어 있다(Peters, 1974b, p. 422). 나아가 피터스는 사회과학을 넓은 의미에서의 인문학 속에 통합시킨다. 분명히 주장하건대, 합리성 모델, 예를 들어 경제학(예컨대, 합리적 선택이론)과 좁은 의미에서의 인문학의 모델 간에는 중요한 차이가 있다. 다른 하나는 자유교육 안에 담긴 인간과학과 자연과학과의 정확한 관계가 아직 불투명하게 남아 있다는 점이다. 위에서 지적한 바 있듯이, 피터스의 견해에 의하면, 수학과 물질과학이 자유교육의 일반적인 지식군에 속하는지 아니면 속하지 않는지가 분명하지 않다. 질 높은 인간적이고 문명화된 삶은 열역학(熱力學)의 제2법칙에 대한 지식 없이도 가능한가?

5. 교사훈련에 있어서 자유교육의 역할

여러 가지를 고려해 볼 때, 피터스가 인문학 유산으로의 입문이라는 의미에서 자유교육을 일반교육으로 인식하고 있다는 생각을 받아들이게 되면, 자유교육 혹은 최소한 자유교육 커리큘럼의 본질적인 부분이 교사를 준비시키고 훈련시키는 데 있어서 매우 중요한 역할을 할 것이라는 점이 분명해 진다. 이제 이 점에 대해 설명해 보자.

교사교육은 인간존재 교육의 특수한 사례에 속한다. 제3장에서 살펴본 바와 같이, 보다 일반적인 교육 개념과는 대조를 이루는 피터스의 "교육받은 사람"에 대한 특수한 개념은 가치조건, 인지조건, 내재적 조건을 포함하고 있다.

> 따라서 우리가 말하는 교육받은 사람의 개념이란 다양한 것과 자기 자신을 위한 계획을 즐거이 추구하면서도 전면적인 이해 및 감수성의 정도에 따라 자기 삶의 일반적인 행위를 바꿀 수 있는 그런 사람에 대한 것이다(Peters, 1970c, p. 13).

우리는 앞에서 피터스가 어떤 때는 암묵적으로 그리고 어떤 때는 명시적으로, 교육을 자유교육과 동일시하고 있다는 점을 밝힌 바 있다. 애매한 점이 있기는 하지만, 우리는 이러한 특수한 개념이 어떤 의미에서 자유교육의 개념에 해당한다는 점에서, 위에 인용한 내용 안에서 이 두 가지 개념이 동일시된 경우를 찾아볼 수 있다. 특수한 개념이 오히려 일반적인 개념으로 유지된다고 할지라도, 그것은—특히 "전면적인 이해와 감수성"에 관해 언급할 때에—인문학이라는 유산으로의 입문이라는 의미에서, 암묵적으로 자유교육을 일반교육으로 부르고 있는 것이 아닌가 하는 생각이 든다. 결국, 피터스가 자신의 교육관을 교사교육에 적용할 때, 그는 최소한, 암묵적으로 자유교육에 대한 자신의 견해를 마찬가지로 이러한 특수한 경우에 적용하고 있는 것이다.[5]

---

5   피터스가 교사훈련 맥락에서 교육과 자유교육을 동일시했다는 점에 대해 좀 더 살

하지만 자유교육과 교사 준비의 관계는 간접적인 것이다. 자유교육은 교육이론이 교사훈련에서 어떤 역할을 하는가에 따라 중추적인 역할을 한다. 피터스에 의하면, 이것은 바로 자유교육 커리큘럼의 본질적인 구성요소가 교육이론의 부분을 구성하기 때문이다. 이제 교사훈련에서 자유교육이 어떤 역할을 하는가에 대한 피터스의 견해에 이러한 매우 흥미로운 측면이 있다는 점에 대해 살펴보자.

교사훈련에서 교육이론이 하는 역할은 무엇인가? 이것은 그 자체로 복잡한 질문으로 이 질문에 대한 답은 다음과 같은 세 가지의 질문에 대한 답을 전제하고 있다. (1) 교육이론이란 무엇인가? (2) 교육이론은 교육실제에 어떤 영향을 주는가? (3) 교육이론을 교사훈련 과정에 소개하는 이유는 무엇인가? 특이하게도, 이러한 질문들에 대한 세 가지 답을 하는 동안, 피터스는 자유교육을 특수한 의미로서의 일반교육으로 언급하고 있다. 이제부터 우리는 "자유교육"이란 말을 달리 언급하지 않는 한 이러한 특수한 생각을 담고 있는 용어로 사용할 것이다.

1) 교육이론

첫 번째 질문에 관련해, 피터스는 1960년대 초 교육이론의 본질에 대해 소위 "분화된 접근방식"을 택하고 있다. 이러한 접근방식의 내용이 무엇인지 이해하기 위해서는 배경에 대한 이해가 있어야 한다. 피터스에 의하면, 예비교사에게 "두 가지 형태의 학술적인 공부가 필요하다. 그 까닭은 학술적인 형태의 기초 공부를 요하는 교수–학습의 형식 및 조건이 있을 뿐만 아니라 학술적인 연구를 구성하는 다양한 내용이

펴보려면 Dearden(1986)을 보라.

존재하기 때문이다."(Peters, 1973d, pp. 172-3). 말하자면, 좋은 교수를 하기 위한 두 가지의 필요조건이 있는데, 이 조건들은 장차 교사훈련이 교수의 질을 보장하도록 하기 위해 요구되는 것이다. 하지만 이러한 조건들 중 그 어느 것도 충분하다고 할 수 없다. 교사 준비 과정에서, 커리큘럼 과정—수학, 자연과학, 영어, 문학과 같은 것들—은 첫 번째 조건을 염두에 두어야 하고, 반면에 교육적 과정은 두 번째 조건을 염두에 두어야 한다. 하지만 교육적인 구성요소는 다중적(多重的)이기 때문에 특수한 교육이론과 일반적인 교육이론을 구분하는 것이 좋을 것이다. 다음으로, 특수한 교육이론은 다음 두 개의 주요 영역을 포함하고 있다. 즉, 첫째, 읽기, 맞춤법, 쓰기의 기본 기술에 대한 교수-학습, 둘째, 다른 커리큘럼 교과 교수의 논리적이고 심리학적인 측면을 포함하고 있다.[6] 말할 필요도 없이 언어 기술은 오늘날의 문화에서 아동의 기본적인 요구에 속하는 것이다. 좋은 교수에 대한 견해를 배경으로, 피터스는 커리큘럼 과정과 교수 실제에 있어, 논리적이고 심리학적인 분야에서 전문성을 가진 교육자들과 교과 전문가들 사이에 협동(協同)이 이루어져야 한다는 점을 강하게 제안한다. 즉 "교수 실제와 함께 커리큘럼 과정은 다양한 커리큘럼 교과의 내용과 방법에 있어서 보다 철저하고 기본적인 것을 제공하는 교육 전문가들과 교과 전문가들 간의 훌륭한 협동 기회를 제공해 준다."(Peters, 1967c, p. 155).

일반적인 교육이론(또는 교육연구들)은 교육제도 안에서 생겨나는 일반적인 교육 및 학습 문제와 관련되어 있다. 철학자들이 교육이론의 본질에 대해 논의할 때, 이때 이루어지는 논의 대부분은 일반적인 교육

---

6 예컨대, 이러한 특수한 교육이론의 두 번째 영역에 대해서는 Hamylin(1967)과 Hirst(1967)를 보라.

이론에 관한 것이다.[7] 이러한 이유로 우리는 "교육이론"이나 "교육"을 일반적인 형태의 이론으로 생각한다. 피터스는 교육이론에 대한 자신의 "분화된 접근방식"을 1950년대까지 교육이론이라는 이름으로 다루어져 온 "분화되지 않은 접근방식"과 대조시키고 있다(Peters, 1964, p. 140). 대부분 이러한 "죽 덩어리 같은" 교육이론은 "오히려 분명하지 않은 지혜"로서(Peters, 1973d, p. 169), 학문 기관이나 대학에서 지식의 영역으로 존중받지 못하는 것들이다. 이에 비해 교육이란, 피터스에 의하면, 비록 단일의 진리 기준과 하나의 결정적인 방법론을 갖는 학문은 아니라고 할지라도 다른 커리큘럼 주제들 다음으로 그 자체의 권리를 가지는 주제이다. 교육이론이란 독립적인 학문이 아니라 그룹을 이루고 있는 학문들이 교육의 실제적인 문제들을 해결하기 위해 서로 만나야 하는 연구 분야이다. 결국, 교육연구의 주제는 문제 중심적이어야 하며, 다학문적(多學問的)인 특성을 지녀야 한다.

이러한 주제의 논리는 그것이 "학습이란 통합적인 커리큘럼의 결과로 이루어지는 것인가?" 혹은 "우리는 중등학교에서 체벌을 사용해야 하는가?" 등과 같은 구체적인 교육문제들로부터 시작된다는 것이다. 이러한 질문들은 사람들이 이 문제들에 대해 어떻게 접근해 가는가에 따라 복합적인 성격을 띠고 있다. 즉, "논리적으로 말해서 교육정책이나 교육실제에 관련된 모든 질문들은 복합적인 것들로서, 상이한 경험적 탐구 형식들을 가진 가치판단을 가로지르고 있다."(Peters, 1964, pp. 139-40). 따라서 교육문제를 해결하려는 어떤 시도는 상이한 전문성과 다양한 방법론적 스타일, 즉 개념적이고 역사적인 분석, 철학적 정당화, 또한 사회과학에서 비롯된 경험적 증거를 확보하는 데 기여한

---

7 이 논쟁에 대해서는 예컨대, O'Connor(1957, 제5장)과 Hirst(1966)를 보라.

다(Peters, 1973d, p. 167 ; 1966b, p. 83). 따라서 교육이론은 그 본질상 몇 가지 학문들로 분화된다. 피터스에 의하면, 교육연구는 네 가지의 기초 학문들[8] 즉, 철학, 심리학, 사회학 그리고 역사학으로 분화된다. 교육문제란 수학문제처럼 어느 한 가지 연구접근 방식에 의존한다고 해서 해결되는 것이 아니다. 그러므로 교육이론은 "논리적으로 말해서 … 복잡하게 얽혀 있으며, 필연적으로 그럴 수밖에 없다."(Peters, 1972, p. 183). 이런 까닭에 교육이론은 "심리학, 사회학, 그리고 경제학 분야에서 경험적 지식의 체계를 수립하려는 '교육연구'의 산물"과 동일시될 수 없을 것이다(Peters, 1966b, p. 82). 철학과 역사는 심리학과 사회학과 마찬가지로 교육이론의 필요한 부분이다. 철학과 역사의 "용도"가 무엇인가를 묻는 것은 실제로 철학과 역사가 그 본질적인 부분을 이루고 있는 교육이론의 "용도"가 무엇인가를 묻는 것이다(Peters, 1966b, p. 80).

교육이론에 대한 이같은 분화된 접근방식의 차원에서, 피터스는 교사훈련에 있어서 교육과정의 형식과 내용을 구조화하려고 한다. 그에 의하면, 교육이론의 선정과 제시를 결정하는 세 가지의 일반적인 원리들이 있다.

(1) 교육이론이 분화된 방식으로 제시되어야 한다고 할지라도, 그 외의 다른 학문들 또한 교육정책이나 실제의 문제와 관련하여 서로 맞물려야 하며 맞물리는 것으로 보여야 한다.

(2) 기본적인 학문 내용들로부터 선정된 것은 주로 실제적인 문제들

---

8 피터스가 명사 "기초"라는 용어를 사용한데 반해 우리는 문법상의 편의를 위해 형용사인 "기초적인"이라는 용어를 체계적으로 사용하고자 한다. 왜냐하면 이 학문들은 교육연구의 기초를 이루고 있거나 그 토대를 이루고 있기 때문이다.

이나 훈련 중인 교사의 흥미와 관련된 것에 의해 결정되어야 한
다.

(3) 교육에 관한 분화된 사고양식들이 실제적인 문제들에 적용된다
고 할지라도, 그것들은 학문 자체의 보다 근본적인 수준에서 문
제들을 다루고, 문제 해결에 필요한 탐구의 형식들을 다루는 방
식으로 제시되어야 한다(Peters, 1964, p. 140).

이러한 일반적인 원리들은 개별적으로 그리고 종합적으로 특정 기초
학문들에 적용되어야 한다. 첫 번째 원리는 "통합"(統合)이 "분화"(分
化)와 분리될 수 없다는 논리적인 중요성을 말해 준다. 실제로, 피터스
에게 교육이론에 대한 분화적인 접근방식과 통합적인, 사실은 다학문
적인 접근방식의 결합은 항구적인 관심사였다. 1970년대 초, 그는 커
리큘럼 이론의 발달이 교육이론 발달에 있어서 통합을 위한 패러다임
으로 작용하는 것을 희망했다. 교육이론 분야의 연구자로서 집단적 정
체성을 확립하기 위해서는 커리큘럼 연구에서의 협동을 모델로 이들
간의 협동이 이루어질 수 있었다. 왜냐하면 커리큘럼 연구는 "사실 기
초학문의 대표자들 간에, 그들과 학교-교과 전문가들 간에 협동이 이
루어져 온 영역으로 밝혀졌기 때문이다."(Peters, 1973d, pp. 171-2).
교육이론의 철학적, 심리학적, 사회학적 요인들을 하나로 묶는 것이 바
람직하다는 판단을 함에 따라 피터스는 보다 역사적인 접근이 필요하
다는 점을 알게 되었다. 그리하여 그는 "헤르바르트(J. F. Herbart), 윌
리엄 제임스(W. James), 뒤르켐(E. Durkheim), 그리고 플라톤(Pla-
ton)과 같은 … 교육이론의 위대한 선구자들은 … 그것의 체계 안에서
교육이론의 또 다른 흐름들—윤리학, 심리학, 지식론, 사회학 등 등—
을 서로 엮어 내기 때문이다."(Peters, 1973d, p. 180)라고 적고 있다.

두 번째 원리와 관련해, 피터스는 교육이론 그리고 교사훈련에 있어서 철학과 교육철학의 역할을 고려한 어떤 프로그램을 고안한다(Peters, 1974, pp. 141-7; 1966b, 85-7). 우리는 이미 피터스가 교육이론뿐만 아니라 교육철학을 발전시키기 위한 분석적 전략을 짰다는 점을 설명한 바 있다. 제1장에서 서술한 바와 있듯이, 교육철학에 대한 새로운 분석적 접근방식은 교육이라는 주제 혹은 교사훈련에 있어서 교육의 과정에 대한 학문적 존경심을 불러일으키는 데 크게 기여하였다.

이는 교육이론의 조직을 위한 세 번째 원리와 연결이 되는데, 여기서 우리는 마침내 자유교육의 명시적인 역할이 무엇인지, 또는 최소한 교사 준비 및 훈련에 있어서 자유교육 커리큘럼의 본질적인 부분이 무엇인지를 이해하게 된다. 교육이론에 기여하는 네 가지 기초학문들—철학, 심리학, 사회학, 역사학—은 실제로 자유교육 커리큘럼의 본질적인 부분을 이루고 있다. 즉 "철학, 심리학, 역사학, 사회과학은 오늘날의 조건 하에서 자유교육이라고 불리는 것에서 중요한 역할을 한다." (Peters, 1964, p. 137). 이러한 인문학의 본질적인 부분들은 비록 교사훈련 초기 수준에서조차 교육실제 및 정책의 문제를 다루는 데 적용될 수 있을 뿐만 아니라 자율적인 "사고양식들"로서 더 깊이 탐구될 수 있다. 물론, 최소한 초기 수준에는 "구체적인 문제들을 밝히고 명료화함으로써 교사들이 자신의 업무가 무엇인지를 좀 더 분명하게 하려는 시도와, 그러한 문제들을 학문적으로 깊이 탐구함으로써 자신들의 근본적인 믿음과 이상을 좀 더 엄격하게 점검하려는 사고의 형식을 개발하려는 시도 간에는 계속된 긴장감이 존재한다."(Peters, 1964, p. 145). 하지만 교사훈련에 있어서 교육과정의 "유용성"이란 그것의 도구적 가치에 국한되는 것이 아니다. 피터스에 의하면, 교육이론의 기초학문 연구에서 이루어지는 사고형식들의 발달은 내재적인 가치를 가지고 있다. 그 까닭은 그러한 사고형식들의 발달이 삶의 질을 높이는 방향으로 이끌어 가기 때문이다.

> 철학, 예술, 과학은 그 자체로서 가치를 갖는 활동 형식들이다. 왜냐하면 이 것들은 우리가 바람직하다고 여기는 삶의 형식을 이루는 부분이기 때문이 다. 그러므로 이것들에 대한 정당화가 차를 탄다든가 은행을 설립하는 것과 같은 활동들에 주어져야 한다는 것은 터무니없는 일이다. 그러므로 이것은 철학—또는 심리학, 사회학, 역사학, 혹은 다른 탐구형식들—에 관한 질문 을 할 때 "철학의 용도란 무엇인가?"라는 질문을 다루는 가장 성급한 방식 이다. 하지만 이러한 "주제들"에 대한 연구가 좋은 삶의 수단이라고 여겨서 는 안 된다. 이것은 좋은 삶으로 들어가는 입문 과정으로 서술되어야 한다. 이러한 사고의 형식들은 삶의 형식들에 대한 설명, 평가, 상상력 넘치는 탐 구를 포함하고 있다. 그것들의 결과로, 삶이라고 부르는 것이 다른 차원으로 발전해 가는 것이다(Peters, 1966b, p. 79).

교육과정의 맥락에서 교사들이 이러한 네 가지 핵심적인 학문세계로 입문해 들어감으로써, 그들은 동시에 질 높은 삶을 살아가는 데 필요한 사고의 형식들로 입문해 갈 수 있다. 이러한 의미에서 자유교육 커리큘 럼의 본질적인 부분은 교사 준비 과정에서 장차 가르침을 위해서 뿐만 아니라 교사 자신의 인간적이면서도 교양 있는 삶을 위해 중요한 역할 을 한다고 할 수 있다.

2) 이론과 실제

교육이론은 교육실제에 어떤 영향을 주는가? 이 두 번째 질문에 대해 답을 하는 동안 피터스는 자유교육을 위한 장소를 마련해 둔다. 일반적인 교육이론이란 어디까지나 직접적이고 단기간에 걸쳐 효과가 있을 뿐이라는 회의적인 반응도 있지만 피터스에 의하면, 일반적인 교육이론은 교수 실제에 간접적이면서도 오랜 기간 동안 영향을 줄 수 있다. 학생들이 교육이론의 주요 아이디어와 관련된 적절한 반응을 보이고 그것을 지지할 만한 인지구조를 개발한다고 할지라도, "이러한 아이디어가, 교사훈련 결과를 교실 안에서 드러낼 수 있도록 하는 행동-체계로 바뀔 것이라고 제안할 만한 증거는 없다"(Peters, 1967c, p. 161). 나아가, "교사훈련 프로그램이 교실의 교사활동에 끼치는 직접적인 효과가 교사들이 과거에 채택한 모델들의 영향과 비교를 해 보고, 또 자신들의 성격에서 비롯된 요구와 비교를 해 보고는 그것이 무의미하다고 반응하는 것을 알고 나면 의기소침해진다."(p. 162). 하지만 이론이 실제에 직접적인 효과가 있다는 것에 대한 증거가 없다는 사실은 우리를 의기소침하게 하지도, 놀라게 하지도 않는다. 우리는 그러한 효과를 기대할 필요가 없는데, 왜냐하면 교육이론이란 그 본질상 "이론적인 발견이 직접적으로 실제에 영향을 주거나 직접적인 방식으로 적용되는 그런 종류의 기술공학이 아니기 때문이다."(p. 163). 이러한 의미에서 교육이란 기술공학 분야인 의학이나 엔지니어링과는 다른 것이다(Peters, 1964, p. 139). 오히려 교육은 순전히 도구적으로만 접근할 수 없는 논쟁의 여지가 있는 목적과 개인적 상호 관계를 포함하고 있다는 점에서 정치학과 비슷하다고 할 수 있다.

피터스에 의하면, 교육이론이 교수 실제에 끼치는 효과는 간접적이고 장기간에 걸쳐 있다. 교사훈련 과정에서, 우리는 어떤 갑작스런 변화를 기대할 수 있는 것이 아니라 열정적인 교사가 다루는 주제, 아동, 자기 자신, 그리고 자신이 몸담고 있는 교육적 상황에 대한 견해를 서

서히 변화시킬 수 있을 따름이다. 교육이론이란 예비교사들이 가진 순진함을 제거해야 하며, 그들이 행하는 것이 무엇인지에 대한 인식을 환기시켜 주어야 한다. 따라서 교육과정의 주된 효과란 학생들을, 숨겨진 가정(假定)들과 아무런 도움이 되지 않는 독단(獨斷)으로부터 해방시키는 것이다. 열망을 가진 교사는 "교수방법에 대해 비판적이고, 경험적이며, 수용 가능한 태도를 발전시킬 수 있는 방법으로 드러낼 수 있어야 하며, 그리고 … 다른 유형의 아이들에게 다른 형태의 주제들을 다른 교수 방법으로 자신들의 활동과 실험을 생각해 보도록 해야 한다"(Peters, 1967c, p. 165). 교육과정의 효과는 "교사들이 교수 실제의 마지막 단계에서 보여 주기 시작하는 자율성 안에서, 그리고 비판적 실험 태도"에서 나타나게 될 것이다(Peters, 1964, p. 146). 달리 말해서, 교육이론과 교수 실제 간의 관계가 갖는 느슨함에 대해, 비권위주의적인 교육으로서 자유교육에 대한 견해—이러한 교육에서는 개인적 자율성과 비판적 사고의 발달이 중요하게 다루어진다—는 고삐를 바짝 쥔다. 피터스에게, 이론과 실제의 논리적 관계는 교사들의 "자유교육 정신"과 관련이 깊은 것으로, 여기서 교육연구가 점진적으로 이루어지기 시작한다. 이것은 바로 그가 교사 준비 과정에서 교육과 훈련을 드러내놓고 대조시킨 까닭이다. 즉 "교사 관련 문제에 대한 비판적, 독립적, 실험적 접근법은 오랜 기간 동안 이루어져 왔다. 그것은 교육 안에서 이루어져야 일이지, 어느 편협한 훈련체계 안에서 이루어져야 할 일이 아니다."(Peters, 1967c, p. 166). 교육 안에서 이루어져야 할 실제로서, 교사교육은 교육이론의 과정을 밟고 있는 예비교사들의 자율적이고 비판적인 태도를 고양시키는 데 목적을 두고 있다. 분명히 말하건대, 우리가 추측한 바 있듯이, 피터스는 여기서 "교육"을 두 번째 의미를 전제로 한 세 번째 의미의 자유교육으로 생각하고 있다. 이것은 열정적인

교사들의 자율적이고 비판적인 태도를 발달시키는 데 도움을 주는 교
육이론의 네 가지 기초 학문들, 즉 "인문학적" 학문들—철학, 심리학,
사회학, 역사학—에 입문함으로써 얻게 되는 일반적인 지식을 배경으
로 하고 있다.

3) 자유로운 교사훈련

마지막으로 세 번째 질문, 즉 교육이론을 교사훈련에 도입하는 까닭
은 무엇인가? 라는 질문으로 돌아가 보자. 이러한 질문에 대해 답을 하
는 동안 피터스(Peters, 1964, pp. 135-7)는 먼저, 오늘날(1960년대)
사회에서 획득한 교육조건과 사회조건이란 교사들이 점차 교수 전통으
로 입문해 들어갔던 도제제도(徒弟制度)로는 더 이상 다룰 수 없기 때
문에 이론이 필요하다는 점을 밝히고 있다. 고도로 분화된 사회에서 자
신의 복잡한 과업을 다루는 데 있어서 오늘날의 교사는 기존의 전통에
더 이상 의존하지 않으며, 오늘날의 교사는 산업사회 안에서 생겨나는
교육문제 및 정책에 맞서기 위해 개인적 경험, 상식, 옛 동료 교사의 범
례에 의존하지 않는다. 교육적 상황에 관한 철학적 반성과 함께 아동심
리학과 학교의 사회적이고 역사적인 조건에 관한 살아있는 지식은 현
대 다원주의 사회에서 필수 불가결한 것들이다. 나아가 교육이론은 교
사 훈련에 있어서 교사의 전문성을 수립하고 그들 직업의 위신을 지킴
으로써 그 지역 사회 안에서 교육문제에 관한 충분한 권위를 확보하도
록 하는 데 필요하다.

둘째, 교육이론은 교사들을 훈련시키는 데 꼭 필요하다고 할 수 있는
데, 그것은 "교육자들이 교사들을 인간(*persons*)으로 교육시킬 의무를
지고 있다는 점을 간과할 수 없기 때문이다."(Peters, 1964, p. 137). 교

육이론의 일반적이면서 자유교육적인 구성요소는 인간으로서의 교사를 교육시키는 데 있어서 없어서는 안 되는 것이다. 우리가 지적한 바 있듯이, 교사교육은 인간존재 교육 중 특수한 사례에 속하는 것이다. 따라서 교사를 준비시키는 과정에서 우리는 교사로서의 자질 뿐만 아니라 그들 삶의 질에 관해서도 관심을 기울여야 한다. 제4장에서 언급했듯이, 다원주의 사회의 구성원으로서 교사들은 자신의 삶과 자신의 교육실제에 의미를 부여하기 위해 종교적이거나 정치적인 이상에 의존해서는 안 된다. 이같은 조건하에 스스로 무엇인가를 하기 위해서 교사들은 최소한 자유교육 커리큘럼의 본질적인 부분을 필요로 한다. 그것은 정확히 말하자면 교육이론의 기초를 이룰 뿐만 아니라 열정적인 교사들에게 그들 자신의 자아를 실현하고 자율성을 발달시킬 수 있도록 문화유산을 제공하는 인문학의 네 가지 학문들—철학, 심리학, 사회학, 역사학—로 입문하는 것이다.

자유교육이란, 이것이 교회에서 이루어지건, 정당에 의해 이루어지건, 구성원들이 획일적인 이념을 더 이상 받아들이지 않는 사회 안에서 매우 중요한 교육이다. 왜냐하면 자유교육의 기능이란 개인이 필요로 하는 문화유산을 그에게 제시하는 것이 아니라, 스스로 선택할 수 있는 능력을 고무시키고, 좀 더 많은 상상력을 발휘하게 하고, 더 많은 지식을 얻도록 고무시키는 인문학(人文學)을 그에게 소개하는 것이기 때문이다. 자유교육의 기능은 자신이 되고자 하는 인간이 과연 어떤 존재인가를 계획하도록 하는 데 있는 것이 아니다. 개인에게 주어진 책임이란 자기의 판단이 독재(獨裁)로 전락하지 않도록 하는 것이며, 수용 가능한 원리들, 즉 자유, 공평, 타인의 이익고려 등과 같은 원리들을 따르면서 자기 삶의 의미를 찾는 것이다(Peters, 1972, 189-190).

자유교육의 두 가지 견해가 바로 여기서 두드러지게 작용하고 있다. 피터스가 자유교육을 비권위주의적인 교육 혹은 자율성과 비판적 사고를 위한 교육으로 바라보는 견해를 강조했다고 할지라도, 이러한 그의 견해는 비대칭적으로, 자유교육을 일반교육 혹은 문화유산으로의 입문, 특히 인문학으로의 입문으로 바라보는 견해에 의존하고 있다.

우리 사회에서 교육이란 어떤 특정 종교나 정치적 이상에 따라 하나로 통합되어 있지 않다. 이상을 통합해 가기 위한 가장 손쉬운 방법은 각 개인이 성실한 선택을 할 수 있는 능력을 계발시켜 나가도록 도와주고, 발달된 문화전통 안에서 스스로 어떤 존재가 되어야 할 것인가 하는 방법을 배울 수 있도록 자율성을 허용해 주는 것이다(Peters, 1972, p. 192).

우리는 교사 준비 과정에 있어서 자유교육의 역할이 무엇인지를 다음과 같이 간략하게 요약해 보겠다. 교사훈련은 기본적으로 그 강조하는 바를 직업적인 것에 두고 있다. 교사 준비는 이러한 의미에서 교직의 필요에 의해서, 그리고 좋은 교육 실제의 요구조건에 의해서 이루어져야 한다. 하지만 피터스에 의하면, "사람들은 직업훈련을 자유로운 것으로 혹은 자유롭지 못한 것으로 인식하거나 실행할 수 있는 것으로 서술하고 있다"(Peters, 1964, p. 139). 교사훈련에 대한 자유주의적인 견해의 관점에서 볼 때, 교육이론의 네 가지 학문들—철학, 심리학, 사회학, 역사학—은 직업적이거나 실제적인 측면에서 가르칠 수 있을 뿐만 아니라 인문학적이고 실존적인 측면에서 가르칠 수 있다. 피터스에게, 교사훈련이란 교수의 질에 대한 관심과 삶의 질에 대한 관심 모두에 의해 동기가 부여되어야 한다.

통합적인 도덕교육과
개인적 자율성

1. 서론

이 장과 다음 장에서 우리는 분석적 패러다임에 대한 다음과 같은 세 번째 질문에 대해 피터스가 제시한 답을 재구성해 볼 것이다. 즉,

3) 우리는 도덕발달과 도덕교육을 어떻게 적절하게 인식할 수 있을 것인가?

"'도덕성'에 대한 중요한 생각이 도덕교육을 진지하게 다룰 때 본질적인 전제조건"(Peters, 1974a, p. 541)이 되기 때문에, 우리는 피터스의 도덕이론을 먼저 개괄적으로 살펴볼 것이다. 피터스는 도덕발달에 대한 콜버그의 인지이론(認知理論)을 비판적으로 다루는 가운데 도덕교육에 대한 자신의 접근방식을 정립하고 있다. 우리는 그가 도덕성을 다원적인 관점에서 다루고 있다는 점에서 도덕성의 내용뿐만 아니라

형식을 포괄하는 종합적인 접근방식을 수립하기 위해 콜버그의 인지주의(認知主義)를 어떻게 보완하고 있는가 하는 점을 살펴보고자 한다. 콜버그의 견해에 의하면, 도덕발달이란 합리적 자율성 단계에서 끝이 나기 때문에, 우리는 나중에 피터스의 도덕교육 이론 안에서 개인적 자율성이 차지하는 위치가 어떤 것인지를 설명할 수 있을 것이다.

2. 원리 기반 도덕성과 윤리적 다원주의

도덕교육에 대해 진지하게 접근을 해 나가기 위해 필요한 전제조건은 도덕성에 대해 나름대로 명시적이면서도 특수한 견해를 제시하는 일이다. 피터스의 기본적인 도덕이론은 무엇인가? 피터스의 도덕성 개념 안에는 두 가지의 윤리적 가치의 형식이 포함되어 있는데, 이 점은 이미 제4장에서 교육의 정당화를 다룰 때 재구성해 설명한 바 있다. 서로 다르지만 밀접히 관련을 맺고 있는 두 가지 요소들, 즉 한편으로 도덕적 삶의 복잡함과 다른 한편으로 원리 기반 도덕성의 출현은 바로 이 장에서, 즉 도덕교육 및 도덕발달의 맥락에서 전개가 된다. 피터스에게, 도덕교육 발달의 문제는 윤리적 가치의 두 가지 형식들, 즉 선함과 옳음 간의 상호 관계를 보다 복잡하게 만든다.

첫째, 원리 기반 도덕성은 서구문화 안에서 서서히 출현하였다. 이것이 출현하기까지는 오랜 시간이 걸렸는데, 17세기와 18세기가 되어서야 합리적이고 보편적인 도덕성의 형태가 종교, 법, 관례로부터 구별되기 시작하였다. 원리 기반 도덕성의 핵심은 기본적인 원리들에 호소하는 것으로, 이 원리들은 특정 규범과 그 규범들 간의 갈등을 판결하려는 민주사회에서 이루어지는 모든 실천적 추론(實踐的 推論)에 논리적으로 가정되어 있는 것이다. 이것들에는 수준 높은 절차상의 원리들, 즉 공평성, 이익고려, 자유, 인간존중, 진실 말하기 등이 있다. 제4장에서 설명한 바 있듯이, 피터스는 자신의 저작 『윤리학과 교육』(1966a)에서 이 원리들을 정당화하는 시도를 한 바 있다.

둘째, 개방적인 민주사회에서 도덕적 삶이란 복잡하다. 현상학적으로 영민했던 피터스(Peters, 1970b, pp. 69-70; 1973a, pp. 16-17)는 우리들의 도덕적 삶을 다섯 가지 국면으로 구분한다. 이러한 국면들을 서술하는 데 있어서 그는 다른 맥락에서 다른 어휘들을 사용하고 있다. 어떤 때는 그는 원리, 규칙, 의무라는 어휘를 사용하기도 하고, 다른 때에는 성격-특성(character-traits)이나 덕(부덕)과 동기라는 어휘를 사용하기도 한다. 만약 성격-특성이나 동기가 내면화되거나 인격화된 원리 및 규칙이라면, 이러한 어휘들을 서로 바꾸어 사용해도 큰 무리는 없을 것 같다.

민주사회 구성원들의 행동을 지배하는 (1) 원리들 및 규칙들이 존재한다. 개인 상호 간의 영역에서는 두 가지 형태의 덕이 중요하다. 즉, 한편으로 우리는 매우 특수한 덕들, 예컨대, 정직, 정확, 청결, 예의와 같은 덕들을 가지고 있으며, 다른 한편으로는 다소 "인위적인" 덕들(artificial virtues), 예컨대, 정의, 공정, 공평한 이익고려, 인간존중과 같은 덕들을 가지고 있다.[1] 이러한 도덕의 영역에는 기본적인 규칙들이 담겨 있다. 예컨대, "계약 맺기, [비-손상] 재산 증식, 어린이를 돌보는 일은 합리적인 사람이라면 사회적 삶을 유지해 가는 데 필요한 즉, 인간이 어떤 존재이며 지구상에서 인간이 처한 조건이 어떤 것인지를 이

---

1 Peters(1971b, pp. 247-8)는 전자를 "a타입의 덕들", 후자를 "c타입의 덕들"로 부른다.

해하는 데 필요한 것들이다."(Peters, 1970b, p. 65; 1973a, p. 13; 1974a, p. 546; 1978, p. 124).

삶의 목적들 혹은 목표들을 인격화하는 (2) 동기(動機)가 있는데, 이는 상황에 대한 사정(查定)에 기반을 두고 있다. 이러한 도덕적 삶의 국면은 다른 무엇보다도 자애(慈愛), 동정(同情), 감사와 같은 덕과 야망, 시기, 탐욕과 같은 부덕(不德)을 포함하고 있다.[2] 이러한 "자연적인" 덕들은 그 자체로서 행동에 대한 이유를 포함하고 있는 반면, 앞에서 언급한 "인위적이고" 특수한 덕들은 행동에 대한 그 자체의 이유를 결여하고 있다. 이러한 행동-관련 덕들을 실천하려고 할 때 이것은 대부분 감정(感情)과 정서(情緒)를 불러일으킨다. 동기와 정서는 공적인 시민덕의 영역에서보다는 사적 관계의 영역에서 보다 더 많이 작용한다.

(3) 의지의 자질이라는 것이 있는데, "이것은 탈-내용적이면서, 동기처럼 목적론적인 고려를 하도록 하지는 않는다. … 이 의지의 자질은 보다 높은 차원의 명령으로 규칙을 따르거나 목적을 추구하는 방식과 관련되어 있다"(Peters, 1971b, p. 247). 도덕적 삶을 구성하는 이러한 요소에는 결단, 인내, 용기, 일관성, 성실성, 자율성 등이 포함되어 있다.[3] 이것은 이러한 덕들을 실천할 때 나타나는 정반대의 성향을 통제하는 소위 "자기-통제"의 덕들에 필요한 것이다. 우리는 자신의 의지에 반하는 성향으로 극복해야 한다는 위협을 받는 상황에서 자기-통제를 해야 할 필요가 있다.

피터스는 도덕의 영역을 매우 넓게 잡고 있다. 원리, 규칙, 동기, 의지적 자질들을 도덕적으로 관련시키고 있을 뿐만 아니라 (4) 가치 있는

---

2 Peters(1971b, p. 247)는 이것들을 "b타입의 덕들"로 부른다.
3 Peters(1971b, p. 248)는 이것들을 "d타입의 덕들"로 부른다.

활동들을 도덕 영역 안에 포함시키고 있다. 제2, 3장에서 자세히 다루
었듯이, 이러한 "선하거나" "바람직한" 활동들은 가치를 가지는 것이
기 때문에 아이들이 입문해야 한다. 이러한 활동들에 속하는 것으로는
이미 『윤리학과 교육』에서 확인된 것들, 즉 과학, 역사, 시, 엔지니어
링, 다양한 게임 및 오락과 같은 것들이 있다. 이러한 활동들은 개인이
그러한 활동들에 자유롭게 참여할 때 무엇인가를 이루어 갈 수 있는 것
이라는 근거에서 직업 및 직업적 삶뿐만 아니라 삶의 여가(餘暇) 및 이
상(理想)을 제공한다.

　마지막으로, (5) 역할-책임 ―사람의 지위와 그에 따른 의무― 이라
는 것이 있다. 이것들은 사회 안에서의 사회적 역할 점유와 관련이 있
는 특수한 의무이다. 역할-책임이란 어떤 사람, 예컨대 남편, 아버지,
시민, 직장의 구성원에게 사회적으로 요구되는 것들을 포함하고 있다.

1) 도덕성의 형식과 내용

　피터스는 도덕적 삶이 갖는 현상학적 복잡함을 공정하게 다루기 위
해 도덕성에 대해 매우 넓은 견해를 전개한다. 그렇다면 피터스는 이러
한 윤리적 다원주의(ethical pluralism)를 원리 기반 도덕성(principled
morality)과 어떻게 결합시키고 있는가? 그는 자신의 도덕이론에서 중
요하게 다루는 요소 두 가지를 가져 와서, 도덕적 의식의 형식과 내용을
구분한다. 그는 오크쇼트의 "경험과 그 양식"이라는 용어(Oakeshott,
1933)를 사용하여 의식의 구조를 서술하고 있다. 여기서 "경험"이란
넓으면서도 발생학적인 용어로 작용한다. 또한 그것은 지식과 이해를
포함하고 있으며, 나아가 역사적, 과학적, 혹은 도덕적인 것과 같은 상
이한 "양식들"로 세분화된다. 따라서 도덕적 의식이란 이런 용어에 비

추어 볼 때, "도덕적인 경험의 양식"으로 불린다. 서구 문화에서 원리 기반 도덕성의 출현은 도덕적 경험 양식의 합리적 형식의 출현과 함께 더불어 이루어졌다. 원리 기반 도덕성이란 실천이성의 구현에 가정되어 있는 기본 원리들로 이루어진 보편적인 형태의 도덕성이다. 이러한 차원 높은 절차상의 원리들— 공평성, 이익고려, 자유, 인간존중— 은 도덕적 경험의 양식에 합리적 양식을 부여한다. 이 원리들은 도덕적 경험의 양식들 중 문화에 제약을 받을 뿐 아니라 구체적인 내용을 이루는 사고의 형식을 제공한다. 이하에서 우리는 "도덕적 경험의 양식"이라는 구절을 "도덕성"이라는 용어로 축약해 사용할 것이다.

이같은 형식-내용 구분을 배경으로, 피터스는 도덕성을 보다 절차적인 요소와 보다 본질적인 요소로 구분하고 있다. 즉 원리, 기본 규칙, 의지의 자질은 도덕성의 형식에 속하는 반면에 보다 특수한 규칙, 가치 있는 활동들, 역할-책임은 도덕성의 내용에 속하는 것이다(우리는 이하에서 자애와 같은 어떤 "보편적인" 동기들이 도덕성의 형식과 어떻게 관련되어 있는가 하는 방식을 다루게 될 것이다). 따라서 피터스의 윤리적 다원주의는 도덕성의 형식과 내용을 구분함으로써 합리적으로 재구성될 수 있다. 하지만 도덕적 형식과 내용 모두가 그의 도덕이론을 구성하는 통합적인 부분이라고 할지라도, 그는 그 형식에 더 많은 관심을 기울였으며, "합리적 도덕성"(合理的 道德性)이라고 부른 것에 가장 큰 관심을 기울였다(Peters, 1973a, p. 15).

2) 원리의 본질과 기능

피터스가 (형식적) 합리적 도덕성을 강조함에 따라 그가 제시한 원리 기반 도덕성이란 추상적이라는 비판을 받게 되었으며, 따라서 우리의 도덕적 삶에 이렇다 할 만한 아무런 지침도 제시하지 못한다는 비판을 받게 된다. 이러한 비판에 대한 측면들이 제4장에서 이미 소개가 되었지만, 여기에서 다룰 도덕교육의 맥락에서도 제시될 것이다. 예컨대, 매킨타이어(A. MacIntyre, 1967)는 이러한 비판을 제기하였는데, 그는 그 후에 자신의 비판(1981)을 도덕성을 정당화하는 계몽주의 계획(Enlightenment project)에 까지 확대하였다. 이러한 비판에 응하면서, 피터스는 원리의 본질 및 기능에 대해 자신의 견해를 밝히고 있다(Peters, 1970b, pp. 63-7; 70-3).

첫째, 원리란 무엇인가? 특정 규범들(종교들)이 상충하는 상황에서 합리적인 도덕성 형식의 출현으로 갈등들을 해소하거나 규범들을 비판하고 수정하기 위한 일반적인 참고 기준을 중시하는 움직임이 일고 있다. 선함과 옳음이 무엇인가에 관한 다수의 상충하는 아이디어들의 맥락에서 이러한 기준들 혹은 원리들은, 고려해야 할 사항이 과연 도덕적으로 관련이 있는가 하는 점을 결정하는 데 도움을 준다. 즉, 이것들은 어떤 고려 사항들이 (타당한) 이유가 있는 것으로 받아들여질 수 있는지를 규정한다. 예컨대, 사람들의 이익을 고려해야 한다는 원리에 따르면, 성(性)과 피부색은 도덕적으로 아무런 관련이 없는 것이다. 반면에 사람들의 그런 요구를 완화시키는 것은 그럴 만한 이유가 있는 것으로 받아들여질 수 있다.

사실, 우리는 정당화의 맥락에서 원리의 내용을 파악할 수 있어야 한다. 하지만 원리를 가지고 있다는 것은 반드시 의식적으로 혹은 명시적으로 그것을 구성하거나 옹호할 수 있는 능력이 있다는 것을 의미하지는 않는다. 도덕적 원리란 무엇보다 우선 적절하게 적용되어야 한다. 또한 원리의 적용이란 어떤 고려 사항들—도덕적으로 관련된—을 다른 것들과 구별할 수 있는 예민한 감각능력에 기초하여 이루어진다. 또한 원리의 수용이란 도덕적 엄격함을 포함하고 있지 않다. 원리의 본질상 원리들이 다른 맥락에 적용되지 못할 이유도 없으며, 원리들이 정서적으로 중립적일 필요도 없다. 이러한 원리들이 우리의 실천적 추리과정에 논리적으로 가정되어 있기 때문에, 우리는 그것들을 선택할 수도 없고 결정할 수도 없다. 근본적인 원리들과 어느 정도의 기본 규칙들은 우리의 도덕적 삶을 안정되게 하는 기반 수준에 속하는 것들이지만 이 수준에서의 안정감(安定感)과 동의(同意)는 자연적이고 지역 문화적인 환경에 보다 많이 의존하는 특수한 사회 규칙 수준에서의 발달 및 의견 불일치와 양립할 수 있다. 따라서 우리가 늘 도덕적 내용에 동의하지 않는다고 할지라도, 우리는 비슷한 도덕성의 형식을 공유하고 있는 것이다.

둘째, 원리들은 어떻게 작용하는가? 원리들이 도덕적 갈등 및 불확실한 맥락에 적용되는 추상적인 기준들이라고 할지라도, 이 원리들은 구체적인 전통 안에서 해석되어야 하며, 따라서 구체적인 방식으로 우리의 도덕적 삶 속으로 들어와야 한다. 우리는 도덕적으로 관련된 것이 정확히 무엇인지를 결정하기 위해 전통에 의존할 수밖에 없다. 예컨대, 공평성(公平性: impartiality)의 원리는 자의적인 차별을 배제할 것을 요구한다. 도덕적으로 의미 있는 차이만이 타당한 것으로 받아들여지지만 우리는 도덕적 관련성을 결정하기 위해 구체적인 전통 안에 스며들어 있는 평가적 판단을 내려야 한다. 예컨대, 스토아적-기독교적 서구 전통에서 자유의 원리 및 인간존중의 원리는 그 자체로서 관련이 깊은 중요한 기준들이며, 나아가 원리들은 구체적으로 사회적 역할 및 사회의 규칙으로 만들어지게 된다. 예컨대, 이익고려의 원리는 늘 특수한 역할-책임(예컨대, 교사의 역할-책임) 및 특정 덕목의 실천과 관련하여 작용한다. 따라서 원리를 지킨다는 것은 늘 자족적인 것이 아닌 보다 구체적인 내용과 관련이 되어 있다.

하지만 원리들이 추상적이고 무기력한 것이 아니라고 할지라도, 분명한 사실은 그것들이 여전히 이러저러한 상황에서 어떻게 행동해야 하는지를 정확하게 규정하지 못한다는 점이다. 원리들이 일상생활 속에서 어느 특정한 지침을 줄 수 없다는 사실이 과연 이의를 제기할 만한 것인가? 이 점에 대해 우리는 다음과 같은 질문을 던질 수 있을 것이다. 즉, 도덕이론—특히 합리적인 도덕성—이 그런 특수한 지침을 제공할 까닭은 무엇인가? 모든 특정 상황에서 정확히 무엇을 해야 할 것인지를 결정하는 것이 도덕성의 과업은 아니다. 도덕성이란 전적으로 개별적인 사례를 다루는 결의법(決疑法)이 아니기 때문에, 피터스는 "[원리들은] 지침서(指針書)로서가 아니라 이정표(里程標)로서 작용한다"(Peters, 1970b, p. 65).

3) 도덕성의 통합

공정하게 말하자면, 합리적 도덕성이란 단지 윤리적 다원주의의 한 부분을 구성하고 있다는 점에서 피터스는 도덕성 정당화에 대한 계몽주의적 계획을 부분적으로 지지하고 있다고 할 수 있다. 피터스가 원리 기반 도덕성을 강조하고 있다고 할지라도, 그는 흄(David Hume, 1777) 이상으로, 도덕성에 대한 종합적인 견해를 옹호하고 있다. 이러한 견해에 의하면, 도덕적 삶의 상이한 국면들이 모두 고려되어야 한다는 것이다. 이러한 윤리적 다원주의는 도덕적 삶의 통합성에 관한 문제를 불러일으키며 상이한 규범적 주장들 간의 우선성(優先性) 혹은 합리적 배열의 구조에 대한 문제를 불러일으킨다.

"물론" 피터스(Peters, 1971b, p. 363)는 다음과 같은 점을 인정한다. 즉, "대부분의 숙고가 단 하나의 숙고로부터 비롯되었다는 점을 보여 주려 하거나, 칸트가 그랬던 것처럼 도덕의 영역을 자의적으로 구분 지음으로써 도덕적 삶에 어떤 통일성을 부여하려는 시도가 이루어질 수도 있다." 하지만, 이러한 시도는 (불가능한 것은 아니지만) 매우 어려울 뿐만 아니라 도덕교육에 대한 제한적이고 단순한 견해를 잘못 제공할 수 있다. 즉, 아이들을 교육하는 것은 선(예컨대 공리주의적인 행복)의 영역 혹은 옳음(예컨대 칸트적인 의무)의 영역을 중요시하고 나머지 영역은 전혀 신경 쓰지 않아도 된다는 식의 생각을 가져올 수 있다. 예컨대 피터스에 의하면, 아이들을 가치 있는 활동으로 입문시키는 것은 그들에게 도덕적 원리들을 파악하도록 하는 것 못지않게 도덕교육의 중요한 부분이다.

그러나 피터스가 윤리적 공리주의를 거부하고 있다고 할지라도 그는 도덕적 삶의 상이한 국면들 사이에 놓여 있는 "느슨한 형태의 통일성"을 수립하고자 한다(Peters, 1973a, pp. 26-32). 위에서 지적한 바 있듯이, 몇몇 도덕적 요소들은 부분적으로 도덕성의 형식과 내용을 구분하는 차원에서 통합될 수 있다. 나아가 사회적 규칙, 가치 있는 실천, 역할-책임, 심지어는 어떤 동기와 "자기-초월적인"(self-transcending) 정서들의 구체적인 내용들은 이질적인 것이지만, 이것들이 합리적 도덕성의 일반적인 형식을 따르는 한 통일성을 가지고 있다고 할 수 있다. 이러한 요소들이 합리적인 내용을 가지고 있고 이성에 기반을 두고 있는 만큼, 이것들은 합리적 도덕성의 형식에 참여하게 된다. 이에 덧붙여, 일관성이나 자율성과 같은 의지의 "합리적" 자질들은 근본적인 원리들과 대등한, 차원 높은 요소들이기 때문에 이것들 또한 합리적 도덕성의 형식으로 쉽게 통합될 수 있다.

여기서 우리가 받아들이기 힘든 것 중의 하나는 피터스가 타인에 대한 배려와 같은 어떤 "보편적인" 동기들을 도덕성의 형식 안에 포함시키고 있다는 점이다. 예컨대, 이성과 동정(同情)(혹은 사랑)을 다루면서 그는 이 둘 간의 긴장 관계뿐만 아니라 유사성도 찾고 있다.

> 그것들은 '거기에 있는 것'에 대해 사심(私心) 없는 마음과 관심을 공유하고 있다. … 하지만 [이성의 경우에] 이러한 사심 없는 마음이 일반화된다. 왜냐하면 이성을 사용하는 동안 시간, 공간, 정체의 특수성은 아무런 관련이 없는 것이 되기 때문이다. 반대로 타인을 배려하는 데 있어서는 집중하는 태도가 자아로부터 멀어지기는 하지만, 그 대상인 인간의 특수한 측면으로 움직여 간다(Peters, 1973a, pp. 29-30).

피터스가 스토아적이고 기독교적인 도덕적 전통과 각각 관련지은 "일반화된 이성의 요구"와 "특수화된 동정의 설득력"이 각 개인을 다양한 방향으로 이끌고 갈 수 있다는 점을 인정하고 있다고 할지라도, 그는 "그러한 것들은 우리가 물려받은 경험의 도덕적 양식의 형식 안에 담긴 요소들"이라고 강조한다(Peters, 1973a, p. 32). 다음 장에서 우리는 이성과 동정(열정) 간의 복잡한 관계를 다시 다룰 것이다.

3. 인지적인 도덕발달과 통합적인 도덕교육

지금까지 우리는 피터스가 도덕성에 대해 다원주의적인 견해를 가지고 있으며 합리적 도덕성을 강조하고 있다는 점을 살펴보았다. 이제 우리는 그가 도덕발달과 도덕교육에 대해 어떤 접근을 하였는지 살펴보고자 한다. 도덕이론이 그러한 접근에 꼭 필요한 것이라면, 피터스의 윤리적 다원주의는 도덕교육에 대한 단순하거나 일차원적인 견해를 가지지 못하도록 할 것이다. 피터스에 의하면(Peters, 1973a, pp. 23 ; 46), 서구 역사에서 합리적 도덕성의 점진적인 출현은 아동의 도덕발달에 있어서 자율적인 단계의 점진적인 출현과 함께 이루어졌다. 사람들이 피아제와 콜버그가 제시한 가설에 대해 어떻게 생각하든지 간에 그들의 인지-발달 심리학은 의심할 바 없이 피터스가 자신의 도덕교육관을 수립하는 데 중요한 지침이 되었다.[4] 그가 피아제-콜버그의 이론을 비판적으로 검토하면서 그 자신이 전개한 접근방식을 상세하게 다루기 전에, 우리는 그의 이론이 여러 가지 도덕발달 및 도덕교육 이론들 안에서 어떤 위치에 놓여 있는지를 살펴보고자 한다.

1) 교육적 가설과 능력 획득의 문제

학부모들(과 교사들)은 무책임한 청소년들을 도덕적으로 책임 있는 주체로 변화시켜야 하는 과업에 직면해 있다. 아이들을 도덕적으로 책임 있는 주체로 교육시킬 수 있다―가르칠 수 있다―는 하나의 중요한 가설은, 그들이 도덕적인 주체가 된다는 것이 단지 타고난 유전적 프로그램에 근거하여 단순히 성숙해 간다는 문제가 아니라는 점이다. 교육자들은 아이들을 그러한 주체로 만들어 가는 과정에서 교육환경을 구성적이면서도 도움이 되도록 하기 위해 이러한 과업을 의미심장하게 다룰 수 있어야 한다. 이러한 "교육적인" 가설을 받아들인다는 것은 도덕적 능력의 획득 문제에 중요한 지위를 부여한다는 것을 뜻한다. 나이

---

4 피아제-콜버그의 이론을 철학적으로 다룬 것을 알아보려면 Flanagan(1991, 제5장)을 보라.

어린 아이들이 도덕적으로 책임질 수 없다고 하더라도, 양육과정에서 도덕적 능력을 획득할 경우 이후의 삶에서는 도덕적으로 책임을 질 수 있는 사람이 될 수 있을 것이다. 아이들이 어른처럼 도덕적으로 책임질 수 있는 도덕적 능력을 획득해야 한다면, 아이들은 발달 및 교육과정에서 어떻게 그러한 능력을 획득하거나, 보다 경험적으로 말해서, 그러한 능력을 획득할 수 있다는 것인가? 아이들이 도덕적 능력을 어떻게 획득하는지를 어떤 메커니즘으로 설명할 수 있는가? 도덕적 능력 획득의 본질에 대한 견해는 크게 세 가지 즉, (a) 사회-학습이론(社會-學習理論), (b) 생득설(生得說), (c) 구성주의(構成主義)로 나누어진다.

(1) 사회-학습이론

사회-학습이론에 의하면, 도덕성이란 사회 환경 안에서 학습되는 것이다(Wren, 1982). 도덕적 능력 획득이란 경험적 관찰과 명시적인 수업의 결합 메커니즘의 기반 위에서 이루어진다. 도덕적 행동이 규칙-추구(rule-following) 행동 유형이라면 아이들은 다른 사람의 도덕적 행동—특히 부모의 도덕적 행동—을 유심히 관찰하게 된다. 아이들은 그런 행동을 지배하는 도덕적 규칙들을 일반화하고 결국 내면화하며 이와 더불어 옳고 그름의 차이점을 배우게 된다. 즉, "진실은 옳은 것이다"라든가 "거짓말은 나쁜 것이다"라고 말하는 것은 부모들이 아이들에게 주는 기본적인 가르침에 속하는 것이다. 따라서 도덕성이란 사회화(社會化) 및 내면화(內面化)의 산물이다. 사회-학습이론이 행동주의에서 비롯되었지만, 도덕적 능력 형성의 메커니즘이 스키너(Skinner)가 말하는 강화에 의한 조작적 조건화에 국한되는 것은 아니다.

(2) 생득설

이와는 정반대의 입장인 생득설(혹은 성숙이론)에 의하면, 도덕성이란 타고나는 것이다(Dwyer, 1999; 2003). 도덕적으로 능력이 있는 존재가 된다는 것은 사회적 맥락에서 새로운 능력을 영속적으로 획득하는 것이 아니라, 유전적으로 이미 형성된 마음의 구성요소를 점차 활성화시킬 수 있다는 것을 뜻한다. 도덕적 능력의 발달과 언어능력 발달이 함께 이루어진다는 점에 깊은 인상을 받은 이론가들은 도덕발달 심리학에 대한 생득적 접근을 하기 위해, 소위 "언어학적 유추"(linguistic analogy)를 탐색한다. 언어와 도덕성이 발언(發言)및 판단을 제한한다는 의미에서 이 두 가지 모두가 규범적인 체계라고 한다면, 촘스키(Noam Chomsky)가 말하는 보편문법(普遍文法)이 언어를 획득하는 방법을 제약하듯이, 보편적인 도덕문법(道德文法)이 아이가 도덕성을 어떻게 획득하는가 하는 방법을 제한하게 될 것이다. 아이들이 여러 가지 형태의 도덕적 상황에 직면하건 직면하지 않건, 또는 여러 가지 명시적인 도덕적 가르침에 직면하건 하지 않건 이것과는 별도로, 충분히 발달한 그들의 도덕적 능력은 (지역을 초월하여) 전 세계에서 두루 나타난다. 언어발달의 경우에서와 마찬가지로, 도덕발달의 경우 도덕적 자극의 빈곤이 도덕적 능력의 선천성을 표현해 내는 믿을 만한 근거가 될 수 있다는 주장을 할 수 있을 것이다.

(3) 구성주의

사회-학습이론이 마음을 텅 빈 석판(白紙)으로 인식하는 반면에, 생득설은 마음의 구조란 진화의 과정을 통해 만들어진 정신적인 요소들의 집합이며, 이것들 중에는 도덕성을 구성하는 특수한 요소들이 담겨 있음을 이론적으로 설명하려고 한다. 전자의 견해에 의하면, 마음이란 전적으로 수동적인 것이며 후자에 의하면, 마음이 그 자체의 유전적 프로그램을 자동적으로 작동시킨다. 구성주의에 의하면, 마음 그 자체는 적극적으로 작용하지만, 사회 환경과 협력을 할 때만 작용한다. 마음뿐만 아니라 환경은 본질적으로 도덕성 구성에 기여한다. 도덕적 능력이란 내면화된 사회화의 산물도 아니며, 유전적으로 이루어지는 성숙(成熟)의 결과도 아니다. 오히려 도덕적 능력이란 마음이 사회 환경과의 변증적 관계를 맺을 때 적극적으로 구성된다. 이러한 중도적인 입장은 피아제(J. Piaget, 1932)로부터 콜버그(L. Kohlberg, 1981)에 이르는 동안 이루어진 존경할 만한 연구 전통이다. 나아가 도덕적 능력이 개인 간의 상호 작용 속에서 구성된다는 메커니즘을 설명하게 위해 구성주의자들은 콜버그가 말하는 도덕적 판단의 가역성(可逆性)의 개념과 마찬가지로, 도덕발달의 근본적인 요소로서 (도덕적) 평형(平衡)의 개념을 활용한다.

(4) 피터스의 교육적 가설

도덕적 능력 획득의 본질에 대한 이러한 세 가지 견해의 측면에서 우리는 교육적 과업의 의미와 관련된 "교육적" 가설에 대해 살펴보고자 한다. 도덕교육의 과정(과 가르침), 특히 도덕적으로 능력을 갖추도록 교육하는 과정의 특성은 도덕발달의 과정, 특히 도덕적 능력의 획득과정에 영향을 준다. 즉, 교육자들이 젊은이들의 도덕적 능력을 고려하는 방식은 어쨌든 간에 젊은이들이 그러한 능력을 획득하는 방식과 서로 관련이 깊으며 그러한 방식에 제한을 받는다는 것이다. 이러한 이유로 부모들이 아이들의 도덕적 능력의 출현에 끼치는 영향의 구조 및 정도란 이 세 가지 견해의 스펙트럼에 따라 다양하다. 따라서 교육환경은 다음과 같은 역할을 한다.

a. 사회-학습이론에 있어서 구성인(構成因)

b. 생득설에 있어서 촉발인(促發因)

c. 구성주의에 있어서 기여인(寄與因)

생득설의 접근방식 안에는, 사회적 환경과는 관계 없이 타고난 유전적인 프로그램에 의해 지배를 받는 생물학적 성숙의 과정 속에서 도덕적 능력이 본질적으로 드러난다는 핵심적인 주장이 담겨 있다. 교육환경이란 단지 획득 과정을 자극하는 것일 뿐, 아이들의 타고난 도덕적 능력에 그 어떤 형식이나 내용에 영향을 주는 것이 아니다. 그러므로 생득설에 의하면, 교육자들은 도덕적으로 능력이 있는, 따라서 책임 있는 주체로 기르려는 과업을 포기하게 된다.

사회-학습이론과 구성주의가 그랬던 것처럼, 위에서 말한 바로 그런 이유로 "교육적인 가설"을 지지한다는 것은 획득 문제에 관해 어떤 본질적인 입장을 고려한다는 것을 의미한다. 이 두 견해에 의하면, 도덕적 능력 획득이란 구성적인 역할 혹은 최소한의 기여 역할을 하는 교육환경과 본질적으로 관련되어 있지만 획득 과정에서의 선천성의 역할과 아이들의 적극적인 참여의 역할에 사회적 맥락이 끼치는 영향의 구조와 정도는 이 두 견해 간에 차이가 있다. 구성주의적 견해에 의하면, 도덕적 능력 획득에 있어서 아동심리학이 적극적인 역할을 하고 있을 뿐만 아니라 선천성이 아직까지도 부분적인 역할을 하고 있다. 사회-학습이론에 의하면, 이 두 가지의 다른 역할—유전적인 마음과 개인의 마음—은 배제되는데, 그 까닭은 이 두 가지가 마음이란 텅 빈 석판이라는 가정(假定)과 양립할 수 없기 때문이다.

여기서 우리는 도덕적 능력 획득 문제에 관한 사회-학습이론, 생득설, 구성주의 간의 확장되고 복잡한 논쟁을 더 이상을 다루지는 않겠다.[5] 이는 다만 우리가 바라는 연구를 위해, 도덕교육 이론에 대한 그 주창자와 관련해 피아제와 콜버그의 인지-발달 심리학의 위치를 확인하려는 것이었다. 자신이 지향하는 윤리적 다원주의의 노선에서, 피터스는 사회-학습이론(혹은 행동주의)과 구성주의를, 선택을 해야 할 경쟁적인 이론들로 해석하지 않는다. 피터스가 "교육적인" 가설을 받아들이고 구성주의적인 견해를 자신의 주된 참조 내용으로 받아들인다고 하더라도, 그는 피아제-콜버그 이론이 다른 도덕교육이론들과 더불어 보완(補完)이 필요하다고 계속해서 강조한다. 심지어는 스키너의 행동주의도 보완이 필요하다고 강조한다. 나아가, 피터스에 의하면, 인지-발달심리학은 도덕교육의 인지적(認知的) 측면에만 초점을 맞추고 있다는 점에서 너무 일차원적이다. 그러므로 그것은 도덕교육의 정의적(情意的) 측면에 대한 설명으로 보완되어야 할 필요가 있다. 이제 피터스가 우리에게 제공하려는 전체 그림은 또 다른 경쟁적인 이론이 아니라 우리의 도덕적 삶의 여러 국면들을 다루는 독창적이면서도 통합적인 도덕교육 이론이다. 이제 우리는 콜버그의 인지-발달 심리학이 피터스의 기본적인 참조점(point of reference)이 된다는 점에서 이것에 대한 간략한 설명을 하면서 이러한 종합적인 그림을 살펴보고자 한다.

2) 콜버그의 단계이론

콜버그가 말하는 도덕발달이란 무엇인가? 콜버그는 칸트의 이론체계를 채택하였으며, 위에서 언급한 바 있는, 지적이고 도덕적인 발달에

---

5   이러한 매력적인 논쟁에 관해 더 많은 정보를 얻으려면 Nucci and Narvaez(2008); Sinnott-Amstrong(2008)을 보라.

대한 구성주의적인 견해를 가지고 있던 피아제(J. Piaget)의 영향을 받
았다. 구성주의자들은 육체의 생물학적 발달과 함께 시간이 흐름에 따
라 마음의 심리학적 발달이 이루어진다고 주장한다. 마음이란 유아기
에서 시작하여 유년기와 청소년기를 거쳐 성인기에 이르기까지 변화하
는 정신구조(혹은 스키마타)의 체계로 인식되며 경험에 의한 투입을 받
아들이고 그것에 작용한다. 즉, 그것은 (숨겨져 있는) 정신구조들을 사
용함으로써 경험에 의한 투입을 행동 상의 산출로 바꾸어 놓는다. 이러
한 구조들은 외부에서 복사된 것도 아니요 내부에서 프로그램화된 것
도 아니다. 그것들은 아이와 아이가 처한 환경과의 변증적 관계 속에서
구성된 것이다. 정신구조란 시간이 흐름에 따라 일정한 패턴으로 변화
하는데, 이 패턴은 단계 연속과 발전의 맥락에서 개념화된다. 마음은
이처럼 시간적으로나 위계적으로 일정한 단계들을 통해 도덕적으로 발
달해 갈 뿐만 아니라 지적으로 발달해 간다.

이러한 실험 연구 결과, 콜버그는 세 개 수준에 걸쳐 이루어지는 여
섯 가지의 도덕발달 단계가 있음을 알게 되었다.[6]

A. 인습 이전 혹은 자기 중심적인 수준
B. 인습적인 혹은 이타적인 수준

---

6 첫째 수준은 대체로 피아제가 "전도덕적" 단계라고 부른 것에 해당하며, 두 번째
것은 "도덕적 현실주의" 단계에 해당하고, 세 번째 것은 "도덕적 상대성" 단계에 해당
하는 것이다. 콜버그가 제시한 첫 번째 수준에는 1단계인 "벌과 복종", 2단계인 "개인
적이고 도구적인 목적과 교환"이 속하고, 두 번째 수준에는 3단계인 "상호 개인적인 기
대, 관계, 순응", 4단계인 "사회체제 및 양심유지"가 속하고 세 번째 수준에는 5단계인
"권리 우선과 사회계약 혹은 유용성", 6단계인 "보편적인 윤리적 원리"가 속한다. 편의
상 우리는 7단계에 대한 콜버그의 생각뿐만 아니라 콜버그가 제시한 단계에 대한 자세
한 내용은 생략하였다. Kohlberg(1981)를 보라.

C. 인습 이후의(원리적인) 혹은 자율적인 수준

　콜버그는 이러한 계열이 불변하는 것이요 보편적인 것이라고 주장한다. 즉, 모든(생물학적으로 정상적인) 아이들은 단계를 뛰어넘음이 없이 모든 단계를 성공적으로 밟아 나가며, 이러한 모든 단계는 모든 문화 안에서 발견된다고 주장한다. 이러한 주장은 콜버그가 도덕발달의 형식과 내용을 분명히 구분하고 있다는 점에서, 그리고 문화적으로 불변한다는 주장은 오직 도덕발달의 형식(혹은 구조)에만 해당하는 것이라는 점에서 타당성이 있어 보인다. 도덕 규칙의 내용에 관해 문화 간에 상당한 차이가 있기는 하지만 그 형식의 발달은 문화적으로 불변하는 것이다. 분명히 말하건대, 도덕발달에 대한 콜버그의 형식-내용 구분은 도덕적 삶과 역사에 대한 피터스의 형식-내용 구분에 반영되고 있다. 즉, 아동의 도덕발달에 있어서 자율적인 단계의 "개체발생적"(個體發生的) 출현(ontogenetic emergence)은 서구 역사에 있어서 합리적 도덕성의 "계통발생적(系統發生的)" 출현(phylogenetic emergence)과 궤를 같이 한다. 이것은 정확히 콜버그의 단계이론이 아동기의 합리적이거나 원리적인 도덕성의 발달에 매우 중요한 의미를 던져 주는 것이기 때문에, 이 이론은 도덕교육에 대한 피터스의 접근방식에 있어서 참조점으로서 작용한다. 콜버그는 그가 "덕 주머니" 접근법(a bag of virtues approach)이라고 기술한 소위 가변적이거나 특수한 도덕 규칙들의 교수-학습에는 별로 관심이 없었다. 그것들은 맥락 의존적이고 불안정한 성격-특성을 가지고 있는데 반해, 근본적인 원리들, 특히 합리적 도덕성을 구성하는 정의(正義)의 원리는 안정되어 있으며 문화를 초월해 한결같다.

　그러므로 아동기에 있어서 합리적 도덕성의 발달에 관한 콜버그의 단계이론은 아동들의 원리 파악 방식에 관한 이론이다. 아이들의 규칙 관련 사고의 형식이 변화하면서 각 단계에서 아이들의 도덕적 판단은 특수한 성격을 띠게 된다. 콜버그는 다음과 같이 주장하고 있다.

> 아이들은 규칙들을 힘과 외적 강압에 의존하여 바라보기 시작한다. [자기 중심적인 단계에서] 아이들은 그 규칙들을, 보상을 받거나 자신들의 요구를 만족시키기 위한 도구로 바라본다. 그런 다음 그것들을 사회적 승인이나 존경을 받기 위한 방식으로 생각한다. 그리고는 [타율적인 단계에서] 그것들을 이상적인 질서를 지키기 위한 방식으로 생각한다. 마지막으로, 그들은 그것들을 다른 사람들과 함께 살아가는 데 필요한 사회적 원리들—특히 [자율적인 단계에서] 정의의 원리 — 을 구체화한 것으로 생각한다(Peters, 1971b, pp. 238-9).

규칙들을 인식하는 방식은 믿음을 가지게 될 때의 스타일과 유사하다. 예컨대, 우리는 신이 우리 자신의 마음을 편안하게 하는 데 도움을 주기 때문에, 신의 존재를 "자기 중심적으로" 믿을 수 있다. 하지만 우리는 목사의 권위에 눌려 이러한 믿음을 "타율적으로" 가질 수 있다. 이와는 달리 우리는 신 존재에 대한 합리적 증거들에 기초하여 신 존재를 "자율적으로" 믿을 수 있다. 경험적인 믿음의 경우에, 우리는 증거를 충분히 뒷받침할 근거를 가지고 믿음을 가질 수 있다. 이러한 합리적인 믿음의 스타일은 우리가 자율적인 단계에서 규칙들과 원리들을 인식하는 반성적인 방식과 비교가 된다.

3) 콜버그 이론에 대한 피터스의 보완

콜버그에 의하면, 도덕 규칙 인식의 수준에서 문화적으로 불변인 계열—자기 중심적인 것에서 시작하여 타율적인 것을 거쳐 자율적인 것에 이르는 계열—이 도덕발달을 구성하는 요소이다(Peters, 1973a, p. 24). 하지만 피터스에 의하면, 도덕발달의 과정은 콜버그의 인지-발달 심리학이 포함하는 것 이상의 것을 포함하고 있다. 보다 적절한 도덕발달 및 도덕교육의 이론은 도덕성의 형식뿐만 아니라 내용을 담아야 할 필요가 있다. 나아가 콜버그가 도덕성의 형식을 인지적인 측면에 국한시킨 것은 너무 제한적이다. 자신의 윤리적 다원주의를 배경으로 피터스는 세 가지의 근본적인 요소, 즉 도덕발달 및 도덕교육의 구성요소를 가지고 콜버그의 단계이론을 보완하고 있다.

셋째, 피터스는 "덕의 주머니"를 가르치는 것에 대해 못마땅하게 여긴 콜버그의 입장에 반대하면서, 도덕적 가르침에 있어서 도덕성의 내용이 가지는 중요성을 강조한다. 그 결과 그는 이성뿐만 아니라 습관(習慣)이 도덕교육에서 중요하다는 견해를 옹호한다. 둘째, 도덕적 능력의 발달은 본질적으로 인지적인 측면뿐만 아니라 정의적(情意的)인 측면을 포함하고 있다. 교육받은 사람에게는 이성 이외에도 동정심(同情心)이 필요하다. 심지어 이성은 합리적 열정(合理的 熱情) 없이는 그 자체로서 작용할 수 없다. 셋째, 이것은 중요한 예비적인 의미를 가지는 것으로, 도덕발달이 본질적으로 어떤 가르침의 과정을 포함해야 한다는 주장을 타당한 것으로 만들기 위해서는, 교수에 관한 콜버그의 매우 편협한 생각(가르침을 기본적으로 직접적인 수업으로 여겼다)은 보다 넓은 생각으로 보완되어야 한다. 이제 이러한 점들에 대해 역순으로 살펴보자.

(1) 덕은 가르칠 수 있는 것인가?

이러한 소크라테스의 고전적인 질문에 대한 콜버그의 답은, 놀랍게도 구성주의자의 눈으로 볼 때, 부정적이다. 도덕발달이 단계를 통해 이루어지는 도덕성의 합리적 형식의 발달로 이루어진 것이라면, 단계들 사이에서 이루어지는 이행(移行)은 가르침의 결과라고 할 수 없을 것이다. 구체적인 내용은 범례-모방이나 동일시뿐만 아니라 수업 및 명시적인 교수방법에 의해 학습된다. 하지만 규칙들을 인식하는 방법의 변화는 가르침에 의해 일어나는 것이 아니라 콜버그가 "인지적 자극"이라고 부른 것의 도움을 받아, 아이와 아이가 처한 환경과의 상호작용에 의해 일어난다. 도덕발달의 진행은 사회화의 결과도 아니요, 성숙의 결과도 아니다. 그것은 "가역적이거나" 보편적인 관점을 유지하려는 욕구에 의해 동기화되는, 도덕적 딜레마(예컨대, 그 유명한 "하인즈 딜레마")에 관한 도덕적 갈등 및 적극적인 사고 경험의 결과이다.[7] 아이가 경험을 하고 적극적으로 사고를 한다고 할지라도, 사회 환경이란 그러한 경험과 적극적인 사고를 자극할 뿐이다. 부모, 교사들, 그리고 다른 교육자들이 아이가 문제가 되는 도덕적 상황에 직면하도록 할 수 있으며 현재의 문제해결을 인정하거나 인정하지 않는 피드백을 줄 수 있다. 따라서 덕이란 인지적으로 자극을 주는 것일 뿐이지 가르칠 수 있는 것이 아니며, 이러한 의미에서 콜버그의 단계이론은 다만 도덕발달에 관한 이론이지 결코 도덕교육에 관한 이론은 아닌 것이다.

하지만 콜버그는 인지적 자극이란 가르칠 수 있는 것이라는 점에 반대하면서, 위험을 무릅쓰고 도덕발달에 있어서 교육적 환경이 끼치는

---

7 역자주: 콜버그는 "하인즈의 딜레마"(Heinz Dilemma)라는 유명한 실험에서 도덕적 갈등상황을 실험대상자가 어떻게 생각하는지를 물어 그 저변에 깔린 도덕적 판단을 분석, 정리하였다.

영향을 전무(全無)한 것으로 줄이려고 하였으며, "교육적인" 가설도 함께 제거하고자 하였다. 피터스가 비판적으로 관찰한 내용은 다음과 같은 것이다. 즉, "하지만 도덕성의 합리적 형식[인지적 자극]의 발달을 자극하는 환경과, 콜버그가 이 분야에 별로 영향을 주지 못한다고 생각하는 '가르침'을 비교해 보면, 그는 마치 아이가 그것을 스스로 행하는 것처럼 생각하고 있다."(Peters, 1974a, p. 548). 인지적 자극이 단계 이행을 촉진시키는 것처럼 보이지만, 그것은 아이의 내면에서 발달하는 도덕적 능력의 내용과 형식에 아무것도 덧붙여 주지 못한다. 만약 외적인 영향이 도덕발달에 기여하지 못하거나 최소한으로 기여한다면, 도덕성의 합리적 형식은 아이와 환경의 상호작용으로 함께 세워지는 것이 아니라 아이에 의해 스스로 세워진다. 그 결과 콜버그의 단계이론은 일종의 성숙이론, 생물학적 생득설 혹은 루소의(혹은 듀이의) 신비스러운 자기-발견이론으로 허물어지는 위기에 처하게 된다.

구성주의는 "교육적인" 가설과 사회 환경의 인과적 원인을 지지하기 때문에, 도덕발달이 부분적이기는 하지만 본질적으로 교수의 과정을 포함하고 있다는 주장을 옹호해야만 한다. 이 점이 바로 피터스가 제한적인 의미에서의 교수와 무제한적인 의미에서의 교수 간의 결정적인 차이점을 밝힘으로써 인지적 자극과 교수를 날카롭게 대조시킨 콜버그의 주장을 수정하게 된 이유이다(Peters, 1971b, pp. 243-5; 1973a, pp. 37-8). 콜버그는 인지적 자극과 교수를 날카롭게 대조시키면서, 교수의 개념을 지나치게 직접적인 수업과 같은 특수한 교수의 개념으로 제한하고 있다. 이렇게 수업을 제한적으로 생각하다 보니 교수의 개념이 실제로 (도덕적) 원리를 파악하고 적절한 방식으로 (도덕적) 규칙들을 인식하도록 하는 학습에 적용될 수 없게 된다. 명시적인 학습이란 원리, 규칙, 그리고 이것들에 대한 적절한 태도를 학습할 때 적용되기보다는 기술을 전달하거나 훈련시킬 때 적합하다.[8] 원리의 학습은 명시적인 내용을 학습하는 것만으로 이해될 수 없다. 교사가 학습자에게 여러 가지 구체적인 항목들을 보여 준다고 할지라도, 이러한 항목들을 조직하는 통일된 원리는 그 자체로서 직접적인 수업의 항목이 아니다. 아이가 원리를 적절히 파악하도록 기르는 동안, 대부분의 교사들이 할 수 있는 일이란 예시들을 제시하고, 희망을 가지고 "이해할 때까지", 즉 학습자가 제시된 원리를 파악할 때까지 그 예시들의 공통된 특징에 주의를 기울이는 것이다. 그러므로 특수한 교수에 대한 콜버그의 제한적인 개념에 비추어 볼 때, (도덕적) 원리들이란 가르칠 수 없는 것이다.

하지만 "무제한적"이거나 "일반적인" 교수의 개념은 또한 원리 및 규칙들을 학습할 때 적용될 수 있다. 이러한 개념에 비추어 볼 때, 교수활동의 중요한 사례들은 다음과 같은 세 가지 필요조건을 만족시켜야 한다.

   i.   교수활동은 학습을 불러일으킬 수 있는 의도를 가지고 이루어져야 한다.

   ii. 교수활동은 학습 내용을 제시하거나 보여 주어야 한다.

   iii. 교수활동은 이러한 것을 학습자들의 지적 수준에 맞게 그리고 능력에 맞게 제시해야 한다(Peters and Hirst, 1970, p. 81).[9]

---

8 여기서 우리는 원리를 학습하는 것과 **원리에 대한 적절한 태도**를 학습하는 것 간의 애매함에 대해서는 자세히 다루지 않았다. 피터스는 다음과 같이 쓰고 있다. "누군가가 상이한 발달단계의 특징인 개념의 형식들을 가지고 있다면, 과연 이런 일이 가능한 것인지 분명하지 않다—예컨대, 규칙을 보상이 아닌 승인에 관련된 것으로 볼지 분명하지 않다"(Peters, 1971b, p. 244). 이는 실제로 두 종류의 원리에 관한 것이 아니라, 원리 자체와 원리에 대한 인지적 태도 간의 차이에 관한 것이다(Peters, p. 117).

9 Hirst(1971)를 보라.

소크라테스가 메논(Menon)의 노예에게 사각형의 제곱이 원래 사각형 크기의 두 배라고 분명하게 말하지는 않았다고 할지라도, 그는 적절한 사례와 질문을 통해 이러한 비율을 노예에게 가르쳤다. 교수방법은 학습 내용의 본질이 무엇인지에 따라 영향을 받는다. 직접적인 수업(授業)은 정보 및 기술을 획득하려고 할 때 적합한데 비해, 간접적인 지시(指示)는 언어의 문법 규칙들을 배울 때와 마찬가지로, 원리를 학습할 때 적합하다. 후자의 경우, 원리나 규칙은 구체적인 몇 몇 사례들을 제시하는 방법을 통해 드러난다. 우리가 이러한 간접적인 사례를 교수의 가장 핵심적인 사례로 받아들이지 않는다고 할지라도, 파생적인 의미에서 교수의 사례로 여겨질 수 있을 것이다. 왜냐하면 "이것은 … 이 조건들 중의 하나를, 심지어는 두 가지를 경시하는 '교수'의 사례들이 얼마든지 있을 수 있지만, 이것들이 아직까지 '교수'의 사례들로 이해되고 있기" 때문이다(Peter and Hirst, 1970, p. 81). 따라서 교수에 대한 무제한적인 개념이 받아들여질 경우, 인지적 자극에 대한 콜버그의 방법은 참된 교수법이 될 수 있을 것이며, 이러한 개념과 조화를 이룰 때 구성주의자는 학습이란 본질적으로 도덕발달에 기여할 수 있다고 주장할 수 있을 것이다.[10]

(2) 열정

콜버그의 단계이론은 전적으로 합리적 도덕성의 원리들, 특히 정의의 원리에 관련된 아동의 사고형식 발달에 관한 이론이다. 하지만 피터스에 의하면, 이러한 인지적 측면의 발달 이외에도 콜버그의 인지주의

---

[10] 물론, 다른 기여 요소들도 있다. 생물학적일 뿐만 아니라 심리학적인, 내적 조건들과 외적인 조건들 모두는 도덕발달에 눈에 띄는 영향을 준다. Peters(1973a, pp. 38-41)를 보라.

가 침묵한 중요한 정의적 측면의 발달이 있다. 정의의 형식적 원리 — 차이 혹은 근거 없이 구분되거나 제외될 수 없는 원리 — 는 사람들의 이익을 공평하게 고려해야 한다는, 보다 물질적 원리로 적용될 수 있겠지만 그것은 그 자체로 그리고 그 자체 안에서 다른 사람들의 이익을 보살피는 방향으로 적용되지는 않는다. 콜버그의 인지발달 심리학에서 타인들에 대한 관심은 합리적 원리로 작용하며, 감정적인 관심에 기반을 두고 있는 것은 아니다.

하지만 어린 아이들이 그러한 원리를 제대로 파악하지 못한다고 할지라도, 경험적으로 말해, 아이들은 감정을 가지고, 아마도 매우 일찍부터 타고 나는 공감능력(共感能力)을 가지고 느끼는 것처럼 보인다 (Peters, 1973a, p. 42). 사실, 아동발달에 있어서 공감능력을 가지고 다른 사람들을 보살피는 능력은 타인-지향적인 원리들을 파악하기 훨씬 이전에 이루어지는 것으로 보인다. 합리적 도덕성의 원리와 관련된 아동의 사고형식의 발달과 마찬가지로 그러한 원리와 관련된 감정 형식의 발달이 이루어진다. 이러한 감정 형식은 특수한 것들에 대한 것으로부터 시작하여, 보다 보편적인 것들에 대한 것으로, 결국 흄(David Hume, 1777)이 "인간에 대한 감정"이라고 부르는 것에 이른다. 마찬가지로, 도덕성의 형식 안에 자애(慈愛)와 같은 어떤 보편적인 동기들을 포함시켜야 한다는 제안을 하면서, 피터스는 타인에 대한 정의적 관심에 대한 개체발생적인 설명으로 콜버그의 단계이론을 보완해야 한다고 주장한다. 콜버그의 인지주의와 맥을 같이 하는 방식으로 이런 정의적 보완을 개념화하기 위한 하나의 방법으로, 피터스는 이타주의(利他主義)를 내세운 호프만(Martin Hoffman)의 발달이론과 개인적 이해를 강조한 페버스와 세코드(Peevers and Secord)의 이론을 결합해야 한다고 제안한다(Peters, 1978, pp. 119-21).

피터스에 의하면, 도덕교육이란 이성과 동정의 교육, 합리적 원리뿐만 아니라 도덕적 감정교육을 포함하고 있다.

> … 도덕교육이란 주로 어떤 동기의 발달, 특히 내가 합리적 열정(合理的 熱情: rational passions)이라고 부른 것의 발달과 관련이 있다. 정당화할 수 있는 맥락에서 바라볼 때, 자애, 인간존중, 정의감(正義感)과 같은 것들은 근본적인 원리들로 작용한다. 하지만 이러한 원리들이 사람의 행위 안에서 작용하려면, 그것들은 그 자신의 원리들이 되어야 한다. 이것이 의미하는 바는, 이 원리들이 그가 실제로 행동하도록 하는 동기, 배려로 작용해야 한다는 것이다(Peters, 1970b, p. 75).

정의감이 없이 정의의 원리는 무기력(無氣力)한 것으로 남게 된다. 자애심이 없이는 공평한 이익고려의 원리는 외적인 것으로 남게 된다. 아이들이 도덕성의 형식 "안"으로 들어가도록 하기 위해서 우리는 도덕적 동기(道德的 動機), 즉 피터스가 "합리적 열정"이라고 부른 것이 필요하다. 원리와 규칙들—"인위적"이며 매우 특수한 덕들—은 그 자체로서 행동의 절실한 이유를 결여하고 있다는 점에서 무기력하거나 외적인 것이다. 이에 반해 동기들—"자연적인" 덕들—은 행동의 이유를 가지고 있으며, 따라서 동기들은 사람을 어떤 행동 방향으로 이끌어 간다. 도덕적 원리들은 동기와 관련을 맺고 있다는 점에서 그것들은 정의적으로 중립적일 수 없으며, 따라서 진실한 행동과 관계를 맺으며, 그것에 도덕적 동기를 부여한다.

아이들이 도덕성의 형식 안으로 들어갈 수 있는 것은 오직 도덕적 감정을 통해서이다. 하지만 정의적인 측면은 도덕발달의 인지적 측면에 별도로 덧붙여진 것이 아니다. 피터스에 의하면, 이성과 열정은 도덕성

형식의 발달에 있어서 내재적으로 관련되어 있기 때문에 이성 그 자체
는 합리적 열정의 작용 없이는 적절히 기능할 수 없다. 다음 장에서, 우
리는 정서교육에 대해 논의하면서, 이성의 사용에 있어서 없어서는 안
되는 열정의 유형에 대해 설명할 것이다. 여기서 피터스가 이미 심리학
들에 의해 경험적으로 밝혀진 동기와 합리적 열정을, 철학적으로, 근원
적인 개념으로 다루고 있다는 점을 알아 둘 필요가 있다. 즉, "아이들이
어떤 방법으로 삶의 합리적 형식 안으로 들어가는지를 밝히는 것, 그리
고 근원적인 원리들을 인격화하는 합리적 열정을 어떻게 하면 가장 잘
일깨우고 발전시킬 것인지를 밝히는 것이 철학자가 할 일은 아니다. 이
것은 심리학들이 해야 할 일이다."(Peters, 1970b, p. 78).

  (3) 도덕성의 내용과 습관화

  콜버그의 단계이론은 무엇보다 우선 도덕성의 형식에 관한 심리학적
이론이지, 그 내용에 관한 이론이 아니며, 따라서 도덕적 학습 및 도덕
적 교수 이론이 아니다. 콜버그는 "덕주머니"의 교수나 학습에 대해 연
구하기보다는 원리 기반 도덕성의 개체 발생적 발달을 연구하는 데 관
심이 많았다. 피터스는 "[원리 및 규칙들의] 개념 수준", 특히 인습적
(因習的)이거나 인습 후의 수준이 "동화(同化) 가능한 내용 및 이러한
동화에 도움이 되는 방법 모두를 결정한다"는 점을 인정한다(Peters,
1973a, p. 35). 하지만 콜버그와는 달리 피터스는 다음 두 가지의 보완
테마를 제시하고 있다. 즉 (1) 도덕성 형식에 대해 상호작용주자들이
말하는 발달은 습관-형성에 의해 이루어지는 도덕성 내용에 대한 행동
주의자들이 말하는 학습과 양립한다(약한 주장). (2) 습관화에 따른 도
덕성 내용―규범 내재적 도덕성―학습은 논리적으로 그리고 실제로
도덕성 형식의 발달에 필요하다(강한 주장). 따라서 습관화가 필요하다

고 하더라도, 그것이 도덕발달에 충분한 것은 아니다.

이제 이러한 주장을 설명하기 전에 우리는 왜 피터스가 이러한 주장
을 옹호하는지 이해하는 것이 중요하다. 이를 위해 우리는 교육의 개념
에 대한 피터스의 일반적인 견해로 돌아갈 필요가 있다(제2, 3장을 보
라). (피터스가) 교육이란 상이한 경험과 지식의 형식들 중 가치 있는
활동들과 행동양식으로의 입문이라고 주장했다는 점을 상기해 보라
(Peters, 1963a, pp. 102-10). 이는 교육이란 공유하는 유산과 공적 전
통으로의 입문이라는 주장에 해당하는 것이다(Peters, 1974b, pp.
423-4). 교육적으로 전달해야 할 것들 중에 중요한 것에는 이같은 전
통 유산 안에 간직되어 있는 비개인적인 내용과 절차들이 있다. 피터스
의 윤리적 다원주의의 관점에서, 구체적으로 가치 있는 활동들 및 특수
한 행위규범으로의 입문은 도덕교육의 부분이다. 즉 "교육의 이러한
보다 특수한 의미에서 생각해 보면 … 모든 교육은 도덕교육이다 … "
(Peter, 1970b, p. 73). 그러므로 아이들을 도덕성의 내용으로 입문시
키는 것은 도덕교육에 있어서 반드시 필요한 것이다. 아이들은 도덕성
의 형식을 스스로 발전시킬 수 없으며, 그 내용을 스스로 이해할 수 없
다. 내용 없이 도덕성의 형식을 아이들에게 교육하는 것은 공허한 것
이다.

아이들이 도덕 규칙들을 인식하는 방식은 의심할 바 없이, 그들이 동
화시켜야 할 도덕적 삶의 내용과 그것을 어떻게 동화시킬 것이냐 하는
방법을 결정한다. 도덕성 내용 학습의 위치와 각 수준에서의 교수방법
의 역할에 대해 (콜버그가 주장하는) 인습 수준과 인습 후 수준 사이에
는 중요한 차이가 있다. 우리는 이미 덕이란 인지적으로 자극을 줄 수
는 있지만 가르칠 수 없는 것, 나아가 원리를 학습한다는 것은 명시적
인 내용을 학습하는 것과는 다르다는 콜버그의 주장을 언급한 바 있다.

이러한 주장은 기본적으로 도덕발달의 인습 후 수준이나 자율적인 수준의 차원에서 제시된 것이다. 하지만 인습 수준이나 타율적인 수준에서 도덕 규칙에 대한 아이들의 생각은 순응(順應)과 권위(權威)에 기반을 둔 것이다. 이러한 인습적인 사고의 형식은 규범 내재적 도덕성으로의 입문과 관련이 깊을 뿐만 아니라 그 특수한 내용이 행동주의자들이 말하는 조작적 조건화(操作的 條件化), 즉 기본적으로 적극적이고 소극적인 강화의 과정에 의해 학습될 뿐만 아니라 모방과 동일시를 통해 학습된다는 사실과 관련이 깊다. 이러한 "착한 소년" 혹은 "멋진 소녀"의 도덕성 수준에서, 구체적인 도덕적 내용과 특수한 도덕적 규범들은 습관 형성이나 습관화에 의해 주입된다. 피터스는 인습 수준에서의 도덕성 내용의 주입이 도덕적 삶에 있어서 본질적인 것이며, 역사적이고 사회적인 사실의 문제로서 이러한 단계들을 넘어 이루어지는 발달이란 오히려 예외적인 현상이라고 주장하고 있기 때문에, 콜버그의 단계이론에 대한 그의 보완책은 "감이 떨어지는 것"으로 교화(敎化)라는 문제에 부딪치게 된다.

대단히 특수한 덕과 역할-책임을 아이들에게 가르치는 것의 중요성을 무시한 콜버그에게 반대하였던 피터스는 도덕성을 이루는 내용―규범 내재적 도덕성―에 대한 학습이 논리적으로나 실제로 도덕성 형식 발달에 필요하다는 강한 주장을 한다(우리는 다음 절에서 약한 주장을 다룰 것이다). 인습 수준의 아이들이 도덕 규칙들을 제대로 파악하지 못한다고 할 때, 도덕규범에 대한 학습은 수업이나 설명으로 이루어질 수 없을 것이다. 어린 아이들은 도덕적 원리들의 근거를 이해할 수 없기 때문에, 개념-명료화 및 이유-제시에 둔감하다. 만약 인습 수준에서 인지적 도덕학습이 불가능하다면, 행동적 도덕학습이나 도덕적 습관-형성은 인습 이후의 도덕적 이해를 가능하게 하는 방안이 될 수 있을 것이다. 인습 수준에서 교육자들은 행동주의자들이 말하는 강화의 수단으로 습관-훈련을 활용해야 한다. 피터스는 습관에 따른 도덕교육을 중시한 아리스토텔레스의 생각과 조작적 조건화에 의한 도덕 훈련을 강조한 피아제의 생각을 느슨하게 연결짓고 있다. 피터스가 스키너주의자가 아니며, 행동주의를 비판하였다고 할지라도, 그는 상이나 벌, 칭찬이나 비난을 제외하고 도덕적 규칙들을 아이들에게 의미 있게 심을 수 있는 다른 방법이 없다고 본 행동주의자들이 갖는 통찰력의 가치를 인정한다(Peters, 1978, p. 125). 결국 피터스에 의하면, 아이들의 도덕발달에 있어서 교육적 환경은 콜버그의 구성주의적 노선에서 볼때, 기여인(寄與因)으로 작용하기보다는 오히려 구성인(構成因)으로 작용한다는 것이다. 이 점은 사회-학습이론의 입장에 부합하는 것이기도 하다.

그렇다면 습관화에 의한 행위 규범 학습이 그토록 중요한 까닭이 무엇인가?(Peters, 1973a, pp. 58-60; 1974a, pp. 560-1; 1978, pp. 123-4). 도덕성의 내용 학습은 논리적으로 다음 두 가지 이유에서 도덕성의 형식을 발달시키는 데 필요하다. 첫째, 이러한 학습이 없이는 인습 이전 수준에서 도덕 규칙들에 대한 자기 중심적인 태도로부터 인습 이후의 수준에서 규칙들에 대한 자율적인 태도에 이르기까지 직접적인 발달이 이루어지기 어려울 것이다. 규칙들에 대한 인습 이후의 반성적 태도는 순응과 권위에 기반을 두고 있는 규칙에 대한 규범적인 생각을 논리적으로 가정하고 있다. 아이들은 규범-내재적인 도덕성 중 특수한 규칙들을 선택해 내면화함으로써 그것들의 타당성에 대한 반성의 기틀을 얻게 된다. 만약 아이가—피아제가 "초월적인" 도덕적 실재론의 단계라고 부른 것에서—대체로 규칙을 따르는 것을 배우지 않는다면, 어떻게 규칙을 자율적으로 따를 수 있다는 것인가? 아이는 규칙을 권위가 있는 어떤 것으로 인식을 해야 하며, 자기 중심적으로 벌을 피하거나 보상을 받기 위한 것으로 인식할 필요는 없다. 둘째, 도덕적 원리들을 적용하여 도덕성의 형식을 구현한다는 것은 도덕성의 내용 없이는 생각도 할 수 없는 일이다. 우리는 이미 추상적인 원리들이 구체적인 내용 없이는 작용하지 않는다는 점을 밝힌 바 있다. 정의라든가 이익고려와 같은 도덕적 원리가 무엇을 의미하는가 하는 점은 상당히 특수한 덕들(정직과 같은 것), 역할-책임(부모가 되는 것과 같은 것), 다른 특수한 규범적 개념들(요구의 개념과 같은 것)과 관련해서만 이해 가능하다. 달리 말해서, 원리에 관한 콜버그의 생각이 하향식이라면, 피터스의 생각은 상향식이다. 원리에 대한 상향식 접근방식은 사회적 실제 및 역할 속에 그러한 원리들이 내재하고 있다는 점을 고려해 넣으며 도덕적 원리들이란 낮은 수준에서 어떤 중요한 도덕적 내용에 대한 정당화나 비판이 순차적으로 이루어질 때 명시적으로 작용한다. 즉, 원리들이란 도덕적 삶의 초기에 직면하게 되는 도덕적 갈등 및 불확실한 상황에서 드러나게 된다.

나아가 도덕성의 내용 학습은 실제로(혹은 도구적으로) 다음 두 가지 이유로 도덕성 형식을 발달시키는 데 필요하다. 첫째, 만약 어른들뿐만 아니라 아이들이 갈등의 근본적인 원인을 찾아내지 못한다면, 평화로운 사회생활이란 "외롭고, 빈곤하고, 험악하며, 야만적이고, 부족한" (Hobbes, 1651, 제1부, 13장) 자연상태로 전락할 수 있다. 매우 적은 소수의 사람들이라도 자율적인 원리 기반 도덕성 수준에 다다르게 된다면, 대부분 사람들은 계약-준수 및 재산-보호와 같은 기본적인 도덕규칙들을 따르게 될 것이다. 둘째, 대부분의 경우 우리가 합리적으로 의사결정을 하고 행동을 취하기 전에 도덕적 원리들이나 규칙들의 타당성을 반추해 보아야 한다고 한다면, 도덕적 삶이란 심리적으로 피곤

한 것이 될 것이다. 도덕적 무력증을 막기 위해서는 적당한 정도의 도덕적 습관이 직접 작용하도록 해야 한다. 이것들 중에는 매우 특수한 덕들, 내면화된 기본 규칙들, 그리고 역할-책임 등이 있다.

도덕성 내용에 대한 학습이 도덕성 형식의 발달에 필요한 것이라면, 아리스토텔레스-스키너의 교수 장치가 지지해 주는 습관화의 학습방법을 채택하는 일은 불가피한 것처럼 보인다. "그러므로 덕에는 두 가지, 즉 지적인 덕과 도덕적인 덕이 있다. 지적인 덕이 주로 교수(敎授)로 인해 생겨나고 성장하는데 반해 … 도덕적 덕은 습관의 결과라고 할 수 있다"(Aristotle, 2009, 1103a, 14-17). 여기서 아리스토텔레스는 과학적 지식 및 이론적 지혜와 같은 지적 덕을 습득하기 위한 방법으로서 명시적인 수업(授業)에 의해 이루어지는 교수(敎授)와 도덕적 덕을 습득하기 위한 방법으로서 습관-형성에 의한 교수를 비교하고 있다.[11] 습관화(習慣化)란 정확히 무엇을 말하는가? 아리스토텔레스는 이 개념에 대해 모범이 될 만한 설명을 하고 있다.

… 대부분의 덕은 동일한 원인에서 그리고 동일한 수단에 의해 만들어지기도 하고 파괴되기도 하는데, 예술도 대부분 이와 비슷하다. 리라를 어떻게 연주하는가에 따라 훌륭한 리라 연주자와 형편없는 연주가가 만들어진다. 이에 대한 진술은 건축업자와 나머지 직업인들에게도 똑같이 적용될 수 있다. 사람들은 건물을 잘 짓거나 잘못 지은 결과 훌륭하거나 형편없는 건축가가 될 수 있다. … 그러므로 이러한 점은 덕에 관련해서도 똑같이 말할 수 있다. 우리는 다른 사람들과 거래를 하는 과정 속에서 행동을 하는 동안 정의로워지거나 정의롭지 않게 된다. 또한 우리가 위험에 처해 공포심을 가지고

---

11 이것을 위에서 소개한 교수의 무제한적인 개념과 비교해 보라.

행동하는가 아니면 자신감을 가지고 행동하는가에 따라 용감해지거나 비겁해진다. 이같은 경우는 식욕과 노여움의 감정에 대해서도 마찬가지로 적용할 수 있다. 어떤 사람들은 적합한 환경 안에서 이러 저러한 방법으로 행동해 봄으로써 차분하고 좋은 성격을 가지는데 비해, 어떤 사람들은 제멋대로이거나 화를 잘 내는 성격을 가지게 된다. 따라서 한마디로 말해서, 성격에 대한 설명은 활동과 같은 것에서 비롯되는 것이다(Aristotle, 2009, 1103b, 7-26).

여러 차례의 비슷한 동작을 통해 이루어지는 계속된 반복활동은 고정된 성향이나 습관을 좋은 것 혹은 나쁜 것으로 만든다. 우리는 적합한 환경 안에서 덕스러운(혹은 부덕한) 행동을 계속 반복함으로써 덕(혹은 부덕)을 얻을 수 있다.

습관화에 대해 이 같은 설명을 하면서, 피터스(Peters, 1971b, pp. 250; 255)는 다음과 같은 개념분석을 시도하고 있다. 아이들에게 도덕교육을 하는 동안, 습관화란 아이들이 어떤 행동 패턴에 친숙해지고 그것을 반복함으로써 특수한 성향들을 습득하도록 하는 학습과정이다. 하지만 이러한 과정에 교련(敎鍊: drill)을 포함시킬 필요는 없다. 습관-훈련이 이루어지는 동안, 행동 패턴은 보상이나 벌, 칭찬이나 비난과 같은 맥락에서 이루어지는 행동주의적인 강화에 의해 안정을 찾게된다. 일단 작동을 시작하면, 습관은 다음 두 가지의 조건들과 만나게된다. 즉 습관은 (a) 계속적인 반복(反復)과 (b) 틀에 박힌 상황에서의어떤 자동화(自動化)를 포함하는 고정적인 성향 구조에 의해 형성된다. 우리는 합리적으로 생각하거나 습관적인 행동에 대해 신중하게 결정하지 못하기 때문에 우리는 습관상 다소 자동적으로 행동할 수 있다. 하지만 특별한 경우 일단 틀에 박힌 상황에서 벗어나면, 우리는 자신의 습관을 검토해 보고 습관에 따라 행동하려고 하지 않는다.

피터스에 의하면, 습관화를 통해 도덕성의 내용을 학습한다는 것—즉, 기본적인 규칙들 및 역할-책임을 내면화하는 것뿐만 아니라 매우 특수한 덕들을 획득하는 것—은 도덕적 삶의 발달에서 필요하기는 하지만, 다음 세 가지 이유에서 충분하다고 할 수 없다(Peters, 1971b, pp. 251-3). 첫째, 이것은 피터스의 윤리적 다원주의의 결과로서, 도덕적 삶의 상이한 국면들이 습관-형성에 각기 다르게 관련되어 있다는 것이다. 습관화의 방법은 매우 특수한 덕들을 학습하고, 기본적인 규칙들을 내면화하고, 역할-책임을 채택하는 경우에 잘 적용된다. 하지만 원리를 학습하고, 동기를 강화하고, 의지-자질들을 실현해 가려는 경우에, 이러한 방법이 갖는 효과는 매우 제한적이거나 기껏해야 간접적일 따름이다. 우리가 이미 설명한 바 있듯이, 도덕적 원리를 학습하는 일은 명시적인 도덕 내용을 학습하는 것과 같다고 할 수 없다. 예컨대, 도덕적 원리, 즉 공평한 이익고려의 원리를 파악하기 위해서 아이는 "이익"과 같은 개념을 파악할 필요가 있으며, 이러한 인지적인 내용 발달은 행동 상의 조건화의 과정에 비추어 볼 때 이해하기 힘든 것처럼 보인다. 나아가, 원리의 적용에 있어 개방적인 태도는 장차 습관적인 행동을 이끌어 내기 위한 반복 조건과 직접적인 관련이 있다. 다른 도덕적 측면과 관련지어 볼 때, 습관-형성의 과정은 정서를 불러일으키고, 의지-자질 구현에 의존할 뿐만 아니라 정반대의 성향을 가정하는 동기유발을 강화하는 데 직접 영향을 주는 것은 아니다. 동기유발 및 의지 발휘에 있어서 마음의 적극적인 참여는 습관화 과정에서 생겨나는 자동화의 조건과는 다르게 이루어진다.

둘째, 특이한 상황에서 습관은 도덕적 삶을 이끌어 가는 지침으로서 더 이상 봉사하지 못한다. 이와 더불어, 강화 중에 있는 제재가 철회되었을 때, 습관이 행동 통제를 할 수 있을지 보장할 수 없다. 우리가 습관적인 성향의 자동화에 더 이상을 의존하지 않으려면 도덕적 삶에 있어서 결정을 하거나 행동을 할 때 다른 점들을 고려할 필요가 있다. 셋째, 도덕적 습관이란 근본적으로 완벽한 것이라고 할 수 없는데 그 까닭은 그것이 전적으로 외재적인 이유로 작용하기 때문이다. 매우 특수한 덕들, 기본적인 규칙들, 역할-책임은 행동에 대한 분명한 이유들을 결여하고 있다. 내재적 이유들이 결여되게 되면, 그것들은 강한 제재와 같은 맥락적 요인들에 강하게 의존하게 된다. 정확히 말해, 이 두 가지 후자의 입장은 "덕 주머니"란 상황적인 것이요, 단기간에 이루어지며, 다시 회귀(回歸)하려는 것이라는 콜버그 비판의 핵심을 이루고 있다. 하지만 이러한 비판은, 습관화를 통한 규범 내재적인 도덕성의 학습이란 도덕적 삶의 발달에 충분한 것이 아니라 단지 필요한 것일 따름이라는 피터스의 강한 주장에 흠집을 낼 수 없다.

4) 교육의 패러독스

피터스는 도덕교육의 궁극적인 목적이 적절히 보완된 형식을 갖춘, 합리적이고 원리적인 도덕성의 획득에 있다는 콜버그의 주장을 받아들인다. 하지만 도덕적 삶으로의 입문을 위한 학습과정으로서 도덕적 내용과 습관화가 불가피하다는 피터스의 옹호는 이러한 불가피성이 위기에 처하게 되면 도덕성의 합리적 형식의 발달을 어렵게 만드는 것이 아닌가 하는 문제를 불러일으킨다. 그 어려움을 다음과 같이 구조화해 볼 수 있을 것이다.

1. 청소년들(성인들)은 합리적이고 원리적인 도덕성, 즉 원리들에

대한 인지적 파악에 기반을 둔 도덕성을 가지고 있다.

2. 그러므로 아이들은 청소년으로 발달해 가는 동안 합리적이고 원리적인 도덕성을 획득할 수 있다.

3. 아동기 초기의 사실에 비추어 볼 때 어린 아이들은 합리적 과정, 즉 개념적인 수업이나 이유-부여 설명 방식으로는 원리들을 배울 수 없다.

4. 만약 이것이 사실이라면, 아이들은 규범 내재적 도덕성을 비합리적인 과정, 즉 모방(模倣)과 습관화(習慣化)를 통해 획득할 수 있을 따름이다.

5. 그렇다면 어떻게 합리적이고 원리적인 도덕성의 획득이 가능하다는 것인가?

만약 (1)과 (2)가 사실이라면, 합리적이고 원리적인 도덕성의 획득이 가능하겠지만, (3)과 (4)가 사실이라면 그러한 것의 획득은 불가능하다.

교육이란 자신의 삶을 합리적으로 살아가는 능력을 갖춘, 소위 교육받은 사람이 되도록 입문시키는 것으로 바라보는 피터스의 견해에 비추어 볼 때, "도덕교육의 패러독스(paradox of moral education)는 사실상 모든 교육의 패러독스이다"(Peters, 1973a, p. 33). 자신의 연구 기간 동안 이러한 난점을 몇 번이나 수정한 피터스는 이러한 우려를 도덕교육의 패러독스 및 문제라는 말로 표현했다.

합리적으로, 지적으로, 그리고 자발적으로 행동할 수 있는 사람을 길러 내는 것이 바람직한 일이긴 하지만, 아동 발달과 관련해 외면할 수 없는 분명한 사실은 아동발달이 가장 왕성하게 이루어지는 시기에 아동이 이러한 삶의

형식을 배우지 못할 뿐만 아니라 그것을 전달받는 방식에 둔감하다는 것이
다. … 그런데도 합리적인 행동 규칙이 … 나이 어린 아이들의 능력을 넘어
서는 것일지라도, 아이들은 습관과 전통(courtyard of Habit and Tradition)
의 마당을 지나 이성의 궁전(palace of Reason)으로 들어가야 한다. … 도덕
교육의 문제는 다름이 아니라 후기 단계에 … 합리적 규칙의 발달을 무의미
하지 않게 만드는 방식으로 행동 습관을 어떻게 획득하는가 하는 것이다
(Peters, 1963b, pp. 271-2).

이러한 패러독스를 익히 알고 있던 콜버그는 비합리적인 교수-과정
을 통한 규범-내재적인 도덕성의 획득이란 합리적이고 원리적인 도덕
성의 발달과 양립할 수 없다고 설명한다. 대부분 내부에서 생겨나 진행
되는, 상호작용적인 도덕발달은 인지적 자극의 도움을 받을 뿐이며, 따
라서 (원리적인) 덕이란 가르쳐질 수 없는 것이다. 하지만 도덕성의 내
용과 습관화의 필연성—아이들은 반드시 습관과 전통의 마당을 지나
이성의 궁전에 들어가야 한다는 것—을 옹호하면서, 피터스는 상호작
용주의자들이 말하는 도덕성 형식의 발달은 행동주의자들이 말하는 습
관-형성을 통한 도덕성의 내용 학습—즉 아이들은 습관과 전통의 마
당을 지나 이성의 궁전으로 들어갈 수 있다는 것—과 양립할 수 있다는
약한 주장을 제기하고 있다. 도덕교육의 문제란 한편으로, 목적으로서
이성—"합리적으로 받아들여지고 지적으로 적용되는 도덕규범"(p.
268)—과 다른 한편으로, 수단으로서 습관과 전통 사이에 양립 불가능
한 점이 분명히 존재한다는 것이다.

이것은 결국 아이들이 외적인 권고나 자극 없이 스스로 자신의 일을 해 갈
수 있을 때까지 아무 의미도 없는 "외적인" 기교들[습관과 전통]을 사용해야

한다는 경우를 말하는 것인가? 혹 이것은 나중에 지적이고 자발적이며 내적
으로 방향이 잡힌 행동[이성]에 영향을 주기 위해 그러한 외적 기교들을 사
용해야 하는 그런 경우를 말하는 것인가?(p. 274).

이러한 문제에 대해 피터스가 제기한 해결책은 무엇인가? 그는 위에
서 말한 (3)의 주장에 동의한다. 즉, 외면할 수 없는 분명한 사실은 합
리적이고 원리적인 도덕성이 합리적인 교수-과정들 및 인지적 학습-
과정들에 의해 획득되는 것은 아니라는 것이다. 하지만 피터스는 (4)
의 입장에 찬성하지 않는다. 왜냐하면 그는 규범 내재적인 도덕성뿐만
아니라 합리적이고 원리적인 도덕성이 습관화에 의해 획득될 수 있다
고 주장하기 때문이다. 도덕교육의 패러독스, 즉 (5)의 입장에 대한 피
터스의 해결책은 습관이라는 개념에 대한 상이한 두 가지 적용방식의
차이를 밝히는 일이다. 도덕적 습관의 습득은 합리적인 행위 규범을 획
득하는데 필요한 조건이지만, "어떤 습관의 형성이 반드시 적응력 및
자발적인 즐거움을 반드시 방해하는 것은 아니다"(p. 274) — 습관은
흔히 이성 및 지성과 관련되어 있다.[12] 우리가 "습관으로부터", "습관의
힘을 통해", 혹은 "이것은 순전히 습관의 문제이다"라는 말을 할 때, 우
리가 마음에 두고 있는 습관의 유형이란 신체적인 반사작용, 자기 조절
적인 과정, 다른 엄격한 자극-반응 메커니즘 이후에 형성된다. 이러한
생각—습관을, "늘 동일한 자극에 의해 생겨나는, 틀에 박히고 편협한

12　피터스(1971b, pp. 250-1, 253)는 "습관"을 기술적인 용어로 사용하는 것과 설
명적인 용어로 사용한 것을 구분한다. 첫 번째의 용도로 사용할 경우, "습관적인 행동
양식은 적응성이라는 의미에서 지성(知性)뿐만 아니라 추론(推論)을 포함하고 있는"
(p. 251) 반면에 두 번째 용도로 사용할 경우, 그것은 "'지성'의 개념을 적용할 수 없는
진부한 상황"(p. 253)을 암시하고 있다.

것으로 인식되는 것"(p. 278)으로 바라보는 생각—에 비추어 볼 때, 습관이란 합리적으로 주형(鑄型)해 내는 일을 거부하는 지적 적응력(知的 適應力)과 자발성(自發性)을 배제시키고 있다. 하지만 피터스의 대안적인 생각에 의하면, 습관이란 어느 정도의 유연성(柔軟性)이나 개방성(開放性)을 가지고 행동하려는 성향을 나타내며 따라서 그러한 행동을 통해 상황을 변화시키고 목표에로 즉각 다가가려는 성향을 갖는다. 이러한 의미에서, 습관이란 합리적인 방식으로 행동 안으로 스며들어갈 수 있는 성향이다. 원칙상 습관은 그 배후에 이유를 가지고 있으며, 이것들이 늘 자동적으로 작동한다고 할지라도 우리는 습관을 자유롭게 멈출 수 있다. 이러한 두 번째 생각에 비추어 볼 때, 우리는 얼마든지 습관이 적응력을 가지고 있다는 의미에서 지성(知性)과 더불어 추론(推論) 능력을 포함하고 있으며, 결국 합리적인 행위 규범을 획득하는 데 중요한 요소라고 생각할 수 있다.

나아가 피터스(Peters, 1963b, p. 27)는 도덕적 규칙들과 관련된 지적 습관과 비지적인 습관의 차이점을 대조시켜 다음과 같이 설명하고 있다. 개방적인 도덕적 습관은 도덕 규칙에 준하여 행동하려는 경향성을 갖는 반면에, "순응주의자"의 도덕적 습관은 도덕 규칙에 일치하도록 행동하는 능력이다.[13] 이러한 순응주의자의 능력—"예컨대, 권위적인 인물이 인정하지 않는 행동을 하지 않으려고 하거나 편협하게 인식되는 운동을 하지 않으려는"(p. 277)—은 그렇게 행동하는 아이가 도덕 규칙들을 파악하고, 도덕적 개념을 소유하고 있다는 것을 논리적으로 가정하고 있는 것은 아니다. 하지만 이것은 반드시 습관이 교련(敎

---

13 이러한 대조를, "의무로부터 비롯된 행동"과 "의무에 따른 행동"으로 대조시킨 칸트의 입장을 비교해 보라.

鍊) 및 강압(强壓)의 과정처럼 비합리적인 과정에 의해 형성되거나 체
제를 강화함으로써 보완되어야 한다는 것을 말하는 것은 아니다. 습관
이란 아이가 아직까지 해야 할 것에 대한 이유를 충분히 이해하지 못한
다고 할지라도 이유를 받아들이고, 지성을 불러일으키고, 합리적이고
원리적인 도덕성이 지배하는 후기 단계를 예시(豫示)하는 교육적 맥락
에서 형성될 수 있다. 이러한 이성-친화적인 환경에서, 교육자들은 예
컨대 기초적인 도덕수업, 즉 다른 상황과의 유사성에 관심을 기울이고
행동 결과들을 지적하면서 규칙을 적용하는 맥락 안에서 아이의 규칙
따르기 행동 설명을 포함하는 "안내"(案內)를 할 수 있다(Peters,
1973a, p. 65; 1978, p. 125). 따라서 도덕 규칙에 따라 행동하는 방법
을 배우는 동안 행동 패턴이 비자의적(非恣意的)으로 반복될 수 있으
며, 따라서 그 결과, 도덕적 성향이 합당한 위치를 차지하는 이성의 선
구자(先驅者)가 된다. "내가 논하고자 하는 것은 지적 방식으로 형성된
학습 습관은 도덕적인 상황에서 자신들이 소유하거나 결여되어 있다고
생각하는 정당화 능력 때문에 규칙을 따르거나 거부하는 후기 단계에
적절한 근거를 제시하는 것으로 보인다는 점이다."(Peters, 1971b, p.
258). 따라서 피터스는 어느 정도 합리적인 통제를 할 수 있는 행동 경
향으로서 습관의 두 번째 형태를 고려해 봄으로써, 도덕적 습관의 형성
과 합리적이거나 근본적인 행위 규범의 획득 사이에 놓인 간격을 줄일
수 있다고 생각한다. 즉 "왜냐하면 지성의 사용과 습관의 형성 사이에
반드시 모순이 있는 것은 아니기 때문이다"(Peters, 1963b, p. 277).[14]

---

14   하지만 도덕교육의 패러독스를 해결하기 위해 이성을 지적으로 수용하고 개방한
다는 측면에서 도덕적 습관에 대한 피터스의 분석은 다른 중요한 잔여 문제를 다루어야
하는 상황에 직면하게 된다. 교육적 진실성과 같은 잔여 문제와 그 해결을 위한 제안에
대해서는 Cuypers(2009)를 보라.

4. 인습 이후 수준과 개인적 자율성

이러한 윤리적 다원주의를 배경으로 피터스는 무제한적인 의미에서 교수에 대한 생각, 도덕발달의 정의적인 측면, 습관화에 의해 이루어지는 규범-내재적인 도덕성의 기여 등에 대한 견해를 가지고, 콜버그의 인지-발달 심리학을 보완하면서, 도덕교육에 대한 종합적인 접근을 시도하고 있다. 콜버그의 단계이론에서, 도덕발달은 인습 이후 수준의 자율적인 단계에서 정점에 이르게 된다.[15] 이같은 가장 높은 단계에서, 아이가 충분히 발현된 합리적인 도덕성의 형식을 획득했을 때, 도덕적 원리들은 그것들이 가진 보편적인 타당성 및 적용 가능성에 기초하여 자동적으로 따르오게 된다. 피터스가 도덕발달 및 아동교육의 최정점이 원리에 기반을 둔 도덕성에 기초해 행동하는 자율적인 사람이라는 콜버그의 견해에 동의하고 있다고 할지라도, 도덕교육의 정의적인 국면과 구체적인 도덕적 내용의 필요에 의해 이질적인 요소들이 강조되어야 한다는 피터스의 보완적 태도는 안타깝게도 이러한 도덕교육의 최정점이 가지는 자율적 특성과 다를 바가 없다. 열정 또한 규칙을 따를 경우, 자율성은 발휘되기 어려울 것처럼 보인다. 또한 특정의 도덕적 규범과 습관화를 따르는 순응주의(順應主義)가 요구될 때에는, 교화(敎化)가 불가피해 보인다. 그러므로 얼핏 보기에, 피터스의 종합적인 접근방식은 비진실성(非眞實性) 및 교화의 문제에 부딪치게 된다(Peters, 1973a, pp. 68-72 ; 1974a, pp. 566-7). 이러한 문제를 다루기 위해 피터스는

---

15   여기서, 우리는 자율성의 성취―인습 이후의 수준에서 최고의 단계에 이르는 것―란 개방적이고 민주적인 사회 안에서 삶과 같은 사회적 조건과 섬세한 개념적 도구의 소유 및 적절한 정서적 환경의 소유와 같은 심리학적 조건을 전제로 하고 있다는 사실에 관해 자세히 설명하지 않았다

우선 자율성의 개념을 분석하고 이를 진실성의 개념과 밀접히 관련짓고 있다.

1) 개인적 자율성의 개념

피터스의 교육철학에 나타난 "자율성"이란 무엇을 의미하는가? 피터스는 형식상 자율성을 실천적 덕의 범주 안에서 결단이라든가 용기와 같은 의지의 자질들과 함께 분류하고 있다.[16] 자기-통제의 덕으로서, 자율성은 조소(嘲笑), 외면(外面), 뇌물 수수(賂物授受)와 같은 옳지 못한 일들에 직면했을 때 작용한다. 자율성의 내용을 더 자세히 소개하기 위해, 우리는 서로 관련이 있는 네 가지의 자율성에 대한 견해를 유용하게 구분한 파인버그(Joel Feinberg)의 주장을 소개해 보려고 한다.

> "자율성"이라는 말을 각 개인들에게 적용할 때 그것은 다음과 같은 서로 관련이 깊은 네 가지의 의미를 가지고 있다. 그것은 정도의 문제이기는 하지만 스스로를 통제하는 능력을 말하는 것일 수 있다. 혹 그것은 자기-통제 및 그와 관련된 덕들을 이루기 위한 실제적인 조건들을 말하는 것일 수 있다. 혹 그것은 그러한 생각에서 비롯되는 인격(人格)의 이상(理想)을 말하는 것일 수 있다. … 또한 그것은 정치적인 상태에 적용될 수 있는 것, 즉 법적 지배권 및 자기-결정권에 대해 말하는 것일 수 있다(Feinberg, 1986, p. 28).

---

16 이 장 각주 3번을 보라. 또한 아래에서 인용한 파인버그(Feingerg)는 "자기-통제의 실제적 조건과 그와 관련된 덕들", 즉 의지력의 덕들이나 피터스가 "*d*타입의 덕들"이라고 부른 것에 관해 언급하고 있다.

분명한 것은, 실제적인 조건으로서 자율성에 대한 견해가 자율성의 개념을 도덕교육에 적용할 때 매우 중시해야 할 개념 중의 하나라는 점이다. 누군가가 그러한 자율성에 관한 능력이나 권리를 실제로 구사할 수 있는 조건을 갖추고 있다는 점이 분명해질 때, 비로소 자율적인 능력이나 권리를 가지고 있다는 점이 분명해진다. 나아가 (교육적)이상으로서 자율성의 내용—사람들이 고무시키려는 가치 있는 어떤 것—은 이같은 자기-지배의 실제적 조건을 갖춘 특성으로부터 직접 유래한 것이다.

그렇다면 자율성의 실제적인 심리적 조건을 가진 사람에게 이것은 어떤 의미를 가지는 것인가? 피터스는 선택자로서의 인간에게 초점을 맞춘다. 그에 의하면, 자율성이란 넓은 의미에서 "자유"를 분석하기 위한 구성 요소이다. 그는 다음과 같이 쓰고 있다.

> 분석의 핵심이 되는 것은 선택자로서 사람의 개념, 즉 내가 실천이성의 상황이라고 부른 것 안에 자리하고 있는 합리적 존재의 개념이다. … 하지만 교육을 할 때에, 우리는 실제로 선택을 하기 위한 능력을 보존하는 것 이상의 것에 늘 관심을 기울이고 있다. 또한 우리는 개인적 자율성의 이상(理想), 즉 선택자로서의 인간의 개념 안에 내재하는 잠재력(潛在力)의 발달에 관심을 가지고 있다(Peters, 1973b, pp. 16-17).

개인적 자율성에 대해 피터스는 다음과 같이 설명하고 있다.

자율성의 이념 안에 내재하는 조건들이 점차 변화하고 있다. 그 첫 번째 기본적인 조건은 진실성(眞實性)의 조건, 즉 다른 사람들에게 지시를 받는 사람과 자신을 구별하는 삶의 규범이나 방식을 채택하는 조건이다. 규칙에 대한 합리적인 반성을 중시하는 두 번째 조건은 자율성을 가장 굳게 믿는 사람들에 의해 지지를 받는 조건이다(p. 16).

자율적인 선택은, 최소한, 자유로운 선택이다. 좁은 의미에서 자유로운 선택자로서 인간의 개념은 외적이고 내적인 제재를 받지 않는 행위 주체에 대한 개념이다. 그 어떤 속박도 억압도 그를 방해할 수 없다. 그러므로 자유로운 선택이란 행위 주체가 통제할 수 있는 선택이다. 자유로운 행위 주체는 자신에게 열려져 있는 선택지들을 가진 사람이며, 자신의 의지를 통제함으로써 행동을 통제하는 사람이다.

하지만 벤(Benn, 1976, p. 123)은 "선택자가 된다는 것은 자율적인 사람이 되는 데 충분치 않다."고 주장한다. "왜냐하면 유능한 선택자도 아직까지 관습의 노예가 되어 여전히 자신이 무비판적으로 받아들인 표준들에 의거해 선택을 하기 때문이다." 이러한 이유로, "자율적인 사람"은 자유로운 선택자일뿐만 아니라 반성적으로 합리적인 선택을 할 수 있다는 측면에서 진실한 행위 규범을 소유한 사람이다. 피터스는 자율성의 진실성-조건(authenticity-condition)에 대해 좀 더 자세하게 설명하고 있다.

어원적으로 "자율성"이란 누군가가 규칙을 스스로 받아들이거나 지킨다는 것을 암시하고 있다. … 자율성은 개인의 행위 규범이 그가 다른 사람에게서 선택한 것이라든가 이차적인 방식으로 채택된 것이라는 점을 부정한다. 그가 살아갈 때 필요한 규칙이란 습관이나 권위에 의해 주어진 것이 아니다. … 이것은 획일성이 지시하는 것과는 확연히 구별되는 것으로, 개인이 실제로 원하는 것이 무엇인가를 표현해 낸 것이다(Peters, 1973b, p. 15).

피터스가 말하는 자율성의 두 번째 조건—사정(查定) 및 비판과 관련이 있는 조건— 은 합리성-조건(rationality-condition)이다. "개인이란 규칙들을 자신의 사회적 삶을 구성하는 변화 가능한 관습으로 인식하는 존재로서 이해된다"(pp. 15-16). 이러한 조건은 한편으로, 자율성과 다른 한편으로, 사려 깊은 반성 및 비판적 사고 간의 관계를 긴밀하게 만들어 준다.

피터스에 의하면, 개인의 선택은 다음과 같은 요건들을 만족시켜 주는 자율성의 실제적인 조건이다.[17]

행동 주체의 선택은 다음과 같은 요건을 갖추었을 때만이 자율적이라고 할 수 있다.

1. 선택이 자기 통제하에서 이루어진다.

2. 선택은 진실한 것이다.

3. 그는 그것(그것 이면에 놓인 규칙들)에 대해 합리적으로 성찰한다.

인습 이후의 수준에서 아이는 이러한 요건들을 만족시키는 선택을 할 수 있는 능력을 가지고 있다. 이러한 능력의 실천이 정도의 문제라고 할지라도, 사람이 참된 자율적인 선택자로서 자격을 갖지 못하는 어떤 최저 하한 수준이 있다. 여기서 주장하고 싶은 것은 자율적인 선택자에 대한 피터스의 생각 역시 원리에 입각한 도덕성으로 작동하는 아동의 합리적인 사고의 형식에 대한 콜버그의 아이디어를 그대로 표현하고 있다는 것이다.

---

17 진실성의 조건 및 합리성-조건에 관해 더 알아보려면 Cuypers(2009; 2011)를 보라.

2) 자율성의 교육적 이상

자율성에 대한 이러한 분석을 시도하면서, 피터스는 곧바로 자신의 주장이 시대에 뒤떨어진 것이요, 교화의 문제를 가져올 수 있다는 비판을 맞받아치고 있다. 아이가 특수한 도덕적 규범에 대해 합리적이고 진실한 태도를 채택하는 한, 그 순간부터 그것이 비록 전통과 습관화에 뿌리를 둔 평가체계를 구성한다고 할지라도 아이의 선택과 그러한 규범에서 비롯되는 행동은 자율적인 것이다. 앞에서 언급한 바 있듯이, 아이가 아직 행동에 대한 정당한 이유를 제시할 수 있는 능력이 비록 결여되어 있다고 할지라도, 도덕적 규범에 따른 행동은 이성을 받아들일 뿐만 아니라, 자율성의 후기 단계를 예시하는 교육적인 맥락 안에서 학습된다. 이성-친화적인 환경에서, 권위란 권위주의적인 것이 되지 않고도 행사될 수 있다. 습관화가 그 자체로서 교화를 가져오는 것은 아니다. 권위주의적인 교화와 권위가 있는 교육 간에는 커다란 차이가 있다. 첫 번째 과정, 즉 교화의 과정에서, 도덕 규칙들은 아이가 규칙들에 대한 이유나 정당화를 요구하지 못하게 하여, 결국 아이의 능력이 더 이상 자라지 못하도록 하면서 계속 억압을 받도록 하는 방식으로 전달한다. 그러나 두 번째 교육의 과정에서는 도덕 규칙이 아이가 비판적 반성을 하도록 함으로써 가능하면 이른 나이에 규칙들에 대해 질문을 던지고 이유를 찾도록 하는 방식으로 전달된다. 아이가 규칙의 타당성에 초점을 맞추도록 자극하는 일은 아이가 고정된 규칙 이면에 놓인 근거를 탐구하도록 하는 것과는 확연히 다른 것이다. 나아가 다음 장에서 살펴보겠지만, 진실성과 추론의 이면에 놓인 합리적 열정 또한 자율적인 단계의 이행과 유지에 도움이 된다. 따라서 구체적인 도덕 규칙들을 명시하는 규범-내재적인 도덕성이 아이 자신의 합리적인 통제에 있는 한 또는 가능한 한 그러한 통제하에서 이루어지는 방식으로 스며들어 가는 한, 교화를 피할 수 있을 것이며, 자율성은 위기에 처하지 않을 것이다.[18]

피터스는 자신에게 가해진 비진실성에 대한 의혹을 맞받아치면서 자기 주장의 타당성과 적절함을 다음과 같이 강조하고 있다.

> … 자율적인 사람이란 원리 기반 도덕성의 수준에서만 행동하는 사람이 아니다. … 그는 … 전통과 권위에 대해서도 합리적인 태도를 가지고 있다. 하지만 내 생각에 자율적인 사람의 행동 대부분은 두 번째[인습적인] 수준의 도덕성의 지배를 받고 있다. … 이들은 그 동기가 보다 평범한 행동 수준을 유지하는 데 도움을 주는 인습적인 도덕성 수준에서 고정된 침전물(沈澱物)을 가지고 있다(Peters, 1973b, p. 26).

피터스에 의하면, 자율성이란 절대적인 요새(要塞)가 아니다. 심지어 아이가 인습 이후의 수준의 자율적인 단계에 이르렀다고 할지라도 절대적인 성채가 아니다. 자율성이란 규범 내재적인 도덕성과 관련되어 있을 뿐만 아니라 가치 있는 활동들과도 관련되어 있다. 3장과 5장에서 설명했듯이, 인격(人格)의 이상으로서 자율성은 아이가 먼저 우리의 유산을 이루는 가치 있는 활동들의 체계에 입문하지 않고는 실현되기 어렵다. 자율적인 선택이란, 규범적으로 인문학 안에서 빛을 발하는 인간 조건에 대한 관점이 제공하는 조건 위에서 의미를 가질 따름이다. 진실성(眞實性)이란 개인들이 스스로를 창조적으로 발전시켜 나간다는 사

---

18 Cuypers와 Haji(2006)는 교화(敎化)의 문제에 대한 이 같은 해결 구조에 관해 보다 자세한 설명을 하고 있다.

실에 기반을 두고 있는, 소위 "선하고" "바람직한" 활동들의 배경 없이
는 이해할 수 없는 것이다. "자율성 발달에 있어서, 직접적인 실험(實
驗)이 중요하다. 하지만 그러한 실험은 문화유산의 일부인 창조적 탐구
에 입문함으로써 널리 알려지고 세련되어야 한다."(Peters, 1973a, p.
54).

우리는 앞 장에서 중도적인 자유주의자로서 피터스가 개인주의에 대
한 극단적이고 지적이지 못한 해석을 못마땅하게 생각한다는 점을 밝
혔다. 따라서 위에서 제시한 노선에 따라 생각해 보건대, 자율성에 대
한 그의 생각은 결코 절대적인 것이 아니며, 심지어는 인습 이후의 수
준에 대한 것도 아니다. 그렇다면 피터스는 자율성을 정확히 어떻게 이
해하고 있는가? 그는 다음과 같이 설명하고 있다.

> 자율성에 대한 자유주의적인 이상은 무비판적인 순응이나 엄격한 독단에의
> 고착과 비교를 해 보면 쉽게 이해될 수 있다. 그것은 다양한 원천에서 선택
> 한 모든 것을 명시하려고 하지 않으며, 그것을 계속되는 비판에 종속시키려
> 고 하지도 않는다. 그것이 필요로 하는 것은 어떤 도전을 받는 상황에 직면
> 했을 때 의견과 가설(假說)을 배우고 수정하려는 자발적(自發的)인 태도이
> 다(Peters, 1977a, p. 64).

자율성에 대한 이같은 중도적인 생각을 보다 잘 드러내는 중요한 세
가지 특징이 있다. 첫째, 자율성이란 이미 성취한 마음의 상태가 아니
라 마음의 태도이다. 우리는 믿을 만한 여러 가지 신념과 (도덕적) 행동
패턴을 가지지 않을 수 없다. 하지만 우리는 이렇게 다르게 획득된 요
소들에 대해 나름대로 입장을 취할 수 있다. 우리는 비판적 엄밀성을
밝히기 위해 모든 것을 쏟아 부을 수 없으며 또 그럴 필요도 없다. 그렇

다 보니 아직까지 많은 것들이 어둠 속에 남게 된다. 그러므로 자율성이란 전부(全部) 아니면 전무(全無)의 문제가 아니라 다소(多少)의 문제이거나 정도(程度)의 문제이다. 둘째, "비판적으로 말한 것에 관심을 기울이고, 자신의 방식대로 듣고 읽은 것을 조직하고 종합하는 것으로서"(Peters, 1977b, p. 65) 자율성은 양극단, 즉 비굴하게 권위를 재생산하려는 입장과 스스로를 창조하려는 입장 사이의 태도이다. 자율적이고, 비판적이며, 진실하고, 상상력이 풍부하다는 것의 속성은 "한편으로 유식하다거나 이해심이 많다는 것을 보여 주는 것과 같은 평범한 자질과 구별되어야 하며, 다른 한편으로는 독창적이고, 창조적이며, 발명적이라는, 소위 격이 다른 자질들과는 구별되어야 한다. 자율성이란 전자의 자질들의 예시를 넘어 다다를 수 있는 것이지만, 후자의 자질들의 예시를 요구하는지 않는다. 셋째, 사람들이 모든 영역에서 전문적인 지식을 가지고 있는 것은 아니라고 할지라도, 인간 유산에 충분히 입문한 뒤에는 자기 자신의 견해를 가지고 살아가야 할 도덕적이고 실존적인 영역에서, 이제는 전문가들 및 권위자들에게 의존해서는 안 된다. 최소한 도덕적 삶의 기본적인 특징인 인간 조건 및 삶의 역경과 관련해 생각해 볼 때, 우리는 자율적인 관점을 계속해서 발달시켜 나가야 할 것이다.

정서교육과 이성의 삶

1. 서론

앞 장에서 우리는 피터스가 정의적인 측면에서 콜버그의 인지-발달 심리학을 보완하였다는 지적을 하였다. 이성과 동정(同情: compassion), 합리적 원리뿐만 아니라 감정 모두는 도덕성의 형식에 속하며, 이 두 가지 모두는 도덕교육과 도덕발달 이론에서 고려되어야 필요가 있다. 따라서 피터스에 의하면, 열정이나 정서의 교육은 도덕교육의 일부이다.

언뜻 보기에, 피터스가 도덕교육을 합리적이고 원리적인 도덕성으로의 입문으로 강조하고 있다는 입장에서 그가 정서교육을 하나의 분리된 범주로 소개하고 있다는 것은 놀랄 만한 일이다. 하지만 도덕교육에 대해 종합적인 접근을 하는 피터스는 자연히 열정의 역할에 대해 관심을 기울이게 되었고 도덕교육의 인지적인 측면과 정의적인 측면의 관계에 대해 관심을 가지게 되었다. 나아가 심리학자로서 그는 항상 자신

의 목적적, 규칙–지향적 행동 설명 모델 및 동기이론의 맥락에서 정서
의 개념에 대해 관심을 가지고 있었다.

　이성과 열정을 반립(反立)의 상태로 바라보았던 일반적인 생각과는
달리, 피터스는 통합적인 견해를 지지한다. 그에 의하면, 만약 인간본
성에 대한 수정된 견해를 제시하라고 한다면, 그것은 이성의 삶은 열정
의 삶과 대립하는 것이 아니라는 점이다. 그의 견해 안에서 이성이란
열정적인 것일 수 있으며, 열정이란 이성적일 수 있다. 그 결과 도덕교
육에 대한 종합적인 접근방식과 더불어 이성과 정서를 통합적으로 바
라보는 그의 견해는 교육과 교육목적에 대한 풍성하면서도 다차원적인
생각의 토대를 이루고 있다. 결국 삶을 위한 교육이란 인간조건의 맥락
에서 이성의 삶을 위한 교육과 동일하다는 점에 비추어 볼 때, 피터스
는 보다 폭넓은, "종합적인" 견해를 구상하고 있음이 분명해진다.

　합리성과 정서에 대한 피터스의 견해를 탐구하기 전에 우리는 피터
스가 정서를 어떻게 믿고 있으며, 정서를 어떻게 교육할 수 있다고 생
각하는지에 대해 살펴보고자 한다.

2. 정서의 본질

정서란 무엇인가? 물론 이것은 마음철학의 분야에서 그 자체로서 커다
란 주제이다(Goldie, 2009 ; de Sousa, 2010). 우리는 피터스가 정서의
본질에 대해 어떤 견해를 가지고 있는지를 이해하는 데 필요한 어떤 배
경 지식에 한정지어 설명하고자 한다.

　일반적으로, 정신상태 및 사건은 다음 두 가지 범주(範疇), 즉 감각작
용(*sensations*)과 명제적 태도(*propositional attitudes*)로 나누어진다. 시

각 인상이나 고통과 같은 감각작용(感覺作用)이 의식적인 정신적 사건
이라면, 신념이나 욕망과 같은 명제적 태도(命題的 態度)는 의도적인
정신적 성향이다. 감각작용은 감각적인 분야에 속한다면, 명제적 태도
는 의도적인 대상으로 향하는 인지적인 정신적 분야에 속한다. 이러한
인지적인 상태는 의도성(또는 지향성)이라는 속성을 드러낸다. 이와 관
련하여 명제적인 태도에 대한 언어적 표현은 다음 두 가지, 즉 태도 부
분과 명제 부분으로 나뉜다. 예컨대, 비에 대한 피터스의 믿음과, "피터
스는 비가 내린다고 믿는다"라는 문장 표현을 생각해 보자. "피터스는
믿는다"라는 태도의 부분은 피터스의 믿음에 대한 정신적 태도를 표현
하고 있으며, "비가 내린다"라는 명제적 절은 피터스가 믿고 있는 의도
적인 대상—피터스의 믿음이 지향하고 있는 바—을 표현하고 있다.

   정서란 복잡한 정신적 현상이다. 정서란 부분적으로 감감작용과 같
은 것이요, 부분적으로는 명제적 태도와 같은 것이다. "부당한 처우에
화가 난다"라든가 "내가 이룬 업적에 자부심을 가진다"와 같은 정서는
두 가지 구성요소, 즉 감정과 판단으로 이루어져 있다. 감정(感情)이란
특수하면서도 경험이나 느낌의 속성을 지닌 일종의 감각작용이다. 이
에 비해 판단(判斷)이란 어떤 확실하면서도 의도적인 대상이나 내용을
지닌 일종의 명제적 태도이다. 내 아내의 부주의함에 대한 화의 원인이
내가 너무 적은 잠을 자고 너무 많은 양의 커피를 마셨다는 데 있는 것
처럼, 정서의 대상은 바로 그 원인이 아닐 수 있다. 정서의 본질에 대한
상이한 견해들은 이러한 요인들 중 어떤 것을 강조하거나 정서를 그 중
어느 하나 혹은 다른 것에 환원시키고 있다. 예컨대, 흄(David Hume,
1739-1740)은 정서를 감정과 동일시하고 있는 반면에, 솔로몬(Robert
Solomon, 1973)은 이 두 가지를 판단과 같은 것으로 보고 있다.

1) 피터스의 사정적 견해

베드퍼드(Errol Bedford)와 아놀드(Magda Arnold)의 제안에 의하면, 피터스는 정서란 단지 감정에 지나지 않는다는, 소위 널리 알려진 가설에 반대하면서, 정서란 본질적으로 그것이 감정을 포함하고 있는지 아니면 포함하고 있지 않은지를 평가하는 소위 사정(査定: *apprais-al*)을 포함하고 있다는 주장을 지지한다. 사정이란 특수한 종류의 인지과정이다. 즉, 그것은 일종의 평가적 판단(*evaluative* judgment)이다. 우리가 일반적으로 각기 다른 정서가 서로에게 그리고 우리 자신에 속하는 것이라고 할 때, 귀속사정(歸屬査定: ascribing appraisals)은 논리적으로 귀속정서(歸屬情緖: ascribing emotions)를 성립시키는 필요조건이다(하지만 충분조건은 아니다).

> 우리가 "정서"라고 부르는 것이 무엇인가를 자연스럽게 물을 때가 있는데, 이때 우리는 공포, 화, 슬픔, 시기, 질투, 연민, 후회, 죄책감, 부끄러움, 자부심, 놀라움 등과 같은 것을 포함하는 아주 긴 목록을 제시할 수 있을 것이다. 이러한 선별의 밑바탕에 깔려 있는 기준(基準)은 무엇인가? 확실히 정서와, 우리가 편한 대로 "사정"이라고 부르는 인지군(認知群)은 서로 관련이 깊다. 이러한 것들은 다양한 차원에서 동의하거나 동의할 수 없는, 그리고 이익이 되거나 해가 되는 측면에서 상황을 이해할 때 비로소 조직될 수 있다(Peters, 1970a, p. 175).

피터스에 의하면, 사정이나 평가적 판단은 정서의 인지적 핵심을 이루고 있다. 즉, 정서란 본질적으로 상황이나 대상들을 "좋은"(동의할 수 있는, 이익이 되는) 혹은 "나쁜"(동의할 수 없는, 해가 되는) 등으로 바라보거나 판단하는 일을 포함하고 이다. 예컨대, 공포(恐怖)는 개념적으로 상황을 위협적인 것으로 이해하는 일과 관련되어 있다. 또 화는 상황을 좌절시키는 것으로 바라보는 일과 관련이 있다. 또 자부심(自負心)은 무엇인가를 내가 이루어 낸 것이라는 흡족한 판단과 관련이 있다. 또 시기(猜忌)란 우리가 갖기를 원하는 것을 누군가가 소유하고 있다는 고통스런 판단과 관련이 있다. 서로 다른 사정은 서로 다른 정서를 구성한다. 정서란 평가적 판단을 포함하고 있기 때문에, 정서는 좋은 것이 무엇이며 나쁜 것이 무엇인지에 대한 믿음을 논리적으로 가정하고 있으며 그러한 믿음을 일관되게 표현해 내는 데 필요한 개념체계(槪念體系)를 논리적으로 가정하고 있다. 이러한 인지적 차원의 우선성이라는 관점에서 볼 때, 정서는 이성이나 의지에 영향을 받지 않는 감각작용과 같이 감정으로 환원되지 않는다. 뿐만 아니라, 이같은 개념적 가정 때문에 자부심, 부끄러움, 후회, 슬픔과 같은 대부분의 정서는 인간존재에게만 경험될 수 있는 것이지 동물에게 경험될 수 있는 것이 아니다.

정서에 대한 피터스의 이론은 두 가지 주요한 주장으로 이루어져 있다. (1) 정서의 개념은 수동성(受動性)의 범주에 속한다. (2) 정서와 바람(wish) 사이에는 개념적 관계가 있다. 결과적으로 그는 정서와 행동 간에 개념적 관계가 있다는 점을 부인하며, 또한 정서와 요구 혹은 욕구 사이에 개념적 관계가 있다는 점을 부인한다. 안스콤(Elizabeth Anscombe, 1957, p. 68)이 주장한 바와 같이, "원함의 원초적인 특징은 무엇인가를 얻으려는 것"이라고 한다면, 이 두 가지의 부인은 내적으로 관련되어 있다. 누군가가 무엇인가를 원한다면, 그는 그것을 얻기 위해 행동을 하거나 최소한 그것을 얻으려고 행동할 것이다. 피터스에 의하면, 정서로서 공포, 질투, 자부심의 두드러진 특징은 원함(want-

ing) 및 활동과 아무런 관련이 없지만, 바람 및 수동적인 현상과는 전
적으로 관련이 있다.

피터스는 자신의 첫 번째 주장이 일상 언어 용법의 핵심이 되어야 한
다고 생각한다.

> "정서"라는 말은 … 일반적으로 우리의 수동성(受動性)을 선별해 내는 일상
> 언어 속에서 사용된다. 우리는 정서에 의해 방해를 받고, 뒤틀리며, 고양되
> 고, 예리해지며, 암울해진 상태에서 이루어지는 판단에 대해 말을 한다. 자
> 신의 정서적인 통제에 따라 움직이기보다는 명령에 따라 움직이는, 그리고
> 정서적으로 혼란스럽고, 속상하며, 몰두하고, 흥분하며, 진이 빠진 사람의
> 판단에 대해 말을 한다. 이와 비슷한 맥락에서 우리는 급격한 동요, 격렬한
> 분노, 반발과 같은 정서 상태에 대해 말을 한다. 이러한 경우들이 암시하는
> 것은, 사람들이 어떤 관점에서 상황을 숙고하고, 질투, 시기, 공포와 같은 용
> 어들이 암시하는 차원에서 상황을 고려할 때, 무엇인가가 갑자기 사람들에
> 게 닥치거나 일어난다는 것이다(Peters, 1970a, p. 178).

이러한 상식적인 지식에 의거해 생각해 볼 때, 피터스는 라일처럼,
정서를 원함 및 동기와 같은 비슷한 일반적 언어군 속에 넣어 분류한
철학자들에게 반대하고 있을 뿐만 아니라, 정서와 행동 혹은 행동 경향
사이의 필연적인 관계를 정립하려는 심리학자들에게 반대하고 있다.
그는 우리의 행동이 화로 인해 동기를 부여받거나 우리가 공포 속에서
행동할 뿐만 아니라 공포로부터 벗어나기 위해 행동한다는 점을 부인하
지 않는다. 공포로부터 벗어나기 위한 행동은 동기가 부여된 행동이라
면, 공포 속에서 이루어지는 행동은 정서적인 (반응)행동이다. 피터스
가 부인하는 것은 정서의 개념과 동기의 개념이 서로 묶여 있다는 주장

뿐만 아니라 "정서" 및 "동기"라는 용어가 본질적으로 서로 다른 정신 상태를 언급하는 것이라는 주장이다.

이러한 피터스의 부인은 서로 충돌하지 않는다. 자신의 이론에서 피터스는 정서와 동기 사이에 존재하는 공통된 요소가 무엇인가를 탐색하는 것으로부터 시작하여 그것들이 개념적으로 어떻게 다른가 하는 점을 기능적으로 정의하고 있다. 비슷한 정신 상태, 말하자면 상황에 대한 사정 행위는 두 가지의 서로 다른 체제 혹은 맥락, 즉 수동성과 적극성의 맥락과 관련될 수 있다. 판단 상태가 수동적으로 영향을 받거나 행동이 이루어지는 맥락에서 작용한다면, 우리는 정서의 개념을 적용할 수 있을 것이다. 그 대신에 판단 상태가 적극적으로 무엇인가를 하려는 맥락에서 작용한다면, 우리는 동기의 개념을 적용할 수 있을 것이다. 예컨대, 누군가가 화는 나지만 사랑 때문에 행동하는 경우, 정서와 동기는 분명히 분리된다. 하지만 다른 경우, 예컨대 누군가가 공포 속에서 그리고 공포에서 벗어나기 위해 행동할 때에는 위험한 상황에 대한 사정이 정서로서 그리고 동시에 동기로서 작용한다. 이 두 가지는 우연히 같이 작용할 수도 있겠지만, 정서와 동기는 개념적으로 구분되는 것으로서, 정서의 독특함은 그것이 수동적인 특성을 가진다는 점이다.

피터스는 자신의 두 번째 주장이 프로이트에 의해 제기된 입장이라고 생각한다. 피터스가 자신의 전체 연구 경력에서 프로이트의 이론에 깊은 관심을 기울였다는 점을 알아 둘 필요가 있다.[1] 그가 실험심리학(實驗心理學) 뿐만 아니라 정신분석학(精神分析學)을 끌어들였다는 점은 그가 개방적인 마음의 소유자라는 점을 말해 주는 표식이다. 피터스

---

1 특히 Peters(1958, 제3장; 1960; 1965)를 보라.

에 의하면, 정서를 가진다는 것은 내적으로 원함보다는 바람과 관련이 있다. 이 두 가지는 목적론적인 개념이지만, 바람의 개념은 더 약한 개념이다. 더 강한 원함(혹은 욕구)의 개념은 개념적으로, 피터스가 목적적이고, 규칙-추구적인 모델의 맥락에서 분석한 행동의 개념과 관련되어 있다(Peters, 1958, 제1장). 원하는 행동 목표(desired end of action)와는 달리 무엇인가를 바라는 목표(end wished for)는 명확하게 인식되지 않는다. 원함은 분명하고도 지적인 목표로 나아가며, 결국 적절한 행동을 통해 구현된다. 반면에 바람은 이해 가능성이나 실천 가능성에 아무런 의미도 던져 주지 못하는, 소위 분명하지 않는 목표로 나아간다.

정서-사정(情緖-査定: emotion-appraisals), 즉 수동성의 맥락에서 작용하는 상황에 대한 사정은 일반적으로 이같은 미결정적인 바람의 특성 국면을 가지고 있다. 첫째, 마치 화난 사람이 "그녀가 죽었으면 좋겠다"라는 비통해 하는 여인이 "그는 살아 있을 거야"라고 생각하는 것처럼 ─ "X가 바로 그런 경우라면 좋겠다"─, 정서-사정은 소망(所望)을 나타내는 바람의 분위기를 포함하고 있다. 둘째, 정서-사정은 직관적이고 구분이 잘 안 되는, 심지어는 맹목적이고 거친 종류의 사정이다. 정서-사정은 어려운 상황에 처했을 때 이루어지는 "긴급하거나" "성급한" 판단이다(Solomon, 1973, pp. 264-5). 카시오(Cassio)[2]와 정서적으로 관계를 맺은 자신의 아내, 데스데모나(Desdemona)에 대한 오셀로(Othello)의 사정을 질투(嫉妬)라는 수동성에 초점을 맞춰 생각을 해 보면, 오셀로의 사정은 불합리하다고 하기에 앞서 (너무) 직접적

---

2   역자주: 카시오는 셰익스피어(Shakespeare)의 작품인 『오셀로』(Othello)에 등장하는 인물이다. 오셀로의 부관으로 기용된 이아고(Iago)의 라이벌이다.

이고 분명하지가 않다. 이와 반대로, 동기-사정(動機-査定: motive-appraisals), 즉 활동의 맥락에서 작용하는 상황에 대한 사정은 "냉철한" 판단으로서, 이것은 이아고(Iago)의 생각이 원함이나 욕구를 조정 가능한 형태의 합리적 숙고 행동으로 이끌어 가듯이, 명확한 목표를 가진 정신 상태를 유지시켜 준다.

한편으로 정서들 간의 개념적 관계와 다른 한편으로 신체적인 운동과 행동(그리고 원함과 같은 행동을 불러일으키는 정신상태)의 개념적 관계를 부인하는 피터스의 입장은 그것들 간의 우연하거나 사실적인 관계를 부인하는 것이 아니다(Peters, 1962a, pp. 121-2; 1970a, pp. 179-80). 정서-사정은 생물학적으로 자율신경계(예컨대, 은유적으로 말하자면, 화가 나 "부글부글 끓어 올라 분통이 터지는 것" 그리고 자부심으로 인해 "부풀어 오르고 상기되어 있는 것")와 운동체계(공포로 인해 "무릎이 후들거리는 것") 안에서의 신체적 변화를 수반한다. 이같이 자발적이지 않은 일들은 우리가 "정서적 반응'이라는 부르는 것, 즉 화가 나서 후려치거나 공포로 인해 도망치려는 것과는 구별되어야 한다. 이러한 반응들은 자극에 따른 반응(혹은 충동적인 행동)과 충분한 인식 후 이루어진 행동 사이의 매개군(媒介群)에 속한다. 한편, 정서 반응(情緖 反應)이란 정서-사정을 포함하기 때문에, 전기 충격을 받았을 때 펄쩍 뛰는 것과 같은 자극 반응에는 존재하지 않는 인지적인 내용을 가지고 있다. 다른 한편으로, 정서-반응은, 목적-수단 구조가 결여된 성급한 정서-사정에 기반을 두고 있는 까닭에 목적 지향적이고 규칙-추구적인 행동이 아니다.

상황에 대한 사정이 정서로서 그리고 동시에 동기로서 작용할 경우 —예컨대, 우리가 공포 때문에 행동하기도 하지만 공포에서 벗어나기 위해 행동하는 경우처럼— 정서란 우연히 그것의 힘에 의존하여 운동

수행을 방해하거나 용이하게 한다. 공포가 너무 심하면 마비를 시키지만, 어떤 공포는 탈출을 가속시킨다. 일반적으로 다양한 동기에서 비롯되는 행동은 우연히 정서와 관계를 맺게 되는데, 그것은 이러한 행동을 방해하거나 용이하게 하거나 고양시키거나 강화한다. 어떤 경우에는 정서-사정과 행동 간의 관계가 약해질 때도 있다. 이런 경우, 특정 신체운동에서 우연히 일어나는 것이 아니거나 이미 결정된 행동에 우연히 영향을 끼치는 것은 아니라 할지라도, 정서는 상징적인 행동 속에서 그 자체를 표현해 낸다. 예컨대, 사망한 남편 때문에 슬퍼하는 아내는 슬퍼하는 행동을 통해 자신의 감정을 표출해 내는 것이다. 이렇게 의례적인 행동으로 정서를 표현해 내는 일은 문화마다 상대적이다.

3. 정서교육

정서를 어떻게 교육할 것인가? 이러한 질문은 다음과 같은 또 다른 질문을 전제하고 있다. 즉 정서는 교육 가능한 것인가? 만약 정서가 의지나 이성의 영향을 받지 않는 감각작용과 같은 일종의 감정이라면, 정서를 교육할 수 없을 것이다. 정서가 단지 타고나는 반응이라면, 그 또한 정서를 교육할 수 없을 것이다. 피터스가 "정서를 교육할 수 있는 어느 정도의 영역이 존재한다"고 생각하는 것은 그가 정서를 일종의 인지 형식으로 보기 때문이다(Peters, 1970a, p. 175). 따라서 정서-사정은 이성과 의지의 영향을 받게 된다.[3]

정서교육(情緒敎育)이란 도덕적인 교육(moral education)의 본질적

---

3 정서교육 가능성에 대해 다룬 것에 대해서는 White(2002, 제9장)를 보라.

인 부분이다. 즉, "대부분의 정서와 동기는, 사실의 문제로서, 미덕이
나 악덕—예컨대, 시기, 자애, 욕정, 연민—으로 여겨질 수 있다"(Pe-
ters, 1970a, p. 182). 정서를 교육한다는 것은 규범적인 작업이라고 할
수 있는데, 그 까닭은 대부분의 정서가 일반적으로 미덕이나 악덕으로
여겨질 수 있을 뿐만 아니라 교육 그 자체가 규범적인 사업이기 때문이
다. 피터스에 의하면, 다른 교육과 마찬가지로, 정서교육의 목적은 아
이들을 지식과 이해가 중요한 부분을 차지하고 있는 가치 있는 삶의 형
식으로 입문시키는 것이다. 따라서 피터스는 정서교육에 있어서, 지식
과 이해에 의하지 않고는 도저히 이해할 수 없는, 진리의 가치를 상정
(想定)하고 있다.[4]

　이러한 관점에서, 피터스는 가치 있는 삶의 형식에 속하는 것이 무엇
인가 하는 질문을 던지면서, 정서교육에 규범적으로 접근해 가고 있다.
진리에 대한 관심과 타당성이라는 이상적 관점에 비추어 볼 때, 어떤
정서가 가치가 있으며 적절한 것인가? 이러한 견해에 비추어 볼 때, 정
서를 교육한다는 것은 적절하거나 선한 "정서"를 신장시킨다는 것이며
반대로 부적절하거나 "나쁜" 정서를 제거한다는 것을 의미한다. 이 점
이 바로 피터스가 적극적인 "자기-초월적" 정서(self-transcending
emotions)와 소극적인 "자기-참조적" 정서(self-referential emotions)
를 대조적으로 다루는 이유이며, "합리적 열정"이라는 용어를 중시하
는 이유이다. 우리는 아래에서 이러한 형태의 정서들에 대해 다룰 것이
다. 이성과 열정의 관계에 대한 피터스의 가정을 알아보기 전에, 우리
는 정서-사정을 정당화하고 도덕화(道德化)하는 방법으로서 정서교육

4　나아가 피터스는 진리란 중요한 인식적 목표라고 상정한다. 하지만 이것은 논란의
소지가 있다. 예컨대, Steup 과 Sosa(2005, 제10장)에 소개된 Kvanvig-David 논쟁을
보라.

의 과업을 살펴보고자 한다.

피터스는 정서의 본질에 대한 자신의 견해를 염두에 두면서, 서로 관련이 깊은 정서교육의 과업 두 가지 측면을 구분하고 있다. 즉 (1) 적절한 정서-사정의 발달 (2) 정서의 수동성에 대한 통제와 방향 부여를 구분하고 있다.

1) 적절한 정서-사정의 발달

첫 번째 측면과 관련하여, 정서-사정은 다음 두 가지 방식, 즉, 합리적 그리고 도덕적으로 적절히 이루어질 수 있다. 첫째의 경우, 합리적 비판은 정서교육에 영향을 줄 수 있다. 이 점은, 인지적 판단이 (경험적) 믿음을 전제하고 있듯이, 정서가 본질적으로 사정을 포함하고 있기 때문이다. 정서를 교육한다는 것은 부분적으로 이러한 믿음을 올바른 것으로 만든다는 것을 뜻한다. 즉, "정서교육 안에 담긴 … 명백한 요소는 사람들의 사정이 그릇된 믿음에 기초하고 있는 것이 아니라는 점을 확인하려는 시도이다"(Peters, 1970a, p. 184). 우리가 가진 믿음은 분위기에 좌우되는 경향이 있으며, 성급한 판단에 기초하여 이루어지는 경향이 있는데, 이러한 믿음에 기초를 둔 정서-사정은 잘못될 수 있다. 즉, 우리는 잘못된 사실을 얻을 수도 있고 따라서 상황을 잘못 해석할 수도 있다. 예컨대, 카시오(Cassio)와 관계를 맺은 데스데모나(Desdemona)에 대한 오셀로(Othello)의 질투어린 사정은 그릇된 믿음에 기초하고 있다. 왜냐하면 이러한 사정은 이아고[5]의 조작에 기초하여 추

---

5   역자주: 이아고(Iago)는 셰익스피어의 작품 『오셀로』(*Othello*)에 등장하는 음험하고 간악한 인물.

론되었기 때문이다. 피터스에 의하면, 우리는 충분한 근거를 갖춘 믿음에 기초하여 사정을 할 수 있는 자연적인 성향이 부족하기 때문에, "정서교육의 주요 과업들 중의 하나는 객관화(客觀化)할 수 있는 능력을 신장시키는 것이다."(Peters, 1970a, p. 185).

이러한 과업을 성취하기 위해 교육자들은 이성을 활용하는 데 없어서는 안 되는 열정의 도움을 받아야 할 필요가 있다. 이성이란, 피터스가 "합리적 열정"이라고 부른 다양한 열정의 도움을 받지 않고는 발달할 수 없다. 이러한 열정은 이론적인 탐구하는 데 도움을 줄 뿐 아니라, 그것이 합리적으로 작용하는 한 실제적인 활동, 판단, 사정을 안내해 준다. 자신의 교육적 접근 방식에 따라, 피터스는 "무엇보다도 중요한 [열정]은 진리에 대한 관심으로, 이것이 없이는 추론(推論)이 지적인 것이 될 수 없다"(Peters, 1971a, p. 170). 진리에 대한 관심, 사실을 있는 그대로 받아들이는 것, 자의성(恣意性)을 배격하는 것, 진실성을 높이 평가하는 것 등에 대한 배려의 결과는 정서교육에 있어서 객관화할 수 있는 능력의 발달을 돕는다. 그러므로 피터스에 의하면, 이성은 열정에 영향을 줄 뿐만 아니라 열정은 이성에 영향을 준다.

두 번째의 경우, 도덕적 비판은 정서교육에 영향을 준다. 또한 정서-사정은 도덕적 관점에서 평가가 이루어질 수 있다. 정서가 그릇된 믿음에 기초하고 있다는 이유에서 그것을 비이성적이거나 불합리한 것으로 비판하는 것은 그것이 사악하거나 비도덕이기 때문에 비난하는 것과는 다른 것이다.[6] 도덕적 관점에서, 부적절한 정서-사정은 다른 사람들에

---

6 정서적 사정에 대한 도덕적 비판은 "해야 한다는 것은 할 수 있다"는 원리에 제약을 받는다(Peters, 1970a, p. 183; 1973, pp. 84-5). 인간이 어떤 정서의 대상을 피할 수 없다면(예컨대, 화, 질투, 자존심), 그들이 이러한 정서들을 가지고 있다는 이유로 도덕적으로 비판하는 것은 적절하지 않다. 인간이 생물학적으로 혹은 심리학적으로 다

대한 관심의 결핍을 드러내며 자아에 대한 지나친 집착(執着)을 드러낸다. 이러한 규범적 입장을 배경으로, 피터스는 "자기-관련적" 정서와 "자기-초월적" 정서를 구분한다. 그 첫 번째 정서와 관련해 부정적인 것으로는 허영(虛榮), 탐욕(貪慾), 질투(嫉妬), 시기(猜忌), 증오(憎惡), 그리고 야욕(野慾) 등이 있고, 두 번째 정서와 관련된 긍정적인 것으로는 사랑, 타인 존중(他人尊重), 그리고 정의감(正義感) 등이 있다. 정서를 교육한다는 것은 부분적으로 "나쁜" 정서들을 제거하고 "좋은" 정서들을 신장시키는 것이며, 일반적으로 우리가 행하는 정서-사정은 자기-관련적인 경향이 강하다. 즉, 자기 중심적인 편견에 사로잡혀 있기 때문에 우리는 상황을 잘못 인식하는 경향이 있다. 우리 자신의 경우조차도, 우리는 불성실의 희생자가 되며 우리가 우리 자신을 기만하기도 한다. 피터스에 의하면, 우리는 우리 자신과 다른 사람들의 정서를 충분히 인식할 수 있는 자연적인 성향을 가지고 있지 않기 때문에, "자신과 다른 사람의 보다 심원한 정서 안으로 들어가기 위한 상상력(想像力), 즉 소위 "통찰력"(通察力)을 발달시키는 일은 정서교육에 있어서 매우 중요한 일이다."(Peters, 1970a, p. 178).

경험적인 것들이 보다 많이 탐구되어야 하지만, 이러한 상상력과 통찰력은 문학이나 드라마를 통해 계발될 수 있다. 인지적인 판단으로서 정서-사정은 개념적이고 언어적인 내용을 전제로 하기 때문에, 적절한 정서-사정을 해내는 능력은 상상력을 자극하는 위대한 문학이나 드라

르게 느낄 수 없다면, 그들이 도덕적으로 다르게 느껴야 한다고 주장하는 것은 아무런 의미가 없다. 인간의 본성은 어느 정도 정서에 대한 도덕적 비판에 제약을 받는다. 문화적 상대주의의 형식에 대해서도 이와 같이 말할 수 있을 것이다. 즉, 범죄-문화 안에서 죄짓는 경험을 하는 사람을 도덕적으로 비판하는 것은 적절하지 못한 것 같다. 인간이 문화적으로 다르게 경험할 수 없다면, 정서에 대한 도덕적 비판이 어느 정도 가능한가에 다시 한번 제약을 받게 된다.

마에 참여함으로써 확장되고 고양될 수 있다. 이러한 교육적 접근의 측
면에서, 정서교육에 있어서 자기-초월적인 정서의 신장을 돕기 위하여
다른 사람과 자신을 창조적으로 인식하는 능력을 신장시키는 일은 이
성의 보편적 영역으로 들어가기 위해 자신의 현재 그리고 현재를 뛰어
넘기 위한 방법의 하나이다. 따라서 정서적으로 교육받았다는 것의 기
준이 되는 것은 타인 존중의 관점에서, 통찰력을 가지고 그 상황을 정
서-사정할 수 있는가 하는 것이며 진심으로 그리고 성실하게 자기가
처한 상황을 사정할 수 있는가 하는 점이다.

2) 통제 가능한 정서적 수동성

  정서를 교육해야 한다는 과업의 두 번째 측면은, 그것의 수동성 통제
와 안내로, 이것은 첫 번째 것을 상호 보완해 주는 것이다. 정서-사정
을 합리화하고 도덕화하는 일은 정서적 수동성을 관리할 때 실현 가능
해진다. 왜냐하면 직관적이고 성급한 정서-사정을 통제하고 안내할 때
만이 상황을, 동의할 수 있는 것 혹은 동의할 수 없는 것으로 적절히 사
정할 수 있기 때문이다. 왜곡되지 않은 이러한 사정은 "좋은" 정서들
안에 담겨 있다.
  우리는 왜 정서적인 수동성을 통제하고 안내해야 하는가? 정서-사
정은 우연히 신체적인 운동 및 행동과 관련되어 있을 뿐만 아니라 지각
(知覺), 기억(記憶), 다른 판단들과도 관련되어 있다. 상이한 상황에 대
한 직관적이고 성급한 반응으로서, 정서-사정은 보다 "원초적이고",
"거친" 판단이기 때문에, 이것은 관련된 상황에 대한 지각을 흐리게 하
고, 다른 (합리적인) 판단의 형성을 어렵게 한다. 정서-사정은 이러한
판단들을 왜곡시킬 뿐만 아니라 (다른) 정서-사정 안에 담긴 판단들도

왜곡시킨다. 이러한 의미에서, 정서-사정은 그 자체의 합리화와 도덕화를 상쇄시켜 버리며 따라서 그것들 중 어떤 것은 통제되고 안내받아야 하며 통로를 만들어 주어야 한다. 피터스가 제시한 가설은 부적절한 정서-사정이 합리적으로나 도덕적으로 적절한 방법으로 제거되거나 대체되어야 한다는 것이며, 최소한 "나쁜" 정서들이 중화(中和)되어야 한다는 것이다.

조건화라든가 마약투여와 같은 비교육적인 기법들과는 달리, 피터스는 정서교육 분야에서 프로이트(S. Freud)가 신경과민적인 행동을 치료하기 위해 고안한 정신분석적인 기법을 모델링한 재교육(再教育)의 기법을 언급하고 있다. 이러한 재교육의 기법은 "누군가가 자신의 불합리함을 통찰하도록 하는 내용으로 구성되어 있다."(Peters, 1970a, p. 188). 어떤 정서-사정은 그릇된 믿음에 기초하고 있는데, 사람들이 이러한 조건을 인식하고 이해할 때 자기-기만(自己-欺瞞)이 "치유될 수" 있다. 하지만 이러한 합리적인 방법보다 더 중요한 것은 다른 정서를 가지고 정서를 통제하는 방법이며 안정된 감수성(感受性)을 발달시키는 것이다. 피터스는 "자기-관련적인" 정서의 계속된 영향에 대응하기 위해서는 "자기-초월적인" 정서들을 키워야 한다고 주장한다. 이러한 적극적인 정서들—사랑, 타인존중, 정의감, 합리적 열정 —이 "효과가 나타나도록 하기" 위해서는 "감정의 안정이 이루어져야 한다. … 여기서 '감정'이라는 말은 어떤 종류의 사정을 하기 위한 안정된 성향을 가리킨다"(Peters, 1970a, p. 189). 이러한 감수성의 수용과 발달, 즉, 정서 안에서 이루어지는 평가적 판단을 합당한 것으로 만들어 주는 성향은 정서교육의 중요한 구성요소이다.

안정된 감수성의 발달은 상황과 행동을 적절히 평가하려는 일반적인 도덕적 성향(혹은 습관)과 밀접히 관련되어 있다. 이러한 관계를 밝히

기 위해 피터스가 앞장에서 상세히 설명한 바 있듯이, 도덕발달에 있어
서 습관의 중요성에 대한 자신의 견해를 특수한 정서교육의 문제에 적
용하고 있다. 습관적인 정서적 감수성을 정립하기 위한 합당한 전략은
무엇인가? 우리는 대부분의 정서가 덕이나 미덕이나 악덕으로 간주된
다는 점을 밝힌 바 있다. 피터스는 한편으로 정서와 바람이란 우연한
관계를 가지며, 다른 한편으로 동기와 원함은 유덕한(그리고 사악한)
행동과 관련이 있는 정서와 연결되어 있다고 생각한다. 적절한 행동 패
턴과 그에 따르는 동기-사정에 기댈 때, 우리는 정서-사정의 수동성을
통제하고 적절한 정서적 성향들을 신장시켜 나갈 수 있다. 즉, "습관화
란 아이가 그러한 상황에 친숙해지도록, 극복 가능한 정서를 가지고 상
황들을 실제로 다룰 수 있는 행동패턴들을 개발하는 것 모두가 중요하
다"(Peters, 1971b, p. 260). 예컨대, 그 결과, "공포를 지배하는 사람은
적절한 방식으로 행동하는 안정된 성향을 가지고 있을 것이다. 그러므
로 수동적인 태도로 극복할 수 있는 기회란 줄어들게 된다."(Peters,
1971a, p. 189). 아이들이 동작을 외적으로 살펴보게 함으로써 교육자
들은 동기나 정서로 작용하는 적절한 사정을 내적으로 이끌어내려고
한다.

　행동으로부터 정서로의 이러한 움직임은 정서로부터 행동으로의 움
직임으로 역전(逆轉)될 수 있다. 사정은 활동의 맥락에서뿐만 아니라
수동성의 맥락에서 작용하기 때문에, 우리는 적절한 정서-사정과 묶여
있는 막연한 바람을, 역으로 동기-사정과 결합되어 있는 결정적인 원
함으로 바꾸고 나아가 정서를 적절한 행동으로 변환시킬 수 있다. 예컨
대, 자애 및 타인 존중에 포함되어 있는 적극적인 정서-사정은 "좋은
의도"로만 머무는 것이 아니라 구체적인 행동을 취하기 위한 방식을
찾아 나서게 된다. 이것이 효과가 있기 위해서는 정서-사정이 적절한

무엇인가를 하기 위한 동기로 작용해야 한다. 물론 피터스가 말하는 두 가지 기법, 즉 정서를 행동으로, 그리고 행동을 정서로 바꾸는 기법은 아리스토텔레스적인 것이다. 즉, "성격의 상태[정서적 성향]란 활동이라고 할 수 있는 것들에서 비롯되는 것이다"(Aristotle, 2009, 1103b, 22)[7]

　교육적으로 매우 중요한 것은 적절한 행동 패턴의 틀을 통해 "좋은" 정서적 성향들을 바로 세우는 것이다. 이러한 습관화의 과정에서, 아이들은 적극적인 자기-초월적인 정서 안에 담긴 사정을 내면화해야 한다. 앞장에서 지적한 바와 같이, 이러한 내면화 과정은, 어떤 습관이 이성-친화적인 교육환경 안에서 형성된 성향에 합리적으로 스며들어가기 때문에 가능하다. 결국, 아이들은 지속적인 행동 패턴과 적절한 사정방법을 배워야 할 뿐만 아니라 어떤 상황이 왜 유익하거나 해로운지, "좋거나" "나쁜지"의 이유를 배워야 한다. 정서를 교육한다는 것은 단지 "잔인한" 수동성을 통제하는 것이 아니라 오히려 적극적인 감수성 및 이에 따르는 성향적 행동 패턴을 조성하는 일이다. 정서교육은 이런 의미에서 도덕교육의 부분이다. "이러한 구체적인 직접 사정을 발달시키고, 이것을 즉각 행동 패턴으로 연결하는 일은 도덕교육의 가장 중요한 과업 중의 하나이다"(Peters, 1970a, p. 190).

　정서를 교육하는 과정에서 정서를 통제하기 위해 습관을 사용해야 한다는 전략과 달리, 피터스는 또한 정서의 수동성을 표출하도록 하는 방법으로 정서의 **표현**에 대해 언급하고 있다. 우리는 이미 정서라는 것이 신체적 운동을 통해 수면 위로 떠오르며, 상징적 행동 안에서 그 자체를 드러낸다는 점을 설명한 바 있다. 또한 이러한 우연한 관계가 정

서교육의 과정에서 활용될 수 있다. 정서를 상징화(象徵化)하는 일은 아이들이 자신의 정서를 스스로 다루어 갈 수 있는 창의적인 방법을 그들에게 제공한다. "말과 상징적 제스처를 통한 정서의 통제 및 표출은 정서 영역에서 매우 중요한 중재 작업으로, 이것은 극단적인 수동성의 형식과 적절한 행동 사이에서 이루어진다."(Peters, 1970a, p. 190). 문명인으로서 우리는 직접적인 정서 반응이 사회적으로 방해를 받는 상황에서, 극단적인 정서적 수동성을 다루기 위해 소위 "순화"(純化)라는 메커니즘에 의존할 수 있다. 예술과 에티켓은 우리가 야만인이 되는 것을 막아 준다. (서구)문화가 우리를 과보호하고 있는 것은 아닌지, 혹은 "격한 열정"을 공적으로 펼치지 못하도록 하는 것은 아닌가 하는 점은, 피터스가 명확한 관점을 밝히지 않은 것으로, 좀 더 깊이 생각해 보아야 할 문제이다.

4. 사정적 견해: 어떤 비판들

정서의 본질과 정서교육에 대한 피터스의 이론— 요컨대, "사정적" 견해—은 다음 두 가지 전제에 토대를 두고 있다. 하나는 정서의 본질에 관한 것이고, 다른 하나는 교육의 본질에 관한 것이다. 이에 덧붙여, 그의 이론은 인간 본성에 관한 주요한 배경 가설에 기초하고 있다. 그의 사정적 견해는 세 가지 측면에서 공격을 받고 있다. 논의 주제가 거대하고, 복잡하고, 때로는 기술적이기는 하지만, 우리는 이러한 비판들을 간략하게 평가해 보고자 한다.

피터스의 사정적 견해에 의하면, 정서란 인지의 형식이다. 워녹(Mary Warnock)은 피터스의 주장에 반론을 제기하면서, 대안적인

"감정" 견해를 옹호한다. 이 견해에 의하면, 정서란 어떤 느낌 자질을 지닌 내적 경험으로 분류되며, 따라서 정서교육의 핵심은 어떻게 행동해야 하느냐를 가르쳤을 때 아이들이 그것을 느끼는 방법을 배우도록 하는 것이다. 이러한 감성교육(感性敎育)은 아이들이 가지고 있지 않은 감정을 드러내려 하고, 이와는 반대로 가지고 있는 감정을 숨기려고 한다는 점에서 모종의 가식(假飾)을 포함하고 있다. 이러한 대안이 가지고 있는 위선(僞善)과 감상주의(感傷主義)의 위험과는 달리, 정서가 내적 감정이라면 과연 그것이 교육 가능한 것인가에 대한 커다란 논란이 있다. 앞에서 지적한 바 있듯이, 정서가 의지나 이성의 영향을 받지 않는 감각작용과 같은 것이라면, 정서란 교육될 수 없을 것이다. 따라서 정서의 본질에 대해 피터스는 다음과 같은 주장을 한다. "우리는 정서를 훈련한다고 하기보다는 '정서를 교육한다고 하는 것이 보다 자연스럽다고 말한다'. 이것은 정서라는 것이 다른 인지 내용들과 확연히 구별되며, 정서를 동반하는 신념과 구별된다는 점을 말해 주는 것이다"(Peters, 1963a, p. 98).

피터스의 사정적 견해에 의하면, 정서란 마음의 수동적 상태이다. 정서란 개념적으로 행동 및 행동 설명과 관련되어 있는 마음의 적극적인 상태인 동기와 대조를 이루며 구별된다. 존 화이트는 이러한 정서 개념에 대해 다음과 같이 이의를 제기한다. 즉, "정서와 동기는 서로 배타적인 두 개의 범주—수동성과 적극성—에 속하는 것이 아니기 때문에 정서란 동기일 수 없으며 동기 또한 정서일 수 없다. 하지만 대안적 설명의 측면에서 생각해 보면, 정서란 동기일 수 있으며 때론 정서가 곧 동기이다"(White, 1984, p. 198). 피터스가 정서와 동기를 날카롭게 구분하고, 지식과 이해—진리 추구와 이성을 요구하는 —의 발달을 포함하는 특수한 교육 개념을 제시한 결과, 그가 이미 알고 있듯이, 정서

란 교육에서 아무런 작용도 하지 못한다. 정서란 아이들의 성격 형성
(性格 形成)에 있어 동기를 부여하는 적극적인 역할을 하지 못한다. 그
러므로 정서를 교육한다는 것은 기본적으로 아이들의 합리적 발달을
방해하는 정서들을 제지하려는 진리 및 이성의 지휘하에 이러한 마음
의 수동적인 상태를 기르는 것이다. 구체적으로 밝혀야 할 쟁점들이 많
기는 하지만, 다음과 같은 몇 가지 새로운 점들이 발견된다.

　첫째, 피터스가 말하는 동기의 의미가 그의 철학적 심리학의 저서들
어느 곳에서인가 갑자기 바뀌고 있다. 초기 저작들에서 "동기"라는 용
어는 특수한 맥락에서 어떤 종류의 이유들을 구별해 내는 것이다. 동기
란 행동이 기술적으로 설명될 때가 아니라 규범적인 평가를 하려고 할
때 도움을 주는 이유가 있는 바, 여기에는 관습적인 행동 패턴에 관한
기대를 그르치는 것이 있다(Peters, 1958, pp. 27-38). 하지만 후기 저
작들에서는 "동기"라는 용어가 "원함" 및 "욕구"라는 설명적 용어들과
함께 등장한다. 즉, 동기란 행동 설명의 요인으로서, 행동에 내재하는
이유를 가진 마음의 상태를 뜻한다. 때로 피터스는 "동기"라는 용어를
정서, 특히 자애라든가 존중과 같은 자기-초월적 정서를 언급할 때 사
용하기도 한다(Peters, 1970b, p. 69 ; 1973a, p. 17).

　둘째, 피터스가 정서의 수동적 특성을 강조하였다고 할지라도, 그는
정서가 동기적인 힘을 가지고 있다는 여지를 간접적으로 남겨 두고 있
다. 사람들은 동시에 공포(정서로서의 공포) 안에서, 그리고 공포(동기
로서의 공포)에서 벗어나기 위해 행동할 수 있으며, 이는 어느 하나 그
리고 동일한 사정—현재의 상황이 위험하다는 사정—이 수동성의 맥
락에서는 정서-사정으로 작용하고, 활동 맥락에서는 동기-사정으로
작용하기 때문에 가능한 것이다(Peters, 1971a, p. 157). 이러한 공통
된 요소로 인해, 수동적인 정서는 적극적인 동기 안에서 바뀔 수 있다.

정서가 동기는 아니지만, 정서는 동기 안에서 바뀔 수 있다.

셋째, 화이트(White, p. 206)가 인정하듯이, 피터스의 이론에서 다루어지는 어떤 정서는 분명히 교육에 있어서 적극적인 역할을 한다. 이성의 사용에 없어서는 안 될 자기-초월적인 정서뿐만 아니라 "합리적 열정"은 이런 종류의 정서에 속한다. 우리는 이 점에 대해 보다 자세히 살펴보자.

교육의 본질과 관련해, 화이트는 교육을 "그 자체를 위한 지식의 추구로 입문시키는 것이라고 보는 피터스의 관점을 비판한다. 왜냐하면 이러한 교육에 대한 관점은 너무 편협하며, 자신이 제시하는 폭넓은 관점과는 대조를 이루기 때문이라는 것이다. 여기서 화이트는 교육을 인격 형성(人格形成)으로 바라본 아리스토텔레스의 주장을 지지한다. 말하자면, 그는 "덕을 형성시키기 위해 정서의 모든 레퍼토리를 조성하는 일과 사람의 인격을 만들어 가기 위해 애착(愛着)을 가져야 한다"(p. 270)는 점을 지지한다. 이에 덧붙여, 그는 피터스가 제시한 개념적 체계가 덕, 애착, 그리고 인격의 개념을 적절한 곳에 부여하지 못하고 있다고 주장한다. 하지만, 앞 장에서 자세히 다룬 바 있듯이, 피터스의 윤리적 다원주의와 도덕교육에 대한 그의 종합적인 접근방식에 있어서, 그의 후기 저작들에 드러난 교육 개념은 인지적 측면에만 국한되지 않고 있으며, 실제로 그는 우리가 제3장에서 피터스에 대한 엘리엇의 비판을 소개할 때 설명했던 한 것처럼, 아리스토텔레스적인 요소들을 통합하고 있다. 나아가 인격의 넓은 개념에 비추어 볼 때, 피터스의 교육 개념은 진리추구(眞理追求)에의 입문뿐만 아니라 인격형성을 포함하고 있다(Peters, 1962b). 인격-형성(character-formation)은 덕과 애착의 발달로 이루어진다. 덕과 성격-특성이란 개별화된 원리들 및 규칙들이라면 애착이란, 피터스가 명시적으로 밝힌 것은 아니지만, 가치 있는 활동들에 대한 헌신(獻身)으로 해석될 수 있다.

정서의 본질 및 교육에 대한 다른 견해들과 마찬가지로, 피터스의 사정적 견해는 인간본성 이론을 기초로 수립된 것이다. 화이트는 이러한 그의 이론을 칸트적인 이론과 동일시하고 있으며 다음과 같은 주장은 인간본성에 대한 분기점(分岐點)을 이루고 있다.

정서에 대한 피터스의 태도는 의심할 바 없이 칸트의 태도를 회상하게 한다. 그는 인간존재란 합리적인 본성을 실현해야 한다는 견해와 더불어 그러한 일을 하는 동안 비이성적인 영향, 열정 그리고 성향으로 인해 방해를 받으며 존재한다는 견해를 공유하고 있다. 칸트가 자신의 견해를 정당화하기 위해 내세운 근거는 인간이란 실체적 자아(noumenal self)와 현상적 자아(phenomenal self)로 되어 있다는 "이원론적 세계관"에 의존하고 있다. 피터스는 이러한 구분을 그대로 사용하지는 않았지만, 그는 여전히 **인간본성 안에는 분기점이 존재**한다고 생각하고 있다. 즉 한편으로는 관습과 이성의 영역이 존재하고, 다른 한편으로는 정서와 동기의 영역이 존재한다. 일반적으로 칸트가 그랬던 것처럼, 피터스는 우리 본성의 첫 부분이 해야 할 일은 본성을 훼손하거나 본래 과업에서 벗어나려는 두 번째 부분을 지키는 것이라고 주장한다(White, 1984, pp. 205-6 ; 고딕체는 저자들이 표시한 것임).

다른 주장은 합리성의 개념에 대한 것이다.

칸트가 그랬던 것처럼, 피터스의 철학적 심리학의 주요 개념, 즉 합리성의 개념과 관련해 여러 가지 문제들이 제기된다. 합리적으로 행동한다는 것은 자신의 원함(욕구)을 만족시키는 맥락에서 이해되는 것이 아니다. 피터스가 말하는 원함의 개념은 … 행동에는 그럴 만한 이유가 있다는 생각과 통합되어 있다. 칸트와 피터스에 있어서, 욕망과 거리가 있는 이성의 개념은 모호하며, 『윤리학과 교육』에서 시도한 선험적 논의는, 『실천이성비판』과 『도덕형이상학의 정초』에서 시도한 본체적 자아에 대한 칸트의 설명만큼이나 분명하지 않다(White, 1984, p. 208; 고딕체는 우리가 표시한 것임).

화이트는 이처럼 인간본성에 대한 피터스의 배경 가설에 대해 흥미로운 서술을 하고 있다. 하지만 이러한 주장들은 그 자체로서 이의를 제기할 만한 것이라고 할 수 있는가? 이러한 주장들은 옹호하기 힘든 것인가? 하지만 우리에게 더 중요한 질문은 다음과 같은 것들이다. 피터스는 이러한 주장들에 진정으로 동의했는가? 피터스는 정말로 칸트적이었는가? 다음 절에서 우리는 이러한 표준적인 해석에 대해 의문을 제기하려고 한다. 그리고 피터스가 과연 칸트적인 철학자였는가에 대해 의문을 던져 보려고 한다. 끝으로, 우리는 합리성과 정서에 대한 그의 통합적인 견해를 살펴보고자 한다.

5. 통합적 견해: 이성과 열정

철학사(哲學史)에서는 이성과 열정의 관계에 관한 두 가지의 상반되는 견해가 존재하고 있다. "이성 지배"의 견해에 의하면, 인간본성의 본질로서 이성이란 열정을 지배하고 지배해야 한다는 것이다. 이에 반해, "열정 지배"의 견해에 의하면, 열정은 이성의 삶을 포함하는 삶의 흐름을 지배한다. 현대 철학에서 첫 번째 견해는 일반적으로 칸트의 실천철학에서 예증되는 반면에, 두 번째의 견해는 흄에 의해 예증된다. 일찍이 흄은 "이성이란 열정의 노예이며 노예여야 하며, 열정에 봉사하거

나 복종하는 것 이외에 결코 다른 지위를 가질 수 없다"(Hume, 1739-
1740, p. 415)는 유명한 주장을 한 바 있다.[8] 피터스는 이 두 견해 중
어느 하나를 편들지 않았으며, 오히려 이 두 견해가 가지고 있는 공통
된 가설, 즉 이성과 열정이 반립(反立)한다는 가설을 비판하고 있다. 이
러한 공통된 가설을 비판하면서, 피터스는 이성과 열정이 서로에게 영
향을 줄 뿐만 아니라 내재적으로 동반자 관계를 가진다는 통합적인 견
해를 옹호하고 있다.

1) 합리적 열정

합리성을 열정과 조화시키려는 첫 단계로, 피터스는 정서를, 마음의
수동적인 상태와 인지적인 마음 상태로 나누는 전통적인 이분법(二分
法)이 과연 필요한가 하는 물음을 던지고 있다. 늘 어디에서든지 열정
을 가지고 무엇인가를 극복하는 것이 비합리적인(*unreasonable*) 것인
가? 강한 정서에 영향을 받는 것이 불합리한(*irrational*) 것인가? "우둔
한", "멍청한"과 같은 용어와 비교해 볼 때, "불합리한", "비이성적인"
이라는 용어의 쓰임새는 추리(推理)의 배경을 논리적으로 가정하고 있
다. 예컨대, 인간이 아닌, "멍청한" 동물들이 지적이라고 할 수 는 있겠
지만, 추론(推論)을 한다고 생각하지 않는다. 피터스(Peters, 1971a, p.
159)에 의하면, 우리는 목적적이고, 규칙 추구적인 행동-합리화 모델
에서 완전히 벗어났을 경우 불합리(不合理)한 행동이라고 말하는 반면,
다른 사람들의 행동에 이유가 있기는 하지만 그 이유의 근거가 빈약하
고 객관적이지 못할 경우 비이성적(非理性的)인 행동이라고 말한다.

---

8   이러한 반대 견해들에 대해서는 Rawls(2000)를 보라.

일상언어에서 "열정"이라는 용어가 일종의 격변(激變)이나 수동성을 암시하는 것이라면, 정서가 반드시 합리성을 배제한다고 할 수 있을까? 피터스가 매우 그럴듯하게, 어떤 정서란 불합리하거나 비이성적인 것이라는 점을 인정하면서도 일반적으로 정서가 반드시 합리성을 배제하지 않기 때문에 우리는 정서를 이성적이고 합리적인 것으로 말할 수 있다고 주장한다.

> … 우리가 정서라고 부르는 것이 수동적인 상태임을 잘 보여 주는 좋은 사례가 있다고 주장하는 분명한 입장이 있지만 우리는 정서가 비합리적이고 불합리한 것일 수 있다는 말을 할 수 있다. 이는 어느 경우에, 정서가 합리적인 것이 아니라면, 최소한 이성적인 것이라고 할 수 있다는 점을 암시하고 있다. … 그러므로 우리가 정서라고 부르는 수동적인 상태가 반드시 불합리거나 비합리적인 것이라고 할 수는 없는 것 같다. 그렇지만 정서가 그렇게 될 가능성이 있다(Peters, 1971a, pp. 160-1).

분노 및 질투와 같은 어떤 정서들은 그것들이 해당 상황에 대한 참된 믿음과 적절한 사정에 기반을 두고 있다는 점에서 이성적이라고 할 수 있을지도 모른다. 하지만 이러한 정서의 합리성은 여전히 특수한 문화적 맥락이나 특정 세계관의 배경에서 유지되는 적절한 표준들에 의존하고 있다. 정서로 극복할 수 있을 정도로 반드시 비이성적이거나 불합리하지 않다고 하더라도, 수동적이고 격변하는 정신 상태로서 정서가 그 안에 비이성적인 것과 불합리한 것을 잠재적으로 내포하고 있다는 우연한 사실은 남게 된다. 위에서 이미 설명한 바 있듯이, 정서란 불합리함의 경향을 지니고 있다고 할 수 있는데, 그 까닭은 정서가 성급한 사정에 기반을 두고 있을 뿐만 아니라 다른 판단들을 감추거나 흐리기 때문이다.

정서와 직접 관련이 있는 사정이란 우리에게 매우 중요한 상황에 대한 것이기 때문에, 가끔 사정을 하는 근거에 대한 신중한 분석 없이 사정이 직관적으로 그리고 성급하게 이루어지는 경우가 있다. 사정은 또한 다른 판단을 하는 데 관련 있는 특징들이 때로 우리 정서와 개념적으로 아무런 관련이 없는 사정으로 방향이 바뀌어 버린다는 점에서, 가장 쓸모 없는 불합리한 자원이다(Peters, 1971a, p. 161).

정서가 비합리적이고 불합리할 가능성이 있기는 하지만 이것은 이성 및 의지의 영향을 받지 않는 것이 아니다. 피터스의 사정적 견해가 분명히 밝히고 있듯이 이성이란 정서의 노예가 아니라, 정서-사정을 합리화하고 정서적 수동성을 합리적으로 통제함으로써 정서에 상당한 영향력을 행사할 수 있다.

이와는 반대로, 정서는 이성을 활용할 때에도 분명하게 작용한다. 칸트에 의하면, (순수)이성은 우리의 정서적인 성향과는 독립해 있지만, 흄에 의하면, 이성이란 다만 정서의 존재를 고립시키는 귀납적이고 연역적인 추론을 하는 능력이다. 이러한 두 가지 견해와는 달리, 피터스는 이성의 작용과 특수한 열정의 유형 간에 개념적 관련성(*conceptual connections*)이 있음을 주장한다. 이러한 관련성을 그는 "합리적 열정"이라고 부른다. 이를 이해하기 위해 우리는 우선 "이성"의 의미를 파악해야 한다. 이성에 대한 피터스의 생각은 이미 제4장 교육의 정당화 맥락에서 재구성된 바 있다. 여기서 우리는 정서교육에 대한 특수한 견해와 더불어 이성에 대한 그러한 생각을 설명을 한 바 있다.

그렇다면 이성에 대한 피터스의 생각은 정확히 무엇인가?(Peters,

1971a, pp. 152-6). 고등동물과 나이 어린 아이들이 지적 행동을 한다고 할지라도, 그들은 보편적인 일반화를 하고, 신념을 형성하며, 과거에 기초해 미래의 행동 계획을 짤 수 있는 능력이 없다. 이성의 가장 두드러진 특징은 특수한 것을 초월하는 것(transcendence of the particular), 즉 "여기" 그리고 "지금"을 초월하는 것이다. 독자성, 장소, 시간의 특수성은 진리, 정확성, 타당성을 합리적으로 결정하려고 할 때에 아무런 역할을 하지 못한다. 이성의 보편적인 일반화는 내적으로 진리 및 객관성으로 이끌려 가며, 권위, 계시, 전통이란 특수한 것에 호소하는 형식이기 때문에, 그것들은 반드시 진리 및 객관성으로 이끌려 간다고 할 수 없다. 이성의 초월적 운동에 의해 움직이는 보편성, 진리, 객관성의 특징은 특수성, 자의성 그리고 자기 중심성과는 날카롭게 대조를 이루는 것이다. 피터스에 의하면, 특수성을 초월하는 이러한 능력, 공평한 견해를 가지려는 능력은 내적 잠재능력이거나 타고난 호기심이 아니다. 왜냐하면 이러한 능력을 구현하는 일이란 공적 언어(公的 言語)로 설명되는 비판과 검증이라는 공적 절차들(public procedures)의 영향을 받기 때문이다. 이런 의미에서 이성이란 내면화된 서구의 비판적 전통이다. 즉, "과학이 합리성의 가장 좋은 범례로서, 합리성은 그 자체로서 하나의 전통이다. 합리적인 사람들은 비판으로부터 자유롭지 않은 전통 안에서 길러진다"(Peters, 1970b, p. 68).[9]

이같은 초월적인 생각에 비추어, 피터스는 이성이란 합리적 열정의 도움을 받지 않고는 적절히 작용하지 않는다고 주장한다. 초월적 운동으로서 이성의 작용은, 이성의 봉사를 받는 이같은 특수한 정서 없이는 인식 불가능한 것이다.

---

9 이성에 대한 피터스의 생각은 분명히 포퍼적이다. 예컨대, Popper(1949)를 보라.

우리가 추론하고 논증하는 것뿐만 아니라 어떤 열정을 표현해 낸다는 전제 하에서만 인식 가능한 이성의 사용과 관련을 맺는 행위의 수준이 있다. 여기서 중요한 것은 진리에 대한 관심으로, 이것이 없이는 추론(推論)이라는 것은 인식 불가능한 것이 된다. … 진리에 관심을 가지는 사람은 정확성(正確性)—자기가 알고 있는 사실들이 옳다는 것—에 관해 관심을 가져야 한다. 또한 그는 일관성(一貫性)과 명료성(明瞭性)에 관해 배려할 줄 알아야 하며, 무관련성(無關聯性)과 자의성(恣意性)의 형식들을 경계해야 하고, 성실성(誠實性)등을 소중히 여겨야 한다(Peters, 1971a, pp. 169-70).

또한 진리에 대한 사랑은 질서 및 체계에 대한 사랑뿐만 아니라 모순과 혼란을 경계하는 태도와 관련이 있다. 이성의 사용은 적절한 정서적 성향을 필요로 한다. 예컨대, 겸손(謙遜)의 감정과, 사람이란 실수를 할 수 있는 가능성이 있다는 점을 받아들이는 데 필요한 용서(容恕)의 감정을 정확히, 어느 경우에 드러내야 하는지를 결정하는 것과 같은 성향을 필요로 한다. 이러한 특수한 형태의 열정의 영향을 받는 사람은 이성적인 사람(reasonable man)이다. 반면에 비이성적인 사람(unreasonable man)은 "편견과 자기 중심의 희생자로 … 편견에 사로잡혀 있고, 근시안적이며 … 둔하고, 고의적이며, 자의적이고, 고집이 세다"(Peters, 1973a, p. 79). 그러므로 합리적 열정은 "수준 높은 경험을 하는 가운데 얻게 되는 중요한 정서이다. 이것은 합리적인 사고와 행동을 유지하는 감시자로서 작용한다"(Peters, 1971a, p. 166).[10]

합리적 열정은 이론이성(theoretical reason)의 작용을 유지시켜 줄

---

10 피터스의 견해에 어울리는 합리적 열정에 대해 좀 더 고찰하려면 Scheffler(1977)를 보라. 또한 "이성 사정 요소"와 비판적 사고를 구성하는 "비판정신" 요소 간의 차이를 구분한 Harvey Siegel(1988, pp. 34-42)를 보라.

뿐만 아니라 실천이성(*practical reason*)의 작용을 유지시켜 준다.

> 이러한 [합리적] 열정은 … 이론적인 탐구에 있어서 구조와 의미를 부여하는
> 원리들을 내면화한다. 하지만 이러한 열정이 합리적인 방식으로 이루어지는
> 한, 이것은 실천적인 활동 및 판단 안에도 포함되어 있다(Peters, 1971a, p.
> 170).

합리적 열정의 개념은 기본적으로 진리 및 객관성의 개념을 둘러싸고 있는 다른 열정의 개념과 관련이 있다. 이성이란 보편적으로 이론적인 탐구를 할 때 뿐만 아니라 실천적인 활동 및 판단을 할 때에도 작용한다. 이론적인 영역에서 이성의 보편성은 실천적인 영역에서의 공평성(公平性)에 상응한다. 따라서 합리적 열정의 개념은 이차적으로 진실성(眞實性) 및 공정성(公正性)의 개념을 둘러싸고 있는 다른 열정의 개념과 관련되어 있다. 내면화된 합리적 원리로서 합리적 열정은 실천이성의 봉사를 받으며 보편적인 동기 및 자기-초월적인 정서로 작용한다. 정의감, 인간존중, 자애와 같은 안정감 있는 도덕적 감정으로서 합리적 열정은 무기력(無氣力)한 정의 및 공평한 배려를 다르게 적용하려는 도덕적 동기를 제공한다.

2) 삶의 수준들

지금까지 이러한 입장에 이르기까지 사고의 노선을 요약하면 다음과 같다. 이성이란 열정적인 차원을 가지며, 열정은 이성적인 차원을 가진다. 이성의 삶이란 열정의 삶과 불일치하는 것이 아니다. 따라서 이성과 열정이 반립 관계에 있다는 것에 반론을 제기하는 피터스는 이성과

열정은 서로 섞여 있다는 통합적인 견해를 지지하고 있다.

　이러한 견해에 비추어 피터스는 도덕발달에 대한 콜버그의 단계이론을 재해석한다. 바로 앞 장에서, 우리는 피터스가 콜버그의 인지주의를 정의적인 측면에서 보완하고 있음을 살펴보았다. 통합적 견해를 배경으로, 피터스는 이러한 보완 방안을 보다 발전시켜 삶의 수준이론(水準理論)으로 제안한다. 이성과 열정 간의 반립적인 대조를 받아들이기 어렵다고 생각한 피터스는 그 대안으로, 삶의 각 수준이 합리성 및 정서와 상호 관계를 갖는 서로 다른 삶의 수준들을 제안한다. 콜버그와 마찬가지로 그는 삶의 수준을 세 가지로 구분한다(Peters, 1971a, pp. 162-71 ; 1973a, pp. 91-101).

　A. 무합리적이거나 불합리한(Arational Iirrational)단계
　B. 비합리적인(Unreasonable) 단계
　C. 이성적이거나 자율적인(Reasonable or Autonomous) 단계

　이러한 삶의 수준은, 콜버그가 제시한 단계 계열처럼, 통시적(通時的)으로 해석될 뿐만 아니라, 이성적이고 자율적인 사람도 불합리하거나 비이성적인 사고 및 행동을 하기 쉽다는 의미에서 공시적(共時的)으로 해석된다. 사실, 피터스는 피아제 및 콜버그가 나눈 도덕발달의 기본적인 수준에 새로운 수준, 즉, 프로이트(S. Freud)의 영향을 받아, 무합리적이거나 불합리한 단계(A)를 덧붙이고 있다. 이와 더불어 피터스는 이 두 수준—즉, 자기 중심적인(전도덕적) 수준과 타율적인(도덕적 현실주의적인) 수준—을 한 수준, 즉 비이성적인 수준(B)으로 압축한다. 이처럼 서로 다른 세 가지 삶의 수준은 그 각각의 열정 형태를 지닌 상이한 추론(推論)의 수준을 보여 준다. 따라서 피터스는 삶 수준의 위

계 안에서 차원이 높은 경험의 형태를 차원이 낮은 경험의 형태로부터 구별한다. 이 각각의 수준을 간략히 설명해 보자.

첫째, 합리성과 개념성(槪念性)의 최소 수준 아래 기본적인 삶의 수준이 있다.

> 목적 지향적이고, 규칙-추구적인 주체로서, 삶을 살아가는 데 필요한 개념적 장치의 발달에 선행하며, 우리가 "이성"에 관심을 가지도록 이러한 개념적 장치의 발달을 저해하는 사고 및 감정의 수준이 있다. 따라서 개인은 다만 정서적으로 분리되어 있는 중요한 자극에 보다 "직관적으로" 반응하는 능력을 유지할 뿐 의식적 식별(意識的 識別)의 문턱에는 훨씬 미치지 못하고 있다(Peters, 1971a, pp. 164-5).

이러한 수준에 머물고 있는 대다수의 나이 어린 아이들은 "합리적인 것과 거리가 먼" 혹은 "무합리적인"(arational or nonrational) 사람들로 불리게 된다. 그 까닭은 아직 합리적인 배경이 존재하지 않기 때문이다. 반면에 이 수준에 있는 어른들은 "불합리한"(irrational) 사람들로 불리게 되는데, 그 까닭은 그들은 그러한 합리적인 배경으로부터 나쁜 상태에 빠져 있기 때문이다. 프로이트(S. Freud)는 이 수준을, 소극적으로 현실원리의 결여뿐만 아니라 무모순(無矛盾)과 인과관계(因果關係)라는 합리적 범주가 결여되어 있다는 맥락에서 설명하고 있으며, 적극적으로는 (무의식적인) 바람과 혐오(嫌惡)의 성쇠(盛衰)라는 맥락에서 설명하고 있다(Peters, 1965, pp. 376-9). 이 수준에서 정서적으로 주어진 유사성(類似性)에 기반을 둔 원초적이고 황홀한 사고형식은, 상황에 대한 거칠고도 직관적인 사정에 기반을 둔 정서 및 동기와 뒤얽히게 된다. 결국, 이러한 삶의 수준에서는 합리적인 행동이 이루어지기

보다는 (공포와 화에 기초한) 충동적인 정서적 반응이 일어나며, 합리적인 의지-통제가 이루어지는 것이 아니라, 바람과 (성적) 욕구라는 일시적인 만족만이 존재할 따름이다. 이같은 "케케묵은" 인간 심리의 층위가 삶 전체에 걸쳐 그를 지배하게 되며, 경우에 따라서는 그의 차원 높은 경험이 방해를 받고, 그의 판단은 비밀에 싸이게 되고 흐려진다. 사람이 합리적인 동물이라고 할지라도, 그는 "차원 낮은 경험 양식"에 민감하게 반응을 하게 되는데, "여기서 행동은 감정의 무제한적인 갈증으로 구조화된 원초적인 분류(分類) 및 사고(思考)와 연결된 바람과 혐오의 영향을 받게 된다."(Peters, 1973a, p. 94). 분명히 말하건대, 피터스의 이론에서 기본적인 삶의 수준은 인간의 **동물성**(動物性: *animality*)을 설명하고 있다.

둘째, 비이성적인 삶의 수준이 있는데, 여기서 믿음이란 특수성(特殊性) 혹은 자의성(恣意性)의 영향을 받는 경향이 있으며, 정서는 순간의 쾌락과 고통의 지배를 받는 욕정(欲情) 및 시기(猜忌)와 같이 "걷잡을 수 없는" 형태가 되는 경향이 있다. 이 수준에서는 합리적인 배경이 나타나며, 사람들은 이유(理由)에 대해 반응하지만, 그 이유라는 것이 매우 빈약하고, 다른 사람의 객관적인 이유에 도움을 별로 주지 못하는 것이다.

비이성적인 존재가 된다는 것은 … 불합리한 존재가 된다는 것과 마찬가지로, 이유를 파악할 수 없는 수준과 관련된 것이 아니다. 오히려 그것은 이유가 있기는 하지만, 그 이유라는 것이 수준이 낮은 삶의 수준과 관련되어 있다. 이 수준에는 "편파성", "편견", "단견", "우둔함", "고의성", "옹졸함", "완고함" 등이 자리하고 있다(Peters, 1971a, p. 168).

이러한 "비이성적인" 이유들은 다른 사람들이 가진 이유들에 무게를 두지 않는 것들이라는 점에서, 대개 자기-고려적인 것이기 때문에, 피터스가 왜 피아제와 콜버그가 구분한 자기 중심적인 (도덕 이전의) 수준을 비이성적인 수준에 포함시켰는지를 충분히 이해할 만하다. 또한 타율적인(도덕 현실주의적인) 수준이 이러한 삶의 수준에 덧붙여지게 되었는데, 이는 이미 정해진 체제에 무조건적으로 순응만 하는 사람은 그 체제의 존재 근거(根據)가 무엇인지에 대해 아무런 통찰력을 가지고 있지 않다는 의미에서 "비이성적인" 사람이라고 할 수 있기 때문이다. 이러한 수준에 있는 사람들은 이러저러한 자신의 믿음 체계를 지키기 위한 이유나 증거를 제시하지 못한다. 순응주의자는 독단적이고 고상한 것 같지만, "그의 행위와 정서적 삶에 있어서 품격이 떨어지는 무엇, 즉 진실성(眞實性)이 부족하다. 왜냐하면 그는 자신의 역할, 규칙, 반응을 자신의 것으로 만들어 내지 못하기 때문이다"(Peters, 1973a, p. 98). 따라서 이기주의자와 순응주의자는 모두 각기 비이성적이고 진실하지 못하다.

셋째, 그리고 마지막으로 이성적이거나 자율적인 삶 — 이성의 삶 — 의 수준이 있다. 이 수준에서도 역시 인지적이고 정의적인 측면들이 서로 어우러져 있는데, 합리성에 대한 피터스의 선험적 생각을 배경으로 생각해 보면, 진리와 객관성의 도움을 받는 합리적 반성(合理的 反省)과 비판적 사고(批判的 思考)의 능력이 앞 단계를 차지하게 된다. 하지만 이러한 능력의 구현은 합리적 열정의 역할, 특히 진리에 대한 관심 없이는 불가능하다. 반성하고 비판하는 능력을 발휘함으로써 빈약한 이유들이 제거되고, 강한 이유들이 모든 것을 고려한 이유들로 바뀌게 된다. 마찬가지로 이성을 사용함으로써, 시시각각 변하는 정서들이 도움이 되는 방향으로 나아가고, 안정된 감정으로 바뀌게 된다. 앞 장에서 지적한 바 있듯이, 합리적 열정의 영향하에, 삶에 대한 합리적인 태도의 정의적 선택은 삶을 이성적인 삶으로 바꾸어 놓을 뿐만 아니라 자율적이고 진실한 삶으로 바꾸어 놓는다. 하지만 이성의 삶은 합리성이 비합리성이나 불합리성으로 쉽사리 전락할 수 있다는 점에서 위태롭다. 이 경우 "상황에 대한 지각이 어떤 하나의 열정군(熱情群)[예컨대, 합리적 열정]의 맥락에서 구조화되는 행위의 한 수준은 그 자체의 인지적이고 정의적인 구성 요소들을 가진 또 다른 반응 수준으로 대체된다."(Peters, 1971a, p. 165).

분명히 말하건대, 이성과 열정이 뒤섞여 있다는 피터스의 통합적 견해가 인간본성 이론 및 합리성에 대한 생각으로 발전하고 있다는 점이다. 그의 인생수준 이론에 비추어 볼 때, 피터스는 화이트가 비판한 두 가지의 주요 주장, 즉 인간 본성의 전환점과 합리성에 대한 칸트적인 생각에 동의하지 않는 것으로 볼 수 있다. 인간 본성에 관한 피터스의 이론은 화이트가 제안하는 것보다 훨씬 전체론적(全體論的)이며, 이성과 정서를 완전히 분리시켜 바라본 칸트와는 달리 삶의 각 수준에서 이성과 열정이 놀랍게도 더불어 존재한다고 주장한다. 무엇보다도 피터스의 통합적인 견해는 세계와 인간 삶에 대한 "종합적인 견해"로 계속 확장되어 나간다는 점이다. 이러한 견해를 설명하는 가운데, 우리는 교육과 교육목적에 대한 피터스 생각의 결과가 어떠한지를 살펴볼 수 있을 것이다.

6. 통합적인 견해: 삶을 위한 교육

피터스는 자신의 후기 저작들을 배경으로 "도덕발달과 도덕교육을 어떻게 이해해야 할 것인가?"라는 질문에 답하는 일은 "교육과 교육목적을 어떻게 이해해야 할 것인가?"라는 질문에 답하는 것과 다를 바 없다고 본다. 제2, 3장에서 이미 드러났듯이, 피터스는 초기 저작들에서 분석적인 견해를 가지고 교육의 본질이란 무엇인가에 관한 질문에 답하는 것을 논의의 출발점으로 삼았다. 교육의 개념이 바람직함, 이해와 관련된 지식, 삶의 형식으로의 입문과 관련된 내재성(內在性)이라는 조건들의 맥락에서 분석이 이루어졌다. 그 자체를 위한 지식 추구로의 입문으로서 이같은 교육의 개념은, 화이트를 비롯한 여러 학자들에게, (지나칠 정도로) 합리주의적이라는 비판을 받았다. 즉, 그의 교육 개념은 하나의 차원, 말하자면 아동의 인지 능력의 발달에만 초점을 맞추고 있다는 비판을 받았다. 하지만 앞 장과 바로 이 장에 드러난 것의 맥락에서 볼 때, 피터스는 교육에 대해 그렇게 편협한 생각을 가지고 있지 않았다는 점이 분명해진다. 그의 후기 저작들에서, 피터스의 사고는 보다 넓은 차원으로 발전해 간다. 즉, 그는 형이상학적 세계관과 삶의 철학, 즉 종합적 견해의 맥락에서 교육을 다루고 있다.

피터스는 교육을 도덕교육과 동일시하고 있을 뿐만 아니라— "모든 교육은 … 도덕교육이다"(Peters, 1970b, p. 73) —교육을 자유교육과 동일시한다. "도덕교육에 대한 나의 생각은 자유교육의 이상과 구별되지 않는다"(p. 81). 언뜻 보기에 이러한 입장은 놀랄 만한 것이지만, 피터스가 제시한 가설들에 비추어 좀 더 자세히 살펴보면, 충분히 이해할 만한 것이다. 피터스가 보다 일반적인 교육 개념과 대조를 이루는 특수한 교육 개념을 제시하였으며(제2,3장을 보라), 가치 있는 활동들을 본질적인 도덕적 내용 안에 포함시키는 폭넓은 윤리적 다원주의를 내세운 점(제6장을 보라)을 고려할 때, 그가 교육을 도덕교육과 동일시하는 입장은 충분히 이해할 만한 일이다. 또한 "교육받은 사람"에 대한

특수한 개념, 자유교육을, "인간답고" "교양 있는" 삶을 위한 일반교육
으로 바라본 그의 생각(제5장을 보라), 나아가 교육을 자유교육과 동
일시한 점은 그럴듯한 주장처럼 보인다. 물론, 이성이 도덕교육뿐만 아
니라 자유교육에서 핵심적인 역할을 한다는 점을 부인할 수 없으며, 따
라서 교육에서도 마찬가지라고 할 수 있다. 피터스에 의하면, 삶을 위
한 교육이란 곧 이성의 삶을 위해 교육하는 것으로, 이러한 교육이 이
루어질 때 이성다움(reasonableness)의 이상(理想)과 진리에 대한 관심
이 중요한 자리를 잡게 된다.

　하지만 이러한 주장은 반론 제기가 가능한가? 이것은 옹호 가능한
가? 우리는 그렇지 않다고 생각한다. 피터스의 교육이론은 분명히, 성
숙한 인간이란 합리적 동물이며, 검증되지 않은 삶(unexamined life)
이란 살 만한 가치가 없는 것이라는, 소위 고대 그리스적 이념에 기반
을 두고 있다. 하지만 이성이 이러한 유서 깊은 전통 안에서 주도적인
역할을 한다고 할지라도, 그러한 전통 안에 담겨 있는 이론들이 반드시
합리적인 것은 아니다. 이러한 고대의 이상에 대한 해석이 철학의 역사
안에서 이루어지긴 하였지만, 피터스는 교육이론 안에서 이성을 가장
높은 단계의 선(善)으로 생각하지는 않는다.

> 나는 이성다움을 최고선(最高善: summum bonum)으로 생각하지 않으며,
> 그와 유사한 어떤 것으로도 생각하지 않는다. … 이성다움은 오히려 여러 가
> 지 중요한 것들, 다양한 탁월성의 추구와 양립할 수 있는 삶의 방식으로 이
> 해되어야 한다. … 이성다움은 확실히 어느 특정 목적지가 아니란 여행의 방
> 식을 요구한다(Peters, 1973a, pp. 101-2).

우리는 이성다움이나 이성이 의식적인 삶의 형식만큼이나 내용을 가

지고 있지 않다는 주장으로 뒤돌아 감으로써 이러한 사고 노선을 요약할 수 있을 것이다. 그러므로 이성의 삶을 위한 교육이란, 넓은 의미에서, 도덕적인 경험 양식의 합리적 형식을 이끌어 내고 정립하기 위한 지속적인 노력이라고 할 수 있다. 아이들이 합리적인 존재가 되도록 교육한다는 것은 아이들이 넓은 의미에서 원리에 입각한 합리적인 도덕성을 실현하도록 교육하는 것이다. 따라서 이성이란 구체적인 목적이 아니라, 다만 도덕적이고 자유로운 교육의 형식적인 목적일 따름이다.[11] 교육의 목적은 이성적이거나 자율적인 삶의 수준에 이르도록 하는 것이다. 앞 장과 이 장에서 논의한 바와 같이, 이러한 의식적인 삶의 합리적 형식은 인지적인 측면 이외에도 정의적(情意的)인 측면을 가지고 있다. 합리적 열정의 교육은 합리적 원리들의 형성에 중요하듯이, 합리적 삶의 형식 형성에 있어서도 핵심적인 것이다. 즉, "… 도덕교육이란 주로 어떤 형태의 동기, 특히 내가 합리적 열정이라고 부른 것과 관련이 있다"(Peters, 1970b, p. 75). 서로 다른 삶의 수준에서 이성과 열정 사이에 내적 통일성이 존재한다면, 정서교육은 교육의 본질을 이룬다고 봐야 할 것이다.

1) 종교적 합리성

삶을 위한 교육이 인간답고 문명화된 삶을 이끌어 가는 일과 양립하는 한, 그것이 열정적인 삶을 이끌어 가기 위한 교육을 통합한다는 의미에서, 교육에 대한 피터스의 생각이 편협한 합리주의에 기반을 두고

---

11   이미 피터스는 "교육자는 목적을 가져야만 하는가?"(1959)라는 자신의 논문에서, 교육이란 구체적인 목적을 가지는 것이 아니라, 단지 형식적인 목적, 즉 **절차상의 원리**(principle of procedure)가 있을 따름이라는 생각을 옹호하고 있다.

있다고 하기 어렵다. 오히려 피터스는 이성의 삶을 주도해 가기 위해서
는 무엇이 있어야 하는지를 제시하려고 한다. 놀랍게도 진정으로 이성
적인 사람이 된다는 것은 이성의 한계를 인식한다는 뜻을 포함하고 있
으며 이성의 삶을 위한 교육을 한다는 것은 확실히 합리주의적인 것이
아니다. 왜냐하면 그것은 이성의 한계를 이해하기 위한 교육을 한다는
것을 함의하고 있기 때문이다. 피터스가 이러한 이성의 한계를, 원리에
기반을 둔 합리적인 도덕성의 종교적 차원과 관련지은 것은 매우 주목
할 만한 것이다(Peters, 1973a, pp. 103-28). 다음에 설명하겠지만, 종
교란 이성의 삶과 대립되는 것이 아니다. 종교적 차원이 이성의 삶을
이끌어 나가는 열망을 가지도록 해 준다는 점에서, 이성적인 사람에게
조차도 특수한 종교적 차원이 존재하기 마련이다. 피터스에 의하면 역
설적이게도, 이성의 한계에 대한 이해는 전환되어 가는 경험을 생성해
내게 되는데, 이러한 경험은 이성적인 사람에게 필요한 종교적 경험의
가능성을 구성한다. 그러므로 이성의 한계에 대한 인식은 합리적 도덕
성의 지위 및 도덕적 삶의 다른 국면들에 적극적으로 영향을 준다. 합
리적 도덕성의 이러한 종교적 차원은 기독교나 이슬람교와 같은 이러
저러한 구체적인 종교 종파에 대한 교육으로 이해되는 종교교육과는
관련이 없는 것이다. 피터스가 이성적인 사람에 필요한 "종교적 경험"
(宗敎的 經驗)이라고 부른 것―이성의 한계에 대한 인식을 통해 갖게
되는 전환적인 경험―은 그의 종합적인 세계관 및 인생관을 배경으로
제시된, 소위 의식의 추가적인 합리적 형식 차원으로 이해되어야 한다.
우리는 이같은 그의 교육이론의 최종적인 차원을 간략히 살펴보고자
한다.

　　피터스가 종교철학에 대해 연구한 적은 없지만, 다음과 같은 중요한
질문에 대해 어떤 답을 제시하고 있다. 즉 "인간존재가 종교적 판단과

관련해 동의할 수 있는 공유적(共有的) 경험이란 어떤 종류의 것인가?"
(Peters, 1973a, p. 106). 피터스에 의하면, 종교적 판단이란 계시(啓
示)에 기반을 두고 있는 것도 아니요, 종교적 사실에 기반을 두고 있
는 것도 아니다. 그것은 다만 외경(畏敬)의 정서적 경험에 기반을 두고
있다.

> 종교란 … 외경의 경험에서 비롯된 것이다. 이 외경이란 인간이 자신들을 압
> 도할 정도로 중요한 의미를 갖는, 그러면서도 어떤 관점에서는 설명할 수 없
> 거나 우연히 생겨난 사건, 대상, 혹은 인물에게 복종하는 정서를 말한다(p.
> 106). 198.3

의미 있는 사건들은 일상적인 일들 안에서 생기기 않을 뿐만 아니라
일상적인 사건들에 대한 설명 또한 결국에 가서는 이루어지는데 비해,
우연한 사건들은 인간존재에게 외경의 감정을 불러일으키는 경향이 있
다. 이러한 사건들에 대해 적절히 반응하면서, 인간존재는 이러한 강한
감정을 표현해 내기 위해 숭배(崇拜) 및 여타의 의식(儀式)들과 같은
상징적 실제에 참여하게 된다. 이러한 숭배 및 의식들은 그러한 감정을
상징적인 행위로 표현해 내는 방법, 즉 우리가 앞에서 다루었던 정서의
수동성(受動性)을 드러내는 방법과는 비교되는 것이다. 그리하여 피터
스는 설명하기 어렵고 우연히 일어나는 현상에 종교의 기원이 있다는
일반적인 아이디어를 이성적인 사람의 특수한 경우에 적용한다. 원시
인에게, 자연의 힘이 일차적인 외경의 대상이라면, 계몽된 사람들에게,
그러한 외경의 감정을 불러일으키는 보편적인 대상들은 서구 문명이
발달하면서 효력을 가지게 되었다. 이성적인 사람에게 다음 두 가지 특
수한 대상이 외경심을 불러일으킨다. 하나는 우주(宇宙)이며, 다른 하

나는 인간적인 조건이다. 물론 이것은 칸트가 선택한 것을 회상하게 한다. 즉, "계속해서 새로운 찬사와 외경심을 불러일으킬 뿐만 아니라, 자주 그리고 지속적으로 반추해 보아야 할 다음 두 가지가 내 마음 안에 존재한다. 하나는 내 머리 위의 별빛 나는 하늘이며, 또 다른 하나는 내 안의 도덕법칙이다"(Kant, 1788, p. 169[162]).

"내 머리 위의 별빛 나는 하늘"과 "내 안의 도덕법칙"이 이성적인 사람에게 외경의 감정—피터스가 말하는 "종교적 감정"—을 불러일으키는 까닭은 무엇인가? 첫째, 인간은 우주의 창조와 연속과정을 합리적으로 설명할 때, 이성의 한계에 다다르게 되는데, 그 까닭은 이러한 특수한 경우에, 인간이 다른 모든 인과적인 설명에 논리적으로 가정되어 있는 시공간적 체계를 설명하려고 하기 때문이다. "또한 이러한 점을 파악한다는 것은 이성의 한계를 이해하는 합리적 존재에게만 가능한 새로운 외경의 가능성을 개방하는 것이다"(Peters, 1973a, p. 108). 이성적인 사람은 설명적 체계 자체의 이해 불가능함을 이해할 수 있으며, 외경심을 가지고 우주의 우연성(偶然性)을 이해할 수 있는 사람이다. 또한 그는 이러한 경험을 하는 동안 "하나님"이라는 단어를 사용하면서 자신의 감정을 표현한다. 둘째, 인간존재는 자연세계 안에서 자신들의 고유한 위치를 합리적으로 반성하면서, 이성의 한계에 다시 한번 마주하게 된다. 자유로운 존재로서 인간이 존중받을 만한 가치가 있는 것인지, 그리고 이 세상에서 겪는 일시적인 역경(逆境)과 관련해 생각해 볼 때 과연 영원한 존재인지 혼란스럽다. 이성의 삶을 포함하는 인간의 삶은 합리적으로 설명하기에는 한계가 있는 신비스러움으로 나타난다. "다양하고도 변경 가능한 준비를 함으로써 운명적으로 주어지는 짧은 삶의 기간 동안 의미 있는 무엇인가를 해내야만 하는"(p. 110) 이러한 난처한 역경의 상황은 이 점에 대해 깊이 성찰하는 동안 외경의 감정을 불러일으킨다. 이성적인 사람은 자신의 삶을 의미 있게 하려는 이러한 유한한 역경의 상황을 이해하며, 외경심을 가지고 "즐거움과 고통, 희망과 절망, 선과 악과 대조를 이루는, 피할 수 없는 인간조건, 출생, 젊음, 생식, 양육 그리고 죽음과 같이 순환하는"(p. 112) 실존적 우연성(existential contingency)을 이해하게 된다.

우주와 인간조건에 관련된 이러한 외경의 감정은 이성적인 사람이 두 가지의 보편적인 대상에 관해 합리적으로 생각할 때 가지기 쉬운 정서이다. 그러므로 이러한 정서는 보완적인 합리적 열정이며, 또한 자애나 진리에 대한 관심과 마찬가지로, 의식적인 삶을 구성하는 합리적 형식 중 정의적인 측면에 속하는 것이다. 하지만 다른 합리적 열정과 비교해 볼 때, 외경의 감정은 도덕적 경험양식의 합리적 형식 안에 담겨 있는 정의적인 측면의 심원한 차원을 드러낸다. 따라서 피터스가 말하는 "종교적 감정"으로서 외경의 감정은 이성적인 사람이 가져야 할 원리적이고 합리적인 도덕성의 종교적 차원을 구성한다. 이러한 외경의 감정은 이러한 합리적 도덕성과 밀접하게 관련을 맺고 있기 때문에, 이것은 또한 이러한 도덕성에 커다란 영향을 준다. 보다 심원한 종교적 차원은 근본적인 원리들 및 합리적 도덕성의 궁극적인 가치에 전환적 영향(*transforming* impact)을 끼칠 뿐만 아니라 도덕적 삶의 다른 국면에도 커다란 영향을 끼친다. 이성적인 사람의 종교적인 인식은 자신의 외경 감정을 불러일으키는 우주 안에서, 인간존재가 처하는 역경의 배경에 대한 인식에서 비롯되는 것이다. 이러한 배경에 대한 인식은 "새로운 빛으로 보다 평범한 경험 수준을 이해하도록 해 주는 개념들로 이루어진 상이한 경험 수준"(Peters, 1973a, p. 111)을 열어 준다는 점에서 전환적인 힘을 가지고 있다. "바라본다는 것이 ~으로 바라보는 것"(p. 111)임을 뜻한다고 할 때, 종교적으로 바라본다는 것은 세상을 일

상적이거나 평범한 곳으로 바라보는 것이 아니라 새로운 장소로 바라
본다는 것을 의미한다.

2) 피터스의 스토아적인 태도

그렇다면 이성적인 사람이 소유한 합리적 형식의 심원한 종교적 차
원이, 합리적 도덕성의 원리 및 도덕적 삶의 다른 국면을 어떤 방법으
로 전환시킬 수 있다는 것인가?[12] 종교적 차원이 도덕적 원리에 전환적
인 영향을 끼친다는 점에 대해 설명하기 전에, 삶에 대한 피터스의 기
본적인 철학적 태도가 어떤 것인지를 먼저 밝힐 필요가 있다. 엘리엇
(Ray Elliott)는 피터스의 "삶의 철학이, 우리는 치료받을 수 있는 질병
은 치료받아야 하지만, 사람으로서 어쩔 수 없는 것들에 대해서는 불평
불만 없이 그것을 받아들여야 한다는 스토아적인 계율(戒律)에 기초하
고 있으며 … 그의 저작은 스토아적 분위기, 태도, 가치로 가득 차 있
다"고 쓰고 있다(Elliott, 1986, p. 46). 삶에 대한 가장 이성적이면서도
적절한 태도로서, 피터스의 스토아적 태도는 서로 균형 잡힌 두 가지의
주된 경향, 즉 인간의 조건에 대한 수용 능력(受容能力)뿐만 아니라 변화
가능성(變化可能性)을 보여 주고 있다. 인간의 조건이 나쁠 때는 그것을
변화시키려는 경향은 완전 가능성(完全可能性) 및 진보(進步)에 대한
믿음과 관련이 있으며, 인간의 조건이 어쩔 수 없는 것일 때는 그것을
받아들이려는 경향은 진리 및 이성에 대한 믿음과 관련이 있다. 전자의
경향은 동정 및 사랑으로 인해 활성화되는 반면, 후자의 경향은 진리에

---

12   도덕적 원리 이외에도, 우리는 우리 스스로 삶에 있어서 가치 있는 활동들의 종
교적 전환에 한계를 둔다. 종교적 차원과 다른 세 가지 도덕적 국면들 ― 동기와 정서,
의지의 자질과 역할-책임 ― 의 관계에 대해서는 Peters(1973a, pp. 118-20)를 보라.

대한 관심으로 인해 활성화된다. 이 두 가지의 궁극적인 가치 위에 합리적 도덕성의 원리가 자리를 하고 있으며, 우리는 정의(正義)와 존중의 이름으로 최고의 상태로 변화시키려고 할 때, 그리고 진리와 정직의 이름으로 인간에게 주어진 조건을 받아들일 때 이러한 가치들을 좀 더 깊이 있게 설명하려고 한다.

피터스에 의하면, 이성적인 사람의 종교적 배경에 대한 인식은 핵심적인 가치 및 작동 원리들을 보다 객관적이고 탁월한 것으로 만들어 놓음으로써 합리적 도덕성을 전환시킨다. 즉, "종교적 경험이란 … 인간의 삶을 바라보는 안목을 넓힘으로써 객관성에 대한 우리의 믿음을 향상시키고 이러한 가치들[과 도덕적 원리들]에 중요성을 부여하는 기능을 가지고 있다"(Peters, 1973a, p. 114). 외경심을 불러일으키는 상황에서 도덕적 원리들 및 가치들이 작동할 때 비로소 이러한 원리들과 가치들이 지지를 받게 되고 중요시 된다. 어떤 인간적인 역경(逆境)의 측면—특히, 인간의 고통, 고뇌, 죽음—에 대해 종교적인 관심을 모을 때, 그리하여 보편적인 중요성을 가지는 그러한 역경을 탐구할 때, 비로소 도덕적 원리들과 가치들이 보다 더 강력하게 그리고 객관적으로 인간존재의 실존적 우연성(實存的 偶然性)과 관련을 맺게 된다. 이러한 방식으로 종교적 차원은 원리에 기반을 둔 합리적 도덕성에 기초하여, 인간적인 역경, 특히 인간적 고통에 대해 도덕적으로 반응하도록 촉구하거나 권장한다. 이러한 역경에 대해 적절히 반응하기 위한 방법으로, 피터스는 이상론(理想論)과 숙명론(宿命論) 사이에서 균형을 잡으려는 스토아적 태도를 가질 것을 권한다. 한편으로, 그는 지상천국을 구현하려는 시도를 하는 동안 인간적 자만심(自慢心)과 허영심(虛榮心)이 가져오는 위험성을 못마땅하게 여기는 진보주의자들과 낭만주의자들에게 경고를 보낸다.

결국, 인간에게는 본래부터 인간적인 조건이 주어져 있고, 인간 본성이라는 엄연한 사실이 주어져 있다. 이러한 관점에서 보면, 인간적 완벽주의(完璧主義)의 형식은 위험한 환상이다. … 지구상에서 유토피아를 꿈꾼다는 것은 공허한 것이다. 왜냐하면 그것은 가능하지 않기 때문이다. 또한 그것은 위험한 것이다. 인간이란 자신의 꿈을 이루기 위해 다른 사람들에게 끔찍한 짓을 저지를 수 있기 때문이다(Peters, 1973a, pp. 117-18).

다른 한편으로, 피터스는 다른 문명화된 사람들과 마찬가지로, 가난하고 억압받는 사람들이 곤경에 처해 있다는 점에 대한 분노를 보여 주고 있으며, 여러 가지 악이 인간적인 노력으로 바뀔 수 있다는 점을 널리 알리고 있다. 즉, "비극을 없애는 일은 인간적인 조건을 배려하는 사람에게 필요한 것이다. 행복을 적절하게 증진시키는 일은 악의가 없는 희망이다."(p. 118).

도덕발달 및 교육의 정점(頂點)에 대해 논의할 때에도 피터스는 이와 비슷한 스토아적 태도를 취한다. 원리에 기반한 도덕성을 가지고 행동하는 합리적이고 자율적인 사람은 자신이 태어난 사회 환경과 유리되어 완전함과 자기-충족을 꾀하는 개인이 아니다. 앞장에서 이미 지적한 바 있듯이, 피터스는 "개인의 자율성이란 … 공유하고 있는 경험 배경 및 사랑에 대한 개방성과 양립하는 방식으로 주어진다"(p. 122)라는 견해를 내세운다. 확실히 합리적 도덕성의 종교적 차원은 인간존중의 원리를, 인간다움의 신성함(*sacredness*)에 대한 존중으로 전환시킨다. "그리고 특정인의 관점과 목적을, 지상에서 이루어지는 인간 삶의 폭넓은 맥락에서 바라보게 될 경우, 이러한 존중의 마음은 인간 인격의 신성함에 대한 존경과 믿음으로 발전하게 된다"(p. 122). 하지만 개인적 자율성에 대한 믿음이 그러한 과정을 통해 주어지고 강조된다고 하더라도, 사람의 사회적 본성에 대한 믿음은 인간 조건의 소여(所與)에 대한 존중의 관점에서 볼 때 똑같이 주어지고 강조되어야 한다. 성숙한 인간존재는 본질상 합리적 동물일 뿐만 아니라 사회적 동물이다. 따라서 변화 가능성에 대한 스토아의 관점에서 볼 때, 자율성(自律性)이란 자신의 운명을 개인적으로 선택, 결정할 가능성을 포함하고 있으며, 반면에 수용에 대한 스토아적 관점에서 볼 때, 자율성이란 마찬가지로 공유 개념의 맥락에서 공적인 역경을 파악하기 위한 가능성을 필요로 한다.

　이성적 수준의 삶을 살아갈 능력이 있는 사람의 종교적 배경에 대한 인식은 도덕성의 형식을 전환시킬 뿐만 아니라 그 내용, 특히 가치 있는 활동들의 윤리적 영역을 전환시킨다. 앞 장에서 지적한 바와 같이, 이러한 "바람직한" 활동에의 참여는 개인이 지상에서 일시적인 삶을 살아가는데 필요한 기본적인 수단이다. 따라서 가치 있는 활동들이란 인간존재의 실존적 우연성에 특별한 의미를 던져 주는 중요성을 가지고 있다. 이성적인 삶의 수준에서, 이러한 활동들은 이해와 감수성("폭넓은 인지적 내용")을 신장시키기 위한 영역이요 삶의 질을 향상시켜 준다는 이유로 선정된 것들이다. 인간 활동들에 대해 합리적인 태도를 취하는 것이 그것들을 가치 있는 무엇으로 전환시키는 것이라면, 피터스의 관점에서 볼 때, 이러한 가치 있는 활동들에 대해 종교적 태도를 취하는 것이 그것들을 더욱 나은 방향으로 전환시키는 방법이라고 할 수 있는가? 가치 있는 활동들과 인간의 실존적 우연성 간에 서로 관련이 있는 것이라면, 이러한 질문은 다른 식으로 제기되어야 한다. 즉, 피터스가 말하는 "종교"가 자기 자신의 고유한 삶을 살아가려는 이성적인 사람의 견해에 어떤 영향을 끼칠 수 있다는 것인가? 종교의 전환적인 힘에 관한 두 가지 해석은 결국 삶의 의미가 무엇인가에 대한 고전적인 질문을 해석한 다음과 같은 피터스의 견해로 요약된다.

> 종교란 한 개인의 활동 및 행동 방식의 선택에 영향을 준다. 즉, 개인은 이러
> 한 활동이 이루어지는 맥락을 넓힘으로써, 그리고 이것이 과연 한 사람이 잠
> 시 동안 일어나는 의식(意識)의 깜박임—이것이 바로 자신의 삶이라는 의
> 식의 깨달음—속에서 이루어질 수 있는 것인가에 대해 강한 의문을 던짐으
> 로써 활동 및 행동 선택에 영향을 주게 된다(Peters, 1973a, p. 128).

이 문제에 대해 피터스는 종교적 태도를 취하는 것이 합리적인 사람
으로 하여금 삶의 편재성(遍在性: *immanence*)과 가치의 타율성(他律性:
heteronomy)을 인식하게 해 준다는 제안적인 답을 하고 있다.

> 첫째, … [합리적인 사람]은, 삶이란 대체로, 삶 안에서 일어나는 사건과 행
> 동에 어떤 의미가 주어지는 방식으로, 의미가 주어지는 것이 아니라는 점에
> 서, 궁극적으로 무의미하다는 점을 알아야 한다. 그렇기는 하지만 그는 삶
> 안에서 의미가 있는 것을 식별해 내기 위해 노력해야 한다. 왜냐하면 삶이란
> 예술과 같이 자신을 담고 있을 뿐만 아니라 삶의 질을 규정하는 가치들을 표
> 현해 내기 때문이다. 둘째, 합리적인 사람은 이러한 문제에 직면해 자신의
> 가치들을 "선택하고 있다"고 느끼지 않을 것이다. … 오히려 그는 그러한 가
> 치들로 다가가, 그 가치들이 그 자신을 변화시키도록 할 때, 그는 겸손함과
> 외경심을 느끼게 될 것이다(Peters, 1973a, p. 125).

종교적 관점에서 볼 때, 이성의 삶을 구성하는 가치 있는 활동이란
그 가치로움(worthwhileness)이 전통적으로 일신교적(一神教的)인 종
교에서 말하는 "하나님"과 동일시되는 그런 초월적인 대상으로부터 비

롯된 것이 아니다. 가치 있는 활동은 그 자체로서 가치로움을 포함하고
있다.[13] 하지만, 이러한 활동 안에서 구현되는 가치들이 내적인 것이라
고 할지라도, 그것들은 그러한 활동들에 참여하는 사람들에 의해 자동
적으로 선택된 것이 아니다. 가치들이란 우리가 만든 것이 아니기 때문
에, 우리는 그것이 소여(所與)라는 점을 알아야 한다. 나아가 가치들은
드러나려고 하기 때문에 우리는 그에 반응해야 한다. 우리는 그러한 가
치들이 우리로 하여금 드러나도록 해야 한다.

　이러한 스토아적 태도를 배경으로, 피터스는 특히 우리가 역경의 상
황에 대응할 때 가져야 할 중요한 가치인 진리, 사랑, 그리고 고통경감
(苦痛輕減)에 관심을 가져야 한다고 생각한다. 우리 삶 속에서 무엇인
가를 하려는 동안, 우리는 직접 혹은 간접적으로 진리, 사랑, 그리고 고
통경감의 요구에 응할 수 있다. 예컨대, 우리는 학문 연구를 하는 직업
에 종사하거나 사회사업가가 되어 진리를 추구하거나 정의를 구현하는
삶에 직접 헌신할 수 있다. 이와 달리, 보다 평범하게 말하자면, 활동과
전문 직업은 이러한 중요한 가치의 측면에서 어떻게 인식되고 이행되
는가 하는 방식에 따라 전환되고 강화될 수 있다. 이러한 요구에 응하
는 어느 한 가지 방식은 자신의 유한한 삶을 이끌어 가려는 시도에 초
점을 맞추게 된다. 가치 있는 활동들 안에 담긴 이러한 가치들에 응하
고 실현하는 과정에서, 피터스가 말하는, 소위 "종교를 가진" 이성적인
사람은 자신의 일시적인 삶 속에서 하고자 하는 것에 분명한 방향을 부
여한다. 결국 자신의 삶에 대해 종교적인 태도를 가짐으로써, 그는 스
스로 동시에 자신의 도덕성에 관심을 갖게 되고, 지상에서의 삶이란 짧

13　여기서 피터스는 신중함(prudence)의 자율성에 대해 Griffiths와 함께 연구한 자
신의 (초기) 저작으로 뒤돌아가 이 테마를 다시 자세히 설명하고 있다. Peters and
Griffiths(1962)를 보라.

은 기간에 걸쳐 이루어진다는 사실에 관심을 갖게 된다. 이같이 인간존
재의 실존적 우연성이라는 관점에서, 피터스는 "어떻게 살 것인가를
배우는 것[철학을 실천하는 것]은 곧 어떻게 죽을 것이냐를 배우는 것"
이라는 플라톤의 지혜를 상기시켜 준다.

3) "종교적인" 교육

피터스는 교육에 대해 종합적인 견해를 제시하였는데, 그러한 견해
가 가져온 결과는 무엇인가? 모르긴 해도 이성과 열정에 대한 통합적인
견해가 형이상학적인 세계관과 삶의 철학으로 확장되기는 하였지만,
그는 결코 이러한 종합적인 견해와 교육에 대한 생각 간의 관계를 드러
내 놓고 밝힌 바가 없다. 그런데도 그의 "종교적인" 견해가 암묵적으로
후기 저작에서 교육을 어떻게 인식하고 있는가 하는 방식을 결정하고
있다는 점을 설명할 수는 있을 것 같다. 우리는 이미 피터스에게 도덕
교육과 자유교육이란 서로 동일한 것이며, 이성이란 형식적인 교육목
적이라는 점을 지적한 바 있다. 이같이 확장된 교육에 대한 생각은 교
육목적에 대해 그가 마지막으로 썼던 논문에서 새롭게 전개되고 있다.

교육은 확실히 사람의 인식(認識)을 넓히고, 깊게 하고, 확장함으로써 그것
을 발달시키는 것이다. 교육이 끼치는 영향은 인지적인 것이기는 하지만, 그
것은 또한 사람의 태도, 정서, 욕구, 그리고 행동을 전환하고 조정하는 것이
다. 왜냐하면 이러한 것들 대부분은 인식을 전제로 하고 있으며, 믿음으로
스며들기 때문이다. … 교육의 목적은 … 사람들이 … 삶을 유지하도록 하는
것이 아니라 가치 있는 삶을 살도록 해 주는 것이다. … 그렇다면 어떤 상황
에서 인식의 발달이 이루어져야 하는가? 이러한 질문에 대한 답은 오직 "인

간의 조건"이라는 상황이라고 할 수 있다(Peters, 1979, pp. 33-4).

여기에 피터스의 종합적인 견해가 고무시켜 주는 보다 폭넓은 교육에 대한 생각이 암묵적으로 작용하고 있다. 아이들을 교육한다는 것은 이러한 아이들이 지식과 이해의 인지적 체계에 입문하도록 하는 것뿐만 아니라 인간의 조건에 대한 도덕적, 정서적, 실존적 안목을 갖도록 입문시키는 것이다. 삶을 위한 교육이란 피터스가 말하는 "이성"의 의미에서 말하자면, 이성의 한계를 통찰하는 이성다움을 포함하는, 소위 이성의 삶을 위한 교육이다. 이성적인 삶의 형식에 비추어 볼 때, 교육한다는 것은 아이들의 마음 속에 내재해 있는 원리 기반 도덕성 및 합리적인 정의적 감수성을 계발하는 것을 포함하고 있다. 이에 반해 이성적 삶의 내용에 비추어 볼 때, 교육한다는 것은 아이들이 가치 있는 활동에 참여하도록 한다는 것을 포함하고 있다. 종교적 인식은 깊어지면 깊어질수록 이성적인 삶의 형식과 내용에 전환적인 영향을 주기 때문에, 피터스가 말하는 "종교"란 교육과 교육목적에도 상당히 큰 영향을 준다. 그러므로 모든 것이 가능한 가장 좋은 세상에서, 인간답고 고상한 삶을 이끌어가는 교육이란 일종의 종교교육이라고 할 수 있다.

··· 사람들이 자연과 역사 질서 안에서 자신이 차지하고 있는 위치를 반성할 줄 모른다면, 그들을 인간적이라고 할 수 없을 것이다. 여러 가지 우연성(偶然性)으로 인해, 인간의 힘으로는 도저히 이해하기 힘든, 세계 창조와 연속성은 외경심과 경이로움을 불러일으킨다. 폭넓은 관점, 즉 "영원성의 측면"에서 인간의 조건을 바라볼 필요가 있으며, 이러한 능력을 만들어 내는 삶의 방식은 도덕성과 진리를 통해 세속적인 요구들을 초월하고 전환할 수 있을 것이다(Peters, 1979, p. 41).

제3부

피터스 저작의
수용과 의의

피터스의 분석적 패러다임의
영향과 중요성

1. 서론

피터스는 1960년대에 영국의 교육철학 분야에서 혁명을 일으켰지만, 영연방에서는 그렇지 못했다. 그는 분석적 패러다임을 소개함으로써 철학과 교육학 분야에 엄청난 영향을 주었다. 그것은 한 명의 철학자가 할 수 있는 것 이상의 것을 성취했다. 즉, 그의 영향은 순전히 이론적인 것에만 머문 것이 아니라 실천적이고 구체적인 것에까지 미쳤다. 피터스의 지적 혁명은 1960년대 사회-경제적인 맥락에서 정치적인 효과가 있었을 뿐만 아니라 제도적인 효과도 있었다.

　이 장에서 우리는 우선, 피터스의 분석적 패러다임이 끼친 직접적인 영향이 무엇인지를 살펴보고자 한다. 특히, 1967년 플라우든 보고서[1]

1　역자주: Plowden reports는 1967년 영국에서 25명의 전문가들로 구성된 중앙교육 심의위원회(Central Advisory Council for Education)의 의장인 플라우든(B. Plowden)이 정부의 요청으로 자국의 초등교육을 진단하여 발표한 보고서.

에 정치적으로 제시된 아동-중심교육에 대해 "런던라인"(London Line)이 전개한 논의의 결과를 좀 더 상세하게 다루어 보고자 한다. 다음으로 우리는 왜 피터스의 영향이 1970년대 후반에 시들해지기 시작하였으며, 그의 분석적 접근방식이 비판을 받게 되었는지 설명하고자 한다. 마지막으로, 우리는 피터스의 분석적 패러다임이 오늘날에도 교육철학 분야에서 여전히 중요하다고 생각할 수 있는 이유들을 제시하고자 한다.

2. 피터스의 영향력

제1장에서 밝힌 바 있듯이, 피터스는 교육철학(*philosophy of education*)에 접근해 가는 새로운 방법을 소개했다. 그는 교육철학이, 과거 위대한 교육자들을 탐구하거나 인생의 일반적인 지혜(智慧)를 탐구하는 것과 달라야 한다고 생각하였다. 교육철학이란 교육의 개념분석을 다루는 것이라고 생각한 그는, 비역사적인 분석철학의 방법론으로 교육 분야의 구체적이고 실천적인 문제들을 다루었다. 그 결과, 피터스의 새로운 교육철학은 학교 및 교육정책과 실제적인 관련을 맺었을 뿐만 아니라 엄밀한 성격을 갖게 되었으며 학문적으로도 좋은 평판을 얻게 되었다. 그의 분석적 패러다임은 합리성과 과학적 연구형식의 요구조건들을 따르고 있다. 즉, "널리 알려진 견해에 의하면, 긍정적인 답을 들을 수 있는 탐구란 (i) 공정하고, 비개인적이며, 비정서적이어야 하며, (ii) 정확하고, 체계적이며, 질서 정연해야 하며, (iii) 소규모적이고, 점진적이며, 주의 깊은 것이어야 한다는 것이다"(Darling, 1994, p. 88). 분석철학의 체계를 받아들이고 그것을 정설(定說)로 받아들이면

서, 그는 새로운 교육철학이란 "교육에 대해 대립적이고 논쟁적인 접근을 시도하는 편파적인 입장과는 다른 관점을 가지고 공평무사(公平無私) 하면서도 명쾌한 탐구를 하는 분야"(Darling, 1994, p. 89)라는 점을 계속해서 강조하였다. 결국 과학적 패러다임의 관점에서 고려해 볼 때, 분석적 패러다임의 엄밀성(嚴密性)과 객관성(客觀性)은 교육철학의 진중함과 학문적 적합성(適合性)을 마련하는 데 크게 기여하였다. "철학적 위치에 대해서 말하자면, 나는 교육철학이 철학의 한 분야로 존경받을 수 있을 정도로 자리를 잡았다고 생각한다"(Peters, 1983, p. 35).

　제1장에서 지적한 바와 같이, 피터스가 분석적 패러다임을 소개함에 따라 교육철학은 철학의 존경받는 분야로 자리를 잡았을 뿐만 아니라 교육이론의 기본적인 구성요소로 자리를 잡게 되었다. 제5장에서 우리는 피터스가 1950년대 교육이론이라는 제목으로 행해진 미분화된 활동을 어떻게 자신의 분화된 접근방식으로 바꾸어 놓았는지를 설명한 바 있다. 그에 의하면, 교육이론은 본질상 네 가지의 기초 분야―철학, 심리학, 사회학, 그리고 역사학―로 나누어지는데, 이들 각각은 교육원리 및 실제에 그 나름대로 영향을 주고 있다. 분석적 패러다임에 기반을 두고 있다는 이유로, 철학은 (역사학뿐만 아니라) 심리학이나 사회학과 같은 사회과학과 동등한 동반자로서 그 지위를 가지고 있다. 이러한 방식으로 이루어진 교육철학에 대한 새로운 분석적 접근방식은 학문적으로 존경받는 교육이론 수립에 상당한 기여를 하였다. 이것저것 잡다하게 섞여 있음으로 인해 학문적으로 낮은 지위를 갖게 되었던 기존의 교육연구와는 달리, 사회과학의 경험적인 방법론과 손을 잡은 철학의 분석적 방법론은 이미 잘 알려진 과학적 패러다임의 관점에서 볼 때 교육학을, 신뢰할 만한 학문분야로 정립하는 데 크게 기

여했다.

놀랄 만한 일은 철학자로서 피터스의 영향이 철학 및 교육연구 분야에만 국한된 것이 아니라 영국에서 교육제도 및 정부정책에까지 확장되었다는 점이다. 이러한 실제적인 영향은 일반적으로, 1960년대 이루어진 사회적 실험 및 경제적 성장을 배경으로 이루어진 것이다. 특히 피터스가 마련한 아젠다의 구체적인 실현은 그 당시 정치적인 분위기 속에서 이루어졌는데, 이 아젠다의 대부분은, 반대가 심해 악전고투 하다가 13년 후에나 이행되었으며, 특히 교사훈련정책이 발전하면서 시행될 수 있었다. 이러한 사회, 경제, 정치적 상황 속에서 경력을 쌓고 지위를 얻게 된 피터스는 자신의 아젠다를 구현할 수 있는 기회를 잡을 수 있었다.

그 기회가 1960년대 초반에 찾아왔다. 교사훈련대학(teacher training college)은 [1960년] 자격 연한을 2년에서 3년으로 연장하였고, [1963년] [고등교육에 관한] 로빈스 보고서(Robins Report)는 대학 스스로 '교육대학' (college of education)으로 명칭을 바꾸도록 권고하였으며, 대부분의 학생들에게 새로운 교육자격, 즉 교육학사 자격증(B.Ed.)을 취득하도록 권고하였다. 이러한 변화로 인해 학위를 수여할 만한 자격을 갖춘 수준 높은 강사들과 새로운 교육과정이 마련되었다(Dearden, 1982, p. 57).

피터스는 적절한 시간과 적합한 장소에 꼭 필요한 적임자였다. 이러한 변화와 도전에 응하면서, 피터스는 교육학과 교수요 학과장으로서, 런던 대학교 교육연구소(London Institute of Education)에 분석적 패러다임의 바람을 불어넣었으며, 실제로 그는 교육철학 분야에서 인정받을 만한 "런던라인"을 결성하였다. 이로부터 그의 영향력은 영국뿐만 아니라 영연방 전역의 다른 제도들에 미치게 되었다. "최소 1965년으로부터 1975년까지 10년 동안 교육철학은, 윌리엄스(Bernard Williams)가 '카키색 군복을 입은 마렛거리의 사람들'이라고 즉흥적으로 표현한 '런던라인'에 의해 지배받았다"(Peters, 1983, p. 36).

나아가 1964년 교육연구의 미래를 논의하기 위해 교육과학부와 교육대학 및 교육학과 교사연합회(Association of Teachers in College and Department of Education : ATCDE)의 이름으로 개최된 헐(Hull) 회의에서 피터스는 교육이론의 본질에 대한 차별화된 접근의 차원에서, 교육철학에 대해 새로운 접근을 할 수 있는 기회를 얻게 되었다. 이러한 역사적인 배경을 바탕으로 이루어진 그의 연설, 즉 "교사훈련에 있어서 철학의 위치"는 교사교육의 형식을 재구성하는 데 영향을 주었을 뿐만 아니라 대학과 교육학과에서 교사훈련의 내용을 혁신하는 데 큰 도움을 주었다. 또한 교육과학부는 나중에 "교육대학 출신의 보조 강사들이 런던 대학교 교육연구소에서 1년 간의 교육철학 특별코스를 이수하도록 결정하였다"(Peters, 1966b, p. 88). 우리는 교육철학 분야에서의 다량의 출판과 영국교육철학회의 창립이 결합되면서, 피터스가 1960년대의 교육철학을, 학술적으로, 제도적으로, 그리고 철학적으로, 그리고 정치적으로, 영국에서 그 이전에 결코 볼 수 없었던 전도유망한 사업으로 바꾸어 놓았다고 과장 없이 말할 수 있을 것이다.

모든 수준과 (개방 대학교를 제외한) 모든 교사교육 기관에서 교육철학 코스가 제공되었으며, 의무적으로 시행되었다. 여러 새로운 전문가들은 이러한 요구를 해결해야만 했다. 철학자들이 교육분야에서 책임자로 임명을 받게 되었는데, 런던 대학교 교육연구소에는 피터스와 함께, 처음에 페리(Perry)와 허스트(P. Hirst)가 소장으로 임명되었으며, 나중에는 엘리엇

(Elliott), 디어든(Dearden), 소킷(Sockett), 프링(Pring), 에스핀(Aspin)이 임명되었다. 함린(Hamlyn), 헤어(Hare), 오크쇼트(Oakeshott), 오코너(O' Connor), 패스모어(Passmore), 필립스(D.Z. Phillips), 그리피스(A. Phillips Griffiths), 그리고 라일(G. Ryle)과 같은 순수철학자들이 관심을 보였는데, 이들이 교육철학에 대해 이러한 관심을 보인 것은 피터스가 일반 철학자들 사이에서도 상당한 명성을 가지고 있었기 때문이었다(Dearden, 1982, p. 59).

또한 알아 두어야 할 점은 철학적 영향력을 행사하면서, 정치, 정책, 실제 분야에서의 구체적인 문제들을 논의하기 위한 피터스의 참여는 예컨대, 공적인 강연 및 출판을 하기 위한 임팩트시리즈(IMPACT series)와 같은 계획을 통해, 오늘날에도 계속 추진되고 있는 영국 교육철학 공동체(UK philosophy of education community)에 문화적인 영향을 끼치는 선례(先例)를 남겼다. 임팩트 시리즈는 1999년 영국교육철학회 (Philosophy of Education Society of Great Britain: PESGB)의 계획으로 시작된 것으로, 정책-결정 과정을 다루는 데 목적을 두고 있다.[2]

3. 플라우든 보고서와 아동중심교육

피터스가 영국 교육정책에 끼친 영향 중 눈에 띄는 것으로, 우리는 소위 "플라우든 보고서"에 대한 런던 라인의 반응을 들 수 있을 것이다.

---

2 이 시리즈에 대해서는 http://www.philosophy-of-educati on.org/impact/ impact.asp를 참고하라.

1960년대 교육 보고서들 중 가장 유명한 보고서는 '아동과 아동의 초등 교육'이라는 표제가 붙은 1967년의 플라우든 보고서이다. 이 보고서는 정치적으로 영국 교육체제 안에서 아동중심 교육의 영향력을 공고히 하려는 데 목적이 있었다.[3] (영국) 교육자문위원회의 위원장이었던 레이디 플라우든(Lady Bridget Plowden)의 이름을 따 붙인 이 문서는 역사적인 관심을 끌 뿐만 아니라 교육철학과 교육이론에 중요한 것이다. 이 문서가 중요한 것은 이 문서가 담고 있는 엄청난 양의 교육이론들 때문이다. 플라우든 보고서는 차별화된 교육철학과 … 사회관(§504) ― 때론 교육적 진보주의(進步主義)와 동일시되는 관점 ― 을 표명하고 있으며, 물론 피터스와 "런던 라인"은 이 보고서에 대해, 교육세계에 심대한 영향을 줄 만한 구체적인 비판을 가하였다.

> 의심할 바 없이, 1960년대 진보주의 교육은 플라우든 보고서에서 그 절정에 이르게 되는데, [분석교육철학]은 이와는 반대로 여러 분야에 영향을 주었다. 분석적 접근은 "성장", 아동의 "요구와 흥미", "발견학습"과 같은 진보주의의 슬로건들에 주의를 기울였다. 내가 편집한 『플라우든 보고서에 대한 관점』(Perspectives on Plowden)은 대단히 큰 소란을 일으켰다. … (Peters, 1983, pp. 35-6).

보고서에 대한 철학적 공격은 그 다음 보고서와 그것이 구체화된 (초등) 교육에 대한 진보주의적인 생각에 대한 태도에 심대한 영향을 끼쳤다. 이제 우리는 진보주의의 주요 주장들을 간략히 소개한 후 그것

---

3   온라인상에 올라와 있는 보고서 전체를 보려면 http://www.educationengland. org.uk/documents/plowden/을 보라. 20년 후 "플라우든이즘"에 대한 평가에 대해서는 Halsey and Sylva(1987)와 Dearden(1987)을 보라.

에 대한 피터스의 건설적인 비판을 살펴보고자 한다.

교육적 진보주의란 무엇인가? 아동-중심 교육이란 전통적이고, 교재-중심적이며, 교사-중심적인 접근법과 대조를 이룬다. 루소(J. J. Rousseau)와 듀이(John Dewey)와 같은 과거의 교육자들을 추종하는 교육적 진보주의는 교육철학 분야에서 다음과 같은 주제들에 관해 독특한 견해를 내세운다. 즉, 아동의 지위, 아동의 본질, 교육과정, 그리고 교사의 역할에 대해 차별화된 주장을 한다(Archard, 1993, 제1부; Darling, 1994, pp. 1-5).

첫째, 전통주의자는 아동기를 성인기에 이르기 위한 한 단계로 생각하는 반면에 진보주의자는 아동기를 그 자체의 상태로 바라본다. 첫째 견해에 의하면, 인간 삶에 있어서 아동기란 목적론적 과정(teleological process)으로, 아동기는 장차 도달해야 할 성인기의 텔로스나 목표를 전제로 하고 있다.[4] 아동기는 아직 성인기가 아니다. 하지만 성인기는 발달의 최종 단계로 이해되며, 따라서 아동은 미숙하거나 완성되지 않은 성인으로 여겨진다. 두 번째 견해에 의하면, 아동기는 내재적 조건이다. 즉, 아동기란 성인으로서의 자질이 결여되어 있는 것이 아니라 내재적 가치나 그 자체의 가치를 지닌 자질이 존재한다. 아동은 아동으로서 이해되며, 이러한 주장은 개인으로서의 아동을 존중하고 아동들 간의 차이를 존중해야 한다는 뜻을 포함하고 있다. 둘째, 전통주의자는 아동의 정신적 본성을 타블라 라사(*tabla rasa*), 즉 외부 환경에 의해 조성되어야 할, 텅 비어 있는 백지(白紙)로 생각한다. 반면에 진보주의자는 아동의 정신적 본성을 그 자체의 요구와 흥미를 지니고 있으며, 개별적 재능을 가진 특수한 본성 혹은 자아(自我)로 이해한다. 첫 번째 생

---

4   역자주: 텔로스(*telos*)는 아리스토텔레스의 철학에서 '목적인'(目的因)을 뜻한다.

각은 아동의 마음이 외인성적(外因性的)인 점진적 단계(exogenous progression)를 거쳐 어른의 마음이 된다는 점을 함의하고 있다. 즉, 아동의 마음이란, 마치 흙덩어리가 어떤 형태로 빚어지듯이, 다른 사람의 영향을 받아 "외부에서" 형성된다는 것이다. 이에 반해 두 번째 생각은 아동의 마음이란 자연스럽게 이루어지거나 내생적(內生的)으로 발달한다는 것을 함의하고 있다. 즉, 아동의 마음이란 마치 도토리가 참나무로 자라듯이 타고난 잠재력(潛在力)이 "내부에서" 펼쳐진다는 것이다. 이 두 가지 생각의 차이는, 각각 타율성(他律性)이나 타자-의존성(수동성)과 자율성이나 자아-실현(적극성) 간의 대조와 깊이 관련되어 있다.

아동의 지위 및 본성에 관한 이러한 처음 두 가지 관점은 교육과정(敎育課程) 및 교사의 역할에 관한 다음 두 가지 관점과 논리적으로 관련되어 있다. 첫째, 전통적인 접근방식은 우선 "교육과정 내용의 측면에서", "언어와 수계산의 기본적인 기술의 체계적인 전달을 포함시키며, 기존의 학교 교재의 범위 안에서(처음에는 넓게, 나중에는 좁게) 이루어지는 수업을 중시한다"(Darling, 1994, p. 2). 교재-기반 교육과정은 대체로 서구 문명 안에서 알아야 할 것들을 상이한 지식의 형식들로 구획화(區劃化)한 것을 드러낸다. 전통적인 교육과정과는 달리, 진보주의자는 통합적인 교육과정을 옹호한다. 즉, 아동의 요구 및 흥미에 기반을 두고 있는 주제 중심 혹은 프로젝트 형태로 이루어지는 교육과정 단원을 옹호한다. 둘째, "교육학적 측면에서, 전통적인 접근방식은 교재를 설명하고, 모든 교실에서 일시에 수업을 진행하는 교사상(敎師像)을 상정하고 있다. … 집요한 적용과 기억 작업은 불가피한 것이요, 아마도 성인의 삶을 준비하는 데 유익한 것으로 여겨진다"(Darling, 1994, p. 2). 전통적으로, 교사는 마음을 다해 지식의 체계를, 배우는 아이들 집단에게 수업하는 사람으로 이해된다. 교사는 가르치고, 학생은 가르친 것을 배운다. 하지만 진보주의자에게 학습이란 외적인 권위자의 통제에 의해 이루어지는 것이 아니라, 아동 자신의 본성과의 조화 속에서 아동에 의해 이루어진다. 아동은 자연적인 탐구자로서 경험이나 발견에 의해 배우기 때문에 교사의 역할은 조력하는 일에 국한되어야 한다. 학습이 스스로 발견하는 일이라면, 교사가 해야 할 과업이란 환경을 마련해 줌으로써 학생이 배울 "준비"가 되었을 때 자신의 속도에 맞춰 세계를 발견하도록 해 주는 것이다.

제2장에서 분명히 드러났듯이, 아동–중심교육이 추구하는 교육목적 —자율성, 비판적 사고, 창의성과 같은 것—은 교육을 공적 경험의 양식, 지식, 그리고 이해로의 입문으로 바라보는 피터스의 분석과는 전혀 다른 것이다. 플라우든 보고서에 대한 피터스의 비판을 상세히 다루기 전에 그가 가진 교육적 사고의 기본적인 철학적 가정들을 살펴보는 것이 좋을 것 같다. 이러한 측면에서 보면, 피터스에게 아동–중심교육의 이론적 기초가 건전한 것으로 보이지 않을 것이다. 그는 교육적 사고를 전개하는 동안 다음 세 가지 이론적 입장이 타당한 출발점이 되어야 한다고 상정(想定)하고 있다.

1. 표준적인 사회과학 모델(SSSM)
2. 비트겐슈타인의 반–사적 언어 논의(anti–private language argument)
3. 허스트가 제시한 지식의 형식 논제(forms of knowledge thesis)

피터스는 이것들의 타당성에 대한 논의 없이 그리고 마지막 것을 제외한 나머지 두 가지에 대해 아무런 언급 없이 이러한 입장들을 상정하고 있다. 분명히 그의 지적 계획 안에는 "노동의 분업"이라는 생각이 담겨 있어, 그는 타당함을 보여 주거나 최소한 이러한 입장의 그럴듯함을 보여 주는 다른 학자들—다른 사람들 중에서도 비트겐슈타인이나 허스트—의 저작에 의존하고 있다. 피터스가 이같은 세 가지 입장을 모두 받아들인다고 하더라도, 이것들 각각이 매우 논쟁적인 주제라는 점은 말할 나위가 없는 것이다.

첫째, 투비(Tooby)와 코스미데스(Cosmides)가 "표준적인 사회과학 모델"(SSSM)이라고 부른 것은, 본성이나 본유성 그리고 양육이나 후천적 획득이 인간 마음 구성 및 인간 사회제도에 끼치는 상대적인 영향에 대해 설정한 일종의 가설체계로, 이 가설은 후자의 영향, 즉 사회 환경의 영향을 더 중요하게 여기고 있다.

> 인간은 모든 곳에서 행동하고 사고함에 있어 집단과 집단 사이에서 큰 차이를 보이지만 지역 집단 안에서는 놀랄 만한 유사성을 보인다는 것이다. 표준적인 사회과학 모델은 … 인과적이면서도 일시적으로 일어나는 가장 중요한 연속적인 사건들에 초점을 맞추고 있다. 즉, 개인들은 "충분히 발달하지 않은" 유아가 지역사회 집단의 유능한 성인 구성원으로 발달해 가는 것을 보면서 어떤 변화를 보이는가, 그리고 개인들은 자신들이 몸담고 있는 지역사회의 인간 환경에 반응하면서 어떻게 행동하는가에 초점을 맞추고 있다 (Tooby and Cosmides, 1992, p. 25).

이 모델은 인간 마음이란 사회적으로 형성된다는 점을 강조한다. 유아들이 모든 곳에서 비슷한 모습으로 태어나지만(인류의 정신적 통합의 원리), 성인들은 모든 곳에서 행동과 정신 조직에 있어서 서로 다른 양상을 보인다. 불변의 유아 본성을 가지고는 성인의 가변적인 정신 조직을 설명할 수 없기 때문에 성인의 정신 조직이란 그들의 발달 과정에서 개인 밖에 존재하는 어떤 자료로부터 획득한 것임에 틀림없다. 그 자료란 다름이 아니라 사회 환경으로, 이것은 개인에 앞서 존재하는 것이며 개인 외부에 존재하는 것이다. 즉, "개인이란 (효과나 결과에 따라) 행동하며, 사회 · 문화적인 세계란 작인(作人)이다(후속하는 상태의 원인이거나 그 상태에 앞서는 것이다)"(Tooby and Cosmides, 1992, p. 26). 따라서 표준적인 사회과학 모델은 유아는 아직 조직되지 않은 거친 욕망이나 욕구와 같은 아주 기본적인 것을 가지고 태어나며, 이에 덧붙여 사회화 능력과 학습 능력을 가지고 태어난다고 해석한다. 그러므로 정신적인 삶이란 학습과 교육을 통해 이루어지는 문화로부터 획득되는 것이다.

둘째, 비트겐슈타인은 사적 언어(private language)라는 것이 있을 수 없다고 주장하였다.[5] 만약 사고가 언어를 논리적으로 가정하고 있다면, 우리는 이러한 논의를 근거로, 대부분의 사고란 사회적 속성을 가지고 있다고 결론지을 수 있을 것이다. 이 점이 바로 분화된 마음의 발달이 개인적인 것이 아니라 공적인 것이어야 한다는 이유이다.

> 하지만 개인이 의식(意識)의 구심점(求心點)이라는 아이디어와 기대는 원자적인 개인 경험의 침전물(沈澱物)로 발달하는 것이 아니다. … 그와는 달리, 이러한 것들은 개인이 언어, 개념, 믿음, 그리고 사회의 규칙 안에 소중히 간직되어 있는 전통에 입문한 결과이다(Peters, 1966a, pp. 48-9).

---

5 명료하긴 하지만 논쟁을 불러 일으킬 만한 비트겐슈타인의 설명에 대해서는 Kripke(1982)를 보라.

고립된 개인이란 무기력하기 때문에, 마음의 구성에 있어 공동체가
필요한 것이다. 여기서 엘리엇(Elliott, 1986, p. 46)이, 피터스는 비트
겐슈타인의 사적-언어 비판에 대해 잘 알지 못했으며, 그런 비판에 참
여하지도 않았다고 주장하고 있다는 점을 기억해 둘 필요가 있다. 그리
하여 그는 "형이상학적 체계"처럼 작동하는 지식과 이해의 공적인 조
건에 주로 관심을 기울여야만 했다. 하지만 피터스가 비트겐슈타인의
저작 모두에 어느 정도 관심을 기울였는지와는 관계 없이, 피터스가 마
음이란 공적 언어 안에 담긴 공적 현상이며, 따라서 학습자는 개인 학
습자만의 소유라고 할 수 없고, 정의할 수도 없으며, 적용할 수도 없는
개념 및 의미로의 입문을 통해 마음을 획득한다고 주장한다는 점에서
비트겐슈타인의 논리적 가정을 공유하고 있다고 봐야 할 것이다.

셋째, 피터스의 가장 가까운 동료인 허스트는 1965년 "교양교육과
지식의 본질"(Liberal education and the Nature of Knowledge)이라는
자신의 논문에서 소위 "지식의 형식"이라는 논제를 소개하였다. 제5장
에서 지적한 바와 같이, 이 논제는 인간 지식의 영역이 논리적으로 구
분되는 지식의 형식들로 나누어지며, 이 형식들은 다른 것으로 환원(還
元)되지 않는다고 말하고 있다. 지식의 형식들로 나누어지는 이러한 비
자의적인 구분은 비교적 잘 분화되지 않는 각성(覺醒)의 형식을 포함하
는 신화(神話), 종교, 이데올로기의 통합적인 이상(理想)과 대조를 이
룬다. 지식을 구획화(區劃化)하는 일은 서구 문명의 위대한 성취들 중
의 하나로 여겨지고 있다.

이같은 피터스의 기본적인 철학적 체계를 배경으로 생각해 볼 때, 플
라우든 보고서에 대한 그의 비판은 충분히 이해할 만한 것이다. 플라우
든 보고서에 담긴 철학은 아동-중심교육의 철학으로, 피터스에 의하
면, "이론적으로 만족스럽지 못할 뿐만 아니라 이 시대의 실제적인 요

구에도 적절치 않다"는 것이다(Peters, 1969b, p. ix). 그의 기본적인
비판 노선에 따라, 그는 표준적인 사회과학 모델(그리고 비트겐슈타인
의 논의)의 견지에서 볼 때, 진보주의적이고 개인주의적인 관점에서
해석이 이루어지고 있는 "성장", "발달", "본성", "자아"라는 개념들과
"교사-보조자"라는 개념은 이해하기 힘든 입장을 제시하고 있다는 점
에서 문제가 많다고 지적한다.

> 그것(진보주의적 접근방식)이 범한 잘못 대부분은 사고와 언어의 사회적 성
> 격, 전달과정 및 동기유발의 과정을 조직적으로 무시하고 있다는 것으로 요
> 약된다. 공적 언어 안에 통합되어 있는 국면들에 감각적 수용 없이 세상을
> 이해할 수 있다는 생각, 아이들이 가진 관심을 대부분은 다른 사람들로부터
> 포착한 것이 아니라 자기-주도적인 것이라는 생각, 아이들은 모방, 동일시,
> 수업 없이 내적으로 성숙해질 때까지 "준비"를 해야 한다는 생각은 모두 매
> 우 의심스러운 것이다(Peters, 1969c, p. 16).

아동의 지위 및 본성에 대해 피터스는 "'교육'과 분명하게 구별되는
'아동발달'이라고 불리는 연구영역이 있는지"(p. 8), 그리고 그것에 따
라 "아동발달"이 정신발달을 뜻하는 것인지 의아하게 여기고 있다. 일
반적으로 말해서, 교육이 문화적 입문이라면, 그때 표준적인 사회과학
모델(SSSM)은 정신발달이란 필연적으로 교육(과 학습)에 의존할 수밖
에 없다는 것을 말해 줄 것이다. 아동발달이나 성장, 그리고 이와 관련
된 아동의 본성이나 자아는 입문으로서 교육의 구성적인 힘과 분리될
수 없을 것이다.

나아가, "자아발달에 대한 요구는 늘 공유된 가치평가의 체계 안에
서 이해되어야 한다"(Peters, 1969c, p. 8). "발달"의 개념이나 "요구"

의 개념은 늘 사람이 해야 할 것이 무엇인가에 대한 가치판단(價値判斷)을 전제로 하고 있다. 일단 신체의 영역으로부터 벗어나 정신의 영역으로 들어가게 되면, 순전히 통계적인 것과는 구별되는 규범적인 형태의 것이 중시된다. 진보주의가 내세우는 교육의 목적들이란 당연한 것으로 받아들여지거나 다른 목적들보다 반드시 앞서는 것이 아니다. 왜냐하면 그것들은 보다 과학적인 것에 기반을 두고 있기 때문이다. 진보주의자는 어쩔 수 없이 본인이 추구하는 교육목적이 다른 것보다 더 가치가 있다는 것이라는 생각을 정당화할 수 있는가 하는 논쟁에 빠져들게 된다. 마찬가지로, 진보주의자가 내세우는 자율성의 가치는, "다른 가치와 마찬가지로, 절대적으로 중요한 것이 아니라, '다른 조건이 같다면' 이라면 표현으로 제시된다"(p. 10). 우리가 제6장 끝에서 밝힌 바 있듯이, 자율성이란 절대적인 가치를 가지는 것이 아니라 가치 있는 활동의 체계와 관련지어 볼 때 상대적인 가치를 가지는 것이다. "자율성"의 개념과 이와 관련이 있는 "창의성"이나 "독창성"이란 아동이 공적 유산의 일부인 지식과 기술의 체계에 먼저 입문하지 않고는 아무런 의미를 가지지 못한다. 만약 우리가 다원주의 사회에서 자율성의 가치를 받아들인다면, 우리는 아이들이 자신의 발로 스스로 서서, 자기 나름대로 의 방식대로 일을 해 갈 수 있도록 해 주어야 한다. 제5장에서 설명한 바 있듯이, 그렇게 해 주기 위해서는 미래에 최소한 아이들이 우리가 공유하고 있는 유산의 일부—인문학—를 활용하여, 인간조건에 직면했을 때 삶의 역경을 극복해 갈 수 있도록 해 주어야 한다.

　아이들이 학교에서 스스로 배워야 한다고 말하는 것만으로는 충분치 않다. 우리는 아이들이 원하는 것이 무엇인지를 찾아내도록 환경을 제공해 주어야 한다. 내가 보기에 "인문학"이라는 이름하에 서로 함께 묶여 있는 인식의 형식이 특히 이 경우에 중요하다는 생각이 든다(Peters, 1969c, p. 12).

교육과정의 구조에 관련해 분명히 말할 수 있는 것은, '지식이란 분명하게 나누어지지 않는다는 플라우든 보고서의 주장(§505)이 허스트(와 피터스)가 제시한 지식의 형식 논제와 직접 교차한다는 점이다. 이제부터 우리는 진보주의자가 말하는 교육과정 통합에 대한 분석적 반응에 대해 설명하고자 한다. 교사의 역할에 대해 말할 때에, 피터스는 방관자로서 최소한의 역할을 강조하는 플라우든 보고서의 교사상(教師像)이 표준적인 사회과학 모델에 적합하지 않는다는 점에서 강하게 반대한다. 플라우든 보고서 안에는 경험을 통한 학습과 발견 학습에 대해서는 많은 것을 논하고 있지만 정작 교수(教授)에 대해서는 아무것도 논하지 않고 있다.[6] 하지만 표준적인 사회과학 모델의 관점에서 볼 때, 교사의 역할이 중심이 되기 때문에 그의 역할이 그 어떤 식으로든지 최소화될 수 없는 일이다. 문화가 개인보다 앞서고 그것이 외부에 존재하는 것이라면, 그리고 교육이 그러한 문화로의 입문이라면, 교육적인 과정은 기본적으로 그러한 문화를 소유한 전수자(傳授者)에 의해 이루어져야 할 것이다. 그러므로 교사들은 "다른 사람들의 눈을, 그 사람들과는 독립되어 있는 바깥 세상으로 돌리는 경험이 많은 사람들이다."(Peters, 1966a, p. 54). 표준적인 사회과학 모델에 의하면, 교육이란 "장인"(匠人)이 "초보자"에게 공유하고 있는 유산을 권위 있게 전달하는 과정이다. 이러한 복잡한 과정 속에서 효과가 나타나도록 하는 사람이

---

6 《플라우든 보고서에 대한 관점》의 표제 그림에 소개된 스키너의 인용글을 비교해 보라. "경험의 학교는 결코 학교가 아니다. 왜냐하면 그 안에서 배울 수 없기 때문이 아니라, 아무도 가르치지 않기 때문이다. 교수란 학습을 탐험하는 것이다. 가르치는 사람은 가르치지 않는 사람보다 더 빠르게 배운다."(Peters, 1996b, p. iii)

바로 교사이다. 교사는 학생에 앞서 이미 지식의 체계를 소유하고 있을 뿐만 아니라 그와 관련해 자격과 권위를 갖춘 사람이다. 교사의 지울 수 없는 과업, 심지어 "성스러운 사명"은 문 밖에 서 있는 야만적인 아이들을 문명의 성곽 안으로 데려오는 것이다.

> 이제 교사는 이러한 활동과 사고 및 행위의 양식들에 스스로 입문해야 한다. … 이러한 삶의 형식을 추구하는 목적이나 관점이 무엇인지 그리고 왜 그러한 것에 입문해야 하는지를 묻는 것은 쓸데없는 질문이다. … 이러한 질문을 하는 것은 문 밖의 야만인들이나 할 수 있는 질문이다. … 이런 냉정한 사람들이 문명을 구성하는 것들 모두에 무관심할 수 있을까? 아이들은 어느 정도 그럴 수 있을 것이다. 아이들은 문 밖의 야만인들의 위치에서 출발을 한다. 문제는 아이들을 성채 안으로 불러들여 그들이 거기로 들어올 때 본 것을 이해하고 사랑할 수 있도록 해 주는 것이다(Peters, 1963a, p. 107).

표준적인 사회과학 모델의 측면에서 교사의 주된 역할을 바라볼 때, 피터스가 왜 플라우든 보고서가 이론적으로 만족스럽지 못할 뿐만 아니라 우리 시대의 실제적인 요구에도 부적절하다고 생각했는지가 분명해진다.

> 교사가 무엇보다 중요한 역할을 해야 할 때에 플라우든 보고서에 나타난 교사의 이미지는 교사의 역할을 낮춘 것이 아닌가? 성직자들에 의해 전달되었던 통합적인 이상(理想)이 사라진 다원주의 사회 안에서, 누가 세대와 세대 사이에 우뚝 서서, 개인들이 결국 어디에 서야 할 것인가를 스스로 결정할 수 있도록 다른 사람들을 다양한 문명세계 안으로 입문시킬 것인가?(Peters, 1969c, pp. 16-17).

플라우든 보고서에 대한 피터스의 심각한 우려는 아동-중심 교육에 대한 건설적인 비판으로 보아야 한다. 이러한 의도가 『플라우든 보고서에 대한 관점』(Perspectives on Plowden)에서는 분명하게 드러나지 않지만—여기서의 비판은 때로 거칠고 일차원적인 측면이 있다—허스트와 공동 집필한 『교육의 논리』(The Logic of Education, 1970)에서는 충분히 드러나고 있다. 피터스(와 허스트)는 진보주의 운동이 권위주의적인 수업, 사실에 대한 암기 학습과 동일시되는 전통적이고, 교재-중심적이며, 교수-주도적인 접근방식을 비판하면서 이것을 진일보한 방향으로 이끌고 나갔음을 인정한다. 하지만 그는 아동-중심적인 접근방식이 지나치게 극단적인 반응을 보였다고 생각한다. 즉, "낭만주의적 저항운동은 … 모종의 고전주의적 배경을 논리적으로 전제하고 있다"(Peters and Hirst, 1970, p. 32). 이러한 변증직인 분위기 속에서, 피터스는 전통주의의 논제와 진보주의의 논제를 "자유주의적 전통주의"(liberal traditionalism)라는 종합적 태도로 조화시키려고 한다.

여기에는 오히려 내용과 방법이 교육목적을 어떻게 실현해 갈 것인가에 관한 극단적인 생각이 놓여 있다. … 교육에 대한 권위주의적인 접근법과 아동중심적인 접근법을 비교해 볼 때, 전자는 목적과 내용 면에서 강점을 가지고 있지만 방법 면에서는 약점을 가지고 있으며, 이와 반대로 후자는 방법 면에서 강점을 가지고 있지만 목적과 내용 면에서는 약하다는 말들을 한다. …이러한 비판들은 어떤 공통된 약점을 가지고 있다. 즉, 그들은 지식과 이해의 발달에 매우 중요한 공적 경험형식(public forms of experience)에 너무 무관심했다는 것이다. 또한 공적 경험형식의 강조는 이 두 가지 교육에 대한 접근법을 종합할 수 있는 가능성을 마련해 줄 수 있다. … 왜냐하면 내용[경험]이란 그 자체로서 중요할 뿐만 아니라 획득해야 할 경험의 양식에 필요하기 때문이다. 공적 경험의 양식 안에서의 훈련 없이는 자율성, 창의성, 비판적 사고와 같은 진보주의적 이상들은 공허한 것이 되고 만다(Peters and Hirst, 1970, p. 32).

이러한 종합적인 태도를 가지고, 피터스는 "내용 없는 개념은 공허(空虛)하며, 개념 없는 인상(印象)은 맹목(盲目)"이라는 칸트의 주장을 활용해 이 양극단을 조화시키고 있다. 즉, 경험 내용이 없는 지식의 형식(공적 유산)은 공허하고, 지식의 형식이 없는 경험은 맹목이라는 입장을 조화시키고 있다. 이것을 진보주의자가 내세우는 주요 교육목적에 적용하는 과정에서, 이러한 종합적인 관점은 비판적인 사고가 없는 사실적인 지식이란 공허하고, 공적 유산이 없는 자율성이란 맹목적인 것이라는 쟁점거리를 던져 준다.

이러한 종합적인 견해에 비추어 볼 때, 교육과정과 교수방법을, 한편으로 교재 및 형식적인 방법의 전통적인 추종자와, 다른 한편으로 통합 및 비형식적인 방법의 추종자 간의 극단적인 논쟁으로 끌고 가는 것은 가장 불행한 일이다. 제2장에서 자세히 다루었듯이, 피터스는 진보주의자가 말하는 교육과정 통합이나 발견학습에 대해 반대하지 않는다. 그가 반대하는 것은 다름이 아니라, 어떤 교육과정 구조나 무엇인가를 학습하기 위한 어떤 방법이 예외 없이 일반적인 교육과정 구조나 학습방법으로 부풀려지고 있다는 점이다. 주제나 프로젝트 유형의 교육과정 단원들이 적절한가 하는 점은 한번 또는 일시에 결정될 수 있는 것이 아니다. 왜냐하면 이러한 교육과정 구조의 적절성은 이미 가르쳤던 내용과 다른 경험적 기준들에 의존하기 때문이다. 또한 학습을 위한 경험적 방법들이 적합한가 하는 점은 시간이 날 때마다 결정되는 것이 아니다. 왜냐하면 이러한 방법의 적합성이란 학습된 것뿐만 아니라 그것을 배우는 아이들의 능력에 의존하기 때문이다. 피터스가 플라우든 보고서에 담긴 철학에 가장 극렬하게 반대한 까닭은, 그것이 교수와 학습에 대한 종합적인 방안이 있다고 여기는 이데올로기가 될 가능성이 있다고 판단했기 때문이다.

> 나의 주장은 그 어떤 종합적인 방안이 있을 수 없다는 것이다. 필요한 것은 일반적인 기준뿐만 아니라 가르친 것의 차이, 그리고 배운 아이들의 차이를 고려하는 견실하고도, 명민하며, 실험적인 접근방식이다(Peters, 1969c, p. 15).

4. 분석적 패러다임에 대한 비판

『플라우든 보고서에 관한 관점』이라는 피터스의 책이 출간되었던 1969년, 같은 해 소위 두 종류의 "흑서"(黑書: Black Papers)가 등장하였다.[7] 이 보고서들은 주로 정치적 권리를 옹호하기 위해 쓰인 것으로, 1950년대와 60년대 영국에서 이루어진 교육분야의 진보적인 진척상황을 공격하였다. 1970년대 초, 정치적 분위기뿐만 아니라 경제적인 분위기가 급속도로 변하기 시작하였다. 세계적인 경기침체와 더불어 영국의 교육계는 교사훈련 프로그램을 재조직하라고 요구하는 《제임스보고서》(James Report)와 교육분야에서 제도적 합리화를 추진하려는 정부의 1972백서(白書: 1972 White Paper) 요구에 직면하게 된다. 1945년 전

---

7 이 보고서는 다섯 가지의 모음글로 이루어져 있는데, 처음 세 가지는 콕스(Brian Cox)와 다이슨(A.E. Dyson)에 의해 편집되었으며, 나머지 두 가지는 콕스와 보이센(Rhodes Boysen)에 의해 편집되었다(Darling, 1994, p. 97).

후로부터 1968년까지 이러한 급속한 변화 분위기와 1975년 피터스의
신경쇠약이 결합되면서 교육철학 분야에서 피터스의 영향력이 약해졌
다는 것을 쉽게 이해할 수 있다. 하지만 1970년대 말, 피터스의 영향력
이 서서히 약화되기 시작한 것은 외적인 이유뿐만 아니라 내적인 이유
들이 있는데, 이 내적인 이유들은 발생 초창기로부터 10년 이상 동안
교육철학 분야에서 자리를 굳히고 있던 분석적 패러다임 그 자체의 지위
와 관련이 있다.

　　1972년 에델(Abraham Edel)은 "기로에 선 분석교육철학"(Analytic
philosophy of education at the cross-road)이라는 현황 파악 논문에
서 다음과 같은 심각한 진단을 내리면서 결론을 맺고 있다.

> 현재 분석적인 형식을 가지고 접근하는 교육철학에 대해 불만족스러운 점이
> 있다. 분석가들 중 어떤 이들은 불행한 교수들이요 학생들이고, 문제의 원인
> 은 현재의 분석적 방법 자체가 가지는 약점에 있다. 분석적 방법은 경험적,
> 평가적, 그리고 사회-역사적인 요소들을 제외시키려고 한다. 이러한 요소들
> 은 분석이 끝난 뒤 성공적으로 덧붙여질 수 있는 것이 아니다—분석적 방법
> 은 만족스럽지 못한 미완성 주택을 만들어 내고 있다(Edel, 1972, p. 148).

　　놀랍게도 피터스 자신은 어떤 측면에서는 분석적 방법을 불만족스럽
게 여겼다. 즉, "1975년 내가 10년간 봉직한 학회(영국교육철학회) 회
장 자리를 사임했을 때, 나는 학회가 그 이전의 분석과 논의의 내용들
을 깔끔하게 정리하는, 오히려 스콜라적인 단계에 접어들었다고 생각
하였다"(Peters, 1983, p. 35). 그의 불만은 분석교육철학이 분석적 스
콜라주의(*analytic scholaticism*)로 전락했다는 것이었다. "오히려 현존
하는 분석과 논의들을 깔끔하게 정리하고 개선하려는 재미없는 시기에

머물고 있다. 철학과 그 어느 영역에서도 신선한 아이디어들이 거의 나오지 않고 있다. … 아마도 분석만을 너무 강조하다 보니 연구가 오히려 좁아지고, 지엽적인 것이 된 것 같다"(Peters, 1983, p. 33). 어쨌든 패러다임에 대한 이러한 표준화는 불가피한 것이다. 그럴 수밖에 없는 까닭은 일반적으로 어떤 학문 안에서 "과학적 혁명"이란 단기간에 걸쳐 일어나지만, "정상과학"은 길고도 지루한 기간에 걸쳐 진행되기 때문이다(Kuhn, 1962). 하지만 피터스는 분석적 접근을 늦출 필요가 있다고 느꼈다. "우리는 언어용법을 검토함으로써 개념을 분석하는 데만 집착해서는 안 된다. … 중요한 것은 문제의식을 가지는 것이다. 이러한 문제의식이 없으면, 개념분석이나 현상학 혹은 다른 접근법은 스콜라적인 것이 되고 만다."(Peters, 1983, p. 53). 이러한 요구는 교육철학이 인식 가능하고, 일관성이 있으며, 분명한 철학적 입장을 가지고 있다고 할지라도, 도덕철학, 사회철학 그리고 정치철학에서 다루는 보다 본질적인 주제들을 다룰 때보다 많이 기여할 수 있을 것이라는 일반적인 인식하에 받아들여질 수 있는 것이다(Peters, 1983, pp. 48-55). 예컨대, 피터스는 자신이 제시한 도덕적 존중의 개념이 매우 엄밀하게 다루어진 주제이기는 하지만, 자신의 도덕적 견해가 도덕적 우애 및 도덕교육에 던져 주는 도덕적이고 정치적인 시사들은 이론화하기가 힘든 것으로, 오히려 자신의 철학적 관점 밑바탕에 깔린 인간에 대한 사회적 개념을 분석할 때 더 잘 기여할 수 있을 것이라고 지적한다.

그러므로 어떤 점에 있어서, 교육철학에 대한 피터스의 분석적 접근 방식은 일상 언어철학의 편협한 언어학적 접근방식과 일치한다고 할 수 없다. 사실 "교육 분석에 대한 피터스의 전형적인 사례는 우리가 말한 것이 무엇인지, 용어가 암시하는 것이 무엇인지, 그리고 사전이 기록한 것이 무엇인지 등등을 적절히 참조하는 소위 언어학적인 스타일로 이루어져 있다."(Dearden, 1982, p. 61). 하지만, 제1장에서 지적하고, 제4장과 6장에서 상세히 다룬 바 있듯이, 한 가지 예를 든다면, 피터스의 분석적 패러다임은 개념분석(혹은 언어분석)의 문제 이외에도, 정당화 및 경험적(혹은 도덕적) 심리학의 문제들을 포함하고 있다. 또 다른 예로, 개념분석이 비록 분석적 패러다임에서 매우 중요한 것이지만, 피터스에게 그것은 목적 그 자체가 아니다. 개념을 분석하는 중요한 까닭은 여타의 철학적이고 실제적인 문제들을 다루기 위한 근거를 마련하려는 데 있다. 피터스에 의하면, 개념분석은 그것이 교육실제 및 정책과정에서 갑자기 생겨나는 문제들을 해결하는 데 도움을 줄 때에 한하여 의미를 가질 따름이다. 제7장에서 서술하는 과정에서 드러났듯이, 또 다른 예를 든다면, 교육의 개념분석 및 (정당화)에 대한 피터스의 작업이 그 궁극적인 영감을 인류학적이고 형이상학적인 배경—그의 스토아적 삶의 철학(Stoic philosophy of life)—에서 얻었다는 점이다. 이러한 점에서 피터스는 편협한 언어철학자가 아니라 폭넓은 의미에서 분석적 패러다임을 지지한 인물이었다.

분석교육철학에 대한 피터스의 태도가 무엇이었든지 간에, 1980년대 초반 분석적 패러다임은 비판을 받았으며, 분석적 접근방식은 영국과 다른 곳에서 그 지배력을 잃고 말았다. 그 결과 "분석적 운동"은 쇠퇴하고 교육철학 분야에서 새로운 관점이 출현하게 되었다. 여기서 우리는 교육철학 분야에서 후기 분석의 시기에 대해 짤막하게 설명하고자 한다.[8] 이제 (영국)교육철학의 상황은, 피터스가 활동했던 1960년대와 70년대 전성기 이래 상당히 많이 바뀌었다. 교육행정에 있어서 경영적

---

8 우리는 1945년-1980년과 오늘날 교육철학의 미래에 대한 보고서로, 카(Carr, 1994)와 버블스(Burbules, 2000)가 작성한 "방법의 상태"에 대한 설명에 기대고 있다.

개념의 영향뿐만 아니라 대처리즘(Thatcherism, 1979–1990)의 등장, 정부에 의한 관료적 통제의 강화로, 정치적이고 제도적인 환경이 급격히 바뀌었다. 1980년대와 1990년대에는 보다 공리주의적이고 도구주의적인 분위기가 조성되면서, 교육철학은 보다 "실제적인 전환"을 꾀해야 했고 "정치적 함의들"에 보다 많은 관심을 기울이게 되었다. 이때 눈에 띄는 것은 피터스가 연구 초기에 정치철학에 대한 글들(Peters, 1956; Peters and Benn, 1959)을 쓰기는 했지만, 교육이론이 가지는 정치적 의미들에 대해서는 아무런 작업도 하지 않았다는 점이다. 그 당시 대부분의 교육철학자들은 편협한 신자유주의 교육(neoliberalistic education)에서 내세우는 시장 및 소비자 개념을 아무런 의심 없이 수용하는 태도에 대해 저항했다. 철학자들은 후기경험주의적인 영미철학뿐만 아니라 현상학, 실존주의, (네오)마르크스주의, 구조주의, 비판이론, 그리고 포스트모더니즘에 기초하여 비판과 대안을 제시했다. 카아(David Carr, 1994, p. 6)는 "우리는 매킨타이어(MacIntyre), 테일러(Taylor) 혹은 로티(Rorty)의 논문에서와 마찬가지로 오늘날 교육철학에 관한 논문에서 하버마스(Habermas), 아도르노(Adorno), 호르크하이머(Horkheimer), 리오타르(Lyotard), 가다머(Gadamer), 푸코(Foucault), 데리다(Derrida), 리쾨르(Ricoeur), 알튀세르(Althusser) 혹은 라캉(Lacan)과 같은 이름들을 만나기 쉽다."고 쓰고 있다.

오늘의 시점에서 보건대, 상황은 그렇게 많이 변하지 않은 것 같다. 21세기 초반, 교육철학은 성격상 아직까지도 권장할 수 있을 만큼 절충적이면서도 비교 문화적이다. 특히, 위에서 언급한 이름들의 목록에 우리는 비트겐슈타인(Wittgenstein), 하이데거(Heidegger), 아렌트(Arendt), 레비나스(Levinas), 벤자민(Benjamin), 니체(Nietzsche), 캐벨(Cavell), 그리고 맥도웰(McDowell)을 덧붙여야 할 것이다. 이와 더불어 최근의 사회 변화로 인해 교육철학에서 다루어야 할 새로운 도전적인 주제들이 생겨나고 있다. 최근의 환경은 교육체제가 다루어야 할 것들, 예컨대, 새로운 직업교육 개념, 정보통신기술(ICT), 유럽과 북유럽의 상황에서 고등교육의 재구성뿐만 아니라 다문화주의, 세계주의, 세계화, 변화하는 시민권의 개념(디지털 시민권과 같은 것), 가족, 환경주의 등과 같은 것을 다루는 방법들에 대한 철학적 반성을 그 특징으로 하고 있다. 이러한 모든 주제들은 전혀 다른 이론적 관점에서 접근해 나갈 수 있는 것들이며, 다양한 반성 및 연구 스타일로 탐구할 수 있는 것들이다. "후기 분석의 시대 교육철학의 경우, 주요 저널들과 학회 출판물의 내용[PES(미국교육철학회), PESGB(영국교육철학회) 그리고 PESA(오스트랄라시아 교육철학회)의 후원을 받은 출판물의 내용)이 전통적인 "분야"의 개념에 비해, 계속해서 절충적이고, 다학문적이며, 인습타파적인 방향으로 나아가고 있다"(Burbules, 2000, p. 12).

따라서 지나고 보니, "점차 쇠잔해져 이제는 그 지배력이 진공상태에 빠질 것인가라는 질문에 대해 … 피터스가 그 어떤 새로운 '패러다임' 도 그것을 대체할 수 없을 것이다"(Peters, 1983, p. 39)라고 답한 바 있는데, 비록 그 어떤 패러다임이 분석적인 패러다임을 대체할 수 없다고 할지라도, 그 쇠락(衰落)이 진공상태를 만들지는 않을 것이다. 왜냐하면 다양한 패러다임이 이러한 진공상태를 채울 것이기 때문이다. 요컨대, 현대교육철학은 멀티패러다임적(*multiparadigmatic*)이라는 것이다.[9] 아마도 여기서 범한 실수란 분석적 패러다임을 "검토하면서", 획일적이고 결정적인 무엇인가가 그것을 대체하게 될 것이라고 생각했

---

9 『교육 철학 안내서』(Curren, 2003), 『블랙웰 교육철학 지침서』(Blake et al. 2003), 『올스포드 교육철학 핸드북』(Siegel, 2009)와 같은 최근의 가이드북들은 최근 교육철학이 멀티 패러다임적이라는 점을 잘 보여 주고 있다.

다는 점이다. 이러한 관점에서 피터스의 예언(豫言)은, 쿤적인 노선 (Kuhnian line)을 따르는 사람들이 받아들이기에는 지나치게 고지식 한 것이다. 오히려 우리는 분석적인 작업을 통해 계발된 분야들 중에서 확산 일로에 있는 여러 가지 패러다임을 발견하게 된다. 오늘날까지 이 루어지고 있는 이러한 철학적 작업의 연속성을 고려해 볼 때, 분석적 패러다임의 가치란 오늘날 학문정신을 고양시키는 데 시사하는 바가 있다는 것이다. 다음 장에서는 이 점에 대해 설명해 보겠다.

5. 오늘날 분석적 패러다임의 중요성

우리는 피터스의 분석적 패러다임이 시대에 뒤떨어진 무엇이라고 생각 하지 않는다. 비록 그것이 오늘날 교육철학의 장면에서 본질적인 역할 을 하는 것은 아니지만, 아직까지도 중요하다는 생각을 가지고 있다. 교육철학이란 단일한 패러다임 안에 위치하고 있는 것이 아니라는 주 장에 동의한다고 하더라도, 우리는 이질적이고 다국면적인 오늘날의 상황에서 분석적인 패러다임은 여러 가지의 다양한 패러다임들 중에서 선택할 수 있는 대안 중의 하나가 아니라고 생각한다. 우리가 바라보건 대, 오늘날 교육철학의 멀티패러다임적인 구조 안에서 분석적 패러다 임은 프리무스 인터 파레스(*primus inter pares*)—동급의 것들 중 제일 의적인 것—이다. 다른 모든 패러다임들—현상학, 마르크스주의 혹은 포스트모더니즘과 같은 것들—은 비대칭적으로 분석적 패러다임에 의 존하고 있다. 즉, 다른 패러다임들이 즉각 설명이 될 수 있다는 의미에 서 분석적 패러다임에 의존한다면, 분석적 패러다임은 다른 패러다임 들에 의존하지 않는다. 이런 점에서 우리는 피터스, 허스트, 그리고 디어든과 같은 분석철학자들의 분석적 방법과 주장을 도외시해서는 안 될 것이다. 이러한 비대칭적인 의존 논제의 관점에서 볼 때, 피터스의 분석적 패러다임은 어떤 의미에서 기초적인 것이라고 할 수 있다. 여기서 "기초적인"이란 말의 의미를 오해해서는 안 된다. 패러다임이란 교육이론에 필요한 빈틈없는 공식(公式)을 세우려 한다는 의미에서, 인식론적인 기초가 되는 것이 아니다. 오히려 패러다임은 형이상학적인 세계관의 기초 위에서 누군가가 내세우는 존재론적인 헌신(ontological commitments)에 대해 중립적인 특성을 띤다. 피터스의 분석적 패러다임은 그것이 학문―교육철학―그 자체를 구성하는 기본 개념들을 다루고 있다는 의미에서 개념상 기초적인 것이다. 또한 이러한 의미에서, 대부분의 패러다임들은 자신들의 학문을 구분하고 다루는 주제들을 확인하려고 한다는 점에서 분석적 패러다임에 의존한다고 할 수 있다. 오늘날 분석적 패러다임의 중요성에 대한 우리의 견해를 입증해 보이기 위해 우리는 제1장에서 소개했던 것처럼, 피터스가 제시한 분석적 계획의 주요 구성요소들, 개념분석, 정당화, 도덕발달에 대해 살펴보고, 그것들의 기본적인 특성을 간략히 지적해 보아야 할 것이다.

분석의 구성요소와 관련해 말하자면, 패러다임은 교육, 학습, 교수, 지식, 교육과정 등과 같은 개념들에 대한 탐구를 포함하고 있다. 주장하건대, 교육적으로 관련된 개념들과 문제들을 다룬다는 것은 이러한 주요 개념들을 분석하는 일에 비대칭적으로 의존한다는 것을 의미한다.[10] 만약 우리가 교육에 대해 분명한 견해를 가지고 있지 않다면, 학교에서 어떻게 다문화적인 교육의 문제를 적절히 다룰 수 있을 것인

---

10   이러한 기본적인 개념들에 대해 거의 완벽하다고 할 정도의 목록에 대해서는 Winch and Gingell(1999)를 보라.

가? 지식에 대한 분석 능력이 결여되어 있다면, 어떻게 교실에서 책임 감을 가지고 ICT의 개념을 적용할 수 있을 것인가? 지식이 구현하고자 하는 것이 무엇이며 지식이란 분배할 만한 가치가 있는 것이라는 의식 을 가지고 있지 않다면 어떻게 교육체제 안에서 분배적 정의의 문제를 다룰 수 있을 것인가? 우리가 이론적인 공구상자 안에 주요 개념들을 가지고 있지 않다면, 교육철학에 대한 논의는 "교육적으로 주절거리 는" 소리로 전락하고 말 것이다.[11] 우리는 피터스에 의해 전개된 특정 교육관이 과연 설득력이 있고 제대로 운용되고 있는지를 논의하면서, 교육영역에서 개인적 관심사를 밝히기를 원하는 교육철학자들은 피터 스의 분석적 패러다임이 남긴 이러한 기본 개념들에 대해 관심을 기울 일 필요가 있다고 생각한다.

　정당화의 구성요소에 대해 말하자면, 제4장에서 지적한 바와 같이 피터스의 분석적 패러다임이 칸트의 선험적 방법으로 성공을 거두지 못했다고 할지라도, 포괄적인 정당화 계획은 어느 진지한 교육철학 안 에서든지 반드시 이루어져야 한다. 주장하건대, 교육이란 목적-지향적 이거나 '목적론적'이다. 이와 더불어 아이들을 교육할 때, 우리는 어떤 목표가 추구할 만한 가치가 있고 어떤 것은 그렇지 않다고 믿고 있으 며, 어떤 목표가 다른 것보다 가치가 있다는 것을 믿고 있다. 따라서 교 육이란 "가치-지향적"이거나 "규범적인" 것이다. 이러한 목적론적-규 범적 교육구조의 관점에서 볼 때, 교육목적이나 목표에 대한 정당화의 문제는 회피할 수 있는 것이 아니며, 따라서 그것은 교육철학을 해 나 가기 위한 기초를 이루는 것이다. 부차적인 교육목적들 뿐만 아니라 그

11　역자주: 여기서 "교육적으로 주절거리는"(edu-babble)이라는 표현은 교육이론이 나 연구와 관련된 전문용어로 된 글이나 말을 비하하는 표현을 말한다.

기반이 되는 것들을 확인하고 선별하며, 정당화하는 일은 필연적으로 우리가 가치론(*axiology*)이나 가치이론(*theory of value*)의 깊은 물속으로 뛰어들 것을 요구한다. 추천할 만한 교육목적에 대한 정당화는 도구적인 방식 혹은 비도구적인 방식으로 이루어질 수 있다. 즉, 그것은 외재적인 가치나 내재적인 가치, 혹은 좋음의 맥락에서 이루어질 수 있다. 또 그것은 좋은 삶에 대한 출세지향적인 관점이나 도덕적 옳음이라는 의무론적 관점에서 이루어질 수도 있다. 정당화 전략을 어떻게 택하든지 간에, 삶에 등급을 매기고 세계에 등급을 매기는 가치론 논쟁과 내적으로 관련이 있는 교육목적에 대한 정당화는 그 어떤 교육철학자도 무시할 수 없는 논제이다.[12]

도덕발달 구성요소에 대해 말하자면, 피터스의 분석적 패러다임이 시대에 뒤떨어진 피아제-콜버그의 발달도덕 심리학과 관련되어 있기는 하지만[13], 도덕발달 구조에 대한 설명은 어떤 도덕철학을 지지하건 교육철학이 다루어야 하는 진지한 부분이 되어야 할 것이다. 주장하건대, 제6장에서 소개한 바 있듯이, 사회-학습이론, 생득설, 구성주의 사이에서 교육적 가설과 관련된 입장을 취하고 질문을 던진다는 것은 교육철학 분야에서 매우 중요한 일이다. 이러한 기초적인 논제에 대한 피터스의 특정 입장은 현대적인 논쟁과정에서조차 매우 중요한 것이다.

---

12 포괄적인 수준에서 피터스가 시도한 정당화 계획이 가지는 지속적인 중요성을 부각시키면서, 오늘날 그것을 성공적으로 실행에 옮기고 있는 사람이 누구인지에 대해서는 Cuypers(2012)를 보다 자세히 보라. 또한 포괄적인 수준에서 어떤 정당화 계획이 완성되기 위해서는 교육영역을 만족시킬 만한 것이 되어야 한다고 주장하면서, 이러한 영역의 규범적 구조가 어떻게 포괄적인 수준으로 되돌아갈 수 있는가를 언급하는 사람이 누구인지에 대해서는 Martin(2012)을 보라.

13 하지만 피아제-콜버그의 구성주의적 견해가 매력을 잃지 않았다는 점을 분명히 해 두자. 현대 구성주의를 지지하는 논의에 대해서는 예컨대, Rest et al.(1999)을 보라.

그 까닭은 그의 입장이 생득설, 개인주의, 그리고 아동-중심적인 진보
주의에 대한 너무 급진적인 해석을 상쇄시켜 주기 때문이다. 교육받은
사람이 되고 도덕적으로 책임을 짓는 사람이 되기 위해서는 공적 경험
의 양식, 지식, 그리고 인간 역경에 대한 이해에 입문해야 한다는 그의
주장은 오늘날 교육이론에서 특히 매우 중요한 것이다. 표준적인 사회
과학 모델(SSSM)을 배경으로 한 피터스의 종합적인 도덕교육 이론은
교육철학에 지속적으로 기여할 것이며, 미래 교육철학 발전을 위한 영
감의 원천이 될 수 있을 것이다.

　　1983년 피터스는 철학적 방법에 대한 자신의 입장—그의 철학적 증
거—을 다음과 같은 말로 결론짓고 있다.

　　수준을 보다 낮추고 지상으로 끌어내려 [실제적인 문제들]을 다루는 것이 보
　　다 높은 수준의 이론으로서 교육철학의 미래에 중요할 것처럼 보인다. …
　　[하지만] 나는 지상으로 끌어내린 문제들은 … 그것들이 일관되고 명확한 철
　　학적 입장에서 논의되지 않는 한, 적절히 혹은 창조적으로 다루어질 것이라
　　고 생각하지 않는다. … 하지만 아마도 "패러다임의 변화"가 있을 수 있을
　　것이며 전혀 새로운 것이 [분석적 패러다임이 차지하고 있던] 장소를 차지할
　　수도 있을 것이다. 하지만 나는 그런 일이 일어날 것이라고 생각하지 않는
　　다. 나는 명료성을 강조하고, 논의를 이끌어 내며, 실제적인 것을 보다 구체
　　적으로 다루려는 노력이 계속 이어지기를 바란다(Peters, 1983, p. 55).

　　앞에서 지적한 바와 같이, 그동안 그 어떤 패러다임의 변화도 일어나
지 않고 있다. 오늘날 교육철학 분야에서 표면적으로 드러나는 것은 멀
티 패러다임적인 배열 양상이다. 하지만 미래의 교육철학에 대한 피터
스의 숙고는 오늘날 이러한 배열 양상 속에서 분석적 패러다임이 기본

적으로 어느 장소에 위치하고 있어야 하는지를 생각하게 한다. 이러한
점에서 후기 분석시대의 분석적 패러다임은 철학적 패러다임들로 이루
어진 일종의 비대칭적 조직에 속한다고 할 수 있다. 여기서 각각의 패
러다임은 비슷한 지위를 가지지만 분석적 관점은 필수불가결한 구성
요소이다. 이처럼, 분석적 패러다임은 오늘날의 교육철학 장면에서 중
요한 역할을 해야만 한다. 피터스의 패러다임은 철학적, 분석적, 기초
적인 것이기 때문에, 명료성과 논의 구조에 기여할 뿐만 아니라 학문의
진지함을 유지하는 데에도 기여할 것이다. 피터스가 상기시키고자 하
는 것은 우리가 교육에 대해 언급할 때 실제로 주장하는 것이 무엇인가
에 대해 반성해야 한다는 것이다. 우리는 이러한 반성을 통해서 포괄적
이고 조직적이며 멀티 패러다임적인 교육철학이 순간순간의 관심사에
대해 반응하면서, 철학적 과업에 가치가 있으면서도 눈에 띄는 기여를
할 수 있을 것이다.

| 참고문헌 |

1. 피터스의 저작

Peters, R. S. (1956), *Hobbes*. Harmondsworth: Pelican Books.

_____(1958), *The Concept of Motivation*. London: Routledge & Kegan Paul.

_____(1959), 'Must an educator have an aim?', in R. S. Peters, *Authority, Responsibility, and Education*, 3rd edn. London: George Allen & Unwin Ltd, 1973, pp.122-31.

_____(1960), 'Freud's theory of moral development in relation to that of Piaget', in R. S. Peters, *Moral development and Moral Education*. London: George Allen & Unwin Ltd, 1981, pp. 11-23.

_____(1962a), 'Emotions and the category of passivity', *Proceedings of the Aristotelian society*, 62, 117-34.

_____(1962b), 'Moral education and the psychology of character', in R. S. Peters, Moral Development and Moral Education. London: George Allen & Unwin Ltd, 1981, pp. 24-44.

_____(1963a), 'Education as initiation', in R. D. Archambault (ed.), *Philo-*

sophical Analysis and Education. London: Routledge & Kegan Paul, pp. 87-111.

_____(1963b), 'Reason and habit: The paradox of moral education', in R. S. Peters, *Psychology and Ethical Development. A collection of articles on psychological theories, ethical development and human understanding*. London: George Allen & Unwin Ltd, 1974, pp. 174-92

_____(1964), 'The place of philosophy in the training of teachers', in R. S. Peters, *Education and the Education of Teachers*. London: Routledge & Kegan Paul, pp. 135-50.

_____(1965), 'Emotions, passivity, and the place of Freud's theory in psychology', in B. B. Wolman (ed.), *Scientific Psychology. Principles and Approaches*. New York: Basic Books, pp. 365-83.

_____(1966a), *Ethics and Education*. London: George Allen & Unwin Ltd.

_____(1966b), 'The philosophy of education', in J. W. Tibble (ed.), *The Study of Education*. London: Routledge and Kegan Paul, pp. 59-89.

_____(1967a), 'Aims of education—A conceptual inquiry', in R. S. Peters (ed.), *The Philosophy of Education*. Oxford: Oxford University Press, 1973, pp. 11-29.

_____(1967b), 'What is an educational process?' in R. S. Peters (ed.), *The Concept of Education*. London: Routledge & kegan Paul, pp. 1-23.

_____(1967c), '"Education" as a specific preparation for teaching', in R. S. peters, *Education and the Education of Teachers*. London: Routledge & Kegan Paul, pp. 151-66.

_____(1969a), 'The meaning of quality in education', in R. S. Peters, *Education and the Education of Teachers*. London: Routledge & Kegan Paul, pp. 22–45.

_____(ed.) (1969b), *Perspectives on Plowden*. London: Routledge & Kegan Paul.

_____(1969c), "'A recognizable philosophy of education": A constructive critique', in R. S. Peters (ed.) *Perspectives on Plowdon*. London: Routledge & Kegan Paul, pp. 1–20.

_____(1970a), 'The education of the emotions' in R. S. Peters, *Psychology and Ethical Development. A collection of articles on psychological theories, ethical development and human understanding*. London: George Allen & Unwin Ltd, 1974, pp. 174–92.

_____(1970b), 'Conrete principles and the rational passions', in R. S. Peters, *Moral Development and Moral Education*. London: George Allen & Unwin Ltd, 1981, pp. 61–82.

_____(1970c), 'Education and the educated man', in R. S. Peters, *Education and the Education of Teachers*. London: Routledge & Kegan Paul, pp. 3–21.

_____(1971a), 'Reason and passion', in R. S. Peters, *Psychology and Ethical Development. A collection of articles on psychological theories, ethical development and human understanding*. London: George Allen & Unwin Ltd, 1974, pp. 151–73.

_____(1971b), 'Moral development: A plea for pluralism', in T. Mischel (ed.), *Cognitive Development and Epistemology*. New York: Academic Press, pp. 237–67.

_____(1972), 'The role and responsibilities of the university in teacher education', in R. S. Peters, *Education and the Education of Teachers*. London: Routledge & Kegan Paul, 1977, pp. 181-92.

_____(1973a), *Reason and Compassion*. London: Routlege & Kegan Paul.

_____(1973b), 'Freedom and the Development of the Free Man', in P. H. Hirst and P. White (eds), *Philosophy of Education. Major Themes in the Analytic Tradition. Volume II: Education and Human Being*. London: Routledge, 1998, pp. 11-31.

_____(1973c), 'The justification of education', in R. S. Peters (ed.), *The Philosophy of Education*. Oxford: Oxford University Press, pp. 239-67.

_____(1973d), 'Education as an academic discipline', in R. S. Peters, *Education and the Education of Teachers*. London: Routledge & Kegan Paul, pp. 167-80.

_____(1974a), 'Moral development and moral learning', *Monist*, 58, 541-67.

_____(1974b), 'Subjectivity and standards', in R. S. Peters, *Psychology and Ethical Development. A collection of articles on psychological theories, ethical development and human understanding*. London: George Allen & Unwin Ltd, 1974, pp. 413-32.

_____(1974c), 'Preface', in R. S. Peters, *Psychology and Ethical Development. A collection of articles on psychological theories, ethical development and human understanding*. London: George Allen & Unwin Ltd, 1974, pp. 13-21.

_____(1974d), 'A boy's view of George Orwell', in R. S. Peters, *Psychology and Ethical Development. A collection of articles on psychological theories, ethical development and human understanding*. London: George Allen & Unwin Ltd, 1974, pp. 460-3.

_____(1974e), 'I was twenty then', in R. S. Peters, *Psychology and Ethical*

Development. A collection of articles on psychological theories, ethical development and human understanding. London: George Allen & Unwin Ltd. 1974, pp. 464-8.

_____(1977a), 'Ambiguities in liberal education and the problem of its content', in R. S. Peters, *Education and the Education of Teachers*. London: Routledge & Kegan Paul, pp. 46-67.

_____(1977b), 'Dilemmas in liberal education', in R. S. Peters, *Education and the Education of Teachers*. London: Routledge & Kegan Paul, pp. 68-85.

_____(1978), 'The place of Kohlberg's theory in moral education', in R. S. Peters, *Essays on Educators*. London: George Allen & Unwin Ltd, 1981.

_____(1979), 'Democratic values and educational aims', in R. S. Peters, *Essays on Educators*. London: George Allen & Unwin Ltd, 1981, pp. 32-50.

_____(1983), 'Philosophy of education', in P. H. Hirst (ed.), *Educational Theory and Its Foundaton Disciplines*. London: Routledge & Kegan Paul, pp. 30-61.

Peters, R. S. and Benn, S. I. (1959), *Social Principles and the Democratic State*. London: George Allen & Unwin Ltd.

Peters, R. S. and Griffiths, A. P. (1962), 'The autonomy of prudence', *Mind*, 71, 161-80.

Peters, R. S. and Hirst, P. H. (1970), *The Logic of Education*. London: George Allen & Unwin Ltd.

2. 기타 문헌

Anscombe, G. E. M. (1957), *Intention*. Oxford: Basil Blackwell.

Archard, D. (1993), *Children. Rights and Childhood*. London: Routledge.

Aristotle (2009), *The Nicomachean Ethics*. Trans D. Ross. Oxford: Oxford University Press.

Benn, S. I. (1976), 'Freedom, autonomy and the concept of a person', *Proceedings of the Aristotelian Society*, 76, 109-30.

Blake, N., Smeyers, P., Smith, R., and Standish, P. (eds) (2003), *The Blackwell Guide to the Philosophy of Education*. Oxford: Blackwell Publishing.

Brown, S. D. (ed.) (1975), *Philosophers Discuss Education*. London: Macmillan.

Burbules, N. C. (2000), 'Philosophy of education', in B. Moon, M. Ben-Peretz, and S. Brown (eds), *Routledge International Companion to Education*. London: Routledge, pp. 3-18.

Carr, D. (1994), 'The philosophy of education', *Philosophical Books*, 35, 1-9.

Collits, M. (1992), R. S. Peters: A man and his work. An historical and philosophical appraisal of the man synonymous with philosophy of education in Great Britain From 1960-1980. Armidale: University of New England (unpublished PhD thesis).

Cooper, D. E. (ed.) (1986), *Education, Values and Mind. Essays for R. S. Peters*. London: Routledge & Kegan.

Curren, R. (ed.) (2003), *A Companion to the Philosophy of Education*. Oxford: Blackwell Publishing.

Cuypers, S. E. (2009), 'Educating for authenticity: The paradox of moral education revisited', in H. Siegel (ed.), *The Oxford Handbook of Philosophy of Education*. New York: Oxford University Press.

_____(2012), 'R. S. Peters' "justification of education" Revisited', *Ethics and Education*, 7, 3-17.

Cuypers, S. E., and Haji, I. (2006), 'Education for critical thinking: can it be non-indoctrinative?', *Educational Philosophy and Theory*, 38, 723-43.

Cuypers, S. E. and Martin, C. (eds) (2011), *Reading R. S. Peters Today. Analysis, Ethics, and the Aims of Education*. Oxford: Wiley-Blackwell.

Darling, J. (1994), *Child-Centred Education and Its Critics*. London: Paul Chapman Publishing.

Dearden, R. F. (1982), 'Philosophy of education, 1952-82', *British Journal of Educational Studies*, 30, 57-71.

_____(1986), 'Education, training and the preparation of teachers', in D. E. Cooper (ed.), *Education, Values and Mind. Essay for R. S. Peters*. London: Routledge & Kegan Paul, pp. 69-88.

_____(1987), 'The Plowden philosophy in retrospect', in R. Lowe (ed.), *The Changing Primary School*. London: The Flamer Press, pp. 68-85.

Degenhardt, M. A. B. (2010), 'R. S. Peters: Liberal traditionalist', in R. Bailey, R. Barrow, D. Carr, and C. McCarthy (eds), *The sage Handbook of Philosophy of Education*. London: Sage, pp. 125-38.

de Rijk, L. M. (1965), 'Enkyklios paideia. A study of its original meaning', *Vivarium*, 3, 24-93.

de Sousa, R. (2010), 'Emotion', *The Stanford Encyclopedia of Philosophy*

(*Spring 2010 Edition*), E. N. Zalta (ed.), URL: http://plato.stanford.edu/archives/spr2010/entries/emotion/.

Dewey, J. (1916), *Democracy and Education: An Introduction to the Philosophy of Education*. New York: The Free Press.

Dray, W. H. (1967), 'Commentary', in R. S. Peters (ed.), *The Philosophy of Education*. Oxford: Oxford University Press, 1973, pp. 34-9.

Dunne, J. (1997), *Back to the Rough Ground: 'Phronesis' and 'Techne' in Modern Philosophy and in Aristotle*. Notre Dame, IN: University of Notre Dame Press.

Dwyer, S. (1999), 'Moral competence', in K. Murasugi and R. Stainton (eds), *Philosophy and Linguistics*. Boulder: Westview Press, pp. 169-90.

_____(2003), 'Moral development and moral responsibility', *The Monist*, 86, 181-99.

Edel, A. (1972), 'Analytic philosophy of education at the cross-roads', *Educational Theory*, 22, 131-52.

Elliott, R. K. (1977), 'Education and justification', *Journal of Philosophy of Education*, 11, 7-27.

_____(1986), 'Richard Peters: A philosopher in the older style', in D. E. Cooper (ed.), *Education, Values and Mind. Essays for R. S. Peters*. London: Routledge & Kegan Paul, pp. 41-68.

Feinberg, J. (1986), *Harm to Self*. New York: Oxford University Press.

Flanagan, O. (1991), *The Science of the Mind*. 2nd edn. Cambridge, MA: The MIT Press.

Gettier, E. L. (1963), 'Is justified true belief knowledge?', *Analysis*, 23, 121-3.

Goldie, P. (ed.), (2009), *The Oxford Handbook of Philosophy of Emotion*. Oxford: Oxford University Press.

Habermas, J. (1990), *Moral Consciousness and Communicative Action*. Boston: The MIT Press.

_____(2008), 'On the architectonics of discursive differentiation: A brief response to a major controversy', in J. Habermas (ed.), *Between Naturalism and Religion*. Cambridge: Polity Press, pp. 77–98.

Halsey, A. H. and Sylva, K. D. (eds) (1987), *Plowden Twenty Years on, Oxford Review of Education. Special Issue*, 13, 1–126.

Hamlyn, D. W. (1967), 'The logical and psychological aspects of learning', in D. W. Hamlyn (ed), *Perception, Learning and the Self*. London: Routledge & Kegan Paul, 1983, pp. 71–90.

Hare, R. M. (1952), *The Language of Morals*. Oxford: Clarendon Press.

Hempel, C. G. (2001), *The Philosophy of Carl G. Hempel: Studies in Science, Explanation, and Rationality*. J. H. Fetzer (ed.). New York: Oxford University Press.

Hirst, P. H. (1965), 'Liberal education and the nature of knowledge', in P. H. Hirst, *Knowledge and the Curriculum*. London: Routledge & Kegan Paul, 1974, pp. 30–53.

_____(1966), 'Educational theory', in J. W. Tibble (ed.), *The Study of Education*. London: Routledge & Kegan Paul, pp. 29–58.

_____(1967), 'The logical and psychological aspects of teaching a subject', in P. H. Hirst, *Knowledge and the Curriculum*. London: Routledge & Kegan Paul, 1974, pp. 116–31.

_____(1971), 'What is teaching?', in P. H. Hirst, *Knowledge and the Curric-*

ulum. London: Routledge & Kegan Paul 1974, pp. 101-15.

_____(1974), *Knowledge and the Curriculum*. London: Routledge & Kegan Paul.

_____(1986), 'Richard Peters's contribution to the philosophy of education', in D. E. Cooper (ed.), *Education, Values and Mind. Essays for R. S. Peters*. London: Routledge & Kegan Paul, pp. 8-40.

Hobbes, T. (1651). Leviathan. C. B. Macpherson (ed.), London: Penguin classics, 1985.

Hobson, P. (1974), 'R. S. Peters: A commentary', in R. S. Peters, *Psychology and Ethical Development. A collection of articles on psychological theories, ethical development and human understanding*. London: George Allen & Unwin Ltd, 1974, pp. 457-9.

Hume, D. (1739-1740), *A Treatise of Human Nature*. L. A. SelbyBigge (second edn). Oxford: Clarendon Press, 1978.

_____(1777), *Enquiries concerning Human Understanding and concerning the Principles of Morals*. L. A. SelbyBigge (3rd edn). Oxford: Clarendon Press, 1975.

Huizinga, J. (1924), *Erasmus and the Age of Reformation*. London: Phaidon Press, Ltd.

Jaeger, W. (1934-1947), *Paideia. Die Formung des griechischen Menschen*. Berlin: Walter de Gruyter, 1973.

Kant, I. (1781), *Critique of Pure Reason*. Trans. N. Kemp Smith. London: Macmillan, 1963.

_____(1785), *Groundwork of the Metaphysics of Morals*. Trans. M. Gregor. Cambridge: Cambridge University Press, 2008.

_____(1788), *Critique of Practical Reason*. L. W. Beck (third edn). New York: Macmillan, 1993.

Kleing, J. (1973), 'R. S. Peters' use of transcendental arguments', *Journal of Philosophy of Education*, 7, 149-66.

Kohlberg, L. (1981), *The Philosophy of Moral Development. Essays on Moral Development*, Vol. 1. San Francisco: Harper & Row.

Kripke, S. A. (1982), *Wittgenstein on Rules and Private Language*. Oxford: Basil Blackwell.

Kuhn, T. S. (1962), *The structure of Scientific Revolutions*. Chicago: The University of Chicago Press.

Löffler, K. (1910), 'Humanism', in *The Catholic Encyclopedia*. New York: Robert Appleton Company. Retrieved April 13, 2012 From New Advent: http://www.newadvent.org/cathen/07538b.htm.

Luntley, M. (2009), 'On education and initiation', *Journal of Philosophy of education*, 43, 41-56.

Lüth, C. (1998), 'On Wilhelm von Humboldt's Theory of *Bildung*', *Journal of Curriculum Studies*, 30, 43-59.

MacIntyre, A. (1967), *A Short History of Ethics*. London: Routledge.

_____(1981), *After Virtue. A Study in Moral Theory*. London: Duckworth.

Magee, B. (1973), *Popper*. London: Fontana/Collins.

Makkreel, R. (2012), 'Wilhelm Dilthey', *The Stanford Encyclopedia of Philosophy (Summer 2012 Edition)*, Edward N. Zalta (ed.), URL: http://plato.stanford.edu/archives/sum2012/entries/dilthey/.

Martin, C. (2009), 'The good, the worthwhile and the obligatory: Practical reason and moral universalism in R. S. Peters' Conception of education', *Journal of Philosophy of Education*, 43, 143-60.

_____(2012), *Education in a Post-Metaphysical World: Rethinking Education-al Policy and Practice Though Jürgen Habermas' Discourse Morality*. London: Continuum.

McCowan, T. (2009), 'Towards an understanding of the means-ends relationship in citizenship education', *Journal of Curriculum Studies*, 41, 321-42.

Montefiore, A. (1986), 'Prudence and respect for persons: Peters and Kant', in D. E. Cooper (ed.), *Education, Values, and Mind: Essay for R. S. Peters*. London: Routledge & Kegan Paul, pp. 134-48.

Nucci, L. P. and Narvaez, D. (eds) (2008), *Handbook of Moral and Character Education*. New York: Routledge.

Oakeshott, M. (1933), *Experience and Its Modes*. Cambridge: Cambridge University Press.

_____(1991), *Rationalism in Politics and Other Essays. New and expanded edition*. Indianapolis, IN: Liberty Press.

_____(2001), *The Voice of Liberal Learning*. Foreword and introduction by T. Fuller. Indianapolis, IN: Liberty Fund.

O'Connor, D. J. (1957), *An Introduction to the Philosophy of Education*. London: Routledge & Kegan Paul.

O'Hear, A. (1980), *Karl Popper*. London: Routledge & Kegan Paul.

Piaget, J. (1932), *The Moral Judgement of the Child*. New York: Free Press Paperbacks (1997 edition).

Popper, K. R. (1949), 'Toward a rational theory of tradition', in K. R. Popper (ed.), *Conjectures and Refutations. The Growth of Scientific Knowl-*

edge. London: Routledge, 1963, 5th edn, pp. 120-35.

Pring, R. (1993), 'Liberal education and vocational preparation', in R. Barrow and P. White (eds), *Beyond Liberal Education*. London: Routledge, pp. 49-78.

Rawls, J. (1988), 'The priority of right and ideas of the good', *Philosophy & Public Affairs*, 17, 251-76.

_____(1999), *A Theory of Justice* (Revised edition). Cambridge, MA: Belknap Press.

_____(2000), *Lectures on the History of Moral Philosophy*. B. Herman (ed). Cambridge, Massachusetts: Harvard University Press. Cambridge, MA: Harvard University Press.

Rest, J., Narvaez, D., Bedeau, M. J., and Thoma, S. J. (1999), *Postconventional Moral Thinking. A Neo-Kohlbergian Approach*. Mahwah, NJ: Lawrence Erlbaum Associates.

Ryle, G. (1949), *The Concept of Mind*. London: Routledge, (2009, 60th anniversary edition).

Sandel, M. (1982), *Liberalism and the Limits of Justice*. Cambridge: Cambridge University Press.

Scheffler, I. (1977), 'In praise of the cognitive emotions', in I. Scheffler (ed.), *In Praise of the Cognitive Emotions and Other Essays in the Philosophy of Education*. New York: Routledge (1991), 3-17.

Siegel, H. (1988), *Educating Reason. Rationality, Critical Thinking, and Education*. New York: Routledge.

_____(1999), 'The role of reasons in (science) education', in W. Hare (ed.), *Reason in Teaching and Education: Three Essays in Philosophy of Edu-*

cation, Halifx: Dalhousie University School of Education, pp. 5–21.

_____(ed.) (2009), *The Oxford Handbook of the Philosophy of Education*. New York: Oxford University Press.

Sinnott-Armstrong, W. (ed.) (2008), *Moral Psychology, Volume 1: The Evolution of Morality: Adaptations and Innateness; Volume 2: The Cognitive Science of Morality: Intuition and Diversity; Volume 3: The Neuroscience of Morality: Emotion, Brain Disorders, and Development*. Cambridge, MA: The MIT Press.

Soames, S. (2003), *Philosophical Analysis in the Twentieth Century, Volume 1: The Dawn of Analysis; Volume 2: The Age of Meaning*. Princeton, NJ: Princeton University Press.

Solomon, R. C. (1973), 'Emotions and choice', in A. Oksenberg Rorty (ed.), *Explaining Emotions*. Berkeley, CA: University of California Press (1980), pp. 251–81.

Steup, M. and Sosa, E. (ed.) (2005), *Contemporary Debates in Epistemology*. Oxford: Blackwell Publishing.

Strawson, P. F. (1962), 'Freedom and resentment', in P. F. Strawson (ed.), *Freedom and Resentment and Other Essays*. London: Methuen, 1974, pp. 1–25.

Tooby, J. and Cosmides, L. (1992), 'The psychological foundations of culture', in J. Barkow, L. Cosmides, and J. Tooby (eds), *The Adapted Mind: Evolutionary Psychology and the Generation of Culture*. New York: Oxford University Press.

Walzer, M. (1984), *Spheres of Justice*. New York: Basic Books.

Warnock, M. (1973), 'Towards a definition of quality in educatin', in R. S.

Peters (ed.), *The Philosophy of Education*. Oxford: Oxford University Press, pp. 112-22.

_____(1986), 'The education of the emotions', in P. H. Hirst and P. White (eds), *Philosophy of Education. Major Themes in the Analytic Tradition. Volume II: Education and Human Being*. London: Routledge, 1998, pp. 211-23.

White, J. (1984), 'The education of the emotions', in P. H. Hirst and P. White (eds), *Philosophy of education. Major Themes in the Analytic Tradition. Volume II: Education and Human Being*. London: Routledge, 1988, pp. 195-210.

_____(2002), *The Child's Mind*. London: RoutledgeFalmer.

Whitehead, A. N. (1929), *The Aims of Education and Other Essays*. New York: The Free Press, 1967.

Williams, K. (2009), 'Vision and Elusiveness in Philosophy of Education: R. S. Peters on the Legacy of Michael Oakeshott', *Journal of Philosophy of Education*, 43, 223-40.

Willmann, O. (1907), 'The Seven liberal arts', in *The Catholic Encyclopedia*. New York: Robert Appleton Company. Retrieved April 11, 2012 from New Advent: http://www.newadvent.org/cathen/01760a.htm.

Winch, C. and Gingell, J. (1999), *Key Concepts in the Philosophy of Education*. London: Routledge.

Wittgenstein, L. (1953), *Philosophical Investigations*. Oxford: Basil Blackwell.

Woods, J. (1067), 'Commentary' in R. S. Peters (ed.), *The Philosophy of Education*. Oxford: Oxford University Press, 1973, pp. 29-34.

Wren, T. E. (1982), 'Social Learning theory, self-regulation, and morality',

Ethics, 92, 409-24.

Zelenka, M. (2008), *The Educational Philosophy of Abraham Flexner: Creating Cogency in Medical Education*. Lewiston: Edwin Mellen Press.- (1962b), 'Moral education and the psychology of character', in R. S. Peters, Moral Development and Moral Education. London: George Allen & Unwin Ltd, 1981, pp. 24-44.

| 피터스의 저작들[1] |

1. 저서(13권)

1953 *Brett's History of Psychology*. Allen & Unwin.(Revised 2nd edition 1962).

1956 *Hobbes*. Pelican.(Revised 2nd edition 1967, Peregrine Books).

1958 *The Concept of Motivation*. Routledge & Kegan Paul.(2nd edition 1960).

1959 *Social Principles and the Democratic State*(with S. I. Benn). Allen & Unwin. (Republished in the USA as *The Principles of Political Thought*, Colliers, 1964).

1960 *Authority, Responsibility and Education*. Allen & Unwin. (Revised and enlarged 1973).

---

1 여기에 소개된 피터스의 저작들은 David Cooper(ed.), *Education, Values and Mind*(London, Boston and Henley: Routledge & Kegan Paul, 1986), pp. 215-218 에 수록되어 있다. 피터스의 교육철학 혹은 교육사상의 전개과정을 공부하는 사람들에 게 도움을 줄 수 있을 것으로 보인다.

1966 *Ethics and Education*, Allen & Unwin.

1970 *The Logic of Education*(with P. H. Hirst). Routledge & Kegan Paul.

1972 *Reason, Morality and Religion*. The Swarthmore Lectures. Friends Home Service Committee, 1972.

1972 *Reason, Morality and Religion*. The Swarthmore Lectures. Friends Home Service Committee, 1972.

1973 *Reason and Compassion:* The Lindsay Memorial Lectures. Routledge & Kegan Paul.

1974 *Psychology and Ethical Development*. Allen & Unwin.

1977 *Education and the Education of Teachers*. Routledge & Kegan Paul.

1981 *Essays on Educators*. Allen & Unwin.

1981 *Moral Development and Moral Education*. Allen & Unwin.

2. 편집서(8권)

1967 *The Concept of Education*. Routledge & Kegan Paul.

1969 *Perspectives on Plowden*. Routledge & Kegan Paul.

1972 *Hobbes and Rousseau: A Collection of Critical Essays*(with M. Cranston). Doubleday-Anchor.

1972 *Education and the Development of Reason*(with R. F. Dearden and P. H. Hirst). Routledge & Kegan Paul.

1973 *The Philosophy of Education*. Oxford University Press.

1975 *Nature and Conduct*. Royal Institute of Philosophy Lectures, Volume 8, Macmillan.

1976 *The Role of the Head.* Routledge & Kegan Paul.

1977 *John Dewey Reconsidered.* Routledge & Kegan Paul.

3. 논문(73편)

1950 'Cure, Cause and Motive', *Analysis* 10, 5.

1951 'Observationalism in Psychology', *Mind*, LX, 237.

1951 'Nature and Convention in Morality', *Proceedings of the Aristotelian Society*, LI.

1952 'Motives and Causes', *Supplementary Proceedings of the Aristotelian Society XXVI*.

1956 'Freud's Theory', *British Journal for the Philosophy of Science*, VII, 25.

1957 'Hobbes and Hull: Metaphysicians of Behaviour', (with H. Tajfel). *British Journal for the Philosophy of Science*, VIII, 29.

1958 'Authority'. *Supplementary Proceedings of the Aristotelian Society XXVII*.

1958 'Psychology and Philosophy 1947-56' (with C. A. Mace), in *Philosophy in the Mid-Century* (ed. Klibansky).

1960 'Freud's Theory of Moral Development in relation to that of Piaget', *British Journal of Educational Psychology*, 30, 3.

1961-2 'Emotions and the Category of Possibility', *Proceedings of the Aristotelian Society*, LXII.

1962 'The Non-Naturalism of Psychology', *Archives de Philosophie*, Jan.

1962 'The Autonomy of Prudence' (with A. Philipps-Griffiths). *Mind*,

LXXI, 282.

1962 'Moral Education and the Psychology of Character', *Philosophy*, XXX-VII, 139.

1962 'C.A. Mace's Contribution to the Philosophy of Mind', in *A Symposium: C.A. Mace*(ed. V. Carver) Methuen & Penguin.

1963 'A Discipline of Education' in *The Discipline of Education*(ed. Walton & Kuether), University of Wisconsin Press.

1963 'Reason and Habit: The Paradox of Moral Education', in *Moral Education in Changing Society*(ed. W. Niblett), Faber & Faber.

1964 'Education as Initiation' (Inaugural lecture), Evans Bros(Harrups 6).

1964 'Mental Health as an Educational Aim', *Studies in Philosophy and Education*, 3, 2.

1964 'John Locke', in *Western Political Philosophers*(ed. M. Cranston), Bodley Head.

1964 'The Place of Philosophy in the Training of Teachers', ATCDE-DES Hull Conference, and reprinted in *Paedogogica Europaea*, 111, 1967.

1965 'Emotions, Passivity and the Place of Freud's Theory in Psychology' in *Scientific Psychology*(ed. E. Nagel and B. Wolman), Basic Books.

1966 'Authority' and 'Education', in *A Glossary of Political Terms*(ed. M. Cranston), Bodley Head.

1966 'An Educationalist's View', in *The Marlow Idea: Investing in People*(ed. A. Badger), Geoffrey Bles.

1966 'The Authority of the Teacher', *Comparative Education*, 3, 1.

1966 'The Philosophy of Education', in *The Study of Education*(ed. J. Tibble), Routledge & Kegan Paul.

1966 'Ritual in Education', *Philosophical Transaction of the Royal Society*, Series B, 77, 251.

1967 'More About Motives' *Mind*, LXXVI, 301.

1967 'A Theory of Classical Education V', *Didaskalos*, 2, 2.

1967 'Hobbes, Thomas–Psychology' in *Encyclopedia of Philosophy*, vol. 4(ed. P. Edwards) Macmillan and Free Press).

1967 'Psychology–Systematic Philosophy of Mind', in *Encyclopedia of Philosophy*.

1967 'The status of Social Principles and Objectives in a Changing Society', in *The Educational Implications of Social and Economic Change*(Working part No. 12) HMSO.

1967 'Aims of Education–A Conceptual Inquiry', in *Philosophy of Education*, Proceedings of the Ontario Institute for Studies in Education International Seminar.

1967 'Reply' (to Comments by Wood and Dray on 53) in *Philosophy and Education*.

1967 'The Concept of Character', in *Philosophical Concepts in Education*(ed. B. Komisar and C. MacMillan), Rand McNally.

1967 'Education as an Academic Discipline', ATCDE–DES Avery Hill Conference.

1967 'Michael Oakeshott' s Philosophy of Education', in *Politics and Experience*, Essays presented to Michael Oakeshott, Oxford University Press.

1969 'Motivation, Emotion and the Conceptual Schemes of Common Sense', in *Human Action: Conceptual and Empirical Issues*(ed. T. Mischel), Academic Press.

1969 'The Basis of Moral Education', *The Nation*, 13, Jan.

1969 'Must an Educator Have an Aim?', in *Concepts of Teaching: Philosophical Essays*(ed. C. MacMillan and T. Nelson), Rand McNally.

1969 'Moral Education: Tradition or Reason?', in *Let's Teach Them Right*(ed. C. Macy), Pemberton Books.

1969 'The Meaning of Quality in Education', *Qualitative Aspects of Educational Planning*(ed. Beeby) UNESCO International Institute of Educational Planning.

1970 'The Education of Emotions', in *Feelings and Emotions*, Academic Press.

1970 'Education and Human Development', in *Melbourne Studies in Education*(ed. R. Selleck), Melbourne University Press.

1970 'Teaching and Personal Relationalships', in *Melbourne Studies in Education*.

1970 'Education and the Educated Man', *Proceedings of the Philosophy of Education Society of Great Britain*, 4.

1970 'Reason and Causes', in *Explanation in the Behavioural Sciences*(ed. R. Borger and F. Cioffi), Oxford University Press.

1970 'Concrete Principles and the Rational Passions', in *Moral Education*(ed. T. and N. Sizer), Harvard University Press.

1971 'Moral Development: A Plea for Pluralism' in *Cognitive Development and Epistemology*(ed. T. Mischel), Academic Press.

1971 'Education and Seeing What is There', The Bulmershe Lecture, Berkshire College of Education.

1971 'Reason and Passion', in *The Proper Study*(ed. G. Vesey), Royal Institute of Philosophy Lectures, vol. 4, Macmillan.

1972 'The Role and Responsibilities of the University in Teacher Education', *London Educational Review*, 1, 1.

1973 'Freedom and the Development of the Free Man', in *Educational Judgments*(ed. J. Doyle), Routledge & Kegan Paul.

1973 'The Philosopher's Contribution to Educational Research' (with J. P. White), in *Research Perspectives in Education*(ed. Taylor), Routledge & Kegan Paul.

1973 'The Justification of Education', in *The Philosophy of Education*(ed. R. S. Peters), Oxford University Press.

1973 'Farewell to Aims', *London Educational Review*, 2, 3.

1973 'Behaviourism', *Dictionary of the History of Ideas*(ed. P. Wiener), Scribner.

1973 'Education as an Academic Discipline', in *British Journal of Educational Studies*, XXI, 2.

1974 'Personal Understanding and Personal Relationships', in *Understanding Other Persons*(ed. T. Mishel), Blackwell.

1974 'Subjectivity and Standards', in Science, the *Humanities and the Technological Threat*(ed. W.F. Niblett), University of London Press; and in *The Philosophy of Open Education*(ed. D. Nyberg), Routledge & Kegan Paul, 1975.

1974 'Moral Development and Moral Learning', *The Monist*, 58, 4.

1974 'Psychology as the Science of Human Behaviour', (Chairman's Remarks) in *Philosophy of Psychology*(ed. S. C. Brown), Macmillan.

1974 'A Tribute to H. L. Elvin', *Institute of Education Newsletter*, March.

1975 'Was Plato Nearly Right about Education?', *Didaskalos*, 5, 1.

1975 'The Relationship between Piaget's and Freud's Developmental Theories', in *The Psychology of the 20th Century*(ed. G. Steiner), University of Bern.

1975 'On Academic Freedom', (Chairman's Remarks), in *Philosophers Discuss Education*(ed. S. C. Brown), Macmillan.

1976 'The Development of Reason' in *Rationality and the Social Sciences*(ed. S. Benn and G. Motimore), Routledge & Kegan Paul.

1977 'Ambiguities in Liberal Education and the Problem of its Content', in Ethics and Educational Policy(ed. K. Egan and K. Strike), Routledge & Kegan Paul.

1977 'The Intractability of Educational Theory' (in Danish), *Paedagogik*, no. 3.

1978 'Motivation and Education' (in Danish), *Paedagogik*, no. 2.

1978 'The Place of Kohlberg's Theory in Moral Education', *Journal of Moral Education*.

1979 'Democratic Values and Educational Aims', *Teachers College Record*, 8, 3.

1983 'Philosophy of Education 1960-80', *Educational Theory and its Foundation Disciplines*(ed. P. H. Hirst), Routledge & Kegan Paul.

| 찾아보기 |

인명색인